中国智库名录

CHINESE THINK TANK DIRECTORY

No.4

谢曙光　蔡继辉 / 主编
陈　青　吴　丹　丁阿丽 / 副主编

社会科学文献出版社
SOCIAL SCIENCES ACADEMIC PRESS (CHINA)

社会科学文献出版社皮书研究院

编　制

本书系国家社会科学基金项目“中国特色新型智库调查、评价与建设方略研究”（批准号：15AZZ009）的阶段性成果。

前言

应对全球性突发公共卫生危机，彰显智库的作用和价值

——写在《中国智库名录》第四版出版之际

党的十八大以来，随着中国特色社会主义建设进入新时代，中国特色新型智库建设也进入新的发展阶段。国家和社会对智库的认知和需求日渐深入，传统智库加速整合、转型，新型专业智库不断涌现。2015 年，社会科学文献出版社设立“中国智库建设研究”课题组，着手研发中国智库数据库，并正式出版《中国智库名录》，按确定标准甄别、确认收录了 1189 家智库，2016 年出版的第二版名录共收录了 1193 家，2018 年出版的《中国智库名录 No. 3》收录的智库增加到 1391 家，而出版这部《中国智库名录 No. 4》时，到我们采集数据的截止时间 2020 年 2 月 29 日，共收录智库 1537 家，比 2015 年增加了 189 家，修改了 451 家，期间还剔除了已注销或不再符合收录标准的 43 家智库。这其中还不包括无法从公开途径获取基本数据和信息的“智库”①。

作为一家直属于中国社会科学院的人文社会科学专业学术出版机构，服务于中国智库建设是基本使命之一，社会科学文献出版社通过每年出版 400 多种被定义为年度性智库报告聚合的蓝皮书、黄皮书和绿皮书，以及以历年出版的皮书为基础内容的皮书数据库和持续召开 20 年的皮书年会等，全方位搭建起中国最具

① 之所以对这类所谓“智库”加引号，是因为我们认为：公共性是智库存在的基本条件，不具有公开性，不在思想市场活动，并不提供公共产品的机构和组织，不能算作智库，最多可称其为智囊。

影响力的智库研究和智库成果发布服务的平台。社会科学文献出版社持续编辑出版这本《中国智库名录》的初衷在于：为智库的交流合作提供一个入口，为社会了解智库提供一个基础的信息指引，为智库评价提供一份对象清单，进而助推中国特色新型智库健康成长。

作为名录主编，从2015年第一版起，我都会根据对当时中国特色新型智库建设的思考写一份主题性的前言，第一版的前言主题是："建设中国特色新型智库应从基础信息做起"；2016年10月，第二版的主题是"专业化是中国智库建设的必由之路"；2018年，第三版的主题是"中国特色新型智库应在改革开放中发挥更大作用"。现在，即将出版的第四版，是在全球抗击新冠肺炎疫情的大背景下完成的，我把主题确定为"应对全球性突发公共卫生危机，彰显智库的作用和价值"，主要就应对新冠肺炎疫情这一全球性重大突发公共卫生事件及后疫情时代智库如何更好地发挥作用，谈点个人的想法。

从总体上说，各国政府在领导抗击新冠肺炎疫情时表现各异，有的甚至是毁誉参半。中国充分发挥了独特的制度优势，在较短的时间内早于其他国家取得了疫情防控的阶段性成效。疫情期间全球各国的智库尽管不乏有表现出色的，但总体上还是不能令人满意，尤其缺乏理性声音和专业化思考和方案。因此，应对这场重大公共卫生危机，对于全球和中国智库来说，要"在危机中育新机、于变局中开新局"，[①] 这是时代对智库提出了更高的要求、更多的需求，智库的未来发展应该有更大的想象空间！

这次抗击新冠肺炎疫情，是对国家治理体系和治理能力的一次大考。在疫情防控常态化的背景下，我们要及时分析、反思此次疫情给社会治理体系带来的考验，进一步推进国家治理体系和治理能力现代化，记录和研判疫情给社会各群体、各行业、各领域造成的冲击，尤其是对于如何从体制机制上创新和完善重大疫情防控举措，健全国家公共卫生应急管理体系，提高应对突发重大公共卫生事件的能力和水平等重大问题，以及在逆全球化浪潮愈演愈烈的背景下，人类如何团结合作，共建人类命运共同体等全球治理问题，尤其需要中国智库发声，需要中国智库提供科学的研究成果作为决策支撑。

疫情不仅冲击了宏观经济、社会，对企业（组织）、家庭、个人的生产方式、

---

① 习近平总书记在经济界委员联组会上的重要讲话，《人民日报》2020年5月24日。

生活方式也产生了重大影响。就企业而言，生产方式发生变化，线上销售模式发展迅速；就个人和家庭而言，人际沟通被迫中断，要尽可能最大限度地降低疫情对个人心理的创伤。而患者及其家属的身体修复、心理修复，也对社会和专业的智库机构提出了巨大的服务需求。就智库本身而言，研究手段、成果发布方式都将产生重大变化。

今天看来，中国特色新型智库经过近年来的建设，已经取得了很大成效。但与全球顶尖智库相比，中国智库在研究内容、技术手段、传播方式等方面仍存在一定差距。一方面，专业化智库是未来智库建设、发展的主要方向；另一方面，如何评价智库，这仍然是需要深入探讨的话题。尤其是对于智库影响力的评价，其机构及成果的流量影响力对其社会影响力的发挥影响巨大。因此，各类智库在至今尚未结束的抗击新冠肺炎疫情战疫中的表现应成为重要的评价智库的考量指标。

本版名录，我们恪守对智库一贯的定义，即“智库”指公共事务决策咨询机构，独立于决策部门，对政治、经济、外交、国防、科技、社会等方面的问题进行专题研究，为决策机构估计形势、确定目标、制定政策提供建设性的决策依据和决策方案，并进行决策评估和政策解读。“内脑”（如国务院研究室）及以学术研究、教学、培训、管理咨询等为主的机构不属于我们定义的智库，坚持不收入名录。同时，港澳台智库继续空缺。

由于条件所限，《中国智库名录》收录的范围仅包括：党政系统省部级以上机构所属智库，国家级科研机构研究所或院级以上研究中心智库，双一流高校智库及其他高校智库，社会团体、民办非企业、企业智库，合作智库，高端智库，平台智库，智库研究与评价机构，以及其他有较大社会影响力的皮书研创团队智库。

是否实体机构不作为我们收录的绝对标准，因为部分非实体机构，特别是实体机构设立的非实体部门，通过完成委托项目、提供政策建议、上级机构（或人员所在单位）支持、国际资助等途径获取资金，长期关注特定领域研究，通过协调有实力的各相关力量完成智库成果。例如，科研院所的非实体中心正是为研究某一特定问题而设立，高校设立的非实体中心则可以集全校甚至校外力量展开智库研究。一些非实体机构往往能够利用其较强的资源整合能力而创作出高质量的智库成果，并已具有一定的影响力。因此，我们收录了部分承担智库研究类项目、有智库成果、有一定影响力的非实体机构。

《中国智库名录 No. 4》修订的内容主要有：新收录 189 家智库；删除了已注销或者经判断不再符合条件的机构 43 家；对上一版智库名录基础信息进行了更新与修正；增加部分双一流高校智库。全书共收录 1537 家智库，信息主要来源于智库官网、网络等公开渠道和机构调查数据。信息采集截止时间为 2020 年 2 月 29 日。

需要说明的是，我们将不断更新与完善中国智库基础信息，实现中国智库信息采集与整理的专业化。但是，中国智库现状十分复杂，名录收集及判定工作任务艰巨。有些研究机构仅从名称上难以判断其是否具备智库功能；有的机构从名称上看属于智库，但是实际上不具备智库功能；有的机构从名称上看不属于智库，但是具备部分智库功能。特别是社会智库范围宽泛庞杂，特质各异，情况更加复杂。我们在大量主动收集工作的基础上，向相关机构发出调查函，虽有诸多回复，但仍有部分遗漏。有的智库虽然有一定的知名度，但因为公开数据缺乏也无法收录其中。受水平及条件所限，尽管我们已经做出了巨大努力，本名录不可避免地会错漏一部分智库和一些智库的部分基础信息。敬请相关智库给予理解和包容。希望通过公开发布，广大智库将错漏的信息反馈给我们，我们将在第五版时予以修订。

2020 年 5 月

（作者系中国社会学会秘书长、社会科学文献出版社社长）

联系方式

欢迎智库提供本单位的相关信息。

联 系 人：陈　青

联系电话：010 – 59366421

传　　真：010 – 59367224

电子邮件：ThinkTankresearch@ ssap. cn

通信地址：北京市西城区北三环中路甲 29 号院华龙大厦 A 座 1206 室

《中国智库名录》编辑部

邮政编码：100029

声　明

社会科学文献出版社皮书研究院在对本名录所收录智库的相关信息进行整理时，均已注明信息来源，对信息的内容与其来源是否匹配进行比对，保证两者匹配的准确性。信息内容的准确性由信息原始来源方负责。因数据整理录入失误造成的信息失实，由社会科学文献出版社皮书研究院负责。

社会科学文献出版社皮书研究院对智库名录的收集与整理工作投入了大量的人力、物力与财力，但受条件所限，难免存在疏漏与不足之处，欢迎社会各界人士批评指正！

出版说明

一　智库中英文名称确定标准

以智库官网公布的信息为准，并参考其主管单位官网信息。

二　主管单位确定标准

结合中国的行政管理体制，并以智库官网公布信息为准。

三　成立时间确定标准

以智库官网公布信息为准，其中，智库名称发生变化的，如果仅改名，改名前的时间记为机构的成立时间；机构联合重组的，按照联合重组前的时间记；撤销后重建或停办后恢复的，重建或恢复日期记为成立时间；前身的成立时间不记为机构的成立时间。一般采取“××××年××月”的形式。

四　第一负责人确定标准

一般指现任第一负责人。院长、所长、主任、会长等记为第一负责人；没有院长、所长、主任、会长但是有执行院长、执行所长、执行主任、执行会长的机构，将执行院长、执行所长、执行主任、执行会长记为第一负责人；创制主任和主任同时出现，创制主任为第一负责人；名誉院长、名誉所长、名誉主任、名誉会长等不记为第一负责人。如果第一负责人担任中央领导职务，则将无中央领导职务的排名第一的负责人记为第一负责人。

五　办公地址确定标准

指办公地址而非通信地址，一般采取“××省（自治区、直辖市）××市××区××路”（邮政编码）的形式。除党校（行政学院）外，每家机构限列一个办公地址，一般以机构公布的第一个地址或以总部所在地址为准。

考虑到读者的阅读习惯，将办公地址中的“广西壮族自治区”简称为“广西"，"内蒙古自治区"简称为"内蒙古"，"宁夏回族自治区"简称为"宁夏"，"新疆维吾尔自治区"简称为"新疆"，"西藏自治区"简称为"西藏"。

六　电话（传真、邮箱）确定标准

一般以机构官网公布的联系电话（传真、邮箱）为准，若未公布机构联系电话，则以机构办公室的电话（传真、邮箱）或者第一负责人的电话（传真、邮箱）为准。每家机构限列一个电话（传真、邮箱）。

七　合作机构确定标准

合作机构指合作建立智库的政府部门、科研院所、高校、企业、社会组织等机构，一般以智库官网信息为准。

八　缺失信息展示方式

缺失信息或未采集到信息的条目内容显示为空白。

九　智库排序方式

智库详情页按智库名称汉语拼音排序。

十　索引制作方法

1. 智库类别索引

先按政府部门智库、政党系统智库、科研院所智库、高校智库、社会智库、合作智库，以及高端智库、智库研究与评价机构分类并排序，同类智库再按智库名称汉语拼音排序。

2. 地区索引

根据智库注册地址或第一办公地址，按地区进行排序。地区排序中，先排4个直辖市，其余省区按汉语拼音排序，同类智库再按智库名称汉语拼音排序。

十一　特别说明

根据国家机构改革方案，同级党校、行政学院合并，合并后的党校（行政学院）的地址、电话等信息应为一个，但目前部分党校、行政学院的合并尚未完成，或者截至出版前官网信息尚未更新，所以，部分党校（行政学院）的相关信息包含两个，按照党校信息（行政学院信息）的形式展示。

智库信息

A

1 21世纪教育研究院
21st Century Education Research Institute

所属类别 / 社会智库—民办非企业
主管单位 /
成立时间 / 2002年
第一负责人 / 杨东平
合作机构 /
办公地址 / 北京市海淀区倒座庙1号院D座1层（100080）
电话(传真) / 010－62236842（010－62234332）
邮　　箱 / editor@21cedu.cn
网　　址 / http://www.21cedu.org
主要研究领域:
教育公共政策；教育创新；教育改革

2 阿里研究院
Ali Research

所属类别 / 社会智库—企业
主管单位 / 阿里巴巴集团
成立时间 / 2007年4月
第一负责人 / 高红冰
合作机构 /
办公地址 / 北京市朝阳区望京东园四区9号楼阿里中心望京A座35层（100102）
电话(传真) / 010－65986000
邮　　箱 / aliresearch@alibaba－inc.com
网　　址 / http://www.aliresearch.com
主要研究领域:
电子商务生态；产业升级；宏观经济

3 安邦咨询
Anbound Group

所属类别 / 社会智库—企业
主管单位 /
成立时间 / 1993年
第一负责人 / 陈琛云
合作机构 /
办公地址 / 北京市经济技术开发区运成街2号泰豪智能大厦B座8层（100176）
电话(传真) / 010－56763000（010－56763059）
邮　　箱 / aic@anbound.com.cn
网　　址 / http://www.anbound.info
主要研究领域:
财经、公共政策和风险领域的信息分析与咨询

A

4 安徽大学财政税收与公共政策研究中心

所属类别 / 高校智库
主管单位 / 安徽大学
成立时间 /
第一负责人 / 李光龙
合作机构 /
办公地址 / 安徽省合肥市蜀山区九龙路 111 号安徽大学磬苑校区社科 D 楼 506 室（230601）
电话(传真) / 0551 - 63861143
邮　　箱 / 674035711@ qq. com
网　　址 / http://www1. ahu. edu. cn/czss
主要研究领域：
财政税收；公共政策；公共管理；税收筹划；经济法制；财税制度

5 安徽大学长三角经济社会发展研究中心

所属类别 / 高校智库
主管单位 / 安徽大学
成立时间 / 2008 年 11 月
第一负责人 / 荣兆梓
合作机构 /
办公地址 / 安徽省合肥市蜀山区九龙路 111 号安徽大学磬苑校区社科楼 D 楼（230601）
电话(传真) / 0551 - 63861710
邮　　箱 /
网　　址 / http://csj. ahu. edu. cn
主要研究领域：
泛长三角区域经济社会发展；泛长三角区域协调机制；产业发展与城市化互动；区域创新

6 安徽大学高等教育研究所
The Institute of Higher Education at Anhui University

所属类别 / 高校智库
主管单位 / 安徽大学
成立时间 / 2005 年 11 月
第一负责人 / 张晶
合作机构 /
办公地址 / 安徽省合肥市蜀山区肥西路 3 号（230039）
电话(传真) / 0551 - 65107046
邮　　箱 / gjs@ ahu. edu. cn
网　　址 / http://ihe. ahu. edu. cn
主要研究领域：高等教育管理；高等教育改革与发展；高等学校稳定机制

7 安徽大学淮河流域环境与经济社会发展研究中心

所属类别/高校智库
主管单位/安徽大学
成立时间/2009年9月
第一负责人/张崇旺
合作机构/
办公地址/安徽省合肥市蜀山区肥西路3号（230039）
电话(传真)/
邮　　箱/596372671@qq.com
网　　址/http://hhyjzx.ahu.edu.cn
主要研究领域：
淮河流域经济社会发展；淮河流域环境与灾害治理；淮河流域政治变迁与思想文化

8 安徽大学经济法制研究中心
Anhui University Economic Legalsystem Research Center

所属类别/高校智库
主管单位/安徽大学
成立时间/2002年9月
第一负责人/华国庆
合作机构/
办公地址/安徽省合肥市经济开发区九龙路111号安徽大学磬苑校区社科A楼（法学院）507、508室（230601）
电话(传真)/0551-63861932（0551-63861932）
邮　　箱/ahdx2007@126.com
网　　址/http://jjfz.ahu.edu.cn
主要研究领域：
宏观调控法；市场规制法；经济法主体制度

9 安徽大学拉丁美洲研究所
Institute of Latin America Studies at Anhui University

所属类别/合作智库—中外合作
主管单位/安徽大学
成立时间/2013年8月
第一负责人/范和生
合作机构/安徽大学、苏里南共和国
办公地址/安徽省合肥市蜀山区肥西路3号（230039）
电话(传真)/0551-65107107
邮　　箱/fhs117@sina.com
网　　址/http://ilas.ahu.edu.cn
主要研究领域：
拉美政治、经济、历史、文化、社会、生态、族群和妇女问题

10 安徽大学农村社会发展研究中心
Research Center for Social Development in Rural Areas of Anhui University

所属类别 / 高校智库
主管单位 / 安徽大学
成立时间 / 2003 年 10 月
第一负责人 / 王邦虎
合作机构 /
办公地址 / 安徽省合肥市蜀山区肥西路 3 号（230039）
电话(传真) / 0551 - 65108525（0551 - 65106014）
邮　　箱 / sunzhf - a@ 163. com
网　　址 / http://rsdrc. ahu. edu. cn
主要研究领域：
农村社会发展

11 安徽经济管理（干部）学院

所属类别 / 政府部门智库—省/区/市政府所属
主管单位 / 安徽省政府
成立时间 / 1983 年
第一负责人 / 张 永
合作机构 /
办公地址 / 安徽省合肥市包河区望江东路 115 号（230059）
电话(传真) / 0551 - 63414447
邮　　箱 /
网　　址 / http://www. ahsa. edu. cn
主要研究领域：
政府管理；依法行政

12 安徽省人民政府参事室
Counsellors' Office of the Anhui Provincial People's Government

所属类别 / 政府部门智库—省/区/市政府所属
主管单位 / 安徽省政府
成立时间 /
第一负责人 / 白和平
合作机构 /
办公地址 / 安徽省合肥市包河区中山路 1 号省行政中心 2 号楼（230001）
电话(传真) / 0551 - 62601757
邮　　箱 / ahsrmzfcss@ 163. com
网　　址 / http://www. ahcss. gov. cn
主要研究领域：
安徽省发展战略

13 安徽省人民政府发展研究中心
Development Research Center of Anhui Provincial People's Government

所 属 类 别 / 政府部门智库—省/区/市政府所属
主 管 单 位 / 安徽省政府
成 立 时 间 /
第一负责人 /
合 作 机 构 /
办 公 地 址 / 安徽省合肥市包河区中山路 1 号省行政中心 1 号楼 8 层 (230001)
电话(传真) / 0551 - 62663533
邮　　箱 / ahfzyjzx@ sina. com
网　　址 / http://www. dss. gov. cn/
主要研究领域:
宏观经济; 产业经济; 财政金融; 国际经济; 农村经济; 社会发展

14 安徽省社会科学界联合会
Anhui Province Federation of Social Sciences

所 属 类 别 / 社会智库—社会团体
主 管 单 位 / 中共安徽省委
成 立 时 间 / 1958 年 7 月
第一负责人 / 马雷
合 作 机 构 /
办 公 地 址 / 安徽省合肥市包河区徽州大道 1009 号社科大楼 2 层 (230053)
电话(传真) / 0551 - 63417233 (0551 - 63411194)
邮　　箱 / ahsklbgs@ 163. com
网　　址 / http://www. ahskj. org. cn
主要研究领域:
全面深化改革; 美好安徽

15 安徽省社会科学院
AnHui Academy of Social Sciences

所 属 类 别 / 科研院所智库
主 管 单 位 / 安徽省政府
成 立 时 间 / 1978 年
第一负责人 / 曾凡银
合 作 机 构 /
办 公 地 址 / 安徽省合肥市包河区卫岗美菱大道 131 号 (230002)
电话(传真) / 0551 - 63438366
邮　　箱 / ahsky3438321@ 126. com
网　　址 / http://www. aass. ac. cn
主要研究领域:
经济社会发展战略; 城乡经济; 新闻传播; 当代安徽; 安徽旅游; 文化扶贫; 企业管理创新; 房地产; 社会结构与分层

B

16 包头市社会科学院

所 属 类 别 / 科研院所智库
主 管 单 位 / 中共包头市委、中共包头市人民政府
成 立 时 间 /
第一负责人 / 梁义光
合 作 机 构 /
办 公 地 址 / 内蒙古包头市九原区开元大街 1 号市党政机关办公楼 9 楼 C 区（014060）
电话(传真) / 0472 - 5619410
邮　　箱 /
网　　址 / http://www.btskw.com.cn
主要研究领域：
包头市经济社会发展；改革开放和现代化建设中重大理论和实践问题；哲学社会科学

17 北京城市发展研究院
Beijing Urban Development Research Institute

所 属 类 别 / 科研院所智库
主 管 单 位 /
成 立 时 间 / 1984 年
第一负责人 / 金良浚
合 作 机 构 /
办 公 地 址 / 北京市西城区复兴门内大街 45 号 3 号楼 5 层（100801）
电话(传真) / 010 - 66094248（010 - 66094247）
邮　　箱 / city100801@163.com
网　　址 / http://www.citydlp.com
主要研究领域：
城镇发展战略规划；名城名镇与文化遗产保护；生态文明与环境建设

18 北京城市运行与发展研究中心
Capital Center for City Operations and Development Research

所 属 类 别 / 合作智库—政研合作
主 管 单 位 / 中国科学院
成 立 时 间 / 2008 年 5 月
第一负责人 / 陈锐
合 作 机 构 / 北京市市政市容管理委员会、中国科学院科技政策与管理科学研究所
办 公 地 址 / 北京市海淀区中关村北一条 15 号（100190）
电话(传真) / 010 - 59358514
邮　　箱 / cccod@casipm.ac.cn
网　　址 /
主要研究领域：
城市运行与发展战略

19 北京大军智库经济咨询有限公司
Dajun Think Tank for Economy and Politics, Beijing

所 属 类 别 / 社会智库—企业
主 管 单 位 /
成 立 时 间 / 2001 年 9 月
第一负责人 / 仲大军
合 作 机 构 /
办 公 地 址 / 北京市西城区温家街 2 号（100031）
电话(传真) / 010 - 63071372
邮 箱 / zdjun@263. net
网 址 / http://www. dajunzk. com
主要研究领域:
国内外政治经济形势；市场变化；重大社会问题

20 北京大学 - 林肯研究院城市发展与土地政策研究中心
Peking University - Lincoln Institute Center for Urban Development and Land Policy

所 属 类 别 / 合作智库—中外合作
主 管 单 位 /
成 立 时 间 / 2007 年 10 月
第一负责人 / 刘志
合 作 机 构 / 北京大学、美国林肯土地政策研究院
办 公 地 址 / 北京市海淀区颐和园路 5 号北京大学廖凯原楼 508 室（100871）
电话(传真) / 010 - 62756535（010 - 62757884）
邮 箱 / contactus@plc. pku. edu. cn
网 址 / http://plc. pku. edu. cn
主要研究领域:
房地产税与公共财政；土地政策；住房政策；城市发展与规划；环境与可持续发展

21 北京大学财经法研究中心
Peking University Fiscal Law Research Center

所 属 类 别 / 高校智库
主 管 单 位 / 北京大学
成 立 时 间 / 2003 年 12 月
第一负责人 / 刘剑文
合 作 机 构 /
办 公 地 址 /
电话(传真) /
邮 箱 /
网 址 / http://www. cftl. cn/
主要研究领域:
财税法

22 北京大学法治与发展研究院
Law & Development Academy, Peking University

所属类别 / 高校智库
主管单位 / 北京大学
成立时间 / 2011 年 5 月
第一负责人 / 张守文
合作机构 /
办公地址 / 北京市海淀区颐和园路 5 号北京大学法学院四合院（100871）
电话(传真) / 010 - 62756486（010 - 62756486）
邮　　箱 / lda@ pku. edu. cn
网　　址 / http://www. pkulda. cn
主要研究领域：
经济与社会协调发展、可持续性发展、政治体制改革、国家统一和地方自治、城乡统筹、国际关系、国际贸易、公共安全、人权保障等法律问题

23 北京大学非洲研究中心
Center for African Studies of Peking University

所属类别 / 高校智库
主管单位 / 北京大学
成立时间 / 1998 年
第一负责人 / 李安山
合作机构 /
办公地址 / 北京市海淀区颐和园路 5 号（100871）
电话(传真) /
邮　　箱 /
网　　址 / http://caspu. pku. edu. cn
主要研究领域：
非洲政治与经济；非洲社会与发展；非洲历史与考古；非洲文学与文化；非洲与世界；中非关系；世界文明

24 北京大学港澳研究中心
Center for Hong Kong and Macau Studies, Peking University

所属类别 / 高校智库
主管单位 / 北京大学
成立时间 / 1994 年
第一负责人 / 饶戈平
合作机构 /
办公地址 / 北京市海淀区颐和园路 5 号北京大学静园一院（100871）
电话(传真) / 010 - 62751978（010 - 62751978）
邮　　箱 / hkmcstudies@ 163. com
网　　址 /
主要研究领域：港澳问题

B

25 北京大学公共传播与社会发展研究中心
Center for Public Communication and Social Development

所 属 类 别 / 高校智库
主 管 单 位 / 北京大学
成 立 时 间 / 2012 年 11 月
第一负责人 / 师曾志
合 作 机 构 /
办 公 地 址 / 北京市海淀区颐和园路 1 号北大资源宾馆 1501 室（100871）
电话(传真) /
邮　　箱 / pcsd@ pku. edu. cn
网　　址 / http://pcsdpku. com/
主要研究领域:
公益传播、公共传播、传播哲学、国学经典与智慧传播、生命传播

26 北京大学公共治理研究所

所 属 类 别 / 高校智库
主 管 单 位 / 北京大学
成 立 时 间 / 2019 年 9 月
第一负责人 / 燕继荣
合 作 机 构 /
办 公 地 址 /
电话(传真) /
邮　　箱 /
网　　址 /
主要研究领域:
公共管理；政治

27 北京大学国际安全与和平研究中心
Center for International Security and Peace Studies, Peking University

所 属 类 别 / 高校智库
主 管 单 位 / 北京大学
成 立 时 间 / 1998 年 6 月
第一负责人 / 梁守德
合 作 机 构 /
办 公 地 址 /
电话(传真) /
邮　　箱 /
网　　址 / http://www. cisap. pku. edu. cn
主要研究领域:
国际安全与国家安全；国际安全与和平；国际安全与防务

28 北京大学国际经济研究所
Institute of International Economic Research，Peking University

所属类别 / 合作智库—校社合作
主管单位 / 北京大学
成立时间 / 1997 年
第一负责人 / 王跃生
合作机构 / 北京大学经济学院、香港尚贤教育机构
办公地址 / 北京市海淀区颐和园路 5 号（100871）
电话(传真) / 010 - 62751462
邮　箱 / fafe@ pku. edu. cn
网　址 /
主要研究领域：
全球化条件下的中国经济发展；当代国际经济；中国对外开放的宏观、微观经济问题

29 北京大学国际战略研究院
The Institute of International and Strategic Studies，Peking University

所属类别 / 高校智库
主管单位 / 北京大学
成立时间 / 2013 年 10 月
第一负责人 / 王缉思
合作机构 /
办公地址 / 北京市海淀区颐和园路 5 号（100871）
电话(传真) / 010 - 62756376（010 - 62753063）
邮　箱 / IISS@ pku. edu. cn
网　址 / http://www. iiss. pku. edu. cn
主要研究领域：
世界政治；国际安全；国家战略；中国外交；大国战略；地区安全；全球治理

30 北京大学国际政治经济研究中心
Center for International Political Economy，Peking University

所属类别 / 高校智库
主管单位 / 北京大学
成立时间 / 2001 年
第一负责人 / 王勇
合作机构 /
办公地址 / 北京市海淀区颐和园路 5 号北京大学国际关系学院大楼 B201 室（100871）
电话(传真) / 010 - 62756057（010 - 62751639）
邮　箱 / yowang@ pku. edu. cn
网　址 / http://www. ipe. sis. pku. edu. cn
主要研究领域：
中国对外经贸战略与策略；国际竞争政策；国家发展战略；国际政治、经济和安全战略

31 北京大学国际知识产权研究中心

The Institute for International Intellectual Property of Peking University

所 属 类 别 / 高校智库
主 管 单 位 / 北京大学
成 立 时 间 / 2008 年 12 月
第一负责人 / 易继明
合 作 机 构 /
办 公 地 址 / 北京市海淀区颐和园路 5 号北京大学理科 5 号楼 415 室（100871）
电话(传真) / 010 – 62756064 （010 – 62754023）
邮　　箱 / kjyfl_ bj@ 126. com
网　　址 /
主要研究领域:
知识产权；科技与法律；国家知识产权战略

32 北京大学国家发展研究院

National School of Development, Peking University

所 属 类 别 / 高端智库，高校智库
主 管 单 位 / 北京大学
成 立 时 间 / 2008 年 10 月
第一负责人 / 姚洋
合 作 机 构 /
办 公 地 址 / 北京市海淀区颐和园路 5 号（100871）
电话(传真) / 010 – 62759033 （010 – 62751474）
邮　　箱 / webmaster@ nsd. pku. edu. cn
网　　址 / http://nsd. pku. edu. cn/
主要研究领域:
人口政策；经济结构调整；政府与市场关系；土地问题

33 北京大学国家现代公共文化研究中心

所 属 类 别 / 高校智库
主 管 单 位 / 北京大学
成 立 时 间 / 2015 年 11 月
第一负责人 /
合 作 机 构 /
办 公 地 址 /
电话(传真) /
邮　　箱 /
网　　址 /
主要研究领域:
文化改革；现代公共文化服务体系建设

B

34 北京大学国家治理协同创新中心
Co - innovation Center for State Governance

所 属 类 别 / 高校智库
主 管 单 位 / 北京大学
成 立 时 间 / 2013 年 12 月
第一负责人 / 王浦劬
合 作 机 构 / 复旦大学、吉林大学、中山大学、中国财政科学研究院
办 公 地 址 / 北京市颐和园路 5 号北京大学廖凯原楼 3 层（100871）
电话(传真) / 010 - 62767093（010 - 62754257）
邮　　箱 /
网　　址 / http://www.cicsg.pku.edu.cn
主要研究领域:
文化政策

35 北京大学汇丰金融研究院
The HSBC Financial Research Institute at Peking University

所 属 类 别 / 合作智库—中外合作
主 管 单 位 / 北京大学
成 立 时 间 / 2008 年 12 月
第一负责人 / 海闻
合 作 机 构 / 北京大学、汇丰银行慈善基金会
办 公 地 址 / 广东省深圳市南山区西丽大学城（518055）
电话(传真) / 0755 - 26033507
邮　　箱 / hfri@phbs.pku.edu.cn
网　　址 / http://hfri.phbs.pku.edu.cn
主要研究领域:
国际金融体制改革；中国金融业发展；中国金融政策

36 北京大学教育经济研究所
Institute of Economics of Education, Peking University

所 属 类 别 / 高校智库
主 管 单 位 / 北京大学
成 立 时 间 / 1999 年
第一负责人 / 闵维方
合 作 机 构 /
办 公 地 址 / 北京市海淀区颐和园路 5 号（100871）
电话(传真) / 010 - 62756141
邮　　箱 / netgroup@gse.pku.edu.cn
网　　址 / http://iee.gse.pku.edu.cn
主要研究领域:
教育经济与财政；教育管理

37 北京大学教育信息化国际研究中心

International Research Center for Education and Information, Peking University

所 属 类 别 / 高校智库
主 管 单 位 / 北京大学
成 立 时 间 / 2009 年 12 月
第一负责人 / 贾积有
合 作 机 构 /
办 公 地 址 /
电话(传真) /
邮　　箱 / pkueic@ 163. com
网　　址 / http://ei. pku. edu. cn
主要研究领域:
语言和文化教育与信息技术关系; 教育管理与决策信息化

38 北京大学金融信息化研究中心

PKU – ACOM Financial Information Research Center

所 属 类 别 / 高校智库
主 管 单 位 / 北京大学
成 立 时 间 /
第一负责人 / 陈钟
合 作 机 构 /
办 公 地 址 / 北京市海淀区中关村北大街 151 号资源大厦 1011 室 (100080)
电话(传真) / 010 – 58876781 (010 – 58876782)
邮　　箱 /
网　　址 / http://www. pafirc. pku. edu. cn
主要研究领域:
个人金融消费体系; 个人信用系统

39 北京大学金融与产业发展研究中心

所 属 类 别 / 高校智库
主 管 单 位 / 北京大学
成 立 时 间 / 2005 年 8 月
第一负责人 / 何小锋
合 作 机 构 /
办 公 地 址 / 北京市海淀区颐和园路 5 号北京大学经济学院 342 室 (100871)
电话(传真) / 010 – 62753889 (010 – 62753889)
邮　　箱 /
网　　址 /
主要研究领域:
金融与产业; 产业竞争力; 金融体制改革

B

40 北京大学经济研究所

所 属 类 别 / 高校智库
主 管 单 位 / 北京大学
成 立 时 间 / 1985 年
第一负责人 / 睢国余
合 作 机 构 /
办 公 地 址 / 北京市海淀区颐和园路 5 号北京大学经济学院 227 室 （100871）
电话(传真) / 010 – 62767607 （010 – 62767607）
邮　　箱 / jingjiyanjiusuo@ pku. edu. cn
网　　址 /
主要研究领域：
中国宏观经济；中国经济改革和发展；中国社会主义市场经济；转轨经济；货币经济学

41 北京大学经济与人类发展研究中心

Center for Human and Economic Development Studies, Peking University

所 属 类 别 / 高校智库
主 管 单 位 / 北京大学
成 立 时 间 / 2005 年 12 月
第一负责人 / 夏庆杰
合 作 机 构 /
办 公 地 址 / 北京市海淀区颐和园路 5 号北京大学经济学院 242 室 （100871）
电话(传真) / 010 – 62753163 （010 – 62753163）
邮　　箱 / cheds_ pku@ 163. com
网　　址 / http://www. cheds. pku. edu. cn
主要研究领域：
经济与人类发展；贫困与收入差距测算；国际发展援助；健康问题

42 北京大学流通经济与管理研究中心

所 属 类 别 / 高校智库
主 管 单 位 / 北京大学
成 立 时 间 / 2009 年 5 月
第一负责人 / 陈丽华
合 作 机 构 /
办 公 地 址 / 北京市海淀区北京大学光华管理学院 1 号楼 525 室 （100871）
电话(传真) / 010 – 62756249 （010 – 62756249）
邮　　箱 / chenlh@ gsm. pku. edu. cn
网　　址 /
主要研究领域：
流通经济；流通政策；流通技术；流通产业组织与管理；流通型企业创新运营模式

43 北京大学美国研究中心
American Studies Center, Peking University

所 属 类 别 / 高校智库
主 管 单 位 / 北京大学
成 立 时 间 / 1980 年
第一负责人 / 袁明
合 作 机 构 /
办 公 地 址 / 北京市海淀区颐和园路 5 号北京大学图书馆 5 层 (100871)
电话(传真) / 010 - 62751635 (010 - 62751633)
邮　　箱 / yming@ pku. edu. cn
网　　址 / http://www. asc. pku. edu. cn
主要研究领域:
美国经济; 美国教育; 美国历史; 美国法律; 美国宗教; 美国新闻传播

44 北京大学能源安全与国家发展研究中心
China Center for Energy and Development, Peking University

所 属 类 别 / 高校智库
主 管 单 位 / 北京大学
成 立 时 间 / 2011 年 6 月
第一负责人 / 徐晋涛
合 作 机 构 /
办 公 地 址 / 北京市海淀区颐和园路 5 号北京大学国家发展研究院 (100871)
电话(传真) / 010 - 62767657
邮　　箱 / eepc@ nsd. pku. edu. cn
网　　址 /
主要研究领域:
能源安全; 新能源技术; 低碳环保; 自然资源

45 北京大学欧洲研究中心
Centre for European Studies at Peking University

所 属 类 别 / 高校智库
主 管 单 位 / 北京大学
成 立 时 间 / 1996 年 12 月
第一负责人 / 李强
合 作 机 构 /
办 公 地 址 / 北京市海淀区颐和园路 5 号北京大学陈守仁国际研究中心伟利楼 206 室 (100871)
电话(传真) / 010 - 62755367 (010 - 62756875)
邮　　箱 / eucenter@ pku. edu. cn
网　　址 / http://www. ces. pku. edu. cn
主要研究领域:
欧洲语言; 欧洲文学; 欧洲历史; 欧洲哲学; 欧洲法律; 欧洲经济

B

46 北京大学贫困地区发展研究院
Institute Poverty Research, Peking University

所属类别 / 高校智库
主管单位 / 北京大学
成立时间 / 2005 年 11 月
第一负责人 / 雷明
合作机构 /
办公地址 / 北京市海淀区颐和园路 5 号北京大学光华管理学院 1 号楼 531 室 (100871)
电话(传真) / 010 - 62753279
邮　　箱 / huangsk@ pku. edu. com
网　　址 / http://pri. pku. edu. cn
主要研究领域:
可持续性减贫; 贫困地区可持续发展

47 北京大学人口研究所
Institute of Population Research, Peking University

所属类别 / 高校智库
主管单位 / 北京大学
成立时间 / 1984 年
第一负责人 / 郑晓瑛
合作机构 /
办公地址 / 北京市海淀区颐和园路 5 号经济学院大楼 2 层 (100871)
电话(传真) / 010 - 62751974 (010 - 62751974)
邮　　箱 / rkyjs@ pku. edu. cn
网　　址 / http://ipr. pku. edu. cn
主要研究领域:
人口健康与空间科学; 老龄与健康; 人口健康、环境与发展

48 北京大学人力资源开发与管理研究中心
Center for Human Resource Development and Management Research of Peking University

所属类别 / 高校智库
主管单位 / 北京大学
成立时间 / 2003 年 3 月
第一负责人 / 萧鸣政
合作机构 /
办公地址 / 北京市海淀区颐和园路 5 号北京大学政府管理学院大楼 3 层 3310 室 (100871)
电话(传真) / 010 - 62767925 (010 - 62753340)
邮　　箱 / hr@ pkuhr. com
网　　址 / http://www. pkuhr. com
主要研究领域: 人力资源开发理论与方法; 组织战略制定与规划; 人才测评与选拔; 绩效考评与管理; 人力资源管理战略与技术; 薪酬设计与管理

49 北京大学日本研究中心
Center for Japanese Studies, Peking University

所属类别／高校智库
主管单位／北京大学
成立时间／1988年4月
第一负责人／李玉
合作机构／
办公地址／北京市海淀区颐和园路5号北京大学三院（100871）
电话(传真)／010－62751971（010－62751971）
邮　　箱／cjs@pku.edu.cn
网　　址／http://web5.pku.edu.cn/cjps
主要研究领域:
日本问题

50 北京大学世界新能源战略研究中心
Centre for Global New Energy Strategy Studies, Peking University

所属类别／高校智库
主管单位／北京大学
成立时间／2011年3月
第一负责人／王缉思
合作机构／
办公地址／北京市海淀区颐和园路5号北京大学国际关系学院B座116室（100871）
电话(传真)／010－62754243（010－62754243）
邮　　箱／cgness@pku.edu.cn
网　　址／http://www.cgness.pku.edu.cn
主要研究领域:
大国能源外交和能源战略；能源安全；新能源技术与政策

51 北京大学市场经济研究中心
Market Economy Research Center of Peking University

所属类别／高校智库
主管单位／北京大学
成立时间／1996年3月
第一负责人／董志勇
合作机构／
办公地址／
电话(传真)／010－62758957
邮　　箱／admin@pku.com
网　　址／
主要研究领域：宏观市场经济培养和发展；中国企业走向市场经济中的体制改革、经营管理、市场营销、名牌战略问题

B

52 北京大学首都发展研究院
Beijing Development Institute, Peking University

所 属 类 别 / 合作智库
主 管 单 位 / 中共北京市委、北京市政府、北京大学
成 立 时 间 / 1999 年 3 月
第一负责人 / 李国平
合 作 机 构 /
办 公 地 址 / 北京市海淀区成府路 298 号方正大厦 3 层（100871）
电话(传真) / 010 - 82529539
邮　　箱 /
网　　址 / http://www.bjdi.pku.edu.cn/
主要研究领域：
城市与区域发展；京津冀协同发展；首都发展战略；空间大数据与政策模拟

53 北京大学数字中国研究院
Institute of Digital China, Peking University

所 属 类 别 / 高校智库
主 管 单 位 / 北京大学
成 立 时 间 / 2004 年
第一负责人 / 童庆禧
合 作 机 构 /
办 公 地 址 / 北京市海淀区颐和园路 5 号北京大学遥感楼 410 室（100871）
电话(传真) / 010 - 62750393
邮　　箱 / idc@pku.edu.cn
网　　址 / http://digitalchina.pku.edu.cn
主要研究领域：
政策与战略；空间数据；智慧城市；数字流域；信息化创新与治理；数字减灾与应急管理；数字家庭与智慧健康

54 北京大学文化产业研究院
Institute for Cultural Industries Peking University

所 属 类 别 / 高校智库
主 管 单 位 / 北京大学
成 立 时 间 / 1999 年 10 月
第一负责人 / 叶朗
合 作 机 构 /
办 公 地 址 / 北京市海淀区颐和园路 5 号北京大学燕南园 51 号院（100871）
电话(传真) / 010 - 62767249
邮　　箱 / ici@pku.edu.cn
网　　址 / http://www.ici.pku.edu.cn
主要研究领域：
国家文化产业创新与发展；两岸文创；文化金融；中国品牌

55 北京大学文化与国家行为研究中心
Center for Culture and National Behavior Studies, Peking University

所属类别／高校智库
主管单位／北京大学
成立时间／
第一负责人／尚会鹏
合作机构／
办公地址／北京市海淀区颐和园路5号北京大学国际关系学院大楼B102室（100871）
电话(传真)／010－62751639（010－62751639）
邮　　箱／huipengs@pku.edu.cn
网　　址／http://www.ccnbs.pku.edu.cn
主要研究领域：
文化与国际关系；危机管理；日本政治

56 北京大学宪法与行政法研究中心

所属类别／高校智库
主管单位／北京大学
成立时间／1999年12月
第一负责人／姜明安
合作机构／
办公地址／北京市海淀区颐和园路5号北京大学法学院四合院（100871）
电话(传真)／010－62760063（010－62760063）
邮　　箱／pkupubliclaw@126.com
网　　址／http://www.publiclaw.cn
主要研究领域：
宪政和行政法、公法基础理论

57 北京大学信息产业战略研究中心
Institute of Information Strategy, Peking University

所属类别／高校智库
主管单位／北京大学
成立时间／2010年5月
第一负责人／王余光
合作机构／
办公地址／北京市海淀区颐和园路5号北京大学勺园2号楼523室（100871）
电话(传真)／010－62763448（010－62763448）
邮　　箱／gxxglyjzx@pku.edu.cn
网　　址／http://iss.pku.edu.cn
主要研究领域：
信息产业战略

58 北京大学信息化与信息管理研究中心

Center for Informatization and Information Management, Peking University

所属类别 / 高校智库
主管单位 / 北京大学
成立时间 / 2009 年
第一负责人 / 王益明
合作机构 /
办公地址 / 北京市海淀区中关村北大街 151 号北京大学三院 125 室 (100871)
电话(传真) / 010 - 62760785 (010 - 82611517)
邮　　箱 / yaole@ pku. edu. cn
网　　址 / http://zt. ciotimes. com/www. pku - ciim. ciotimes. com/lxwm. html
主要研究领域:
CIO; EA; BPM; SOA; 云计算; 数字城市; 企业集团信息化管控

59 北京大学亚太研究院

The Asia - Pacific Research Institute of Peking University

所属类别 / 高校智库
主管单位 / 北京大学
成立时间 / 2002 年 3 月
第一负责人 / 吴志攀
合作机构 /
办公地址 / 北京市海淀区中关村北大街 151 号北京大学太平洋大厦 (王克桢楼) 516 室 (100871)
电话(传真) / 010 - 62756800 (010 - 62756794)
邮　　箱 / apri@ pku. edu. cn
网　　址 / http://www. apri. pku. edu. cn
主要研究领域: 亚太问题

60 北京大学政府管理研究中心

Peking University Research Center of Government Administration

所属类别 / 高校智库
主管单位 / 北京大学
成立时间 /
第一负责人 / 阎雨
合作机构 /
办公地址 / 北京市海淀区颐和园路 5 号北京大学政府管理学院 3 层 326 室 - 333 室 (100871)
电话(传真) / 010 - 62766925 (010 - 62767092)
邮　　箱 / gmc@ pku. edu. cn
网　　址 / http://www. gmc. pku. edu. cn
主要研究领域: 产业发展与政府管理关系; 政治发展与产业政策关系; 文化资源与文化产业关系

B

61 北京大学政治发展与政府管理研究所

所 属 类 别 / 高校智库
主 管 单 位 / 北京大学
成 立 时 间 / 1999 年 7 月
第一负责人 / 谢庆奎
合 作 机 构 /
办 公 地 址 / 北京市海淀区颐和园路 5 号北京大学政府管理学院（100871）
电话(传真) / 010 - 62762252 （010 - 62762242）
邮　　箱 / tling@ pku. edu. cn
网　　址 /
主要研究领域：
政治体制；政府管理；国家治理；公共管理

62 北京大学中国保险与社会保障研究中心

China Center for Insurance and Social Security Research，Peking University

所 属 类 别 / 高校智库
主 管 单 位 / 北京大学
成 立 时 间 / 2003 年 9 月
第一负责人 / 孙祁祥
合 作 机 构 /
办 公 地 址 / 北京市海淀区颐和园路 5 号北京大学经济学院 343 室（100871）
电话(传真) / 010 - 62767308 （010 - 62767308）
邮　　箱 / ccissr@ 126. com
网　　址 / http://econ. pku. edu. cn/ccissr
主要研究领域：
保险与社会保障

63 北京大学中国低碳发展研究中心

所 属 类 别 / 高校智库
主 管 单 位 / 北京大学
成 立 时 间 / 2010 年 5 月
第一负责人 / 王建国
合 作 机 构 /
办 公 地 址 / 北京市海淀区颐和园路 5 号北京大学光华管理学院 1 号楼 517 室（100871）
电话(传真) / 010 - 62769319 （010 - 62769319）
邮　　箱 / lowco2@ pku. edu. cn
网　　址 /
主要研究领域：
低碳政策和发展战略；低碳文化和环境；低碳发展理论与管理；低碳转型；新能源应用与政策；合同能源管理；碳金融与碳税

B

64 北京大学中国都市经济研究基地

所 属 类 别 / 高校智库
主 管 单 位 / 北京大学
成 立 时 间 / 2004 年 9 月
第一负责人 / 张辉
合 作 机 构 /
办 公 地 址 / 北京市颐和园路 5 号北京大学经济学院 509 室 （100871）
电话(传真) / 010 - 62751390 （010 - 62751390）
邮　　箱 / zhyandgigi@ qq. com
网　　址 / http://ccue. pku. edu. cn
主要研究领域:
城市群研究、都市产业经济、都市公共政策

65 北京大学中国国情研究中心
The Research Center for Contemporary China, Peking University

所 属 类 别 / 高校智库
主 管 单 位 / 北京大学
成 立 时 间 / 1988 年
第一负责人 / 沈明明
合 作 机 构 /
办 公 地 址 / 北京市海淀区颐和园路 5 号北京大学廖凯原楼 340 室 （100871）
电话(传真) / 010 - 62755443 （010 - 62751079）
邮　　箱 / rccc@ rcccpku. org
网　　址 / http://www. rccc. pku. edu. cn
主要研究领域:
政治、经济、社会、环境保护、公共政策、卫生、文化、交通等方面的调查

66 北京大学中国教育财政科学研究所
China Institute for Educational Finance Research, Peking University

所 属 类 别 / 合作智库—政校合作
主 管 单 位 / 财政部、教育部、北京大学
成 立 时 间 / 2005 年 10 月
第一负责人 / 闵维方
合 作 机 构 / 财政部、教育部、北京大学
办 公 地 址 / 北京市海淀区颐和园路 5 号北京大学教育学院大楼 4 层 （100871）
电话(传真) / 010 - 62753138 （010 - 62756183）
邮　　箱 / ciefr@ pku. edu. cn
网　　址 / http://ciefr. pku. edu. cn
主要研究领域:
教育财政

67 北京大学中国社会科学调查中心
Institute of Social Science Survey, Peking University

所属类别 / 高校智库
主管单位 / 北京大学
成立时间 / 2006 年 9 月
第一负责人 / 李强
合作机构 /
办公地址 / 北京市海淀区颐和园路 5 号北京大学理科 5 号楼 4 层（100871）
电话(传真) / 010 - 62767908（010 - 62759641）
邮　　箱 / isss@ pku. edu. cn
网　　址 / http://www. isss. pku. edu. cn/
主要研究领域:
中国家庭追踪调查；中国健康与养老追踪调查

68 北京大学中国社会与发展研究中心
The Center for Sociological Research and Development Studies of China, Peking University

所属类别 / 高校智库
主管单位 / 北京大学
成立时间 / 1988 年 4 月
第一负责人 / 邱泽奇
合作机构 /
办公地址 / 北京市海淀区颐和园路 5 号北京大学出版社 4 层（100871）
电话(传真) / 010 - 62757985（010 - 62751922）
邮　　箱 / sachina@ sachina. pku. edu. cn
网　　址 /
主要研究领域:
中国社会运行机制与发展；社会学理论与方法；社会人类学

69 北京大学中国与世界研究中心
Center for Chinese and Global Affairs, Peking University

所属类别 / 高校智库
主管单位 / 北京大学
成立时间 / 2005 年 7 月
第一负责人 / 潘维
合作机构 /
办公地址 / 北京市海淀区颐和园路 5 号（100871）
电话(传真) /
邮　　箱 /
网　　址 /
主要研究领域:
中国与世界面临的重大问题；中国社会发展和改革开放中的突出问题

B

70 北京大学中国战略研究中心
Peking University's China Center for Strategic Studies

所 属 类 别 / 高校智库
主 管 单 位 / 北京大学
成 立 时 间 / 2004 年
第一负责人 / 叶自成
合 作 机 构 /
办 公 地 址 / 北京市海淀区颐和园路 5 号北京大学国际关系学院大楼 B115 室（100871）
电话(传真) / 010 - 62759017（010 - 62760354）
邮　　箱 / yezi0015@ sina. com
网　　址 / http://strategy. pku. edu. cn
主要研究领域：
中国大战略；发展战略；对外战略；经济战略；教育战略；国际战略；文化战略；安全战略

71 北京大学中国政治学研究中心

所 属 类 别 / 高校智库
主 管 单 位 / 北京大学
成 立 时 间 / 2015 年 12 月
第一负责人 / 俞可平
合 作 机 构 /
办 公 地 址 / 北京市海淀区颐和园路 5 号北京大学（100871）
电话(传真) / 010 - 62758864
邮　　箱 / rccp@ pku. edu. cn
网　　址 / http://www. rccp. pku. edu. cn
主要研究领域：
政治学理论；基本政治制度；政治发展战略

72 北京大学中美人文交流研究基地
Institute for China - US People - to - People Exchange, Peking University

所 属 类 别 / 高校智库
主 管 单 位 / 北京大学
成 立 时 间 / 2011 年 10 月
第一负责人 / 李岩松
合 作 机 构 /
办 公 地 址 / 北京市海淀区颐和园路 5 号北京大学国际关系学院 B317 室（100871）
电话(传真) / 010 - 62760506（010 - 62751639）
邮　　箱 / wdong@ pku. edu. cn
网　　址 / http://www. cuppe. pku. edu. cn
主要研究领域：中美教育、科技、文化、体育、妇女、青年等领域的交流问题

73 北京第二外国语学院首都对外文化贸易研究基地
Beijing Research Institute of Cultural Trade

所属类别／高校智库
主管单位／北京第二外国语学院
成立时间／2015年7月
第一负责人／李小牧
合作机构／
办公地址／北京市朝阳区定福庄南里1号（100024）
电话(传真)／010－65778155（010－65778155）
邮　　箱／
网　　址／http://brict.bisu.edu.cn
主要研究领域：
国际文化贸易基础理论建构研究；首都对外文化贸易战略政策措施体系研究；首都文化企业跨国经营与国际化发展研究

74 北京恩玖非营利组织发展研究中心

所属类别／社会智库—民办非企业
主管单位／北京市社会科学界联合会
成立时间／2010年7月
第一负责人／卢德之
合作机构／
办公地址／北京市东城区东四北大街107号科林大厦A座216室（100007）
电话(传真)／010－65691826（010－65691926）
邮　　箱／cfc@foundationcenter.org.cn
网　　址／http://www.foundationcenter.org.cn
主要研究领域：非营利组织能力建设、公信力建设、自律力建设；非营利组织行业自律标准和社会评价体系；非营利组织信息交流平台建设

75 北京方迪经济发展研究院
Beijing Fangdi Institute of Economic Development

所属类别／社会智库—民办非企业
主管单位／北京市社会科学界联合会
成立时间／2004年6月
第一负责人／赵弘
合作机构／
办公地址／北京市西城区北三环中路乙6号伦洋大厦13层（100120）
电话(传真)／010－58572828（010－58572827）
邮　　箱／zbjjlt@126.com
网　　址／http://www.fdyjy.org
主要研究领域：产业发展规划；区域发展规划；城市（城区）发展规划；园区（功能区）发展规划；总部经济发展规划；重大商业项目策划

B

76 北京服装学院首都服饰文化与服装产业研究基地
Research Center of Capital Garment Culture and Industry

所属类别／高校智库
主管单位／北京服装学院
成立时间／2004 年 9 月
第一负责人／刘元凤
合作机构／
办公地址／北京市朝阳区樱花东街甲 2 号（100029）
电话(传真)／010－64288062
邮　　箱／sxymyp@ bift. edu. cn
网　　址／http://jd. bift. edu. cn
主要研究领域：
服饰文化；艺术设计；服装市场营销及国际贸易；服装企业管理、品牌策略

77 北京工业大学北京现代制造业发展研究基地

所属类别／高校智库
主管单位／北京工业大学
成立时间／2004 年 11 月
第一负责人／刘超
合作机构／
办公地址／北京市朝阳区平乐园 100 号北京工业大学经管楼（100124）
电话(传真)／010－67392160（010－67391993）
邮　　箱／
网　　址／
主要研究领域：
产业政策；资源政策；科技政策；环境政策

78 北京工业大学高等教育研究所
Higher Education Institute of Beijing University of Technology

所属类别／高校智库
主管单位／北京工业大学
成立时间／2006 年 6 月
第一负责人／李悦
合作机构／
办公地址／北京市朝阳区平乐园 100 号（100124）
电话(传真)／010－67396335
邮　　箱／gjs@ bjut. edu. cn
网　　址／http://gjs. bjut. edu. cn
主要研究领域：
高等教育与大学管理；高校学生事务管理；高等工程教育；大学教学；现代教育技术

B

79 北京工业大学循环经济研究院

Institute of Recycling Economy，Beijing University of Technology

所 属 类 别 / 高校智库
主 管 单 位 / 北京工业大学
成 立 时 间 / 2005 年 4 月
第一负责人 / 左铁镛
合 作 机 构 /
办 公 地 址 / 北京市朝阳区平乐园 100 号（100124）
电话(传真) / 010－67396234（010－67396251）
邮　　箱 / zuoty@ bjut. edu. cn
网　　址 / http://ice. bjut. edu. cn
主要研究领域：
资源、环境与循环经济

80 北京国际城市发展研究院

International Institute for Urban Development，Beijing

所 属 类 别 / 社会智库—民办非企业
主 管 单 位 / 北京市社会科学界联合会
成 立 时 间 / 2001 年 11 月
第一负责人 / 连玉明
合 作 机 构 /
办 公 地 址 / 北京市朝阳区金台西路 2 号 3 号楼（100026）
电话(传真) / 010－85993596
邮　　箱 /
网　　址 /
主要研究领域：
城市发展；城市决策与预测；城市战略设计和行动计划

81 北京航空航天大学环境治理与可持续性科学研究所

Workshop for Environmental Governance and Sustainability Science，Beihang University

所 属 类 别 / 高校智库
主 管 单 位 / 北京航空航天大学
成 立 时 间 / 2009 年
第一负责人 / 杨立华
合 作 机 构 /
办 公 地 址 / 北京市海淀区学院路 37 号（100191）
电话(传真) / 010－82316974（010－82316974）
邮　　箱 / journeyylh@ 163. com
网　　址 /
主要研究领域：
环境治理与政策；可持续发展；集体行动；制度分析；专家学者参与性治理；多元协作治理

82 北京航空航天大学廉政研究所

所 属 类 别 / 高校智库
主 管 单 位 / 北京航空航天大学
成 立 时 间 / 2009 年 12 月
第一负责人 / 李成智
合 作 机 构 /
办 公 地 址 / 北京市海淀区学院路 37 号北京航空航天大学公共管理学院（100191）
电话(传真) / 010 - 82316729（010 - 82316729）
邮　　箱 / dzz@ buaa. edu. cn
网　　址 /
主要研究领域：防止利益冲突制度建设；惩治和预防腐败体系；科技反腐；反腐倡廉制度执行力；廉政评价

83 北京航空航天大学人文与社会科学高等研究院
Institute for Advanced Studies in Humanities and Social Sciences, Beihang University

所 属 类 别 / 高校智库
主 管 单 位 / 北京航空航天大学
成 立 时 间 / 2010 年 11 月
第一负责人 / 蔡劲松
合 作 机 构 /
办 公 地 址 / 北京市海淀区学院路 37 号北京航空航天大学办公楼西配楼 108 室（100083）
电话(传真) / 010 - 82316778
邮　　箱 / gyy29@ buaa. edu. cn
网　　址 / http://gyy. buaa. edu. cn
主要研究领域：文科精英人才培养；文科通识教育；大文科博雅教育

84 北京航空航天大学通用航空产业发展与政策研究中心
General Aviation Industry Development & Policy Research Center of Beihang University

所 属 类 别 / 合作智库—政校合作
主 管 单 位 / 北京航空航天大学
成 立 时 间 / 2010 年
第一负责人 / 高远洋
合 作 机 构 / 国家民航局运输司、北京航空航天大学、中国民航科普基金会、首都公务机公司、中国民用航空杂志社
办 公 地 址 / 北京市海淀区知春路 7 号北航致真大厦 D 座 2204 室（100191）
电话(传真) / 010 - 82315846
邮　　箱 / chnga@ sina. com
网　　址 / http://ga. buaa. edu. cn
主要研究领域：通用航空领域产业发展政策；行业监管模式和管理体系；产业发展环境；产业发展模式；运营保障系统；商业机会；商业模式；运营管理

85 北京化工大学低碳经济与管理研究中心

所 属 类 别 / 高校智库
主 管 单 位 / 北京化工大学
成 立 时 间 /
第一负责人 / 刘学之
合 作 机 构 /
办 公 地 址 / 北京市朝阳区北三环东路 15 号北京化工大学化纤楼 215 室（100029）
电话(传真) / 010 - 64434892
邮　　箱 / Liuxuezhi678@ 163. com
网　　址 / http://lowcarbon. buct. edu. cn
主要研究领域：
新能源的技术创新和产业化；碳交易和碳金融；低碳经济发展战略和产业政策；区域节能规划；碳计量和碳减排潜力评估；环境污染评价；水环境问题

86 北京化工大学运营管理与战略决策研究中心

所 属 类 别 / 高校智库
主 管 单 位 / 北京化工大学
成 立 时 间 /
第一负责人 / 辛春林
合 作 机 构 /
办 公 地 址 / 北京市朝阳区北三环东路 15 号北京化工大学化纤楼 428 室（100029）
电话(传真) / 010 - 64433890（010 - 64433890）
邮　　箱 / xinchunlin71@ gmail. com
网　　址 / http://or. buct. edu. cn
主要研究领域：
石油化工产业发展政策、战略与规划；化工物流业产业发展政策、战略与规划

87 北京交通大学北京交通发展研究基地

所 属 类 别 / 高校智库
主 管 单 位 / 北京交通大学
成 立 时 间 / 2005 年
第一负责人 / 林晓言
合 作 机 构 /
办 公 地 址 /
电话(传真) /
邮　　箱 /
网　　址 /
主要研究领域：
运输经济；物流管理

88 北京交通大学北京综合交通发展研究院

所 属 类 别 / 高校智库
主 管 单 位 / 北京交通大学
成 立 时 间 / 2016 年
第一负责人 /
合 作 机 构 /
办 公 地 址 /
电话(传真) /
邮　　箱 /
网　　址 /
主要研究领域:
面向京津冀一体化的综合交通运输体系构建; 面向京津冀一体化的智能交通体系构建

89 北京交通大学中国产业安全研究中心
China Center for Industrial Security Research

所 属 类 别 / 高校智库
主 管 单 位 / 北京交通大学
成 立 时 间 / 2007 年 11 月
第一负责人 / 李孟刚
合 作 机 构 /
办 公 地 址 / 北京市海淀区西直门外上园村 3 号北京交通大学 7 号公寓楼 (100044)
电话(传真) / 010 - 51684567 (010 - 51684567)
邮　　箱 /
网　　址 / http://www. ccisr. org
主要研究领域:
产业安全; 产业发展; 产业政策

90 北京交通大学中国企业兼并重组研究中心

所 属 类 别 / 高校智库
主 管 单 位 / 北京交通大学
成 立 时 间 / 1998 年
第一负责人 / 张秋生
合 作 机 构 /
办 公 地 址 / 北京市海淀区西直门外上园村 3 号北京交通大学机械工程楼 D601 室 (100044)
电话(传真) / 010 - 51688044 (010 - 51684079)
邮　　箱 / mergerforum@ bjtu. edu. cn
网　　址 / http://sem. bjtu. edu. cn/chinamerger/
主要研究领域:
企业兼并重组

91 北京交通发展研究院
Beijing Transportation Research Center

所 属 类 别 / 科研院所智库
主 管 单 位 /
成 立 时 间 / 2002 年 1 月
第一负责人 / 郭继孚
合 作 机 构 /
办 公 地 址 / 北京市丰台区六里桥南路甲 9 号首发大厦 A 座（100073）
电话(传真) / 010 - 57079900
邮　　箱 / dir@ bjtrc. org. cn
网　　址 / http://www. bjtrc. org. cn
主要研究领域:
北京城市交通发展战略；智能交通；交通模型

92 北京科技大学教育经济与管理研究所

所 属 类 别 / 高校智库
主 管 单 位 / 北京科技大学
成 立 时 间 / 2009 年 11 月
第一负责人 / 曲绍卫
合 作 机 构 /
办 公 地 址 / 北京市海淀区学院路 30 号北京科技大学土木环境楼 3 层（100083）
电话(传真) / 010 - 62333499
邮　　箱 /
网　　址 /
主要研究领域:
教育经济与管理；科技与教育管理

93 北京理工大学能源与环境政策研究中心
Center for Energy & Environmental Policy Research，BIT

所 属 类 别 / 高校智库
主 管 单 位 / 北京理工大学
成 立 时 间 / 2009 年
第一负责人 / 魏一鸣
合 作 机 构 /
办 公 地 址 / 北京市海淀区中关村南大街 5 号北京理工大学东门主楼 6 层（100081）
电话(传真) / 010 - 68918651（010 - 68918651）
邮　　箱 / CEEPER@ vip. 163. com
网　　址 / http://www. ceep. net. cn
主要研究领域:
能源与经济发展；能源供需预测；能源消费模式；能源可持续发展；能源技术政策

94 北京林业大学高等教育研究中心
Institute of Higher Education Beijing Forestry University

所 属 类 别 / 高校智库
主 管 单 位 / 北京林业大学
成 立 时 间 / 1999 年
第一负责人 / 崔一梅
合 作 机 构 /
办 公 地 址 / 北京市海淀区清华东路 35 号北京林业大学第四教学楼 5 层（100083）
电话(传真) / 010 - 62338398
邮　　箱 / gj@ bjfu. edu. cn
网　　址 / http://a. bjfu. edu. cn/gjyjzx/dtxx/jgdt/index. html
主要研究领域:
高等农林教育

95 北京旅游发展研究基地
Research Center for Beijing Tourism Development

所 属 类 别 / 合作智库
主 管 单 位 / 北京第二外国语学院
成 立 时 间 / 2004 年
第一负责人 / 计金标
合 作 机 构 / 北京第二外国语学院、北京市教育委员会、北京市旅游发展委员会、北京市哲学社会科学规划办公室
办 公 地 址 / 北京市朝阳区定福庄南里 1 号（100024）
电话(传真) / 010 - 65778003
邮　　箱 / rcbtd@ bisu. edu. cn
网　　址 / http://bjtourism. bisu. edu. cn
主要研究领域:
旅游经济理论；产业政策与建设；旅游规划

96 北京社会心理研究所
Beijing Institute of Social Psychology

所 属 类 别 / 政党系统智库—其他政党系统
主 管 单 位 / 中共北京市委社会工作委员会
成 立 时 间 / 1998 年
第一负责人 / 朱俊颖
合 作 机 构 /
办 公 地 址 / 北京市西城区宣武门西大街 28 号院 7 门 719（100053）
电话(传真) / 010 - 63601018（010 - 63601023）
邮　　箱 / bispa@ public3. bta. net. cn
网　　址 / http://www. bjshxlyjs. com
主要研究领域:
社会心态；社情民意；社会心理服务

B

97 北京生态文明工程研究院
Beijing Academy of Ecocivilization

所 属 类 别 / 社会智库—民办非企业
主 管 单 位 / 北京市民政局
成 立 时 间 / 2002 年
第一负责人 / 刘宗超
合 作 机 构 /
办 公 地 址 / 北京市通州区通胡大街 70 号百合湾 25 栋 1005 室（101117）
电话(传真) / 010 - 89592080
邮　　箱 / stwmclub@ stwmclub. org
网　　址 / http://www. stwmclub. org
主要研究领域:
全球经济发展；生态保护；文化传承；社会进步

98 北京师范大学出版科学研究院
Beijing Normal University Institute of publishing Science

所 属 类 别 / 合作智库—政校合作
主 管 单 位 / 北京师范大学出版集团
成 立 时 间 / 2005 年
第一负责人 / 柳斌杰
合 作 机 构 /
办 公 地 址 / 北京市海淀区新街口外大街 19 号北京师范大学教 3 楼出版科学研究院（100875）
电话(传真) / 010 - 58806196
邮　　箱 / chuban@ bnu. edu. cn
网　　址 / https://pub. bnu. edu. cn
主要研究领域:
出版业改革与发展

99 北京师范大学俄罗斯研究中心

所 属 类 别 / 合作智库
主 管 单 位 / 北京师范大学
成 立 时 间 / 2011 年
第一负责人 / 刘娟
合 作 机 构 / 教育部
办 公 地 址 / 北京市海淀区新街口外大街 19 号北京师范大学后主楼 1004（100875）
电话(传真) / 010 - 58804929（010 - 58804929）
邮　　箱 /
网　　址 / http://rus. bnu. edu. cn
主要研究领域:
俄罗斯及前苏联独联体国家研究

100 北京师范大学发展研究院
Beijing Normal University School of Development Studies

所属类别 / 高校智库
主管单位 / 北京师范大学
成立时间 / 2011 年 6 月
第一负责人 / 胡必亮
合作机构 /
办公地址 / 北京市海淀区新街口外大街 19 号北京师范大学后主楼 1728 室（100875）
电话(传真) / 010 - 58804258
邮　　箱 / sds@ bnu. edu. cn
网　　址 / http://www. sds. bnu. edu. cn
主要研究领域:
发展理论与发展政策；中国与新兴市场经济体

101 北京师范大学高等教育研究所
Beijing Normal University Institute of Higher Education

所属类别 / 高校智库
主管单位 / 北京师范大学
成立时间 / 2004 年
第一负责人 / 钟秉林
合作机构 /
办公地址 / 北京市海淀区新街口外大街 19 号北京师范大学主楼 A 区 407 室（100875）
电话(传真) / 010 - 58806407（010 - 58806407）
邮　　箱 / zhangxuedong28@ 163. com
网　　址 / http://fe. bnu. edu. cn/index27. shtml
主要研究领域:
高等教育原理；高等教育管理；学位与研究生教育；比较高等教育

102 北京师范大学国家职业教育研究院

所属类别 / 高校智库
主管单位 / 北京师范大学
成立时间 / 2011 年 2 月
第一负责人 / 黄尧
合作机构 /
办公地址 / 北京市海淀区新街口外大街 19 号（100875）
电话(传真) / 010 - 58803861
邮　　箱 /
网　　址 / http://nive. bnu. edu. cn
主要研究领域:
职业教育的国家战略、国家制度和国家政策

103 北京师范大学经济与资源管理研究院
Beijing Normal University School of Economics and Resource Management

所属类别／高校智库
主管单位／北京师范大学
成立时间／2001 年 6 月
第一负责人／关成华
合作机构／
办公地址／北京市海淀区新街口外大街 19 号北京师范大学后主楼 17 层经济与资源管理研究院（100875）
电话(传真)／010 - 58805462
邮　　箱／jzy@ bnu. edu. cn
网　　址／http://serm. bnu. edu. cn
主要研究领域：
宏观经济理论；区域经济与城市经济

104 北京师范大学流动儿童教育问题研究中心

所属类别／高校智库
主管单位／北京师范大学
成立时间／2006 年 11 月
第一负责人／张燕
合作机构／
办公地址／
电话(传真)／
邮　　箱／zhangxuedong28@ 163. com
网　　址／http://fe. bnu. edu. cn/index46. shtml
主要研究领域：
学前教育事业发展与体制改革；社区学前教育；非正规学前教育；弱势儿童教育；流动儿童学前教育

105 北京师范大学人本发展与管理研究中心
Research Center for Human Resource Development and Management, Beijing Normal University

所属类别／高校智库
主管单位／北京师范大学
成立时间／2006 年
第一负责人／李宝元
合作机构／
办公地址／北京市海淀区新街口外大街 19 号北京师范大学新主楼 1626 室（100875）
电话(传真)／010 - 58807634（010 - 58807634）
邮　　箱／byli@ 163. com
网　　址／http://rchrdm. bnu. edu. cn
主要研究领域：人力资源开发与管理

106 北京师范大学首都教育经济研究院
Beijing Normal University Capital Institute for Economics of Education

所属类别 / 高校智库
主管单位 / 北京师范大学
成立时间 / 2003 年
第一负责人 / 王善迈
合作机构 /
办公地址 / 北京市海淀区新街口外大街 19 号北京师范大学科技楼 C 区 3 层（100875）
电话(传真) /
邮　　箱 /
网　　址 / http://www.ciee.bnu.edu.cn
主要研究领域：
教育经济；教育财政；劳动经济

107 北京师范大学新兴市场研究院
Emerging Markets Institute, Beijing Normal University

所属类别 / 合作智库—中外合作
主管单位 / 北京师范大学
成立时间 / 2011 年 12 月
第一负责人 / 胡必亮
合作机构 / 北京师范大学、新兴市场论坛
办公地址 / 北京市海淀区新街口外大街 19 号北京师范大学京师学堂 2 层（100875）
电话(传真) / 010 - 58804258
邮　　箱 / emi@bnu.edu.cn
网　　址 / http://emi.bnu.edu.cn
主要研究领域：
新兴市场发展

108 北京师范大学政府管理研究院
Academy of Government Beijing Normal University

所属类别 / 高校智库
主管单位 / 北京师范大学
成立时间 / 2011 年
第一负责人 / 唐任伍
合作机构 /
办公地址 / 北京市海淀区新街口外大街 19 号北京师范大学主楼 B 区 501 室（100875）
电话(传真) / 010 - 58808256
邮　　箱 /
网　　址 / http://ag.bnu.edu.cn
主要研究领域：
民生问题；政府效率

109 北京师范大学中国公益研究院
China Philanthropy Research Institute, Beijing Normal University

所 属 类 别／合作智库—校社合作
主 管 单 位／北京师范大学
成 立 时 间／2010 年 6 月
第一负责人／王振耀
合 作 机 构／北京师范大学、上海李连杰壹基金
办 公 地 址／北京市海淀区新街口外大街 19 号京师大厦 1003A（100875）
电话(传真)／010－58801928（010－58801966）
邮　　箱／
网　　址／http://www.bnu1.org
主要研究领域：
公益慈善战略规划；社会福利发展规划、管理模式、业务发展、项目委托管理

110 北京师范大学中国基础教育质量监测协同创新中心

所 属 类 别／高校智库
主 管 单 位／北京师范大学
成 立 时 间／2012 年 7 月
第一负责人／
合 作 机 构／华东师范大学、华中师范大学、东北师范大学、西南大学、陕西师范大学、中国教育科学研究院、教育部考试中心、科大讯飞信息科技股份有限公司
办 公 地 址／北京市海淀区新街口外大街 19 号（100875）
电话(传真)／010－58800067（010－58800158）
邮　　箱／
网　　址／http://cicabeq.bnu.edu.cn/zzhx
主要研究领域：
基础教育政策标准体系

111 北京师范大学中国教育创新研究院
China Education Innovation Institute of BNU

所 属 类 别／社会智库—民办非企业
主 管 单 位／北京师范大学
成 立 时 间／2014 年 12 月
第一负责人／刘坚
合 作 机 构／
办 公 地 址／北京市海淀区新街口外大街 19 号京师大厦 9901 室（100875）
电话(传真)／010－58803910
邮　　箱／cnc2049@126.com
网　　址／http://www.cnc2049.com
主要研究领域：学校课程；学生学习；质量评价；教师发展；校长领导力

B

112　北京师范大学中国社会管理研究院
China Academy of Social Management Beijing Normal University

所 属 类 别／高校智库
主 管 单 位／北京师范大学
成 立 时 间／
第一负责人／魏礼群
合 作 机 构／
办 公 地 址／北京市海淀区新街口外大街 19 号北京师范大学后主楼 22 层（100875）
电话(传真)／010－58802885（010－58804062）
邮　　箱／casm@ bnu. edu. cn
网　　址／http://casm. bnu. edu. cn
主要研究领域：
社会管理

113　北京师范大学中国收入分配研究院
China Institute for Income Distribution, Beijing Normal University

所 属 类 别／高校智库
主 管 单 位／北京师范大学
成 立 时 间／2011 年 11 月
第一负责人／宋晓梧
合 作 机 构／
办 公 地 址／北京市海淀区新街口外大街 19 号北京师范大学京师学堂 4 层、京师大厦 9504 室（100875）
电话(传真)／
邮　　箱／
网　　址／http://www. ciidbnu. org
主要研究领域：
工资与收入分配；中国贫困问题；政策模拟与评价

114　北京师范大学中国医疗卫生政策研究院
China Institute of Health, Beijing Normal University

所 属 类 别／高校智库
主 管 单 位／北京师范大学
成 立 时 间／2011 年 5 月
第一负责人／张文康
合 作 机 构／
办 公 地 址／北京市海淀区新街口外大街 19 号（100875）
电话(传真)／
邮　　箱／
网　　址／https://cih. bnu. edu. cn/xwzx/tzgg/29200. html
主要研究领域：
农村医疗卫生服务体系；精神卫生服务模式

115 北京市朝阳区自然之友环境研究所（自然之友）

Friends of Nature

所 属 类 别 / 社会智库—民办非企业
主 管 单 位 / 北京市朝阳区科学技术委员会
成 立 时 间 / 2010 年 6 月
第一负责人 / 杨东平
合 作 机 构 /
办 公 地 址 / 北京市朝阳区裕民路 12 号华展国际公寓 C 座 406 室（100029）
电话(传真) / 010 - 56259473
邮　　箱 / office@ fonchina. org
网　　址 / http://www. fon. org. cn
主要研究领域:
固体废弃物处理技术及相关政策；固体废弃物对生态环境的影响

116 北京市党建研究会党建智库

所 属 类 别 / 政党系统智库
主 管 单 位 / 北京市党的建设研究会
成 立 时 间 / 2018 年 2 月
第一负责人 /
合 作 机 构 /
办 公 地 址 /
电话(传真) /
邮　　箱 /
网　　址 /
主要研究领域:
首都党的建设重点、难点、热点问题

117 北京市经济社会发展政策研究基地

Policy Research Base of the Economic and Social Development Beijing

所 属 类 别 / 合作智库—政校合作
主 管 单 位 / 北京市哲学社会科学规划办公室
成 立 时 间 / 2007 年 4 月
第一负责人 /
合 作 机 构 / 北京市社会科学规划办公室、首都经济贸易大学
办 公 地 址 / 北京市丰台区花乡张家路口 121 号首都经济贸易大学博纳楼 503 室（100070）
电话(传真) / 010 - 83951519
邮　　箱 / zcyanjiu@ 163. com
网　　址 /
主要研究领域:
首都经济社会发展；京津冀协同发展

B

118 北京市经济信息中心
Beijing Economic Information Centre

所 属 类 别 / 政府部门智库
主 管 单 位 / 北京市发展和改革委员会
成 立 时 间 / 1990 年 10 月
第一负责人 / 王维然
合 作 机 构 /
办 公 地 址 / 北京市通州区运河东大街 55 号院（101160）
电话(传真) / 010 - 55591399
邮　　箱 /
网　　址 / http://www.beic.org.cn
主要研究领域：
经济形势分析研究、预测预警和舆情监测

119 北京市科学技术研究院
Beijing Academy of Science and Technology

所 属 类 别 / 政府部门智库
主 管 单 位 / 北京市人民政府
成 立 时 间 / 1984 年
第一负责人 / 郭广生
合 作 机 构 /
办 公 地 址 / 北京市海淀区西三环北路 27 号（100089）
电话(传真) / 010 - 68417102
邮　　箱 / xcc@bjast.ac.cn
网　　址 / http://www.bjast.ac.cn/index.html
主要研究领域：
城市安全与治理；城市环境与生态保护；“高精尖”技术；生物医药与营养健康；科技创新智库；科学普及与传播

120 北京市人力资源研究中心

所 属 类 别 / 政党系统智库—其他政党系统
主 管 单 位 / 中共北京市委组织部
成 立 时 间 / 2005 年
第一负责人 / 于淼
合 作 机 构 /
办 公 地 址 / 北京市东城区和平里东街民旺园乙 19 号（100013）
电话(传真) / 010 - 64522279（010 - 64522280）
邮　　箱 / rucwxh@126.com
网　　址 /
主要研究领域：
人力资源

121 北京市人民政府参事室
Counsellors' Office of the Beijing Municipal People's Government

所 属 类 别 / 政府部门智库—省/区/市政府所属
主 管 单 位 / 北京市政府
成 立 时 间 / 1952 年
第一负责人 /
合 作 机 构 /
办 公 地 址 / 北京市西城区西长安街 7 号（100031）
电话(传真) / 010 - 66033769
邮　　箱 /
网　　址 / http://www.bjcss.gov.cn
主要研究领域:
北京市发展战略

122 北京市社会科学界联合会
Beijing Federation of Social Science Circles

所 属 类 别 / 社会智库—社会团体
主 管 单 位 / 中共北京市委
成 立 时 间 / 1983 年 7 月
第一负责人 / 张淼
合 作 机 构 /
办 公 地 址 / 北京市东城区安外西滨河路 19 号（100011）
电话(传真) / 010 - 64527100
邮　　箱 / info@bjskl.gov.cn
网　　址 / http://www.bjskl.gov.cn
主要研究领域:
首都改革开放、社会主义现代化建设

123 北京市社会科学院
Beijing Academy of Social Sciences

所 属 类 别 / 科研院所智库
主 管 单 位 / 中共北京市委、北京市政府
成 立 时 间 / 1978 年 8 月
第一负责人 / 王学勤
合 作 机 构 /
办 公 地 址 / 北京市朝阳区北四环中路 33 号（100101）
电话(传真) / 010 - 64870891（010 - 64872765）
邮　　箱 / beijingshekeyuan@163.com
网　　址 / http://bass-cn.bjzxcw.com
主要研究领域:
首都经济；企业文化；城市问题；文化产业；社区建设

B

124 北京体育大学冬奥文化研究中心

所 属 类 别 / 高校智库
主 管 单 位 / 北京体育大学
成 立 时 间 /
第一负责人 / 邹新娴
合 作 机 构 /
办 公 地 址 / 北京市海淀区信息路 48 号（100084）
电话(传真) / 010 – 62989586
邮　　箱 / zouxx@ bsu. edu. cn
网　　址 /
主要研究领域：奥林匹克精神与中国精神的融合；北京冬奥会重大理论和实践；奥运会对首都北京城市发展的影响；冬奥会与京津冀协调发展；奥林匹克与文化与中国文化传播发展

125 北京体育大学中国运动与健康研究院

所 属 类 别 / 高校智库
主 管 单 位 / 北京体育大学
成 立 时 间 / 2017 年 5 月
第一负责人 / 刘卉
合 作 机 构 /
办 公 地 址 / 北京市海淀区信息路 48 号（100084）
电话(传真) /
邮　　箱 /
网　　址 / https://www. bsu. edu. cn/pub/kxyjzx/index. htm
主要研究领域：
国际运动与健康科学研究

126 北京外国语大学爱尔兰研究中心
Irish Studies Center, Beijing Foreign Studies University

所 属 类 别 / 高校智库
主 管 单 位 / 北京外国语大学
成 立 时 间 / 2007 年 3 月
第一负责人 / 王展鹏
合 作 机 构 /
办 公 地 址 / 北京市海淀区西三环北路 2 号北京外国语大学东院英语学院楼 212 室（100089）
电话(传真) / 010 – 88817287（010 – 88816282）
邮　　箱 / ireland@ bfsu. edu. cn
网　　址 / https://isc. bfsu. edu. cn
主要研究领域：爱尔兰文学、文化、历史、政治、经济、国际关系的跨学科研究；中爱关系

127 北京外国语大学奥地利研究中心

所 属 类 别／高校智库
主 管 单 位／北京外国语大学
成 立 时 间／2017 年 9 月
第一负责人／
合 作 机 构／
办 公 地 址／北京市海淀区西三环北路 2 号（100089）
电话(传真)／
邮　　箱／
网　　址／
主要研究领域：
奥地利国别研究；奥地利语言、文化、社会、教育等领域研究；中奥关系研究

128 北京外国语大学澳大利亚研究中心
Australian Studies Center, Beijing Foreign Studies University

所 属 类 别／高校智库
主 管 单 位／北京外国语大学
成 立 时 间／1983 年
第一负责人／李建军
合 作 机 构／
办 公 地 址／北京市海淀区西三环北路 2 号（100089）
电话(传真)／
邮　　箱／australianstudies@ bfsu. edu. cn
网　　址／https://ausc. bfsu. edu. cn
主要研究领域：
澳大利亚语言、文化、政治、经济、社会等；中澳关系研究

129 北京外国语大学巴尔干研究中心

所 属 类 别／高校智库
主 管 单 位／北京外国语大学
成 立 时 间／2017 年
第一负责人／柯静
合 作 机 构／
办 公 地 址／北京市海淀区西三环北路 2 号（100089）
电话(传真)／
邮　　箱／
网　　址／
主要研究领域：
巴尔干地区身份认同；巴尔干地区的经济政治发展与走向；“一带一路”倡议下中国巴尔干合作研究

130 北京外国语大学保加利亚研究中心

所 属 类 别／高校智库
主 管 单 位／北京外国语大学
成 立 时 间／2018 年 4 月
第一负责人／
合 作 机 构／
办 公 地 址／北京市海淀区西三环北路 2 号（100089）
电话(传真)／
邮　　箱／
网　　址／
主要研究领域：
保加利亚语言、文学、社会、历史、文化等；中保关系研究

131 北京外国语大学北京日本学研究中心

所 属 类 别／合作智库
主 管 单 位／北京外国语大学
成 立 时 间／1985 年 9 月
第一负责人／郭连友
合 作 机 构／教育部、日本国国际交流基金
办 公 地 址／北京市海淀区西三环北路 2 号、19 号（100089）
电话(传真)／
邮　　箱／
网　　址／
主要研究领域：
日本语言、文学、文化、社会研究

132 北京外国语大学波兰研究中心

所 属 类 别／高校智库
主 管 单 位／北京外国语大学
成 立 时 间／2011 年 12 月
第一负责人／赵刚
合 作 机 构／
办 公 地 址／北京市海淀区西三环北路 2 号（100089）
电话(传真)／
邮　　箱／
网　　址／
主要研究领域：
当代波兰社会；中波关系

133 北京外国语大学丹麦研究中心

所 属 类 别 / 高校智库
主 管 单 位 / 北京外国语大学
成 立 时 间 /
第一负责人 / 王宇辰
合 作 机 构 /
办 公 地 址 / 北京市海淀区西三环北路 2 号（100089）
电话(传真) /
邮　　箱 /
网　　址 /
主要研究领域：
丹麦语言、政治、经济、文化、社会；中丹关系

134 北京外国语大学德国研究中心

所 属 类 别 / 高校智库
主 管 单 位 / 北京外国语大学
成 立 时 间 / 2015 年 3 月
第一负责人 / 王建斌
合 作 机 构 /
办 公 地 址 / 广东省佛山市新城顺德区乐从镇岭南大道 2 号中欧中心（528000）
电话(传真) / 0757 - 29398818
邮　　箱 /
网　　址 /
主要研究领域：
德语国家文学、语言学、外交、经济、法律等

135 北京外国语大学东南亚研究中心

所 属 类 别 / 高校智库
主 管 单 位 / 北京外国语大学
成 立 时 间 /
第一负责人 / 贺圣达
合 作 机 构 /
办 公 地 址 / 北京市海淀区西三环北路 2 号（100089）
电话(传真) /
邮　　箱 /
网　　址 /
主要研究领域：
东南亚十国社会文化及本地区共同问题；东南亚历史；当代东南亚政治与经济；中国与东南亚关系问题研究

B

136 北京外国语大学俄罗斯研究中心

所属类别／高校智库
主管单位／北京外国语大学
成立时间／2009 年 3 月
第一负责人／黄玫
合作机构／
办公地址／北京市海淀区西三环北路 2 号（100089）
电话(传真)／
邮　　箱／
网　　址／
主要研究领域：
俄罗斯语言、文学、社会、文化等

137 北京外国语大学二十国集团研究中心
G20 – BFSU Center, Beijing Foreign Studies University

所属类别／高校智库
主管单位／北京外国语大学
成立时间／2010 年
第一负责人／牛华勇
合作机构／
办公地址／北京市海淀区西三环北路 19 号综合楼 953（100089）
电话(传真)／010 – 88818121
邮　　箱／g20@ bfsu. edu. cn
网　　址／https://g20. bfsu. edu. cn
主要研究领域：
区域与国别经济研究

138 北京外国语大学法国研究中心

所属类别／高校智库
主管单位／北京外国语大学
成立时间／
第一负责人／
合作机构／
办公地址／北京市海淀区西三环北路 2 号（100089）
电话(传真)／
邮　　箱／
网　　址／
主要研究领域：
法国政治、经济、语言、文化、社会；中法关系研究

139 北京外国语大学法语国家与地区研究中心

所属类别／高校智库
主管单位／北京外国语大学
成立时间／2015 年 9 月
第一负责人／丁一凡
合作机构／
办公地址／北京市海淀区西三环北路 2 号（100089）
电话(传真)／010 - 88818701
邮　　箱／fayuguojia@ 163. com
网　　址／
主要研究领域：
法语国家相关语言、政治、经济、文化研究

140 北京外国语大学非洲研究中心

所属类别／高校智库
主管单位／北京外国语大学
成立时间／
第一负责人／孙晓萌
合作机构／
办公地址／北京市海淀区西三环北路 2 号（100089）
电话(传真)／
邮　　箱／
网　　址／
主要研究领域：
南非、尼日利亚、肯尼亚、坦桑尼亚、埃塞俄比亚、津巴布韦等非洲重点国别研究；非洲国家与区域研究；中非关系研究

141 北京外国语大学芬兰研究中心

所属类别／高校智库
主管单位／北京外国语大学
成立时间／2007 年 11 月
第一负责人／
合作机构／
办公地址／北京市海淀区西三环北路 2 号（100089）
电话(传真)／
邮　　箱／
网　　址／
主要研究领域：
芬兰政治、经济、文化等

B

142 北京外国语大学公共外交研究中心

所属类别 / 高校智库
主管单位 / 北京外国语大学
成立时间 / 2010 年 8 月
第一负责人 /
合作机构 /
办公地址 / 北京市海淀区西三环北路 2 号北京外国语大学东校区 1 号楼 614 室（100089）
电话(传真) / 010 - 88810852 （010 - 88810852）
邮　　箱 / cpds@ bfsu. edu. cn
网　　址 / http://cpds. bfsu. edu. cn
主要研究领域：
公共外交

143 北京外国语大学国际问题研究所

所属类别 / 高校智库
主管单位 / 北京外国语大学
成立时间 / 1992 年 1 月
第一负责人 / 丛鹏
合作机构 /
办公地址 / 北京市海淀区西三环北路 19 号北京外国语大学国际商学院 （100089）
电话(传真) /
邮　　箱 /
网　　址 /
主要研究领域：
国际政治；国际关系；世界经济；中国外交

144 北京外国语大学国际中国文化研究院
International Institute of Chinese Studies, Beijing Foreign Studies University

所属类别 / 高校智库
主管单位 / 北京外国语大学
成立时间 / 1996 年 11 月
第一负责人 / 梁燕
合作机构 /
办公地址 / 北京市海淀区西三环北路 19 号 （100089）
电话(传真) / 010 - 88816430 （010 - 88810318）
邮　　箱 /
网　　址 / https://iics. bfsu. edu. cn
主要研究领域：
文化政策

145 北京外国语大学国家语言能力发展研究中心

National Research Centre for State Language Capacity

所 属 类 别 / 高校智库
主 管 单 位 / 北京外国语大学
成 立 时 间 / 2014 年 7 月
第一负责人 / 王文斌
合 作 机 构 /
办 公 地 址 / 北京市海淀区西三环北路 2 号/19 号（100089）
电话(传真) / 010 - 88818236
邮　　箱 / daimanchun@ bfsu. edu. cn
网　　址 / https://gynf. bfsu. edu. cn
主要研究领域:
语言理论；语言政策

146 北京外国语大学哈萨克斯坦研究中心

所 属 类 别 / 高校智库
主 管 单 位 / 北京外国语大学
成 立 时 间 / 2015 年 12 月
第一负责人 / 蔡晖
合 作 机 构 /
办 公 地 址 / 北京市海淀区西三环北路 2 号（100089）
电话(传真) /
邮　　箱 /
网　　址 /
主要研究领域:
哈萨克斯坦区域国别问题研究

147 北京外国语大学加拿大研究中心

The National Centre for Canadian Studies, Beijing Foreign Studies University

所 属 类 别 / 高校智库
主 管 单 位 / 北京外国语大学
成 立 时 间 / 2006 年 5 月
第一负责人 / 刘琛
合 作 机 构 /
办 公 地 址 / 北京市海淀区西三环北路 2 号北京外国语大学东院英语学院楼（100089）
电话(传真) /
邮　　箱 /
网　　址 / https://csc. bfsu. edu. cn
主要研究领域:
加拿大政治与外交、社会和公共政策、经济、文学与文化等

148　北京外国语大学柬埔寨研究中心

所 属 类 别 / 高校智库
主 管 单 位 / 北京外国语大学
成 立 时 间 /
第一负责人 / 顾佳赟
合 作 机 构 /
办 公 地 址 / 北京市海淀区西三环北路 2 号（100089）
电话(传真) /
邮　　箱 /
网　　址 /
主要研究领域：
柬埔寨政治、经济、社会、文化等

149　北京外国语大学拉美研究中心

所 属 类 别 / 高校智库
主 管 单 位 / 北京外国语大学
成 立 时 间 / 2018 年 1 月
第一负责人 /
合 作 机 构 / 北京外国语大学、中国社会科学院拉丁美洲研究所
办 公 地 址 / 北京市海淀区西三环北路 2 号（100089）
电话(传真) / 010 - 88816435（010 - 88817684）
邮　　箱 / bwxyxb@ bfsu. edu. cn
网　　址 /
主要研究领域：
中拉关系；拉美语言文学、社会经济

150　北京外国语大学老挝研究中心

所 属 类 别 / 高校智库
主 管 单 位 / 北京外国语大学
成 立 时 间 /
第一负责人 /
合 作 机 构 /
办 公 地 址 / 北京市海淀区西三环北路 2 号（100089）
电话(传真) /
邮　　箱 /
网　　址 /
主要研究领域：
老挝文化、语言、经济、政治等；中老关系；中老人文交流

151 北京外国语大学联合国与国际组织研究中心
BFSU Research Center of United Nations And International Organizations

所属类别 / 高校智库
主管单位 / 北京外国语大学
成立时间 / 2010 年 12 月
第一负责人 / 李永辉
合作机构 /
办公地址 / 北京市海淀区西三环北路 2 号北京外国语大学东院行政楼 702（100089）
电话(传真) / 010 - 88815039
邮　　箱 / atp@ rcunio. org
网　　址 / http://www. rcunio. org/zh
主要研究领域：
国际组织与联合国及其相关领域的理论与实证研究

152 北京外国语大学罗马尼亚研究中心

所属类别 / 高校智库
主管单位 / 北京外国语大学
成立时间 /
第一负责人 / 董希骁
合作机构 /
办公地址 / 北京市海淀区西三环北路 2 号（100089）
电话(传真) /
邮　　箱 /
网　　址 /
主要研究领域：
罗马尼亚语言、政治、经济、文化等；中罗关系

153 北京外国语大学美国研究中心
American Studies Center

所属类别 / 高校智库
主管单位 / 北京外国语大学
成立时间 / 1979 年
第一负责人 / 梅仁毅
合作机构 /
办公地址 / 北京市海淀区西三环北路 2 号北京外国语大学英语学院楼 203 室（100089）
电话(传真) / 010 - 88817287
邮　　箱 / asc@ bfsu. edu. cn
网　　址 / https://asc. bfsu. edu. cn
主要研究领域：
美国经济；中美关系

B

154 北京外国语大学南亚研究中心

所 属 类 别 / 高校智库
主 管 单 位 / 北京外国语大学
成 立 时 间 /
第一负责人 /
合 作 机 构 /
办 公 地 址 / 北京市海淀区西三环北路 2 号（100089）
电话(传真) /
邮　　箱 /
网　　址 /
主要研究领域：
南亚国家国别与地区研究；中国与南亚各国关系研究；“一带一路”与中国南亚互联互通研究

155 北京外国语大学太平洋研究中心

所 属 类 别 / 高校智库
主 管 单 位 / 北京外国语大学
成 立 时 间 / 2017 年 3 月
第一负责人 / 李永辉
合 作 机 构 /
办 公 地 址 / 北京市海淀区西三环北路 2 号（100089）
电话(传真) /
邮　　箱 /
网　　址 /
主要研究领域：
太平洋区域及南太平洋岛国政治、外交、投资、商贸、法律、语言、文化、旅游、历史等

156 北京外国语大学乌克兰研究中心

所 属 类 别 / 高校智库
主 管 单 位 / 北京外国语大学
成 立 时 间 / 2016 年 6 月
第一负责人 / 劳华夏
合 作 机 构 /
办 公 地 址 / 北京市海淀区西三环北路 2 号（100089）
电话(传真) /
邮　　箱 /
网　　址 /
主要研究领域：
乌克兰语言、文化和国情研究

157 北京外国语大学希腊研究中心

所 属 类 别 / 高校智库
主 管 单 位 / 北京外国语大学
成 立 时 间 / 2017 年 5 月
第一负责人 / 尹亚利
合 作 机 构 /
办 公 地 址 / 北京市海淀区西三环北路 2 号（100089）
电话(传真) /
邮　　箱 /
网　　址 /
主要研究领域：
希腊政治、外交、经济、社会等；中希关系

158 北京外国语大学匈牙利研究中心

所 属 类 别 / 高校智库
主 管 单 位 / 北京外国语大学
成 立 时 间 / 2017 年 5 月
第一负责人 / 许衍艺
合 作 机 构 /
办 公 地 址 / 北京市海淀区西三环北路 2 号（100089）
电话(传真) /
邮　　箱 /
网　　址 /
主要研究领域：
匈牙利语言、文化、国别研究；中匈关系研究

159 北京外国语大学伊朗研究中心

所 属 类 别 / 高校智库
主 管 单 位 / 北京外国语大学
成 立 时 间 /
第一负责人 / 于桂丽
合 作 机 构 /
办 公 地 址 / 北京市海淀区西三环北路 2 号（100089）
电话(传真) /
邮　　箱 /
网　　址 /
主要研究领域：
波斯语研究；伊朗文化传播研究；伊朗社会、经济、政治研究；中伊关系研究

B

160 北京外国语大学意大利研究中心

所 属 类 别 / 高校智库
主 管 单 位 / 北京外国语大学
成 立 时 间 / 2015 年 11 月
第一负责人 / 文铮
合 作 机 构 /
办 公 地 址 / 北京市海淀区西三环北路 2 号（100089）
电话(传真) /
邮　　箱 /
网　　址 /
主要研究领域：
意大利语言、文学、社会等；中意关系研究

161 北京外国语大学印度研究中心

所 属 类 别 / 高校智库
主 管 单 位 / 北京外国语大学
成 立 时 间 /
第一负责人 /
合 作 机 构 /
办 公 地 址 / 北京市海淀区西三环北路 2 号（100089）
电话(传真) /
邮　　箱 /
网　　址 /
主要研究领域：
印度国别研究

162 北京外国语大学英国研究中心

British Studies Centre, Beijing Foreign Studies University

所 属 类 别 / 高校智库
主 管 单 位 / 北京外国语大学
成 立 时 间 / 1989 年
第一负责人 / 王展鹏
合 作 机 构 /
办 公 地 址 / 北京市海淀区西三环北路 2 号北京外国语大学东院英语学院楼 209 室（100089）
电话(传真) /
邮　　箱 / britishstudies@ bfsu. edu. cn
网　　址 / https://brsc. bfsu. edu. cn
主要研究领域：
英国政治、历史、社会、外交、经济、文化等领域

163 北京外国语大学越南研究中心

所 属 类 别 / 高校智库
主 管 单 位 / 北京外国语大学
成 立 时 间 / 2016 年 12 月
第一负责人 /
合 作 机 构 / 北京外国语大学、越南河内国家大学人文与社会科学大学
办 公 地 址 / 北京市海淀区西三环北路 2 号（100089）
电话(传真) /
邮　　箱 /
网　　址 /
主要研究领域：
越南语言文化研究及区域研究；中越文化交流；中越关系研究

164 北京外国语大学中东欧研究中心

所 属 类 别 / 高校智库
主 管 单 位 / 北京外国语大学欧洲语言文化学院
成 立 时 间 / 2011 年
第一负责人 / 丁超
合 作 机 构 /
办 公 地 址 / 北京市海淀区西三环北路 2 号/19 号（100089）
电话(传真) /
邮　　箱 /
网　　址 /
主要研究领域：
中东欧地区政治、经济、文化、社会等领域研究

165 北京外国语大学中国马来研究中心

所 属 类 别 / 高校智库
主 管 单 位 / 北京外国语大学
成 立 时 间 / 2005 年
第一负责人 / 吴宗玉
合 作 机 构 /
办 公 地 址 / 北京市海淀区西三环北路 2 号（100089）
电话(传真) /
邮　　箱 /
网　　址 /
主要研究领域：
马来西亚、印尼、文莱、新加坡等马来语区国家的政治、经济、文化以及与中国的关系

B

166 北京外国语大学中国外语教育研究中心
National Research Center for Foreign Language Education

所属类别 / 高校智库
主管单位 / 北京外国语大学
成立时间 / 2000 年 3 月
第一负责人 / 王文斌
合作机构 /
办公地址 / 北京市海淀区西三环北路 19 号北京外国语大学西院（100089）
电话(传真) / 010 - 88816824（010 - 88810376）
邮　　箱 / wjyzx@ bfsu. edu. cn
网　　址 / http://www. sinotefl. org. cn
主要研究领域：
外语教育理论；外语及双语对比

167 北京印刷学院文化产业安全研究院
Institute for Culture Industrial Security Research, Beijing Institute of Graphic Communication

所属类别 / 高校智库
主管单位 / 北京印刷学院
成立时间 / 2013 年
第一负责人 / 李孟刚
合作机构 /
办公地址 / 北京市大兴区兴盛街 206 号（102600）
电话(传真) / 010 - 60261629
邮　　箱 / icisr2015@ 163. com
网　　址 / http://icisr. bigc. edu. cn
主要研究领域：
文化产业安全

168 北京邮电大学教育部战略培育基地 - 北京邮电大学“高水平特色型大学战略研究中心”
Development strategy research center of BUPT

所属类别 / 高校智库
主管单位 / 北京邮电大学
成立时间 / 2009 年 11 月
第一负责人 / 王亚杰
合作机构 /
办公地址 / 北京市海淀区西土城路 10 号北京邮电大学（100876）
电话(传真) /
邮　　箱 /
网　　址 / http://fzzl. bupt. edu. cn/
主要研究领域：信息通信行业产业以及战略性新兴产业整体发展规划的战略研究、高水平行业特色型大学理论与实践研究、科教融和体制机制以及模式研究

169 北京邮电大学数字文化产业北京市国际科技合作基地

所属类别／高校智库
主管单位／北京邮电大学
成立时间／
第一负责人／
合作机构／
办公地址／北京市海淀区西土城路 10 号北京邮电大学（100876）
电话(传真)／
邮　　箱／
网　　址／
主要研究领域：
数字文化产业

170 北京语言大学阿拉伯研究中心

所属类别／高校智库
主管单位／北京语言大学
成立时间／2012 年 4 月
第一负责人／罗林
合作机构／
办公地址／北京市海淀区学院路 15 号（100083）
电话(传真)／
邮　　箱／
网　　址／http://ayan1. blcu. edu. cn
主要研究领域：
阿拉伯国家地区政治安全形势、对外关系、经济贸易和金融投资发展；阿拉伯国家地区环境、社会文化和传媒等

171 北京智石经济研究院
China Smartstone Institute of Economics

所属类别／社会智库—企业
主管单位／国务院发展研究中心青年智库秘书处
成立时间／2006 年
第一负责人／朱克力
合作机构／
办公地址／北京市西城区复兴门内大街 45 号（100031）
电话(传真)／
邮　　箱／Email@ smartstone. org. cn
网　　址／http://www. smartstone. org. cn
主要研究领域：
宏观经济形势；产业政策；区域发展战略；企业创新升级

172　北京中医药大学北京中医药大学卫生政策与管理研究所

所 属 类 别／高校智库
主 管 单 位／北京中医药大学
成 立 时 间／
第一负责人／房耘耘
合 作 机 构／
办 公 地 址／北京市朝阳区北三环东路 11 号（100013）
电话(传真)／
邮　　箱／
网　　址／
主要研究领域：
北京市中医药事业发展中的政策、机制、体制等宏观和瓶颈问题的政策研究

173　北京中医药大学北京中医药文化研究基地

所 属 类 别／高校智库
主 管 单 位／北京中医药大学
成 立 时 间／2010 年 12 月
第一负责人／靳琦
合 作 机 构／
办 公 地 址／北京市朝阳区北三环东路 11 号（100013）
电话(传真)／
邮　　箱／
网　　址／
主要研究领域：
首都市民中医药健康促进研究；北京地区中医药文化资源挖掘整理与利用研究；中医药文化内涵及中医药科普知识传播研究

174　财政部关税政策研究中心

所 属 类 别／政府部门智库—国务院组成部门所属
主 管 单 位／财政部
成 立 时 间／
第一负责人／冯晋平
合 作 机 构／
办 公 地 址／北京市西城区三里河南三巷 3 号（100820）
电话(传真)／010－68551114
邮　　箱／webmaster@ mof. gov. cn
网　　址／http://gss. mof. gov. cn
主要研究领域：
进出口关税；进口环节税；关税政策

175 **财政部国际财经中心**
International Economics and Finance Institute

所 属 类 别／政府部门智库—国务院组成部门所属
主 管 单 位／财政部
成 立 时 间／2004 年 11 月
第一负责人／周强武
合 作 机 构／
办 公 地 址／北京市西城区三里河南三巷 3 号国际财经中心（原亚太中心）（100820）
电话(传真)／010－68141100
邮　　箱／afdc@ afdc. org. cn
网　　址／http://iefi. mof. gov. cn
主要研究领域：
国际国内财经热点；重大财经事件走向；财经对外合作与交流

176 **察哈尔学会**
The Charhar Institute

所 属 类 别／社会智库—民办非企业
主 管 单 位／
成 立 时 间／2009 年 10 月
第一负责人／韩方明
合 作 机 构／
办 公 地 址／北京市海淀区西三环北路甲 2 号院（北京理工大学国防科技园）2 号楼（100081）
电话(传真)／010－58367839（010－80777830）
邮　　箱／secretariat@ charhar. org. cn
网　　址／http://www. charhar. org. cn
主要研究领域：
公共外交；城市外交；冲突与和解

177 **成都市社会科学院**

所 属 类 别／科研院所智库
主 管 单 位／中共成都市委
成 立 时 间／1979 年 11 月
第一负责人／陈蛇
合 作 机 构／
办 公 地 址／四川省成都市锦江区晨晖北路 1 号（610000）
电话(传真)／028－68106633
邮　　箱／webmaster@ cdss. gov. cn
网　　址／http://www. cdsk. org. cn
主要研究领域：成都市经济社会发展

C

178 成都中医药大学民族医药学术传承创新中心

所 属 类 别 / 高校智库
主 管 单 位 / 成都中医药大学
成 立 时 间 /
第一负责人 / 张艺
合 作 机 构 /
办 公 地 址 / 四川省成都市温江区柳台大道 1166 号（611137）
电话(传真) /
邮　　箱 /
网　　址 / http://mzcx. cdutcm. edu. cn/index. html
主要研究领域:
民族医药学术传承创新

179 创新中国智库
China Innovation Thinktank

所 属 类 别 / 合作智库—多方合作
主 管 单 位 / 中国科学报社
成 立 时 间 / 2014 年 11 月
第一负责人 / 王志珍
合 作 机 构 / 中国科学报社、中国科技发展战略研究院、农业农村部农村经济研究中心、中国社会科学院工业经济研究所、“千人计划”专家联谊会、北京大学等
办 公 地 址 / 北京市海淀区中关村南一条乙 3 号中国科学报社（100190）
电话(传真) / 010 - 62580800
邮　　箱 /
网　　址 /
主要研究领域:
国家创新驱动发展战略

180 长安大学长安文化产业研究中心
Chang’an Cultural Industries Research Center, Chang’an University

所 属 类 别 / 高校智库
主 管 单 位 / 长安大学
成 立 时 间 /
第一负责人 / 刘吉发
合 作 机 构 /
办 公 地 址 / 陕西省西安市南二环路中段长安大学 418（710064）
电话(传真) / 029 - 82334641
邮　　箱 / chdjin@ 126. com
网　　址 / http://cacirc. chd. edu. cn
主要研究领域: 文化产业

181 长策智库
ChangCe Think Tank

所 属 类 别 / 社会智库—企业
主 管 单 位 /
成 立 时 间 / 2009 年
第一负责人 / 陈志武
合 作 机 构 /
办 公 地 址 /
电话(传真) / 010 - 82190570
邮　　箱 / ChangCeThinktank@ gmail. com
网　　址 / http://www. changce. org. cn
主要研究领域:
气候变化; 绿色能源; 低碳交通; 能源资源; 环境治理; 医疗服务规章制度; 教育改革; 食品安全

182 长春市社会科学院

所 属 类 别 / 科研院所智库
主 管 单 位 /
成 立 时 间 / 1987 年
第一负责人 / 杨洪友
合 作 机 构 /
办 公 地 址 / 吉林省长春市自由大路 5399 号 (130021)
电话(传真) / 0431 - 84638340
邮　　箱 /
网　　址 / http://www. ccsass. net. cn
主要研究领域:
长春市经济社会发展

183 长江教育研究院
Changjiang Educational Research Institute

所 属 类 别 / 合作智库—校企合作
主 管 单 位 / 长江出版集团
成 立 时 间 / 2006 年 12 月
第一负责人 / 顾明远
合 作 机 构 / 华中师范大学、长江出版集团
办 公 地 址 / 湖北省武汉市洪山区雄楚大道 268 号 B 座 5 层 (430070)
电话(传真) / 027 - 87671589
邮　　箱 / cjjy2006@ cjjy. com. cn
网　　址 / http://www. cjjy. com. cn
主要研究领域:
中部地区教育发展

184　长三角城市合作（复旦大学）研究中心

所属类别／合作智库—政校合作
主管单位／
成立时间／2009 年 9 月
第一负责人／姚新、林尚立
合作机构／长江三角洲城市经济协调会、复旦大学
办公地址／上海市邯郸路 220 号（200433）
电话(传真)／
邮　　箱／cdcecc@ fudan. edu. cn
网　　址／http://www. cdcecc. fudan. edu. cn
主要研究领域：
长三角城市发展

185　重庆大学发展研究中心
Development Research Center Chongqing University

所属类别／高校智库
主管单位／重庆大学
成立时间／2003 年 10 月
第一负责人／李华
合作机构／
办公地址／重庆市沙坪坝区沙正街 174 号重庆大学 A 区主楼 8 层（400030）
电话(传真)／023 - 65106574
邮　　箱／lihua@ cqu. edu. cn
网　　址／http://www. fyzx. cqu. edu. cn
主要研究领域：
三峡库区移民与建设；统筹城乡发展与改革；区域经济社会可持续发展

186　重庆大学公共经济与公共政策研究中心
Center for Public Economy & Public Policy, Chongqing University

所属类别／高校智库
主管单位／重庆大学
成立时间／2001 年 4 月
第一负责人／刘渝琳
合作机构／
办公地址／重庆市沙坪坝区沙正街 174 号重庆大学公共管理学院 214 室（400044）
电话(传真)／023 - 65106009（023 - 65111108）
邮　　箱／rucrosa@ cqu. edu. cn
网　　址／http://pep. cqu. edu. cn
主要研究领域：
经济政策与福利制度；地方财政与社会保障；公共服务与政策支持

187 重庆大学国家网络空间安全与大数据法治战略研究院

所属类别 / 高校智库
主管单位 / 重庆大学
成立时间 / 2015 年 9 月
第一负责人 / 齐爱民
合作机构 /
办公地址 / 重庆市沙坪坝区沙正街 174 号重庆大学 A 校区主教学楼 908（400044）
电话(传真) / 023 - 65105002（023 - 65105002）
邮　　箱 / 815089077@ qq. com
网　　址 / http://bigdata. kejilaw. com
主要研究领域:
网络安全政策、电子商务、网络舆情研究等

188 重庆大学经略研究院
Consilium Research Institute, Chongqing University

所属类别 / 高校智库
主管单位 / 重庆大学
成立时间 / 2015 年 7 月
第一负责人 / 唐杰
合作机构 /
办公地址 / 重庆市沙坪坝区沙正街 174 号重庆大学 A 区文字斋（400044）
电话(传真) / 023 - 65102006（023 - 65102006）
邮　　箱 /
网　　址 /
主要研究领域:
外交政策; 国防政策; 军事政策; 财政政策; 劳动政策

189 重庆大学可持续发展研究院
Chongqing University Institute for Sustainable Development

所属类别 / 高校智库
主管单位 / 重庆大学
成立时间 / 1997 年 12 月
第一负责人 / 陈德敏
合作机构 /
办公地址 / 重庆市沙坪坝区沙正街 174 号重庆大学 A 区主教 8 层（400030）
电话(传真) / 023 - 65102864（023 - 65102864）
邮　　箱 / chendm@ cqu. edu. cn
网　　址 / http://kcxfz. cqu. edu. cn
主要研究领域:
区域经济; 三峡库区; 西部开发; 科技创新发展; 资源综合利用

C

190 重庆大学西部环境资源法制建设研究中心
Research Centre of Western China Environment and Resources Law of Chongqing University

所 属 类 别 / 高校智库
主 管 单 位 / 重庆大学
成 立 时 间 / 2002 年 6 月
第一负责人 / 黄锡生
合 作 机 构 /
办 公 地 址 / 重庆市沙坪坝区沙正街 174 号（400044）
电话(传真) / 023 - 6661058
邮　　箱 / qp@ cqu. edu. cn
网　　址 / http://law. cqu. edu. cn/zqdxxbhjzyfzjsyjzx/shoye. htm
主要研究领域：资源保护与综合利用法；环境与资源法学基础理论；经济发展与环境资源保护法；西部对外贸易与环境资源保护法

191 重庆国际投资咨询集团有限公司
Chongqing International Investment Consultation Group Co. , Ltd.

所 属 类 别 / 社会智库—企业
主 管 单 位 / 重庆市国有资产管理监督委员会
成 立 时 间 / 2004 年
第一负责人 / 白渝平
合 作 机 构 /
办 公 地 址 / 重庆市江北区五简路 2 号重庆咨询大厦（400023）
电话(传真) / 023 - 67707991（023 - 67703698）
邮　　箱 / CZJT@ CQIIC. com
网　　址 / http://www. cqiic. com
主要研究领域：区域发展；行业发展；国资国企改革；环境影响评价；社会风险评价；低碳节能；企业战略；人力资源

192 重庆社会科学院（重庆市人民政府发展研究中心）
Chongqing Academy of Social Sciences

所 属 类 别 / 科研院所智库
主 管 单 位 / 中共重庆市委、重庆市政府
成 立 时 间 / 1987 年 3 月（1988 年）
第一负责人 / 唐青阳
合 作 机 构 /
办 公 地 址 / 重庆市江北区桥北村 270 号（400020）
电话(传真) / 023 - 67992023
邮　　箱 /
网　　址 / http://www. cqass. net. cn/index/
主要研究领域：农村发展；城市发展；产业经济；区域经济；公共政策；装备制造业；公共财政；开放性金融；科技创新；宗教与社会；非公有经济；现代文化产业发展；国民经济运行与可持续发展

193　重庆市经济信息中心（重庆市综合经济研究院）

所 属 类 别 / 政府部门智库—省/区/市政府所属
主 管 单 位 / 重庆市发展和改革委员会
成 立 时 间 / 2016 年
第一负责人 / 易小光
合 作 机 构 /
办 公 地 址 /
电话(传真) /
邮　　箱 /
网　　址 / http://www.cqcei.cn
主要研究领域:
宏观经济分析预测研究；重大改革事项决策咨询服务；公共资源产品的咨询评估、政务信息资源开发服务

194　重庆市人民政府参事室
Counsellors' Office of the Chongqing Municipal People's Government

所 属 类 别 / 政府部门智库—省/区/市政府所属
主 管 单 位 / 重庆市政府
成 立 时 间 /
第一负责人 /
合 作 机 构 /
办 公 地 址 / 重庆市渝中区人民路 232 号（400015）
电话(传真) / 023－63862253
邮　　箱 / cqszfcss@126.com
网　　址 /
主要研究领域:
重庆市发展战略

195　重庆市社会科学界联合会
Chongqing Federation of Social Science Circles

所 属 类 别 / 社会智库—社会团体
主 管 单 位 / 中共重庆市委、重庆市政府
成 立 时 间 / 1982 年 3 月
第一负责人 / 张鸣
合 作 机 构 /
办 公 地 址 / 重庆市江北区建新东路 3 号百业兴大厦（400020）
电话(传真) / 023－67731880
邮　　箱 / cqsskl@163.com
网　　址 / http://www.cqskl.com
主要研究领域:
重庆社会主义现代化建设

196 大连海事大学国际海事公约研究中心
International Maritime Conventions Research Center of Dalian Maritime University

所 属 类 别 / 高校智库
主 管 单 位 / 大连海事大学
成 立 时 间 / 2004 年 7 月
第一负责人 / 张仁平
合 作 机 构 /
办 公 地 址 / 辽宁省大连市甘井子区凌海路 1 号大连海事大学综合楼（116026）
电话(传真) / 0411 - 84726138（0411 - 84726138）
邮　　箱 / imcrcdmu@ 163. com
网　　址 / http://imcrc. dlmu. edu. cn
主要研究领域:
国际海事公约前瞻性及国内履约；海事相关国际组织动态；国际海事发展战略

197 大连理工大学港口发展研究中心
Research Center for Port Development Dalian University of Technology

所 属 类 别 / 高校智库
主 管 单 位 / 大连理工大学
成 立 时 间 / 2004 年 4 月
第一负责人 / 洪承礼
合 作 机 构 /
办 公 地 址 / 辽宁省大连市甘井子区凌工路 2 号大连理工大学综合实验 3 号楼 415 室（116024）
电话(传真) / 0411 - 84707174（0411 - 84707174）
邮　　箱 / port_ dlut@ 163. com
网　　址 / http://port. dlut. edu. cn
主要研究领域:
港口规划；港口物流；港口工程设计

198 大连理工大学高等教育研究中心
Research Center for Higher Education of Dalian University of Technology

所 属 类 别 / 高校智库
主 管 单 位 / 大连理工大学
成 立 时 间 / 1980 年
第一负责人 / 张德祥
合 作 机 构 /
办 公 地 址 / 辽宁省大连市甘井子区凌工路 2 号（116024）
电话(传真) / 0411 - 84707273
邮　　箱 / ihe@ dlut. edu. cn
网　　址 / http://gdjyyjzx. dlut. edu. cn
主要研究领域:
高等教育战略与政策；大学组织与管理；大学课程与教学；国际与比较高等教育

199　**第一财经研究院**

所属类别／社会智库—企业
主管单位／上海第一财经传媒有限公司
成立时间／2007 年 7 月
第一负责人／杨燕青
合作机构／
办公地址／上海市静安区成都北路 333 号招商局广场东楼 17 楼（200040）
电话(传真)／
邮　　箱／shaoyurong@ yicai. com
网　　址／http://www. cbnri. org
主要研究领域：
财经资讯

200　**电子科技大学四川省区域公共管理信息化研究中心**

所属类别／高校智库
主管单位／电子科技大学
成立时间／2011 年 11 月
第一负责人／祝小宁
合作机构／
办公地址／四川省成都市高新西区西源大道 2006 号电子科技大学清水河校区综合楼 4 层（611731）
电话(传真)／
邮　　箱／
网　　址／http://rpai. uestc. edu. cn
主要研究领域：
区域公共服务信息化；区域社会管理信息化

201　**电子科技大学中国文化产业战略研究中心**

所属类别／高校智库
主管单位／电子科技大学
成立时间／2011 年
第一负责人／
合作机构／
办公地址／四川省成都市高新西区西源大道 2006 号综合楼 413 室（611731）
电话(传真)／028 -61831117（028 -61831117）
邮　　箱／rcci@ tsinghua. edu. cn
网　　址／http://whcyzl. uestc. edu. cn
主要研究领域：
文化产业发展；文化软实力；文化体制改革；信息化战略与信息资源管理；文化政策

202 东北财经大学东北亚经济研究院
Northeast Asia Economic Research Institute

所属类别 / 高校智库
主管单位 / 东北财经大学
成立时间 / 2018 年 7 月
第一负责人 / 王洪章
合作机构 /
办公地址 / 辽宁省大连市沙河口区尖山街 217 号之远楼（116025）
电话(传真) / 0411 - 84713519
邮　　箱 / naeri@ dufe. edu. cn
网　　址 / http://naeri. dufe. edu. cn
主要研究领域：
东北振兴与开放；东北亚区域经济合作

203 东北林业大学环境与资源保护法研究中心
Research Center for Environment and Resources Protection Law in Northeast Forestry University

所属类别 / 高校智库
主管单位 / 东北林业大学
成立时间 / 2005 年
第一负责人 / 王宏巍
合作机构 /
办公地址 / 黑龙江省哈尔滨市香坊区和兴路 26 号（150040）
电话(传真) / 0451 - 82191527（0451 - 82191527）
邮　　箱 / nefufxwh@ 163. com
网　　址 / http://wenfa. nefu. edu. cn/hjzy
主要研究领域：
森林法；野生动物保护法；自然保护区法；湿地保护法；环境行政法；生态法

204 东北农业大学新农村发展研究院

所属类别 / 高校智库
主管单位 / 东北农业大学
成立时间 / 2012 年 4 月
第一负责人 / 郑秋鹏
合作机构 /
办公地址 / 黑龙江省哈尔滨市香坊区木材街 59 号（150030）
电话(传真) / 0451 - 55190828
邮　　箱 /
网　　址 / http://xnc. neau. edu. cn
主要研究领域：
区域现代化大农业发展；新农村建设

205 东北师范大学东亚研究院

所属类别／高校智库
主管单位／东北师范大学
成立时间／2004 年
第一负责人／韩东育
合作机构／
办公地址／吉林省长春市南关区人民大街 5268 号（130024）
电话(传真)／0431 - 85098739（0431 - 85098587）
邮　　箱／handy916@ nenu. edu. cn
网　　址／http://sohac. nenu. edu. cn/kyss/eastasia
主要研究领域：
东亚形势；东亚文明

D

206 东北师范大学女性研究中心
Women Research Center of Northeast Normal University

所属类别／高校智库
主管单位／东北师范大学
成立时间／1993 年 10 月
第一负责人／马晓燕
合作机构／
办公地址／吉林省长春市南关区人民大街 5268 号（130024）
电话(传真)／0431 - 85099505（0431 - 85690012）
邮　　箱／cheny@ nenu. edu. cn
网　　址／http://wzhongxin. nenu. edu. cn
主要研究领域：
性别社会学；女性教育；女性心理；女性学；婚姻与家庭；中国女性现实与发展；中外女性比较研究；马克思主义女性理论；老龄与福祉

207 东北师范大学思想政治教育研究中心

所属类别／高校智库
主管单位／东北师范大学
成立时间／2007 年
第一负责人／杨晓慧
合作机构／
办公地址／吉林省长春市南关区人民大街 5268 号（130024）
电话(传真)／
邮　　箱／
网　　址／http://sjzx. nenu. edu. cn/ThinkInTeacher/frontcode/pages
主要研究领域：
大学生思想政治教育；社会主义核心价值体系与青年研究

208 东北师范大学中国农村教育发展研究院
Research Institute of Rural Education, Northeast Normal University

所 属 类 别 / 高校智库
主 管 单 位 / 东北师范大学
成 立 时 间 / 1999 年 8 月
第一负责人 / 邬志辉
合 作 机 构 /
办 公 地 址 / 吉林省长春市人民大街 5268 号（130024）
电话(传真) / 0431 - 85099422 （0431 - 85684171）
邮 箱 / rire@ nenu. edu. cn
网 址 / http://ire. nenu. edu. cn
主要研究领域:
基础教育政策；基础教育改革

209 东部资源环境与持续发展研究中心
Research Center of Eastern Resource Environment and Sustainable Development

所 属 类 别 / 合作智库—研校合作
主 管 单 位 / 河海大学
成 立 时 间 / 1994 年 12 月
第一负责人 / 严以新、郑垂勇
合 作 机 构 / 中国科学院南京分院、南京大学、河海大学、南京农业大学
办 公 地 址 / 江苏省南京市鼓楼区西康路 1 号河海大学闻天馆 7 层（210098）
电话(传真) / 025 - 83733096 （025 - 83733096）
邮 箱 / zhaomin3451@ sina. com
网 址 /
主要研究领域:
人口、资源、环境与持续发展；东部沿海区域发展与城乡建设

210 东莞市社会科学院

所 属 类 别 / 科研院所智库
主 管 单 位 / 中共东莞市委
成 立 时 间 / 2008 年 11 月
第一负责人 / 王思煜
合 作 机 构 / 广东省东莞市社会科学界联合会
办 公 地 址 / 广东省东莞市南城区绿色路 111 号东莞社科大楼（市委党校内）（523083）
电话(传真) / 0769 - 27227811 （0769 - 27227801）
邮 箱 /
网 址 / http://dgsk. dg. gov. cn/publicfiles//business/htmlfiles/dgskw/index. htm
主要研究领域:
东莞市社会科学研究规划；改革开放和经济社会发展重大理论问题和实践问题

211 东开投资研究院
Dong Capital Research Institute

所属类别／社会智库—企业
主管单位／上海东开投资管理合伙企业
成立时间／2013 年 8 月
第一负责人／阚治东
合作机构／
办公地址／上海市虹口区四川北路 1717 号嘉杰国际广场 27 楼（200080）
电话(传真)／021 - 61730933（021 - 61730930）
邮　箱／EDP@ dongcapital. org
网　址／
主要研究领域：
投资；资本运作；融资；资产管理

212 东南大学中国特色社会主义发展研究院
Institute for the Development of Socialism with Chinese Characteristics

所属类别／高校智库
主管单位／东南大学
成立时间／2015 年 11 月
第一负责人／陈锡喜
合作机构／
办公地址／江苏省南京市玄武区四牌楼二号东南大学（210096）
电话(传真)／025 - 83790371（025 - 83790371）
邮　箱／
网　址／http://idscc. seu. edu. cn
主要研究领域：
党的创新理论；意识形态

213 东南大学最高人民法院司法大数据研究基地
Research Base for Judicial Big Data of Supreme Court, Southeast University

所属类别／合作智库
主管单位／东南大学
成立时间／2016 年 7 月
第一负责人／刘艳红
合作机构／江苏省高级人民法院
办公地址／江苏省南京市江宁区东南大学九龙湖校区法学院（211189）
电话(传真)／
邮　箱／
网　址／
主要研究领域：
司法政策；司法大数据

D

214 东吴智库
Soochow University Think Tank

所 属 类 别 / 社会智库—民办非企业
主 管 单 位 / 苏州大学
成 立 时 间 / 2011 年
第一负责人 / 田晓明
合 作 机 构 /
办 公 地 址 / 江苏省苏州市十梓街 1 号子实堂 207 室（215006）
电话(传真) / 0512 - 65225275（0512 - 65222481）
邮　　箱 / ttzhang@ suda. edu. cn
网　　址 / http://sutt. suda. edu. cn
主要研究领域:
新型城镇化与社会治理；文化传承与创新；法制建设与宣传；国际关系

215 东中西部区域发展和改革研究院
China Region Development & Reform Institute

所 属 类 别 / 政府部门智库—国务院组成部门所属
主 管 单 位 / 国家民族事务委员会
成 立 时 间 / 2002 年 9 月
第一负责人 / 于今
合 作 机 构 /
办 公 地 址 / 北京市朝阳区朝阳门外大街 3 号（100007）
电话(传真) / 010 - 65524405（010 - 66051655）
邮　　箱 / kxfzg2008@ vip. 163. com
网　　址 / http://www. chinacse. com
主要研究领域:
国家政治战略；宏观经济；公共政策；区域与城市发展战略；全球化与国际问题

216 对外经济贸易大学国际经济研究院
Institute of International Economy, University of International Business and Economics

所 属 类 别 / 高校智库
主 管 单 位 / 对外经济贸易大学
成 立 时 间 / 1982 年
第一负责人 / 桑百川
合 作 机 构 /
办 公 地 址 / 北京市朝阳区惠新东街 10 号对外经济贸易大学科研楼 11 层（100029）
电话(传真) / 010 - 64492251（010 - 64493899）
邮　　箱 /
网　　址 / http://iie. uibe. edu. cn
主要研究领域:
世界经济；国际区域经济合作；国别经济；国际贸易；国际投资；台港澳地区经济

217 对外经济贸易大学国家对外开放研究院
Academy of China Open Economy Studies, UIBE

所 属 类 别 / 高校智库
主 管 单 位 / 对外经济贸易大学
成 立 时 间 / 2017 年 8 月
第一负责人 / 王稼琼
合 作 机 构 /
办 公 地 址 / 北京市朝阳区惠新东街 10 号对外经济贸易大学科研楼 602 室
电话(传真) / 010 - 64494672
邮　　箱 / guokaiyuan@ uibe. edu. cn
网　　址 / http://acoes. uibe. edu. cn
主要研究领域:
国家对外开放基础理论、中国经验及中国模式的普遍性; 中国对外开放面临的中期和长期挑战及战略抉择; 服务政府和社会的应急性研究

D

218 对外经济贸易大学全球价值链研究院
Research Institute for Global Value Chains, University of International Bussiness and Economics

所 属 类 别 / 高校智库
主 管 单 位 / 对外经济贸易大学
成 立 时 间 / 2015 年 5 月
第一负责人 /
合 作 机 构 /
办 公 地 址 / 北京市朝阳区惠新东街 10 号对外经济贸易大学 (100029)
电话(传真) /
邮　　箱 /
网　　址 / http://rigvc. uibe. edu. cn
主要研究领域:
全球价值链; 国际贸易谈判; 产业结构调整升级; 企业战略决策制定

219 对外经济贸易大学世界贸易组织研究院
China Institute for WTO Studies of University of International Business and Economics

所 属 类 别 / 高校智库
主 管 单 位 / 对外经济贸易大学
成 立 时 间 / 2011 年 1 月
第一负责人 / 屠新泉
合 作 机 构 /
办 公 地 址 / 北京市朝阳区惠新里东街 10 号对外经济贸易大学逸夫科研楼 5 层 (100029)
电话(传真) / 010 - 64495778 (010 - 64495779)
邮　　箱 / ciwto_ uibe@ 163. com
网　　址 / http://ciwto. uibe. edu. cn
主要研究领域: 世界贸易组织规则体系和运行机制

220 对外经济贸易大学现代服务业研究中心
China Service Industry Research Center of University of International Business and Economics

所 属 类 别 / 高校智库
主 管 单 位 / 对外经济贸易大学
成 立 时 间 /
第一负责人 / 陈进
合 作 机 构 /
办 公 地 址 / 北京市朝阳区惠新东街 10 号对外经济贸易大学博学楼（100029）
电话(传真) / 010 - 64495013
邮　　箱 / service@ uibe. org
网　　址 / http://www. uibe. org
主要研究领域:
产业发展评估评测；现代服务业安全和风险预测；高层次专门人才战略；现代服务业发展战略

221 对外经济贸易大学中国 - 俄罗斯独联体研究中心

所 属 类 别 / 合作智库—政校合作
主 管 单 位 / 黑龙江省政府经济研究中心、对外经济贸易大学
成 立 时 间 / 2003 年 3 月
第一负责人 / 秦宣仁
合 作 机 构 / 黑龙江省政府经济研究中心、对外经济贸易大学
办 公 地 址 / 北京市朝阳区惠新东街 10 号对外经济贸易大学博学楼 7 层（100029）
电话(传真) / 010 - 64492251（010 - 64493899）
邮　　箱 / ccrcis@ china. com
网　　址 /
主要研究领域:
俄罗斯、中亚及独联体其他成员国政治、经济、外交

222 对外经济贸易大学中国国际低碳经济研究所
Institute of Global Low - carbon Economy

所 属 类 别 / 合作智库—中外合作
主 管 单 位 / 对外经济贸易大学
成 立 时 间 / 2019 年 3 月
第一负责人 / 薛进军
合 作 机 构 / 对外经济贸易大学、日本名古屋大学
办 公 地 址 /
电话(传真) /
邮　　箱 /
网　　址 /
主要研究领域:
低碳经济理论与模型创新；低碳发展政策；低碳城市建设；气候变化对策；能源战略

223 对外经济贸易大学中国企业国际化经营研究中心
The Research Centre for Internationalization of Chinese Enterprises

所属类别／高校智库
主管单位／对外经济贸易大学
成立时间／2008 年
第一负责人／张新民
合作机构／
办公地址／北京市朝阳区惠新东街 10 号对外经济贸易大学诚信楼 711、714 室（100029）
电话（传真）／010－64494628（010－64494625）
邮　　箱／uibe_ center@ 126. com
网　　址／http://ibs. uibe. edu. cn/qygjh
主要研究领域：
企业国际化经营

224 对外经济贸易大学租赁研究中心
Leasing Research Center, University of International Business and Economics

所属类别／高校智库
主管单位／对外经济贸易大学
成立时间／2001 年 4 月
第一负责人／史燕平
合作机构／
办公地址／北京市朝阳区惠新东街 10 号对外经济贸易大学博学楼 1114 室（100029）
电话（传真）／010－88191433
邮　　箱／leases@ 163. com
网　　址／http://www. leaseresearch. org
主要研究领域：
融资租赁

225 福建农林大学南太平洋岛国研究中心

所属类别／合作智库
主管单位／福建农林大学
成立时间／2017 年
第一负责人／庄佩芬
合作机构／教育部
办公地址／福建省福州市仓山区上下店路 15 号（350002）
电话（传真）／
邮　　箱／
网　　址／
主要研究领域：南太平洋岛国的农业发展状况和农业政策研究

226 福建社会科学院
Fujian Academy of Social Sciences

所 属 类 别 / 科研院所智库
主 管 单 位 / 中共福建省委、福建省政府
成 立 时 间 / 1978 年 2 月
第一负责人 / 张帆
合 作 机 构 /
办 公 地 址 / 福建省福州市鼓楼区柳河路 18 号 (350001)
电话(传真) / 0591 - 83791486
邮　　箱 /
网　　址 / http://www. fass. net. cn
主要研究领域:
科学发展观; 社会主义和谐社会; 海峡西岸经济区

227 福建省经济信息中心

所 属 类 别 / 政府部门智库—省/区/市政府所属
主 管 单 位 / 福建省发展和改革委员会
成 立 时 间 / 1988 年 1 月
第一负责人 / 蔡荣富
合 作 机 构 /
办 公 地 址 / 福建省福州市鼓楼区屏西路 27 号 (350003)
电话(传真) / 0591 - 86303728 (0591 - 86303737)
邮　　箱 / chenrh@ fujian. gov. cn
网　　址 / http://www. fjic. gov. cn
主要研究领域:
经济指标监测、预测和预警; 国民经济与社会发展中长期规划; 数字福建; 电子政务; 温室气体排放; 适应气候变化; 信息安全

228 福建省人民政府发展研究中心
Development Research Center of Fujian Provincial People's Government

所 属 类 别 / 政府部门智库—省/区/市政府所属
主 管 单 位 / 福建省政府
成 立 时 间 /
第一负责人 / 李强
合 作 机 构 /
办 公 地 址 / 福建省福州市鼓楼区华林路 76 号省政府大院 8 号 (350003)
电话(传真) / 0591 - 87855618 (0591 - 87826001)
邮　　箱 / yzzx6363@ 163. com
网　　址 / http://www. fjdrc. org. cn/
主要研究领域:
福建经济社会中长期发展战略; 产业经济; 财政金融; 对外经济; 社会发展

229 福建省社会科学界联合会
Fujian Federation of Social Science Circles

所属类别 / 社会智库—社会团体
主管单位 / 中共福建省委
成立时间 / 1978年7月
第一负责人 / 梁建勇
合作机构 /
办公地址 / 福建省福州市鼓楼区柳河路83号（350001）
电话(传真) / 0591－83791490
邮　　箱 / admin@ fjskl. com. cn
网　　址 / http://fjskl. org. cn
主要研究领域：
社会主义经济建设、政治建设、文化建设、社会建设、生态文明建设

230 福建师范大学竞争力研究中心

所属类别 / 高校智库
主管单位 / 福建师范大学
成立时间 / 2006年10月
第一负责人 /
合作机构 /
办公地址 / 福建省福州市福建师范大学旗山校区文经楼三层（350108）
电话(传真) / 0591－22867936
邮　　箱 /
网　　址 /
主要研究领域：
省域经济综合竞争力；环境竞争力；国家创新竞争力；低碳经济竞争力；创意经济竞争力

231 福卡智库
Forecast Think Tank

所属类别 / 社会智库—企业
主管单位 /
成立时间 / 1996年
第一负责人 / 王德培
合作机构 /
办公地址 / 上海市黄浦区广东路689号海通证券大厦27层（200001）
电话(传真) / 021－63410066（021－63410069）
邮　　箱 / shforecast@ shforecast. net
网　　址 / http://www. forecast. org. cn
主要研究领域：
经济发展预测与规划；社会发展战略

F

232 福睿智库
Furee Think – tank

所 属 类 别／社会智库—企业
主 管 单 位／上海市宝山区民政局
成 立 时 间／
第一负责人／
合 作 机 构／
办 公 地 址／上海市四川北路 1717 号嘉杰国际广场 20 楼 2001 室（200080）
电话(传真)／021 – 56478339（021 – 56478337）
邮　　箱／furuizhiku1@ 163. com
网　　址／http://www. frzk. org
主要研究领域:
区域战略；园区新城；产业规划；设计运营和行业监测

233 福州大学决策科学研究所
Decision Sciences Institute，Fuzhou University

所 属 类 别／高校智库
主 管 单 位／福州大学
成 立 时 间／2008 年 9 月
第一负责人／王应明
合 作 机 构／
办 公 地 址／
电话(传真)／0591 – 22866677
邮　　箱／ymwang@ fzu. edu. cn
网　　址／http://dsi. fzu. edu. cn
主要研究领域:
决策科学；科技创新

234 福州大学软科学研究所
Institute of Soft Science Fuzhou University

所 属 类 别／高校智库
主 管 单 位／福州大学
成 立 时 间／1987 年
第一负责人／张良强
合 作 机 构／
办 公 地 址／福建省福州市鼓楼区工业路 523 号（350002）
电话(传真)／0591 – 87893307（0591 – 87893307）
邮　　箱／iss@ fzu. edu. cn
网　　址／http://iss. fzu. edu. cn
主要研究领域:
区域和企业发展战略与规划；海峡两岸科技交流与合作；系统科学理论与方法；高技术产业化；科技管理；科技创新与政策；人力资源开发

235 福州大学循环经济研究中心

所属类别/高校智库
主管单位/福州大学
成立时间/
第一负责人/郗永勤
合作机构/
办公地址/福建省福州市闽侯县大学新区学园路2号（350108）
电话(传真)/0591-22866677
邮　　箱/fzucerc@163.com
网　　址/http://cerc.fzu.edu.cn
主要研究领域：
循环经济；环境保护；生态文明

236 复旦大学产业经济研究所
Institute of Industrial Economics, Fudan University

所属类别/高校智库
主管单位/复旦大学
成立时间/2003年
第一负责人/芮明杰
合作机构/
办公地址/上海市杨浦区国顺路670号（200433）
电话(传真)/021-25011481（021-65642411）
邮　　箱/cjx@fudan.edu.cn
网　　址/http://www.iie.fudan.edu.cn
主要研究领域：
经济发展；产业发展；结构调整；产业规划与政策

237 复旦大学城市发展研究院
Urban Development Institute of Fudan University

所属类别/高校智库
主管单位/复旦大学
成立时间/
第一负责人/梁鸿
合作机构/
办公地址/上海市杨浦区邯郸路220号（200433）
电话(传真)/
邮　　箱/
网　　址/http://www.udi.fudan.edu.cn
主要研究领域：
城镇化发展中的人口、治理、生态、安全、文化问题

238 复旦大学城市环境管理研究中心

所属类别／合作智库—政校合作
主管单位／上海市市容环境卫生管理局、复旦大学
成立时间／2006年5月
第一负责人／戴星翼
合作机构／上海市市容环境卫生管理局、复旦大学
办公地址／上海市杨浦区邯郸路220号（200433）
电话(传真)／
邮　　箱／
网　　址／
主要研究领域：
公共政策与公共选择；循环经济；城市景观与环境管理；低端经济活动与城市形象管理；城市景观管理标准；大都市郊区农村的环境建设

239 复旦大学东方管理研究院
Institute of Oriental Management, Fudan University

所属类别／高校智库
主管单位／复旦大学
成立时间／2013年10月
第一负责人／苏勇
合作机构／
办公地址／上海市杨浦区国顺路670号李达三楼804室（200433）
电话(传真)／021－25011354（021－65643920）
邮　　箱／iom@fudan.edu.cn
网　　址／http://www.iom.fudan.edu.cn
主要研究领域：
东方管理思想；东方公共管理；东方社会管理；世界各地华商、华人企业管理；跨文化管理；中国商业形态、商业制度、商业模式

240 复旦大学复旦发展研究院
Fudan Development Institute

所属类别／高校智库
主管单位／复旦大学
成立时间／1993年2月
第一负责人／许宁生
合作机构／
办公地址／上海市杨浦区邯郸路220号复旦大学智库楼（200433）
电话(传真)／021－55670203
邮　　箱／fdifudan@fudan.edu.cn
网　　址／http://fddi.fudan.edu.cn
主要研究领域：国家与上海发展

241 复旦大学高等教育研究所
Research Institute for Higher Education，Fudan University

所属类别／高校智库
主管单位／复旦大学
成立时间／1986 年
第一负责人／熊庆年
合作机构／
办公地址／上海市杨浦区邯郸路 220 号（200433）
电话(传真)／021－65642245（021－65643505）
邮　　箱／fdgjs@fudan.edu.cn
网　　址／http://www.ihe.fudan.edu.cn
主要研究领域：
高等教育；教育经济与管理

242 复旦大学公共管理与公共政策研究国家哲学社会科学创新基地
The State Innovative Institute for Public Management and Policy Studies at Fudan University

所属类别／高校智库
主管单位／复旦大学
成立时间／2005 年 12 月
第一负责人／彭希哲
合作机构／
办公地址／上海市杨浦区邯郸路 220 号复旦大学文科楼 8 层（200433）
电话(传真)／021－55665364（021－55665211）
邮　　箱／gljd@fudan.edu.cn
网　　址／http://www.gljd.fudan.edu.cn
主要研究领域：
人口、健康与公共卫生政策；人口与发展的基本态势与社会政策；超大规模社会的公共管理理论与体制机制

243 复旦大学国际公共关系研究中心
International Public Relations Research Center of Fudan University

所属类别／高校智库
主管单位／复旦大学
成立时间／2005 年 4 月
第一负责人／孟建
合作机构／
办公地址／上海市杨浦区国定路 400 号复旦大学新闻学院内（200433）
电话(传真)／021－55664695（021－55664695）
邮　　箱／mediamj@163.net
网　　址／
主要研究领域：国家、城市软实力；国家、城市形象战略；公共外交；公共关系；文化战略与文化产业；政府与企业危机传播管理；新闻发布与新闻发言人

244 复旦大学国际问题研究院
Institution of International Studies，Fudan University

所属类别 / 高校智库
主管单位 / 复旦大学
成立时间 / 2000 年
第一负责人 / 沙祖康
合作机构 /
办公地址 / 上海市杨浦区国权路 680 号（200433）
电话(传真) / 021 - 55664940（021 - 55664941）
邮　　箱 / iis@ fudan. edu. cn
网　　址 / http://www. iis. fudan. edu. cn
主要研究领域：
美国；日本；朝鲜；韩国；俄罗斯；南亚巴基斯坦；法国；中欧关系；亚太区域合作与治理；国际组织；中国与周边国家关系；中国人文外交

245 复旦大学国土资源经济研究中心

所属类别 / 合作智库—政校合作
主管单位 / 上海规划和国土资源局、复旦大学
成立时间 / 2010 年 1 月
第一负责人 / 戴星翼
合作机构 / 上海规划和国土资源局、复旦大学
办公地址 / 上海市杨浦区邯郸路 220 号复旦大学环境科学与工程系（200433）
电话(传真) / 021 - 55665633
邮　　箱 / xqshi@ fudan. edu. cn
网　　址 /
主要研究领域：
国土资源经济；土地管理与利用

246 复旦大学环境经济研究中心
Center for Environment Economics Studies，Fudan University

所属类别 / 高校智库
主管单位 / 复旦大学
成立时间 / 2000 年 11 月
第一负责人 / 朱国宏
合作机构 /
办公地址 / 上海市杨浦区邯郸路 220 号复旦大学 11 号楼 217 室（200433）
电话(传真) / 021 - 65643145（021 - 65643145）
邮　　箱 / cees_ fudan@ 163. com
网　　址 /
主要研究领域：
可持续发展战略与区域发展规划；中国环境问题的跨学科研究；环境经济

F

247 **复旦大学金融研究中心**
Financial Research Center Fudan University

所属类别 / 高校智库
主管单位 / 复旦大学
成立时间 / 2012 年
第一负责人 / 孙立坚
合作机构 /
办公地址 / 上海市邯郸路 220 号智库楼（200433）
电话(传真) / 021 - 55665281
邮　　箱 / fdfrc@ fudan. edu. cn
网　　址 / http://www. fdfrc. fudan. edu. cn
主要研究领域:
金融

248 **复旦大学美国研究中心**
The Center for American Studies, Fudan University

所属类别 / 高校智库
主管单位 / 复旦大学
成立时间 / 1985 年
第一负责人 / 吴心伯
合作机构 /
办公地址 / 上海市杨浦区邯郸路 220 号复旦大学（200433）
电话(传真) / 021 - 65642269（021 - 65119567）
邮　　箱 / cas@ fudan. edu. cn
网　　址 / http://www. cas. fudan. edu. cn
主要研究领域:
美国问题研究；中美关系研究

249 **复旦大学欧洲问题研究中心**
Centre for European Studies, Fudan University

所属类别 / 高校智库
主管单位 / 复旦大学
成立时间 / 1993 年 1 月
第一负责人 / 丁纯
合作机构 /
办公地址 / 上海市杨浦区邯郸路 220 号（200433）
电话(传真) / 021 - 65642668（021 - 65646456）
邮　　箱 / ces@ fudan. edu. cn
网　　址 / http://www. cesfd. org. cn
主要研究领域:
欧洲经济、政治、法律、社会、文化

250 复旦大学人口与发展政策研究中心
Fudan University Center for Population and Development Policy Studies

所 属 类 别 / 高校智库
主 管 单 位 / 复旦大学
成 立 时 间 /
第一负责人 / 彭希哲
合 作 机 构 /
办 公 地 址 / 上海市杨浦区邯郸路 220 号复旦大学文科楼 821 室（200433）
电话(传真) / 021 - 65643261（021 - 65643261）
邮　　箱 / cpdps@ fudan. edu. cn
网　　址 / http://cpdps. fudan. edu. cn
主要研究领域:
人口与发展

251 复旦大学社会科学高等研究院
Fudan Institute for Advanced Study in Social Sciences

所 属 类 别 / 高校智库
主 管 单 位 / 复旦大学
成 立 时 间 /
第一负责人 / 郭苏建
合 作 机 构 /
办 公 地 址 / 上海市杨浦区邯郸路 220 号光华楼东主楼 2807 室（200433）
电话(传真) / 021 - 55665552（021 - 55665552）
邮　　箱 / ias_ fudan@ 126. com
网　　址 / http://www. ias. fudan. edu. cn
主要研究领域:
社会科学综合研究

252 复旦大学司法与诉讼制度研究中心
Judicial and Procedural System Research Center of Fudan University

所 属 类 别 / 高校智库
主 管 单 位 / 复旦大学
成 立 时 间 / 2007 年
第一负责人 / 谢佑平
合 作 机 构 /
办 公 地 址 / 上海市杨浦区淞沪路 2005 号（200438）
电话(传真) / 021 - 51630083
邮　　箱 / ypxie@ fudan. edu. cn
网　　址 /
主要研究领域:
司法与诉讼制度

F

253 **复旦大学新闻传播与媒介化社会研究国家哲学社会科学创新基地**
The State Innovative Institute for the Studies of Journalism & Communication and Media Society at Fudan University

所属类别／高校智库
主管单位／复旦大学
成立时间／2006年3月
第一负责人／童兵
合作机构／
办公地址／上海市杨浦区国定路400号复旦大学新闻学院办公楼406室（200433）
电话（传真）／021－55664202（021－55664202）
邮　　箱／fdjc985@gmail.com
网　　址／
主要研究领域：
新闻传播；媒介化社会

254 **复旦大学信息与传播研究中心**
Center for Information and Communication Studies, Fudan University

所属类别／高校智库
主管单位／复旦大学
成立时间／2001年
第一负责人／黄旦
合作机构／
办公地址／上海市杨浦区国定路400号复旦大学新闻学院办公楼414室（200433）
电话（传真）／021－65643743（021－65643743）
邮　　箱／cics@fudan.edu.cn
网　　址／http://cics.fudan.edu.cn
主要研究领域：
信息与传播

255 **复旦大学选举与人大制度研究中心**

所属类别／高校智库
主管单位／复旦大学
成立时间／2006年12月
第一负责人／桑玉成
合作机构／
办公地址／上海市杨浦区邯郸路220号复旦大学国际关系与公共事务学院（200433）
电话（传真）／
邮　　箱／editors@fepcc.org
网　　址／http://www.fepcc.org/Default.aspx
主要研究领域：
选举与人大制度

256 复旦大学亚洲研究中心
Asia Research Center, Fudan University

所属类别 / 高校智库
主管单位 / 复旦大学
成立时间 / 2002 年
第一负责人 / 金光耀
合作机构 /
办公地址 / 上海市邯郸路 220 号复旦大学光华楼西主楼 8 楼（200433）
电话(传真) / 021 – 55664196（021 – 55664259）
邮　　箱 / arcfd@ fudan. edu. cn
网　　址 / http://arcfd. fudan. edu. cn
主要研究领域:
亚洲历史、语言、文化艺术、教育、宗教、政治、经济、社会、国际关系

257 复旦大学知识产权研究中心
The Center for Intellectual Property Study, Fudan University

所属类别 / 高校智库
主管单位 / 复旦大学
成立时间 / 1995 年 5 月
第一负责人 / 张乃根
合作机构 /
办公地址 / 上海市杨浦区淞沪路 2005 号法学楼 410 室（200433）
电话(传真) / 021 – 51630042（021 – 51630112）
邮　　箱 / zhangng@ fudan. edu. cn
网　　址 / http://www. ipcenter. fudan. edu. cn
主要研究领域:
知识产权

258 复旦大学中国经济研究中心
Research Institute of Chinese Economy, Fudan University

所属类别 / 高校智库
主管单位 / 复旦大学
成立时间 / 2013 年 8 月
第一负责人 / 张军
合作机构 /
办公地址 / 上海市杨浦区国权路 680 号（200433）
电话(传真) / 021 – 55665708（021 – 55664872）
邮　　箱 / rice@ fudan. edu. cn
网　　址 / http://www. rice. fudan. edu. cn
主要研究领域:
经济体制改革；财政与货币政策；产业升级与产业政策；城市化与区域发展；农村经济发展；能源环境与可持续发展

259 复旦大学中国研究院
China Institute, Fudan University

所 属 类 别 / 高端智库，高校智库
主 管 单 位 / 复旦大学
成 立 时 间 / 2015 年
第一负责人 / 张维为
合 作 机 构 /
办 公 地 址 / 上海市杨浦区邯郸路 220 号复旦大学光华楼东主楼 7 楼（200433）
电话(传真) / 021 - 65642227 （021 - 55661725）
邮　　箱 / ChinaFudan@ aliyun. com
网　　址 / http://www. cifu. fudan. edu. cn
主要研究领域：
中国道路；中国模式；中国话语

260 复旦大学中外现代化进程研究中心
The Center for Comparative Studies of Modernization, Fudan University

所 属 类 别 / 高校智库
主 管 单 位 / 复旦大学
成 立 时 间 / 2000 年 3 月
第一负责人 / 姜义华
合 作 机 构 /
办 公 地 址 / 上海市杨浦区邯郸路 220 号复旦大学光华楼西主楼 1803 室（200433）
电话(传真) / 021 - 55665195 （021 - 55665020）
邮　　箱 / fdccsm@ fudan. edu. cn
网　　址 / http://www. modernization. fudan. edu. cn
主要研究领域：
上海现代化国际大都市；中国现代化进程；世界现代化进程；比较文明与比较现代化

261 复旦大学住房政策研究中心
Center For Housing Policy Studies, Fudan University

所 属 类 别 / 高校智库
主 管 单 位 / 复旦大学
成 立 时 间 / 2009 年 7 月
第一负责人 / 许征
合 作 机 构 /
办 公 地 址 / 上海市杨浦区国顺路复旦大学管理学院李达三楼 617 室（200433）
电话(传真) / 021 - 65646690 （021 - 65642411）
邮　　箱 / chps@ fudan. edu. cn
网　　址 / http://www. chps. fudan. edu. cn
主要研究领域：
住房保障；公共住房政策；住房市场调控；住房金融；国际住房政策比较

F

262 复旦大学宗教与中国国家安全研究中心

所 属 类 别 / 高校智库
主 管 单 位 / 复旦大学
成 立 时 间 / 2013 年 9 月
第一负责人 / 徐以骅
合 作 机 构 /
办 公 地 址 / 上海市邯郸路 220 号复旦大学文科大楼 609 办公室（200433）
电话(传真) / 021 - 55665488 (021 - 55665488)
邮　　箱 / liuqianjie@ fudan. edu. cn
网　　址 / http://www. rans. fudan. edu. cn
主要研究领域:
宗教与中国国家安全研究；宗教与当前中外关系和中国对外战略；宗教与中国社会安全和国家建设；当前国内外各种宗教运动和现象

263 复旦丁铎尔中心
Fudan Tyndall Centre

所 属 类 别 / 合作智库—中外合作
主 管 单 位 /
成 立 时 间 / 2000 年
第一负责人 / 陈建民、Trevor Davies
合 作 机 构 / 复旦大学、英国丁铎尔中心
办 公 地 址 / 上海市杨浦区国定路 400 号复旦大学新闻学院综合楼 4 层（200433）
电话(传真) / 021 - 65648728 (021 - 65648728)
邮　　箱 / jiangping@ fudan. edu. cn
网　　址 / http://tyndallcentre. fudan. edu. cn
主要研究领域:
全球变化影响综合评估；全球变化背景下经济、能源、人类健康和可持续发展的相互关系

264 甘肃省人民政府参事室
Counsellors' Office of the Gansu Provincial People's Government

所 属 类 别 / 政府部门智库—省/区/市政府所属
主 管 单 位 / 甘肃省政府办公厅
成 立 时 间 / 2009 年
第一负责人 / 李志荣
合 作 机 构 /
办 公 地 址 / 甘肃省兰州市城关区滩尖子 189 号（730010）
电话(传真) / 0931 - 8580832
邮　　箱 /
网　　址 /
主要研究领域：甘肃省发展战略

265 甘肃省社会科学界联合会
Federation of Social Sciences Gansu Province

所 属 类 别 / 社会智库—社会团体
主 管 单 位 /
成 立 时 间 / 1985 年 10 月
第一负责人 / 陈青
合 作 机 构 /
办 公 地 址 / 甘肃省兰州市城关区皋兰路 20 号兴中大厦 14 层 (730030)
电话(传真) / 0931 - 8727705 (0931 - 8727705)
邮　　箱 / gssklbgs@ 163. com
网　　址 / http://www. gsskl. gov. cn
主要研究领域:
甘肃经济社会发展

266 甘肃省社会科学院
Gansu Academy of Social Sciences

所 属 类 别 / 科研院所智库
主 管 单 位 / 甘肃省政府
成 立 时 间 / 1977 年 12 月
第一负责人 / 王福生
合 作 机 构 /
办 公 地 址 / 甘肃省兰州市安宁区建宁东路 277 号 (730071)
电话(传真) / 0931 - 7766766 (0931 - 7768029)
邮　　箱 /
网　　址 / http://www. gsass. net. cn
主要研究领域:
国情调查; 甘肃省情研究; 西北创造与发展; 社会政策与人口; 文化产业; 西北民族宗教; 金融发展; 社会政策与社会救助

267 工业和信息化部电信传输研究所
The Research Institute Telecommunications Transmission, Ministry of Industry and Information Technology

所 属 类 别 / 政府部门智库—国务院组成部门所属
主 管 单 位 / 工业和信息化部
成 立 时 间 / 1972 年
第一负责人 / 刘多
合 作 机 构 /
办 公 地 址 / 北京市海淀区花园北路 52 号 B 座 6 层 (100191)
电话(传真) / 010 - 62300292 (010 - 62300299)
邮　　箱 / ritt@ ritt. cn
网　　址 / http://www. ritt. cn
主要研究领域: 通信国家标准; 行业标准

G

268 工业和信息化部电子科学技术情报研究所

所属类别/政府部门智库—国务院组成部门所属
主管单位/工业和信息化部
成立时间/1959 年
第一负责人/尹丽波
合作机构/
办公地址/北京市石景山区鲁谷路 35 号国家工业信息安全发展研究中心（100040）
电话(传真)/010 - 68632898
邮　　箱/
网　　址/http://www.etiri.com.cn
主要研究领域：
两化融合；物联网；信息安全；工业经济；基础软件；战略情报；知识产权

269 工业和信息化部工业文化发展中心
Industrial Culture Development Center of MIIT

所属类别/政府部门智库—国务院组成部门所属
主管单位/工业和信息化部
成立时间/2014 年 6 月
第一负责人/罗民
合作机构/
办公地址/北京市海淀区万寿路 27 号（100846）
电话(传真)/010 - 68200615（010 - 68200615）
邮　　箱/
网　　址/http://www.miit-icdc.org/
主要研究领域：
工业文化遗产保护和利用；工业设计产业；工艺美术产业；文化创意产业；工业文化遗产项目评估；企业技术创新；名牌和品牌发展策略

G

270 工业和信息化部国际经济技术合作中心
Center for International Economic and Technological Cooperation of the Ministry of Industry and Information Technology

所属类别/政府部门智库—国务院组成部门所属
主管单位/工业和信息化部
成立时间/2011 年 7 月
第一负责人/郑红
合作机构/
办公地址/北京市海淀区万寿路 27 号院 8 号楼 9 层（100846）
电话(传真)/010 - 68207923（010 - 68207918）
邮　　箱/daohuijiang@126.com
网　　址/http://www.cietc.org
主要研究领域：工业经济；电子信息产业与信息化；信息技术产业；工业和信息化领域涉外法律；全球区域经济合作；节能环保；电子商务

271 工业和信息化部软件与集成电路促进中心

Ministry of Industry and Information Technology Software and Integrated Circuit Promotion Center

所 属 类 别 / 政府部门智库—国务院组成部门所属

主 管 单 位 / 工业和信息化部

成 立 时 间 /

第一负责人 / 卢山

合 作 机 构 /

办 公 地 址 / 北京市海淀区羊坊店东路 5 号博望园西配楼 10 号（100038）

电话(传真) / 010 - 63951881（010 - 63973485）

邮　　箱 / Webmaster@ csip. org. cn

网　　址 / http://www. csip. cn/shouye

主要研究领域：

工业和信息化战略；知识产权预警

272 工业和信息化部通信清算中心

所 属 类 别 / 政府部门智库—国务院组成部门所属

主 管 单 位 / 工业和信息化部

成 立 时 间 /

第一负责人 / 李学林

合 作 机 构 /

办 公 地 址 / 北京市西城区西长安街 13 号（100804）

电话(传真) /

邮　　箱 /

网　　址 / http://qszx. miit. gov. cn

主要研究领域：

通信行业经济；通信行业监管；通信行业财务政策

273 工业和信息化部中小企业发展促进中心（中国中小企业国际合作协会）

China Centre for Promotion of SME Development (China International Cooperation Association of Small and Medium Enterprises)

所 属 类 别 / 政府部门智库—国务院组成部门所属

主 管 单 位 / 工业和信息化部

成 立 时 间 / 1986 年 3 月

第一负责人 / 单立坡

合 作 机 构 /

办 公 地 址 / 北京市海淀区西直门北大街 32 号枫蓝国际 A 座 1209 室（100082）

电话(传真) / 010 - 82292016（010 - 82292013）

邮　　箱 / prosme@ 126. com

网　　址 / http://www. chinasme. org. cn

主要研究领域：

中小企业法律法规；中小企业政策；中小企业服务体系

274 公安部公安发展战略研究所

所 属 类 别 / 合作智库
主 管 单 位 / 中国人民公安大学
成 立 时 间 / 2015 年 9 月
第一负责人 / 曹诗权
合 作 机 构 / 公安部
办 公 地 址 / 北京市西城区木樨地南里 1 号（100038）
电话(传真) / 010 - 83901114
邮　　箱 / 20050560@ ppsuc. edu. cn
网　　址 /
主要研究领域:
公安学；公安技术学；法学；管理学

275 公安部现代警务改革研究所

所 属 类 别 / 合作智库
主 管 单 位 / 江苏警官学院
成 立 时 间 / 2015 年 9 月
第一负责人 / 张兰青
合 作 机 构 / 公安部
办 公 地 址 / 江苏省南京市浦口区石佛寺三宫 48 号（210031）
电话(传真) /
邮　　箱 /
网　　址 /
主要研究领域:
现代警务机制改革；公安队伍管理机制改革；警务治理能力现代化理论与实际研究

276 公众环境研究中心
Institute of Public and Environmental Affairs

所 属 类 别 / 社会智库—民办非企业
主 管 单 位 / 北京市民政局
成 立 时 间 / 2006 年 6 月
第一负责人 / 马军
合 作 机 构 /
办 公 地 址 / 北京市朝阳区秀水街 1 号建国门外外交公寓 6 - 1 - 91（3 号门）(100600)
电话(传真) / 010 - 67189470（010 - 67189470）
邮　　箱 / ipe@ ipe. org. cn
网　　址 / http://www. ipe. org. cn
主要研究领域:
环境信息；环境治理

277 光明日报文化产业研究中心

所属类别／社会智库
主管单位／光明日报社
成立时间／2013年3月
第一负责人／童怀
合作机构／
办公地址／北京市东城区珠市口东大街（100062）
电话(传真)／010－67078570
邮　　箱／
网　　址／
主要研究领域：
中国文化产业发展

278 光明日报智库研究与发布中心

Think Tank Research and Release Center of Guangming Daily

所属类别／智库研究与评价机构，社会智库
主管单位／光明日报社
成立时间／2015年5月
第一负责人／王斯敏
合作机构／
办公地址／北京市东城区珠市口东大街5号光明日报社（100062）
电话(传真)／010－67078979（010－67078648）
邮　　箱／gmthinktank@126.com
网　　址／
主要研究领域：
报道中外智库建设情况；发布各类智库成果；组织开展智库研究；举办各类智库活动

279 广东省人民政府参事室

Counsellors' Office of the Guangdong Provincial People's Government

所属类别／政府部门智库—省/区/市政府所属
主管单位／广东省政府
成立时间／1951年7月
第一负责人／张小兰
合作机构／
办公地址／广东省广州市越秀区解放北路542号（510030）
电话(传真)／020－83333877
邮　　箱／
网　　址／http://www.gdcss.gd.gov.cn
主要研究领域：
广东省发展战略

280 广东省人民政府发展研究中心
Development Research Center, the People's Government of Guangdong Province

所 属 类 别 / 政府部门智库—省/区/市政府所属
主 管 单 位 / 广东省政府
成 立 时 间 / 1986 年
第一负责人 / 钟旋辉
合 作 机 构 /
办 公 地 址 / 广东省广州市越秀区东风中路 305 号大院 8 号楼 5 层、6 层（510040）
电话(传真) / 020 - 83132970（020 - 83344485）
邮　　箱 / gdrci@163. com
网　　址 / http://gdyjzx. gd. gov. cn
主要研究领域:
宏观经济；发展战略和区域经济；产业经济和产业；农村经济；对外经济关系；社会发展；企业改革和发展；财税金融

281 广东省社会科学界联合会
Guangdong Social Sciences Association

所 属 类 别 / 社会智库—社会团体
主 管 单 位 / 中共广东省委、广东省政府
成 立 时 间 / 1960 年 2 月
第一负责人 / 张知干
合 作 机 构 /
办 公 地 址 / 广东省广州市天河北路 618 号（510635）
电话(传真) / 020 - 83880613
邮　　箱 /
网　　址 / http://www. gdskl. com. cn
主要研究领域:
经济特区；港澳经济；外向型经济；华人华侨；第三产业经济；政治文明

282 广东省社会科学院
Guangdong Academy of Social Sciences

所 属 类 别 / 科研院所智库
主 管 单 位 / 中共广东省委、广东省政府
成 立 时 间 / 1972 年
第一负责人 / 王珺
合 作 机 构 /
办 公 地 址 / 广东省广州市天河区天河北路 618 号（510635）
电话(传真) / 020 - 38809459
邮　　箱 /
网　　址 / http://www. gdass. gov. cn
主要研究领域:
财政金融；现代化战略；文化产业；经济问题；社会与人口

283 **广东外语外贸大学加拿大研究中心**
Center for Canadian Studies, Guangdong University of Foreign Studies

所 属 类 别 / 高校智库
主 管 单 位 / 广东外语外贸大学
成 立 时 间 / 1995 年
第一负责人 / 唐小松
合 作 机 构 /
办 公 地 址 / 广东省广州市白云大道北 2 号广东外语外贸大学第八教学楼 611、612 室（510420）
电话(传真) / 020 - 36602075（020 - 36602075）
邮　　箱 / gdufsccs@163. com
网　　址 / http://ccs. gdufs. edu. cn
主要研究领域:
加拿大政治与外交、经济与贸易、社会与法律、文化与教育

284 **广东外语外贸大学粤港澳大湾区研究院**
Institute of Studies for the Great Bay Area（Guangdong, Hong - kong, Macau）

所 属 类 别 / 高校智库
主 管 单 位 / 广东外语外贸大学
成 立 时 间 / 2017 年 6 月
第一负责人 / 申明浩
合 作 机 构 /
办 公 地 址 /
电话(传真) / 020 - 86253521
邮　　箱 /
网　　址 / https://ygadwq. gdufs. edu. cn/index. htm
主要研究领域:
粤港澳大湾区的理论、政策和实践问题

285 **广东亚太创新经济研究院**
Asia - pacific Innovation Economic Research Institute of Guangdong

所 属 类 别 / 社会智库
主 管 单 位 / 广东省社会科学界联合会
成 立 时 间 / 2013 年 11 月
第一负责人 / 董小麟
合 作 机 构 /
办 公 地 址 / 广东省广州市天河区珠江西路 5 号广州国际金融中心 3511、3512 室（510063）
电话(传真) / 020 - 87350999
邮　　箱 / ask@gder. org
网　　址 /
主要研究领域：全球经济；国内经济改革；经济社会发展

G

286 广东中策知识产权研究院
Guangdong ZhongCe Intellectual Property Research Institute

所 属 类 别 / 社会智库
主 管 单 位 /
成 立 时 间 / 2015 年 3 月
第一负责人 /
合 作 机 构 /
办 公 地 址 / 广东省广州市开发区科学城科学大道 241 号总部经济区 A4 栋十楼（510520）
电话(传真) / 020 - 37882561 (020 - 37882561)
邮　　箱 / info@ ipzhc. com
网　　址 / http://www. ipzhc. com
主要研究领域:
知识产权政策研究；知识产权战略制定

287 广西大学广西西大旅游科学研究院
Guangxi Xida Institute of Tourism Science

所 属 类 别 / 高校智库
主 管 单 位 / 广西大学
成 立 时 间 / 2006 年
第一负责人 / 杨永德
合 作 机 构 /
办 公 地 址 / 广西南宁市大学东路 100 号广西大学商学院（530004）
电话(传真) / 0771 - 3809536 (0771 - 3809535)
邮　　箱 / gxxdlky@ 163. com
网　　址 / http://www. xdly. org
主要研究领域:
旅游资源开发与规划；生态旅游；旅游经济；旅游教育；旅游管理

G

288 广西大学中国 - 东盟研究院
China - ASEAN Research Institute of Guangxi University

所 属 类 别 / 高校智库
主 管 单 位 / 广西大学
成 立 时 间 / 2005 年 1 月
第一负责人 / 范祚军
合 作 机 构 /
办 公 地 址 / 广西南宁市西乡塘区大学路 100 号广西大学国际学院
电话(传真) / 0771 - 3274451
邮　　箱 / webmaster@ gxu. edu. cn
网　　址 / http://cari. gxu. edu. cn
主要研究领域: CAFTA；大湄公河（GMS）；泛北部湾区域发展；中马产业园发展；中国 - 东盟生态；中国 - 东盟财政金融政策；国际关系；民族文化；法律关系

289 **广西民族大学中国－东盟研究中心**
Center for China – Association of Southeast Asian Nations Studies

所 属 类 别 / 高校智库
主 管 单 位 / 广西民族大学
成 立 时 间 / 2004 年
第一负责人 / 杨晓强
合 作 机 构 /
办 公 地 址 / 广西南宁市西乡塘区大学东路 158 号广西民族大学西校区（530008）
电话(传真) / 0771－3267055（0771－3267055）
邮　　箱 / dongmengketi@163. com
网　　址 / http://dmyjzx. gxun. edu. cn
主要研究领域:
东南亚政治、商贸、语言、文化、法律；中国－东盟关系

290 **广西社会科学界联合会**
Guangxi Federation of Social Sciences

所 属 类 别 / 社会智库—社会团体
主 管 单 位 / 中共广西壮族自治区委
成 立 时 间 / 1984 年 12 月
第一负责人 / 沈德海
合 作 机 构 /
办 公 地 址 / 广西南宁市青秀区新竹路 5 号（530022）
电话(传真) / 0771－5868841（0771－5880533）
邮　　箱 / gxsklxx@163. com
网　　址 / http://www. gxskl. gov. cn
主要研究领域:
广西社会主义经济建设、政治建设、文化建设、社会建设、生态文明建设

291 **广西社会科学院**
Guangxi Academy of Social Sciences

所 属 类 别 / 科研院所智库
主 管 单 位 / 广西壮族自治区政府
成 立 时 间 / 1977 年 9 月
第一负责人 / 陈立生
合 作 机 构 /
办 公 地 址 / 广西南宁市青秀区新竹路 5 号（530022）
电话(传真) / 0771－5865753（0771－5865753）
邮　　箱 / 1758639986@qq. com
网　　址 / http://www. gass. gx. cn
主要研究领域:
中国特色社会主义；区域经济；工业经济；农村发展；文化建设；东南亚及东盟问题；当代广西

G

292 广西壮族自治区人民政府参事室
Counsellors' Office of the Guangxi Zhuang Autonomous Region People's Government

所 属 类 别 / 政府部门智库—省/区/市政府所属
主 管 单 位 / 广西壮族自治区政府办公厅
成 立 时 间 / 2005 年 12 月
第一负责人 / 卢岱
合 作 机 构 /
办 公 地 址 / 广西南宁市青秀区民生路 2 号自治区政府大院 3 号楼（530012）
电话(传真) / 0771 - 2810331（0771 - 2810331）
邮　　箱 / gxcanshiwenshi@ 163. com
网　　址 /
主要研究领域：
广西发展战略

293 广西壮族自治区人民政府发展研究中心

所 属 类 别 / 政府部门智库—省/区/市政府所属
主 管 单 位 / 广西壮族自治区政府
成 立 时 间 / 2001 年 4 月
第一负责人 / 杨丛
合 作 机 构 /
办 公 地 址 / 广西南宁市青秀区民生路 2 号政府大院（530012）
电话(传真) / 0771 - 2807651（0771 - 2619178）
邮　　箱 /
网　　址 /
主要研究领域：
西部大开发；产业政策；对外贸易；周边国家和地区经济与社会；人力资源开发；收入分配；社会保障；自然资源合理开发与利用；环境保护

294 广州大学广州发展研究院
Guangzhou Academy of Development, Guangzhou University

所 属 类 别 / 高校智库
主 管 单 位 / 广州大学
成 立 时 间 / 2003 年 2 月
第一负责人 /
合 作 机 构 /
办 公 地 址 / 广东省广州市桂花岗东 1 号广州大学桂花岗校区 3 号楼（数理楼）五层（510405）
电话(传真) / 020 - 86236001（020 - 86236001）
邮　　箱 / gzfzyjy@ 126. com
网　　址 / http://gda. gzhu. edu. cn
主要研究领域：特大城市经济社会发展战略；新型城镇化；科技创新与文化软实力

G

295 广州市社会科学院
Guangzhou Academy of Social Sciences

所属类别/科研院所智库
主管单位/中共广州市委
成立时间/1918年
第一负责人/张跃国
合作机构/
办公地址/广东省广州市白云区云城街润云路220号（510410）
电话(传真)/020-86464336（020-86464123）
邮　　箱/office1@gzass.net
网　　址/http://www.gzass.gd.cn
主要研究领域：
社会学与社会政策；宏观经济；区域经济；城市管理；现代市场；数量经济；产业经济与企业管理；国际问题；科技政策；政治法律

296 广州中医药大学高等教育研究所

所属类别/高校智库
主管单位/广州中医药大学
成立时间/
第一负责人/陈建南
合作机构/
办公地址/广东省广州市番禺区广州大学城外环东路232号广州中医药大学（510006）
电话(传真)/
邮　　箱/
网　　址/
主要研究领域：
高等教育

297 贵州大学东盟研究院
Association of Southeast Asian Nations Research Institute, Guizhou University

所属类别/高校智库
主管单位/贵州大学
成立时间/2009年
第一负责人/任钢建
合作机构/
办公地址/贵州省贵阳市花溪区贵州大学西校区（550025）
电话(传真)/0851-83654336（0851-83644336）
邮　　箱/asean_gzu@163.com
网　　址/http://asean.gzu.edu.cn
主要研究领域：东盟国家教育、文化、农业经济、国际政治

G

298 贵州大学人口、社会、法制研究中心

所 属 类 别 / 高校智库
主 管 单 位 / 贵州大学
成 立 时 间 / 2004 年 5 月
第一负责人 / 杨军昌
合 作 机 构 /
办 公 地 址 / 贵州省贵阳市花溪区贵州大学西校区（550025）
电话(传真) / 0851 - 88292178（0851 - 83621956）
邮　　箱 / po@ gzu. edu. cn
网　　址 / http://psl. gzu. edu. cn
主要研究领域：
人口与社会发展；人口与法制；人的全面发展与政治文明建设

299 贵州大学人类学研究所

所 属 类 别 / 高校智库
主 管 单 位 / 贵州大学
成 立 时 间 / 2005 年 11 月
第一负责人 / 杨志强
合 作 机 构 /
办 公 地 址 / 贵州省贵阳市花溪区贵州大学花溪北校区（550025）
电话(传真) /
邮　　箱 / giagzu@ 163. com
网　　址 / http://gia. gzu. edu. cn
主要研究领域：
族群边界、族群关系与民族认同；旅游人类学视野中的民族旅游开发与遗产保护；当代少数民族农村的社会变迁

300 贵州省大数据产业发展应用研究院

所 属 类 别 / 合作智库
主 管 单 位 / 贵州大学
成 立 时 间 / 2014 年 5 月
第一负责人 / 梅宏
合 作 机 构 / 贵阳市人民政府、贵安新区
办 公 地 址 / 贵州省贵阳市南明区沙冲南路 32 号（550007）
电话(传真) /
邮　　箱 /
网　　址 /
主要研究领域：
大数据产业研究

301 贵州省人民政府参事室
Counsellors' Office of the Guizhou Provincial People's Government

所 属 类 别 / 政府部门智库—省/区/市政府所属
主 管 单 位 / 贵州省政府
成 立 时 间 / 1951 年 4 月
第一负责人 / 吴向东
合 作 机 构 /
办 公 地 址 /
电话(传真) /
邮　　箱 /
网　　址 / http://www. guizhou. gov. cn/zwgk/zfjg/gzsrmzfbgt/fdzz_ 32885/index. html
主要研究领域:
贵州省发展战略

302 贵州省人民政府发展研究中心
Development Research Center of Guizhou Provincial People's Government

所 属 类 别 / 政府部门智库—省/区/市政府所属
主 管 单 位 / 贵州省政府
成 立 时 间 / 1986 年
第一负责人 / 徐东良
合 作 机 构 /
办 公 地 址 / 贵州省贵阳市云岩区八角岩省政府大院 9 号楼（550004）
电话(传真) / 0851 - 86892633（0851 - 86892633）
邮　　箱 / drc332@ 126. com
网　　址 / http://drc. guizhou. gov. cn
主要研究领域:
贵州省经济社会发展战略与规划；农村经济；工业经济；财政金融贸易；社会发展；对外经济

303 贵州省社会科学界联合会
Guizhou Provincial Federation of Social Sciences

所 属 类 别 / 社会智库—社会团体
主 管 单 位 / 中共贵州省委
成 立 时 间 / 1980 年
第一负责人 / 李裴
合 作 机 构 /
办 公 地 址 / 贵州省贵阳市云岩区省府路 51 号（550001）
电话(传真) / 0851 - 5252126（0851 - 5252126）
邮　　箱 / gzskl2009@ 163. com
网　　址 / http://www. gzskl. gov. cn
主要研究领域:
贵州经济社会发展

304 贵州省社会科学院
Guizhou Academy of Social Sciences

所 属 类 别 / 科研院所智库
主 管 单 位 / 贵州省政府
成 立 时 间 / 1978 年 3 月
第一负责人 / 张学立
合 作 机 构 /
办 公 地 址 / 贵州省贵阳市南明区梭石巷 19 号（550002）
电话(传真) / 0851 - 85929090（0851 - 85929673）
邮　　箱 / gzskydzb@ 126. com
网　　址 / http://www. gzass. net. cn
主要研究领域：
传媒与舆情；区域经济；城市经济；农村发展；对外经济；文化产业；扶贫

305 国观智库
Grand View Think Tank

所 属 类 别 / 社会智库—企业
主 管 单 位 /
成 立 时 间 /
第一负责人 / 任力波
合 作 机 构 /
办 公 地 址 / 北京市海淀区双清路 77 号院双清大厦 4 号楼 6 层（100085）
电话(传真) / 010 - 62151016（010 - 62158609）
邮　　箱 / Info@ grandviewcn. com
网　　址 / http://www. grandviewcn. com
主要研究领域：
宏观经济；新兴产业；资源；消费品；建筑基建；服务业；农业；制造业

306 国际统计信息中心

所 属 类 别 / 政府部门智库—国务院直属机构所属
主 管 单 位 / 国家统计局
成 立 时 间 /
第一负责人 / 赵云城
合 作 机 构 /
办 公 地 址 / 北京市西城区月坛南街 75 号（100826）
电话(传真) / 010 - 63266600
邮　　箱 / info@ gj. stats. cn
网　　址 / http://2096766. atobo. com. cn
主要研究领域：
国际统计制度方法；国际统计比较

307 国家创新与发展战略研究会
China Institute for Innovation & Development Strategy

所 属 类 别 / 社会智库—民办非企业
主 管 单 位 / 中国科学院
成 立 时 间 / 2010 年 5 月
第一负责人 / 郑必坚
合 作 机 构 /
办 公 地 址 / 北京市东城区五道营胡同 3 号院（100007）
电话(传真) / 010 - 84370200（010 - 64968010）
邮　　箱 / ciids@ ciids. cn
网　　址 / http://www. ciids. cn
主要研究领域:
科技创新；经济发展；社会治理；文化建设；国际战略

308 国家发展和改革委员会国防动员研究发展中心

所 属 类 别 / 政府部门智库—国务院组成部门所属
主 管 单 位 / 国家发展和改革委员会
成 立 时 间 / 1997 年 3 月
第一负责人 / 毕智勇
合 作 机 构 /
办 公 地 址 / 北京市西城区月坛北小街 2 号院 3 号楼 3352 室（100837）
电话(传真) / 010 - 68016481（010 - 68016481）
邮　　箱 /
网　　址 /
主要研究领域:
国防动员；国防经济

309 国家发展和改革委员会国际合作中心
International Cooperation Center of National Development and Reform Commission

所 属 类 别 / 政府部门智库—国务院组成部门所属
主 管 单 位 / 国家发展和改革委员会
成 立 时 间 / 1993 年
第一负责人 / 黄勇
合 作 机 构 /
办 公 地 址 / 北京市西城区白云路 1 号 7 层（100045）
电话(传真) / 010 - 63269862（010 - 63264390）
邮　　箱 / postermaster@ icc - ndrc. org. cn
网　　址 / http://www. icc - ndrc. org. cn
主要研究领域:
对外开放；海外投资政策

310 国家发展和改革委员会国家节能中心
National Energy Conservation Center

所 属 类 别 / 政府部门智库—国务院组成部门所属
主 管 单 位 / 国家发展和改革委员会
成 立 时 间 / 2008 年
第一负责人 / 徐强
合 作 机 构 /
办 公 地 址 / 北京市西城区三里河北街 12 号（100045）
电话(传真) / 010 - 68536001（010 - 68536001）
邮　　箱 / necc@ chinanecc. cn
网　　址 / http://www. chinanecc. cn
主要研究领域:
节能政策；节能法规；节能管理

311 国家广播电视总局广播电视规划院
Academy of Broadcasting Planning, NRTA

所 属 类 别 / 政府部门智库—国务院直属机构所属
主 管 单 位 / 国家广播电视总局
成 立 时 间 / 2004 年 4 月
第一负责人 / 余英
合 作 机 构 /
办 公 地 址 / 北京市西城区复兴门外大街 2 号（100866）
电话(传真) / 010 - 86091273（010 - 86096445）
邮　　箱 / zongheban@ abp2003. cn
网　　址 / http://www. abp2003. cn/index. html
主要研究领域:
广播电视标准和规划；广播电视及网络视听信息；广播电视技术政策

312 国家广播电视总局广播科学研究院
Academy of Broadcasting Science, NRTA

所 属 类 别 / 政府部门智库—国务院直属机构所属
主 管 单 位 / 国家广播电视总局
成 立 时 间 / 1958 年 10 月
第一负责人 / 邹峰
合 作 机 构 /
办 公 地 址 / 北京市西城区复兴门外大街 2 号（100866）
电话(传真) / 010 - 86092098（010 - 86092048）
邮　　箱 / wangzhiqin@ abs. ac. cn
网　　址 / http://www. abs. ac. cn
主要研究领域:
广播电视技术标准；广播影视技术发展战略；广播影视公共服务；广播影视产业发展

313 国家监察委员会廉政理论研究中心

所 属 类 别 / 政党系统智库—中国共产党中央各部门所属
主 管 单 位 / 中央纪委、国家监察委员会
成 立 时 间 /
第一负责人 / 柳林
合 作 机 构 /
办 公 地 址 / 北京市西城区广安门南街甲 2 号（100053）
电话(传真) / 010 - 59598184
邮　　箱 /
网　　址 /
主要研究领域:
廉政理论与实践

314 国家教育行政学院
National Academy of Education Administration

所 属 类 别 / 政府部门智库—国务院组成部门所属
主 管 单 位 / 教育部
成 立 时 间 / 1980 年
第一负责人 / 陈宝生
合 作 机 构 /
办 公 地 址 / 北京市大兴区清源北路 8 号（102617）
电话(传真) / 010 - 69248888（010 - 69260513）
邮　　箱 / webmaster@ naea. edu. cn
网　　址 / http://www. naea. edu. cn
主要研究领域:
教育管理；教育行政；教育改革；比较教育；教育公共关系；现代教育信息技术；教育经济学

315 国家金融与发展实验室
National Institution for Finance & Development

所 属 类 别 / 高端智库，科研院所智库
主 管 单 位 / 中国社会科学院
成 立 时 间 / 2015 年 5 月
第一负责人 / 李扬
合 作 机 构 /
办 公 地 址 / 北京市朝阳区京广中心商务楼 9 层（100020）
电话(传真) / 010 - 65973608（010 - 65973508）
邮　　箱 / office@ nifd. cn
网　　址 / http://www. nifd. cn
主要研究领域：货币金融政策；金融改革与发展；金融创新与监管；金融安全与风险管理；全球协调与政策协调

G

316　国家粮食和物资储备局国家粮油信息中心
China National Grain & Oils Information Center

所 属 类 别 / 政府部门智库—国务院部委管理的国家局所属
主 管 单 位 / 国家粮食和物资储备局
成 立 时 间 / 1993 年
第一负责人 /
合 作 机 构 /
办 公 地 址 / 北京市西城区木樨地北里甲 11 号国宏大厦 C 座（100038）
电话(传真) /
邮　　箱 /
网　　址 /
主要研究领域：
国内外粮油市场监测及预测

317　国家粮食和物资储备局科学研究院
Academy of State Administration of Grain

所 属 类 别 / 政府部门智库—国务院部委管理的国家局所属
主 管 单 位 / 国家粮食和物资储备局
成 立 时 间 / 1957 年
第一负责人 / 翟江临
合 作 机 构 /
办 公 地 址 / 北京市西城区百万庄大街 11 号（100037）
电话(传真) / 010 - 58523592
邮　　箱 / bgs@ chinagrain. org
网　　址 / http://www. chinagrain. org
主要研究领域：粮油储藏与品质保鲜；粮油资源加工转化及综合利用；粮油食品营养与安全控制；粮油标准及检测；粮食物流工程；粮食技术经济与产业发展战略

318　国家林业和草原局华东林业调查规划设计院

所 属 类 别 / 政府部门智库—国务院直属机构所属
主 管 单 位 / 国家林业和草原局
成 立 时 间 / 1980 年
第一负责人 / 于辉
合 作 机 构 /
办 公 地 址 / 浙江省杭州市江干区德胜东路 3311 号（310019）
电话(传真) / 0571 - 81069607
邮　　箱 /
网　　址 / http://www. hdforestry. org. cn
主要研究领域：
森林资源监测；生态状况监测；林业碳汇监测；林业规划；林业行业标准

G

319 国家林业和草原局经济发展研究中心

所 属 类 别 / 政府部门智库—国务院直属机构所属
主 管 单 位 / 国家林业和草原局
成 立 时 间 / 2000 年
第一负责人 / 李冰
合 作 机 构 /
办 公 地 址 / 北京市东城区和平里东街 18 号（100714）
电话(传真) / 010 – 84239177
邮　　箱 /
网　　址 / http://www.forestry.gov.cn/jjyj/index.html
主要研究领域：
林业发展与“三农”；农村林业减贫；林业宏观发展战略与对策；林业发展理论与政策；林业就业与生物质能源；林业法制；林业碳汇市场机制

320 国家林业和草原局林产工业规划设计院

所 属 类 别 / 政府部门智库—国务院直属机构所属
主 管 单 位 / 国家林业和草原局
成 立 时 间 / 1958 年
第一负责人 / 张全洲
合 作 机 构 /
办 公 地 址 / 北京市东城区和平里东街 18 号（100010）
电话(传真) / 010 – 85128090
邮　　箱 / guojimuye@163.com
网　　址 / http://www.cfecc.com
主要研究领域：
林业产业规划；林业政策；碳汇计量与监测；自然保护区规划；森林资源调查

321 国家林业和草原局泡桐研究开发中心（中国林业科学研究院经济林研究开发中心）
Non – timber Forest Research and Development Center of Chinese Academy of Forestry

所 属 类 别 / 政府部门智库—国务院直属机构所属
主 管 单 位 / 中国林业科学研究院
成 立 时 间 / 1984 年
第一负责人 / 李芳东
合 作 机 构 /
办 公 地 址 / 河南省郑州市金水区纬五路 3 号（450003）
电话(传真) / 0371 – 65995014（0371 – 65953628）
邮　　箱 / mengwei0371@163.com
网　　址 / http://www.paulownia.ac.cn
主要研究领域：
泡桐和经济林的应用基础研究、应用研究和技术开发

G

322 国家林业和草原局调查规划设计院
State Forestry Bureaue Survey Scheme Designing Institute

所属类别 / 政府部门智库—国务院直属机构所属
主管单位 / 国家林业和草原局
成立时间 / 1954 年
第一负责人 / 刘国强
合作机构 /
办公地址 / 北京市东城区和平里东街 18 号国家林业和草原局 4 号楼（100714）
电话(传真) / 010 - 84238036（010 - 64212834）
邮　　箱 / ghybgs@ afip. com. cn
网　　址 / http://www. forestry. gov. cn/ghy/index. html
主要研究领域:
林业资源监测；林业信息化建设；林业规划

323 国家林业和草原局西北林业调查规划设计院
Northwest Institute of Forest Inventory, Planning and Design, State Forestry Administration

所属类别 / 政府部门智库—国务院直属机构所属
主管单位 / 国家林业和草原局
成立时间 / 1955 年
第一负责人 / 李谭宝
合作机构 /
办公地址 / 陕西省西安市碑林区金花南路 156 号（710048）
电话(传真) / 029 - 83251351
邮　　箱 / xbybgs@ nwif. cn
网　　址 / http://www. forestry. gov. cn/xby/index. html
主要研究领域:
森林资源监测；林业调查规划；林业综合开发

324 国家林业和草原局西北自然保护区研究中心
Northwest Nature Reserve Research Center of State Forestry Administration

所属类别 / 政府部门智库—国务院直属机构所属
主管单位 / 西北农林科技大学
成立时间 / 2007 年 1 月
第一负责人 / 张文辉
合作机构 /
办公地址 / 陕西省咸阳市杨凌区邰城路 3 号（712100）
电话(传真) / 029 - 87082230（029 - 87082216）
邮　　箱 /
网　　址 /
主要研究领域:
保护区科学管理；保护区规范化评价、监测与数据共享；保护区生态与生物多样性

325 国家林业和草原局中南林业调查规划设计院

所 属 类 别 / 政府部门智库—国务院直属机构所属
主 管 单 位 / 国家林业和草原局
成 立 时 间 / 1962 年
第一负责人 / 彭长清
合 作 机 构 /
办 公 地 址 / 湖南省长沙市雨花区香樟东路 143 号（410014）
电话(传真) / 0731 - 85679703（0731 - 85582003）
邮　　箱 / csfipi@ sina. com
网　　址 / http://zny. forestry. gov. cn/sites/zny/zny
主要研究领域:
森林资源监测；林政资源管理；林业行业标准；自然资源综合考察；资产评估；水土保持调查；水土保持规划与设计

326 国家林业和草原局自然保护区研究中心

Nature Reserve Research Center of State Forestry Administration, P. R. China

所 属 类 别 / 高校智库
主 管 单 位 / 北京林业大学、国家林业和草原局
成 立 时 间 / 2001 年 12 月
第一负责人 / 杜华
合 作 机 构 /
办 公 地 址 / 北京市海淀区清华东路 35 号（100083）
电话(传真) / 010 - 62338266（010 - 62338547）
邮　　箱 / nrrc8266@ fnrrc. com
网　　址 / http://www. fnrrc. com
主要研究领域:
野生动植物资源；自然保护区经济与政策

327 国家能源委员会专家咨询委员会

所 属 类 别 / 政府部门智库—国务院议事协调机构所属
主 管 单 位 / 国家能源委员会
成 立 时 间 / 2007 年 12 月
第一负责人 / 张国宝
合 作 机 构 /
办 公 地 址 /
电话(传真) /
邮　　箱 /
网　　址 /
主要研究领域:
国家能源战略规划；国家能源政策

328 国家市场监督管理总局行政学院
School of Administration of the State Administration for Market Regulation

所属类别 / 政府部门智库—国务院直属机构所属
主管单位 / 国家市场监督管理总局
成立时间 / 2008 年
第一负责人 / 刘玉亭
合作机构 /
办公地址 / 广东省深圳市南山区龙珠大道 66 号（518055）
电话(传真) / 0755 - 86234888
邮　　箱 /
网　　址 /
主要研究领域：
工商行政管理

329 国家药品监督管理局南方医药经济研究所
NMPA Southern Medrcine Economic Research Institute

所属类别 / 政府部门智库—国务院直属机构所属
主管单位 / 国家药品监督管理局
成立时间 / 1996 年 10 月
第一负责人 / 林建宁
合作机构 /
办公地址 / 广东省广州市越秀区东风东路 753 号天誉商务大厦西塔 6 层（510080）
电话(传真) / 020 - 37886800（020 - 37886805）
邮　　箱 /
网　　址 / http://www. smei. net. cn
主要研究领域：
食品药品监督管理政策法规；保健食品、化妆品、医药产业政策

330 国家税务总局税收科学研究所
Taxation Institute of State Administration of Taxation

所属类别 / 政府部门智库—国务院直属机构所属
主管单位 / 国家税务总局
成立时间 / 1998 年 10 月
第一负责人 / 李万甫
合作机构 /
办公地址 / 北京市海淀区羊坊店西路 5 号（100038）
电话(传真) / 010 - 63417114（010 - 63417992）
邮　　箱 /
网　　址 /
主要研究领域：
税收理论；税收政策；税收制度；税收管理；国外税收理论、政策、制度和管理

331 **国家体育总局体育科学研究所**
China Institute of Sport Science

所属类别／政府部门智库—国务院直属机构所属
主管单位／国家体育总局
成立时间／1958 年
第一负责人／冯连世
合作机构／
办公地址／北京市东城区体育馆路 11 号（100061）
电话(传真)／010 – 87182527（010 – 87182600）
邮　　箱／kys@ ciss. cn
网　　址／http://www. ciss. cn
主要研究领域：
国民体质监测和健身；优秀运动员竞技能力；体育产业发展与政策；体育工程技术

332 **国家统计局统计科学研究所**
The National Statistical Society of China

所属类别／政府部门智库—国务院直属机构所属
主管单位／国家统计局
成立时间／1980 年
第一负责人／闾海琪
合作机构／
办公地址／北京市西城区月坛南街 75 号（100826）
电话(传真)／010 – 68783956
邮　　箱／yjsinfo@ stats. gov. cn
网　　址／http://www. nssc. stats. gov. cn
主要研究领域：
统计学基础理论；统计制度方法改革；数理统计与抽样技术；宏观经济运行监测和预警

333 **国家卫生健康委职业安全卫生研究中心（煤炭工业职业医学研究中心）**
National Research Center for Occupational Safety and Health & Coal Industry Occupational Medical Research Center

所属类别／政府部门智库—国务院直属机构所属
主管单位／国家卫生健康委员会
成立时间／2012 年 9 月
第一负责人／樊晶光
合作机构／
办公地址／北京市门头沟区石龙北路 27 号（102308）
电话(传真)／010 – 69805342（010 – 69805342）
邮　　箱／niosh@ niosh. org. cn
网　　址／http://www. niosh. org. cn
主要研究领域：职业卫生政策、法律规章、标准规范；职业卫生基础理论；职业危害防治；职业危害事故调查

G

334 **国家卫生健康委人口文化发展中心**
Population Culture Development Center, NHC

所属类别 / 政府部门智库—国务院组成部门所属
主管单位 / 国家卫生健康委员会
成立时间 / 2006 年 8 月
第一负责人 / 奉雯
合作机构 /
办公地址 / 北京市丰台区莱户营天伦北里小区 7 号楼（100054）
电话(传真) / 010 - 63505208
邮　　箱 /
网　　址 / http://www.heiyu100.cn/casexxda252
主要研究领域：
人口与发展政策；人口与计划生育公共管理及服务

335 **国家卫生健康委卫生发展研究中心**
China National Health Development Research Center

所属类别 / 政府部门智库—国务院组成部门所属
主管单位 / 国家卫生健康委员会
成立时间 / 1991 年
第一负责人 / 傅卫
合作机构 /
办公地址 / 北京市海淀区学院路 38 号（100191）
电话(传真) / 010 - 82805576（010 - 82805576）
邮　　箱 / hr@nhei.cn
网　　址 /
主要研究领域：
卫生政策；卫生财政；医疗保障制度；医院管理与改革；农村卫生；社区卫生；公共卫生与风险；卫生人力资源；卫生发展战略；卫生经济信息；新型农村合作医疗

G

336 **国家卫生健康委医院管理研究所**
National Institute of Hospital Administration

所属类别 / 政府部门智库—国务院组成部门所属
主管单位 / 国家卫生健康委员会
成立时间 / 1991 年 8 月
第一负责人 / 叶全富
合作机构 /
办公地址 / 北京市海淀区学院路 38 号（100191）
电话(传真) /
邮　　箱 / s62026607@163.com
网　　址 / http://www.niha.org.cn
主要研究领域：医院管理科学；医疗质量管理；医疗服务评价；医疗安全与风险管理；医院战略与发展；药事管理

337 国家文化产业创新与发展研究基地
Cultural Industry Innovation & Development Academe

所 属 类 别 / 合作智库—政校合作
主 管 单 位 / 文化和旅游部、上海交通大学
成 立 时 间 / 1999 年 12 月
第一负责人 / 胡惠林
合 作 机 构 / 文化和旅游部、上海交通大学
办 公 地 址 / 上海市徐汇区华山路 1954 号（200030）
电话(传真) / 021 - 34205808 （021 - 34205809）
邮　　箱 / kanghua99@ hotmail. com
网　　址 / http://cciidi. sjtu. edu. cn
主要研究领域:
WTO 与中国文化产业；文化发展战略；文化产业发展；文化体制改革；中国文化安全形势与对策；中国文化消费；文化资本与文化投融资体系

338 国家文化发展国际战略研究院
National Institute of Cultural Development

所 属 类 别 / 合作智库—政校合作
主 管 单 位 / 北京第二外国语学院
成 立 时 间 / 2010 年 12 月
第一负责人 / 李小牧
合 作 机 构 / 文化和旅游部文化体制改革工作领导小组办公室、北京第二外国语学院
办 公 地 址 / 北京市朝阳区定福庄南里 1 号（100024）
电话(传真) / 010 - 65778155 （010 - 65778155）
邮　　箱 / nicd@ bisu. edu. cn
网　　址 / http://nicdnews. bisu. edu. cn
主要研究领域:
国家文化发展；全球文化发展战略；国际文化贸易；国际文化经营管理

G

339 国家信息化专家咨询委员会
Advisory Committee for State Informatization

所 属 类 别 / 政府部门智库—国务院组成部门所属
主 管 单 位 / 工业和信息化部
成 立 时 间 / 2001 年 8 月
第一负责人 / 奚国华
合 作 机 构 /
办 公 地 址 / 北京市海淀区万寿路 27 号院电子大厦 28 层（100846）
电话(传真) / 010 - 68558354
邮　　箱 /
网　　址 / http://www. acsi. gov. cn
主要研究领域:
国家信息化发展战略

340 国家信息中心

所 属 类 别 / 政府部门智库—国务院组成部门所属
主 管 单 位 / 国家发展和改革委员会
成 立 时 间 / 1987 年 1 月
第一负责人 / 刘宇南
合 作 机 构 /
办 公 地 址 / 北京市西城区三里河路 58 号（100045）
电话(传真) / 010 - 68557000（010 - 68533919）
邮　　箱 / nicjubao@ sic. gov. cn
网　　址 / http://www. sic. gov. cn
主要研究领域:
信息化决策；电子政务；电子商务；信息资源开发；信息安全

341 国家应对气候变化战略研究和国际合作中心
National Center for Climate Change Strategy and International Cooperation

所 属 类 别 / 政府部门智库—国务院组成部门所属
主 管 单 位 / 国家发展和改革委员会
成 立 时 间 / 2012 年 6 月
第一负责人 / 徐华清
合 作 机 构 /
办 公 地 址 / 北京市西城区木樨地北里甲 11 号国宏大厦 B 座 18 层/C 座 6 层（100038）
电话(传真) / 010 - 63909213
邮　　箱 /
网　　址 / http://www. ncsc. org. cn
主要研究领域:
应对气候变化；碳市场

342 国家邮政局发展研究中心
Development & Research Center of the State Post Bureau

所 属 类 别 / 政府部门智库—国务院部委管理的国家局所属
主 管 单 位 / 国家邮政局
成 立 时 间 / 2010 年 1 月
第一负责人 / 曾军山
合 作 机 构 /
办 公 地 址 / 北京市西城区北礼士路甲 8 号（100868）
电话(传真) / 010 - 88323307（010 - 88323333）
邮　　箱 / sctg@ spb. gov. cn
网　　址 / http://www. spbdrc. org. cn
主要研究领域:
邮政业发展战略和纲要规划；邮政业发展政策；邮政业法规、法制体系及管理体制

343 国家知识产权局知识产权发展研究中心
Intellectual Property Development & Research Center, State Intellectual Property Office

所属类别/政府部门智库—国务院直属机构所属
主管单位/国家知识产权局
成立时间/2001年5月
第一负责人/韩秀成
合作机构/
办公地址/北京市海淀区蓟门桥西土城路6号（100088）
电话(传真)/010-62083816（010-62083849）
邮　箱/gaoxiaobin@sipo.gov.cn
网　址/http://www.cnipa-ipdrc.org.cn
主要研究领域:
知识产权战略；知识产权相关法律；知识产权政策及实务

344 国网能源研究院
State Grid Corporation of China

所属类别/社会智库—企业
主管单位/国家电网公司
成立时间/2009年10月
第一负责人/张运洲
合作机构/
办公地址/北京市昌平区七家镇未来科技城北区国家电网公司园区（102209）
电话(传真)/010-66603900（010-66603901）
邮　箱/sgeri@sgeri.sgcc.com.cn
网　址/http://www.sgeri.sgcc.com.cn
主要研究领域:
电力行业规划；能源与环保；电力供需分析；企业战略与管理；体制改革与电力市场；智能电网；新能源；电力价格

345 国务院参事室
Counsellors' Office of the State Council

所属类别/政府部门智库—国务院直属机构所属
主管单位/国务院
成立时间/1949年11月
第一负责人/王仲伟
合作机构/
办公地址/北京市东城区前门东大街11号（100006）
电话(传真)/010-65287977
邮　箱/gwycss@163.com
网　址/http://www.counsellor.gov.cn
主要研究领域:
国家发展战略

G

346 国务院发展研究中心
Development Research Center of the State Council

所 属 类 别 / 高端智库，政府部门智库
主 管 单 位 / 国务院
成 立 时 间 / 1980 年
第一负责人 / 马建堂
合 作 机 构 /
办 公 地 址 / 北京市东城区朝阳门内大街 225 号（100010）
电话(传真) / 010 - 65236066（010 - 65236060）
邮　　箱 / drc@ drc. gov. cn
网　　址 / http://www. drc. gov. cn
主要研究领域：
宏观经济形势；产业经济；产业政策；对外开放；人力资源开发；收入分配；社会保障政策；自然资源开发与利用；生态平衡与环境保护政策

347 国务院发展研究中心产业经济研究部

所 属 类 别 / 政府部门智库—国务院直属事业单位所属
主 管 单 位 / 国务院发展研究中心
成 立 时 间 /
第一负责人 / 赵昌文
合 作 机 构 /
办 公 地 址 / 北京市东城区朝阳门内大街 225 号（100010）
电话(传真) / 010 - 65276669（010 - 65276669）
邮　　箱 / drc@ drc. gov. cn
网　　址 / http://www. drc. gov. cn/yjlyyyjbm/11. html
主要研究领域：
产业结构；产业组织；产业布局；产业政策；产业竞争力

348 国务院发展研究中心创新发展研究部

所 属 类 别 / 政府部门智库—国务院直属事业单位所属
主 管 单 位 / 国务院发展研究中心
成 立 时 间 / 1981 年
第一负责人 / 马名杰
合 作 机 构 /
办 公 地 址 / 北京市东城区朝阳门内大街 225 号（100010）
电话(传真) /
邮　　箱 /
网　　址 /
主要研究领域：国家创新发展的战略、制度与政策；国家和区域创新体系建设、机制和战略；高新技术产业发展、传统产业升级、创业和新业态培育的战略与政策；创新在经济发展和转型中的作用

349 国务院发展研究中心对外经济研究部

所属类别／政府部门智库—国务院直属事业单位所属
主管单位／国务院发展研究中心
成立时间／
第一负责人／张绮
合作机构／
办公地址／北京市东城区朝阳门内大街225号（100010）
电话(传真)／
邮　　箱／
网　　址／http://www.drc.gov.cn/yjlyyyjbm/13.html
主要研究领域：
对外贸易；国际金融；港澳台经济及其与大陆经济的联系；区域经济合作和多边贸易体制；世界经济发展动态；世界主要国家发展

350 国务院发展研究中心发展战略和区域经济研究部

所属类别／政府部门智库—国务院直属事业单位所属
主管单位／国务院发展研究中心
成立时间／
第一负责人／侯永志
合作机构／
办公地址／北京市东城区朝阳门内大街225号（100010）
电话(传真)／
邮　　箱／
网　　址／http://www.drc.gov.cn/yjlyyyjbm/9.html
主要研究领域：
国家中长期发展战略；区域经济；应对气候变化和绿色发展；政策分析模型

351 国务院发展研究中心港澳研究所

所属类别／政府部门智库—国务院直属事业单位所属
主管单位／国务院发展研究中心
成立时间／
第一负责人／朱育诚
合作机构／
办公地址／北京市海淀区中关村南大街36号湖北大厦1706室（100081）
电话(传真)／010－62120518
邮　　箱／
网　　址／
主要研究领域：
香港、澳门的政治、经济、社会、文化、宗教问题

352 国务院发展研究中心公共管理与人力资源研究所

所属类别 / 政府部门智库—国务院直属事业单位所属
主管单位 / 国务院发展研究中心
成立时间 /
第一负责人 / 李建伟
合作机构 /
办公地址 / 北京市东城区朝阳门内大街225号（100010）
电话(传真) / 010-65233111
邮　　箱 /
网　　址 / http://www.drc.gov.cn/yjlyyyjbm/19.html
主要研究领域:
公共政策；公共服务；公共预算；公共危机与管理；人力资源

353 国务院发展研究中心国际技术经济研究所

所属类别 / 政府部门智库—国务院直属事业单位所属
主管单位 / 国务院发展研究中心
成立时间 / 1985年11月
第一负责人 / 陈宝国
合作机构 /
办公地址 / 北京市海淀区小南庄20号楼A座（100086）
电话(传真) / 010-82636614
邮　　箱 / gjjsjjyjs@126.com
网　　址 / http://www.drciite.org
主要研究领域:
美国、欧盟、日本、俄罗斯、印度、巴西等国家与地区的科技战略、宏观经济发展态势；科技与经济的关系；世界高新科技发展态势

354 国务院发展研究中心宏观经济研究部

所属类别 / 政府部门智库—国务院直属事业单位所属
主管单位 / 国务院发展研究中心
成立时间 /
第一负责人 / 陈昌盛
合作机构 /
办公地址 / 北京市东城区朝阳门内大街225号（100010）
电话(传真) /
邮　　箱 /
网　　址 / http://www.drc.gov.cn/yjlyyyjbm/8.html
主要研究领域:
宏观经济形势；财政政策；货币政策

355 国务院发展研究中心金融研究所

所属类别／政府部门智库—国务院直属事业单位所属
主管单位／国务院发展研究中心
成立时间／1981 年
第一负责人／吴振宇
合作机构／
办公地址／北京市东城区朝阳门内大街 225 号（100010）
电话(传真)／010－85112010（010－85112010）
邮　　箱／
网　　址／http://www.drc.gov.cn/yjlyyyjbm/17.html
主要研究领域：
货币政策；银行监管政策；保险监管政策；证券监管政策；汇率监管政策

356 国务院发展研究中心民族发展研究所

National Development Research Institute Under the State Council Development Research Center

所属类别／政府部门智库—国务院直属事业单位所属
主管单位／国务院发展研究中心
成立时间／
第一负责人／赵曙青
合作机构／
办公地址／北京市海淀区远大路 20 号鹏安世纪 F 座 10E 室（100837）
电话(传真)／010－88509109
邮　　箱／
网　　址／
主要研究领域：
民族地区经济社会发展问题

357 国务院发展研究中心农村经济研究部

所属类别／政府部门智库—国务院直属事业单位所属
主管单位／国务院发展研究中心
成立时间／
第一负责人／叶兴庆
合作机构／
办公地址／北京市东城区朝阳门内大街 225 号（100010）
电话(传真)／010－65231367（010－65231367）
邮　　箱／
网　　址／http://www.drc.gov.cn/yjlyyyjbm/10.html
主要研究领域：
食品安全与监管；农民收入与消费；农村土地制度改革；农村金融；农村公共财政；农业基础设施；生态环境；农业科技；农村非农产业；农民工权益；城镇化；农村教育、卫生与扶贫

G

358 国务院发展研究中心欧亚社会发展研究所

所 属 类 别 / 政府部门智库—国务院直属事业单位所属
主 管 单 位 / 国务院发展研究中心
成 立 时 间 / 1989 年 7 月
第一负责人 / 李凤林
合 作 机 构 /
办 公 地 址 / 北京市海淀区中关村东路 21 号（100083）
电话(传真) / 010 - 82864319（010 - 82864349）
邮　　箱 / easdri@ 126. com
网　　址 / http://www. easdri. org. cn
主要研究领域：
欧亚各国的政治、经济、社会发展状况；欧亚各国对外关系；欧亚各国发展政策及其与全球政治、经济发展的相互影响

359 国务院发展研究中心企业研究所

所 属 类 别 / 政府部门智库—国务院直属事业单位所属
主 管 单 位 / 国务院发展研究中心
成 立 时 间 / 1981 年
第一负责人 / 马骏
合 作 机 构 /
办 公 地 址 / 北京市东城区朝阳门内大街 225 号（100010）
电话(传真) / 010 - 65281878（010 - 65231008）
邮　　箱 /
网　　址 /
主要研究领域：
国有企业改革与发展；中小企业创新与发展；民营企业创新与发展；外资企业发展；中国企业“走出去”；企业制度；公司金融；企业创新

360 国务院发展研究中心社会发展研究部
Research Department of Social Development, Development Research Center of the State Council

所 属 类 别 / 政府部门智库—国务院直属事业单位所属
主 管 单 位 / 国务院发展研究中心
成 立 时 间 / 1998 年
第一负责人 / 葛延风
合 作 机 构 /
办 公 地 址 / 北京市东城区朝阳门内大街 225 号（100010）
电话(传真) / 010 - 65233153（010 - 65233153）
邮　　箱 /
网　　址 /
主要研究领域：社会保障；收入分配；人口与就业；公共服务体制改革；社会治理与社会资源；环境；可持续发展

361 国务院发展研究中心世界发展研究所

所 属 类 别 / 政府部门智库—国务院直属事业单位所属
主 管 单 位 / 国务院发展研究中心
成 立 时 间 /
第一负责人 /
合 作 机 构 /
办 公 地 址 / 北京市东城区和平里南街五区 18 号龙绍衡大厦 516 室（100013）
电话(传真) / 010 - 84211038
邮　　箱 /
网　　址 /
主要研究领域：
世界政治；世界经济；社会发展

362 国务院发展研究中心市场经济研究所

所 属 类 别 / 政府部门智库—国务院直属事业单位所属
主 管 单 位 / 国务院发展研究中心
成 立 时 间 / 1981 年
第一负责人 / 王微
合 作 机 构 /
办 公 地 址 / 北京市东城区朝阳门内大街 225 号（100010）
电话(传真) /
邮　　箱 / mei@ drc. gov. cn
网　　址 / http://www. drc. gov. cn/yjlyyyjbm/15. html
主要研究领域：
市场体系；市场竞争环境；市场发展形势；企业改革与发展

363 国务院发展研究中心信息中心

所 属 类 别 / 政府部门智库—国务院直属事业单位所属
主 管 单 位 / 国务院发展研究中心
成 立 时 间 /
第一负责人 / 赵树凯
合 作 机 构 /
办 公 地 址 / 北京市东城区朝阳门内大街 225 号（100010）
电话(传真) / 010 - 65237202（010 - 65270099）
邮　　箱 / drcinfo@ drc. gov. cn
网　　址 / http://www. drc. gov. cn/drcinfo
主要研究领域：
国家信息化政策与战略；构建健康经济理论及其产业体系、战略思路和政策保障；产业与区域经济发展

G

364 国务院发展研究中心亚非发展研究所

所属类别／政府部门智库—国务院直属事业单位所属
主管单位／国务院发展研究中心
成立时间／1994 年 1 月
第一负责人／史敏
合作机构／
办公地址／北京市海淀区知春路 75 号 5 层（100086）
电话(传真)／010－62625973（010－68745697）
邮　　箱／aareview@ vip. 163. com
网　　址／http://www. drc. gov. cn/c/subres2. htm
主要研究领域：
亚非国家与地区发展战略及其政治、经济、科技、文化问题

365 国务院发展研究中心资源与环境政策研究所

所属类别／政府部门智库—国务院直属事业单位所属
主管单位／国务院发展研究中心
成立时间／
第一负责人／高世楫
合作机构／
办公地址／北京市东城区朝阳门内大街 225 号（100010）
电话(传真)／010－51780020
邮　　箱／
网　　址／http://www. drc. gov. cn/yjlyyyjbm/18. html
主要研究领域：
生态文明；可持续发展；资源能源开发与利用；国家资源能源安全；环境保护和治理；绿色发展；循环发展；低碳发展；国土空间开发；海洋生态环境

366 国务院法制办公室政府法制研究中心
Legislative Affairs Office of the State Council P. R. China

所属类别／政府部门智库—国务院办事机构所属
主管单位／国务院法制办公室
成立时间／1954 年 11 月
第一负责人／宋大涵
合作机构／
办公地址／
电话(传真)／
邮　　箱／
网　　址／
主要研究领域：
政府法制；依法行政基础理论；政府立法、行政执法；行政执法监督；宪法、国家法、行政法、民法、商法等的应用研究；世界贸易组织规则

367 国务院港澳事务办公室港澳研究所
Hong Kong and Macao Affairs Office of the State Council

所 属 类 别 / 政府部门智库—国务院办事机构所属
主 管 单 位 / 国务院港澳事务办公室
成 立 时 间 /
第一负责人 / 张晓明
合 作 机 构 /
办 公 地 址 / 北京市西城区月坛南街 77 号（100045）
电话(传真) / 010 - 68579977（010 - 68576639）
邮　　箱 / service@ hmo. gov. cn
网　　址 / http://www. hmo. gov. cn
主要研究领域:
香港、澳门的政治、经济、社会、文化、法律

368 国务院国有资产监督管理委员会研究中心

所 属 类 别 / 政府部门智库—国务院直属特设机构所属
主 管 单 位 / 国务院国有资产监督管理委员会
成 立 时 间 /
第一负责人 / 李明星
合 作 机 构 /
办 公 地 址 / 北京市宣武门西大街 26 号（100053）
电话(传真) / 010 - 68391708
邮　　箱 / zhouzhao@ sasac. gov. cn
网　　址 /
主要研究领域:
国有资产监管；国有企业改革；国有经济结构调整

369 哈尔滨工程大学企业创新研究所

所 属 类 别 / 高校智库
主 管 单 位 / 哈尔滨工程大学经济管理学院
成 立 时 间 / 2005 年 11 月
第一负责人 / 李柏洲
合 作 机 构 /
办 公 地 址 / 黑龙江省哈尔滨市南岗区南通大街 145 号哈尔滨工程大学 31 号楼（150001）
电话(传真) /
邮　　箱 /
网　　址 /
主要研究领域:
区域创新系统；企业技术创新与成长；知识管理理论与方法；国防科技工业创新管理

GH

370 哈尔滨工程大学人工智能研究院

所属类别／高校智库
主管单位／哈尔滨工程大学
成立时间／2018 年 6 月
第一负责人／赵玉新
合作机构／
办公地址／黑龙江省哈尔滨市南岗区南通大街 145 号（150001）
电话(传真)／
邮　　箱／
网　　址／
主要研究领域：
人工智能

371 哈尔滨工程大学灾难与危机管理研究所

所属类别／高校智库
主管单位／哈尔滨工程大学经济管理学院
成立时间／2009 年
第一负责人／宋艳
合作机构／
办公地址／黑龙江省哈尔滨市南岗区南通大街 145 号哈尔滨工程大学 31 号楼（150001）
电话(传真)／
邮　　箱／
网　　址／
主要研究领域：
危机响应与信息系统研究

372 哈尔滨工程大学中国制造和国家安全产业研究院

所属类别／高校智库
主管单位／哈尔滨工程大学
成立时间／
第一负责人／武博祎
合作机构／
办公地址／黑龙江省哈尔滨市南岗区南通大街 145 号（150001）
电话(传真)／
邮　　箱／
网　　址／
主要研究领域：
中国制造和国家安全产业

373 哈尔滨工业大学经济管理与人文社会科学研究院
Institute of Economics Management Humanities and Social Science, Harbin Institute of Technology

所属类别 / 高校智库
主管单位 / 哈尔滨工业大学
成立时间 / 2012 年 5 月
第一负责人 /
合作机构 /
办公地址 / 黑龙江省哈尔滨市南岗区邮政街 434 号哈尔滨工业大学国家大学科技园 1004 室（150006）
电话(传真) / 0451 - 86262113
邮　　箱 / emhshit@ hit. edu. cn407
网　　址 / http://emhs. hit. edu. cn/_ s146/main. psp
主要研究领域：
公共管理；信息管理与决策科学；区域发展；环境与资源；中俄关系；东北亚研究

374 哈尔滨市社会科学院

所属类别 / 科研院所智库
主管单位 / 中共哈尔滨市委、哈尔滨市政府
成立时间 / 1979 年
第一负责人 / 李玮
合作机构 /
办公地址 / 辽宁省哈尔滨市道里区柳树街 9 号（150010）
电话(传真) / 0451 - 87283010
邮　　箱 /
网　　址 /
主要研究领域：
改革开放和社会主义现代化建设研究；哈尔滨市改革、发展和全面建设小康社会进程中面临的重大问题研究

375 海国图智研究院

所属类别 / 社会智库
主管单位 /
成立时间 /
第一负责人 / 陈定定
合作机构 /
办公地址 / 广东省广州市天河区潭村路 348 号马赛国际商务中心 2709 室（510635）
电话(传真) / 020 - 37276476
邮　　箱 / enquiry@ intellisia. org
网　　址 / http://www. intellisia. org
主要研究领域：国际安全；全球政治经济；中国外交

H

376 海南低碳经济政策与产业技术研究院
Hainan Policy and Industrial Research Institute of Low – Carbon Economy

所 属 类 别 / 社会智库—民办非企业
主 管 单 位 / 海南省发展和改革委员会
成 立 时 间 / 2010 年 2 月
第一负责人 / 李建保
合 作 机 构 /
办 公 地 址 / 海南省海口市美兰区人民大道 58 号海南大学社科楼 A620 室（570228）
电话(传真) / 0898 – 66162258 （0898 – 66162258）
邮　　箱 / hndty@ hainu. edu. cn
网　　址 / http://www. hainu. edu. cn/ditan
主要研究领域:
海南低碳经济政策及发展战略；新能源及节能减排技术

377 海南国际旅游岛发展研究院
Hainan Institute of Development on International Tourist Destination

所 属 类 别 / 合作智库—校校合作
主 管 单 位 / 海南大学、南开大学
成 立 时 间 / 2010 年 5 月
第一负责人 / 侯自新
合 作 机 构 / 海南大学、南开大学
办 公 地 址 / 海南省海口市美兰区人民大道 58 号海南大学社会科学学科楼 A 栋（570228）
电话(传真) / 0898 – 66279180
邮　　箱 / hainanyjy@ 126. com
网　　址 / http://www. hainu. edu. cn/hiditd
主要研究领域:
现代旅游业与文化产业；区域经济；现代物流；金融制度；现代农业

H

378 海南省开放型经济研究院

所 属 类 别 / 合作智库
主 管 单 位 / 海南大学
成 立 时 间 / 2019 年 9 月
第一负责人 / 李世杰
合 作 机 构 / 国务院发展研究中心对外经济研究部、海南大学、商务部国际贸易经济合作研究院、海南省委政策研究室
办 公 地 址 /
电话(传真) /
邮　　箱 /
网　　址 /
主要研究领域：中国特色自由贸易港建设

379 海南省科学发展研究院

所 属 类 别 / 社会智库—民办非企业
主 管 单 位 /
成 立 时 间 / 2013 年 7 月
第一负责人 / 李全
合 作 机 构 /
办 公 地 址 / 海南省海口市美兰区国兴大道北侧国兴城三期 10 栋 23 层院办（570203）
电话(传真) / 0898－65256501（0898－65256500）
邮　　箱 / hkyhxy@126.com
网　　址 / http://www.scienceacademe.com
主要研究领域：
经济问题；管理科学；生态环境；社会问题；南海问题

380 海南省南海政策与法律研究中心

Research Center for Policy and Law of the South China of Hainan Province

所 属 类 别 / 合作智库
主 管 单 位 / 海南大学
成 立 时 间 / 2011 年 12 月
第一负责人 / 邹立刚
合 作 机 构 / 海南省社会科学界联合会
办 公 地 址 / 海南省海口市人民大道 58 号海南大学社科大楼 C 栋 718 室（570228）
电话(传真) / 0898－66279188
邮　　箱 /
网　　址 / http://www.hainu.edu.cn/nhlaw
主要研究领域：
南海安全战略；南海海洋争端解决机制；南海问题的国际法理；南海海上通道安全法律问题；南海资源开发法律问题；国家海上管辖权和海洋执法法律问题；南海海洋环境保护机制；南海区域合作制度；海洋经济法律制度

381 海南省社会科学界联合会

Hainan Federation of Social Science Circles

所 属 类 别 / 社会智库—社会团体
主 管 单 位 / 中共海南省委
成 立 时 间 / 1990 年 1 月
第一负责人 / 钟业昌
合 作 机 构 /
办 公 地 址 / 海南省海口市琼山区文坛路 2 号海南工商职业学院行政楼 6 楼（570203）
电话(传真) / 0898－65333713（0898－65333713）
邮　　箱 / hnxhxs@163.com
网　　址 / http://www.hnskl.net
主要研究领域：海南省物质文明、精神文明建设

H

382 海南省社会科学院

所 属 类 别 / 科研院所智库
主 管 单 位 / 海南省政府
成 立 时 间 / 2013 年 12 月
第一负责人 / 钟业昌
合 作 机 构 /
办 公 地 址 / 海南省海口市琼山区文坛路 2 号海南工商职业学院行政楼 6 层（570203）
电话(传真) / 0898 - 65333713
邮　　箱 /
网　　址 / http://www.hnskl.net/web/default/index.jsp
主要研究领域：
海南经济社会发展；地方历史文化

383 海南师范大学菲律宾研究中心

所 属 类 别 / 高校智库
主 管 单 位 / 海南师范大学
成 立 时 间 /
第一负责人 /
合 作 机 构 /
办 公 地 址 / 海南省海口市龙昆南路 99 号（571158）
电话(传真) /
邮　　箱 /
网　　址 /
主要研究领域：
菲律宾国别研究；中菲关系研究

384 海南亚太观察研究院
Hainan Institute for World Watch (HNIWW)

所 属 类 别 / 社会智库
主 管 单 位 /
成 立 时 间 / 2009 年
第一负责人 / 肖策能
合 作 机 构 /
办 公 地 址 / 海南省海口市人民大道 70 - 3 海南亚太观察研究院（570100）
电话(传真) / 0898 - 66272452（0898 - 31568221）
邮　　箱 / hniww@hniww.cn
网　　址 / http://www.hniww.cn
主要研究领域：
中国与南亚及东盟国家关系；南亚及东南亚地区区域经济合作与经济一体化；海洋问题；气候变化、跨境水资源纠纷、粮食安全、网络安全等非传统安全问题

385 海南自贸区文旅智库

所 属 类 别 / 合作智库
主 管 单 位 / 海南日报报业集团、中国社会科学院新闻与传播研究所、海南省旅游发展研究会
成 立 时 间 / 2019 年 4 月
第一负责人 /
合 作 机 构 /
办 公 地 址 /
电话(传真) /
邮　　箱 /
网　　址 /
主要研究领域:
海南文旅产业全局性、战略性、现实性问题

386 海峡两岸关系研究中心

所 属 类 别 / 政党系统智库—中国共产党中央各部门所属
主 管 单 位 / 中共中央台湾工作办公室、国务院台湾事务办公室
成 立 时 间 / 2000 年 9 月
第一负责人 / 唐树备
合 作 机 构 /
办 公 地 址 / 北京市西城区阜成门外大街甲 35 号（100037）
电话(传真) / 010 - 88383896（010 - 68332824）
邮　　箱 /
网　　址 /
主要研究领域:
台湾政治、经济、法律、军事、历史、社会与媒体及对外关系

387 杭州电子科技大学信息化发展智库

所 属 类 别 / 高校智库
主 管 单 位 / 杭州电子科技大学
成 立 时 间 / 2012 年 6 月
第一负责人 / 陈畴镛
合 作 机 构 /
办 公 地 址 / 浙江省杭州市下沙高教园区 2 号大街杭州电子科技大学科技馆 6 楼 605 室（310018）
电话(传真) / 0571 - 86873882
邮　　箱 /
网　　址 / http://xxhzk.hdu.edu.cn
主要研究领域:
信息化与社会治理创新；信息化与市场发展监管；信息化与产业转型升级

388 杭州市社会科学院
Hangzhou Academy of Social Sciences

所属类别 / 科研院所智库
主管单位 / 中共杭州市委宣传部
成立时间 / 1983 年
第一负责人 / 沈翔
合作机构 /
办公地址 / 浙江省杭州市新业路 311 号市民中心 D 座（310020）
电话(传真) / 0571－85811575（0571－85153710）
邮　　箱 / hzssk185811575@163.com
网　　址 / http://www.hzsk.com
主要研究领域:
社会科学基础与应用

389 合肥工业大学安徽科技与产业发展研究院（智库）

所属类别 / 高校智库
主管单位 / 安徽省委宣传部
成立时间 /
第一负责人 /
合作机构 / 合肥工业大学
办公地址 / 安徽省合肥市包河区屯溪路 193 号（230000）
电话(传真) /
邮　　箱 /
网　　址 /
主要研究领域:
科技与产业发展

390 合肥工业大学安徽省中国特色社会主义理论体系研究基地

所属类别 / 高校智库
主管单位 / 安徽省委宣传部
成立时间 / 2018 年 7 月
第一负责人 /
合作机构 / 合肥工业大学
办公地址 / 安徽省合肥市包河区屯溪路 193 号（230000）
电话(传真) /
邮　　箱 /
网　　址 /
主要研究领域:
中国特色社会主义理论体系研究

391 合肥工业大学产业转移与创新发展研究中心

所属类别／高校智库
主管单位／安徽省教育厅
成立时间／2003 年 10 月
第一负责人／
合作机构／合肥工业大学
办公地址／安徽省合肥市包河区屯溪路 193 号（230000）
电话(传真)／
邮　　箱／
网　　址／
主要研究领域：
产业转移与创新发展的过程机理研究；产业转移与创新发展的战略规划及政策体系研究；产业转移与创新发展的区域合作研究

392 合肥工业大学工业信息与经济研究中心

所属类别／高校智库
主管单位／安徽省教育厅
成立时间／
第一负责人／
合作机构／合肥工业大学
办公地址／安徽省合肥市包河区屯溪路 193 号（230000）
电话(传真)／
邮　　箱／
网　　址／
主要研究领域：
工业信息与经济

393 合肥工业大学现代科技发展与马克思主义理论研究中心

所属类别／高校智库
主管单位／安徽省教育厅
成立时间／2004 年
第一负责人／
合作机构／合肥工业大学
办公地址／安徽省合肥市包河区屯溪路 193 号（230000）
电话(传真)／
邮　　箱／
网　　址／
主要研究领域：
马克思主义与科学技术发展的互动研究；绿色文化与和谐社会构建；科学发展观与中国特色社会主义；马克思主义理论教育方法与规律研究

394 河北工业大学京津冀发展研究中心

所 属 类 别 / 高校智库
主 管 单 位 / 河北工业大学
成 立 时 间 / 2012 年 6 月
第一负责人 / 张贵
合 作 机 构 /
办 公 地 址 / 天津市红桥区光荣道 8 号河北工业大学东院 7 教 1306 (300130)
电话(传真) / 022 - 60204504 (022 - 60204504)
邮　　箱 / jjjyanjiuzhongxin@ 163. com
网　　址 / http://jjj. hebut. edu. cn
主要研究领域:
经济发展; 社会管理; 高等教育

395 河北省宏观经济研究所
Macroeconomic Research of Hebei

所 属 类 别 / 政府部门智库—省/区/市政府所属
主 管 单 位 / 河北省发展和改革委员会
成 立 时 间 / 1995 年 8 月
第一负责人 / 李岚
合 作 机 构 /
办 公 地 址 / 河北省石家庄市中山西路 469 号 7 楼 (050000)
电话(传真) / 0311 - 87801897
邮　　箱 /
网　　址 / http://www. hbjj. net. cn/index. aspx
主要研究领域:
区域经济; 产业经济; 技术经济; 资源经济; 生态经济; 环境经济; 社会发展

396 河北省人民政府研究室
The Research Office of Hebei Provincial Government

所 属 类 别 / 政府部门智库—省/区/市政府所属
主 管 单 位 / 河北省政府
成 立 时 间 /
第一负责人 / 刘智
合 作 机 构 /
办 公 地 址 / 河北省石家庄市长安区裕华东路 113 号 (050011)
电话(传真) / 0311 - 87902564 (0311 - 87902564)
邮　　箱 /
网　　址 / http://www. hebyjs. gov. cn
主要研究领域:
宏观经济调控; 农村经济; 社会发展; 社会保障; 政府建设; 事业单位改革; 公共安全; 社会稳定; 城乡建设; 交通运输; 产业政策; 信息化建设

397 **河北省社会科学界联合会**
Hebei Federation of Social Science Circles

所属类别／社会智库—社会团体
主管单位／中共河北省委
成立时间／1980 年 11 月
第一负责人／刘永瑞
合作机构／
办公地址／河北省石家庄市桥西区裕华西路 67 号（050051）
电话(传真)／0311－83035748（0311－83058694）
邮　　箱／sklmsc@ hebskl. cn
网　　址／http://www. hebskl. cn
主要研究领域:
河北经济建设、政治建设、文化建设、社会建设、生态文明建设；全面建成小康社会

398 **河北省社会科学院**
Hebei Academy of Social Sciences

所属类别／科研院所智库
主管单位／中共河北省委、河北省政府
成立时间／1981 年
第一负责人／康振海
合作机构／
办公地址／河北省石家庄市桥西区裕华西路 67 号（050051）
电话(传真)／0311－83035743（0311－83018546）
邮　　箱／hebskyxxzx@ 163. com
网　　址／http://www. hebsky. org. cn
主要研究领域:
农村经济；区域经济；当代文化（文学）发展；人口社会；服务经济；人力资源开发；地方法制建设；新闻传播；宏观经济政策

399 **河北师范大学秘鲁研究中心**

所属类别／高校智库
主管单位／河北师范大学
成立时间／2013 年 4 月
第一负责人／戴建兵
合作机构／
办公地址／河北省石家庄市南二环东路 20 号（050024）
电话(传真)／
邮　　箱／
网　　址／
主要研究领域:
秘鲁文化、教育、政治和经济；中秘关系研究；中秘人文交流

400 河北师范大学印尼研究中心
Hebei Normal University Indonesia Research Center

所 属 类 别 / 高校智库
主 管 单 位 / 河北师范大学
成 立 时 间 / 2012 年 11 月
第一负责人 / 戴建兵
合 作 机 构 /
办 公 地 址 / 河北省石家庄市裕华区南二环东路 20 号 (050024)
电话(传真) /
邮　　箱 /
网　　址 / http://io.hebtu.edu.cn/ynyjzx
主要研究领域:
印尼国别研究;中印关系研究

401 河北师范大学中国 - 俄罗斯远东研究中心

所 属 类 别 / 高校智库
主 管 单 位 / 河北师范大学
成 立 时 间 / 2016 年 10 月
第一负责人 / 戴建兵
合 作 机 构 /
办 公 地 址 / 河北省石家庄市裕华区南二环东路 20 号 (050024)
电话(传真) /
邮　　箱 /
网　　址 /
主要研究领域:
俄罗斯政治、经济、文化、外交研究;中俄历史及关系研究

H

402 河海大学社区研究中心
Community Research Center of Hohai University

所 属 类 别 / 高校智库
主 管 单 位 / 河海大学
成 立 时 间 / 2009 年 3 月
第一负责人 / 孙其昂
合 作 机 构 /
办 公 地 址 / 江苏省南京市江宁区佛城西路 8 号 (211100)
电话(传真) / 025 - 83786075 (025 - 83786075)
邮　　箱 / community_ hhu@163.com
网　　址 / http://community.hhu.edu.cn
主要研究领域:
马克思主义理论;马克思主义社会学;马克思主义政治学

403 河海大学水利经济研究所
Institute Research of Water Economy, Hohai University

所属类别/合作智库—政校合作
主管单位/水利部计划司、河海大学
成立时间/1985 年
第一负责人/袁汝华
合作机构/水利部计划司、河海大学
办公地址/江苏省南京市江宁区佛城西路 8 号河海大学博学楼 B504 室（211100）
电话(传真)/025－68514715（025－68514715）
邮　　箱/yrh@ hhu. edu. cn
网　　址/
主要研究领域:
水利经济；建设项目评价；经济政策；能源经济；企业管理；资产评估

404 河海大学中国移民研究中心（水利部水库移民经济研究中心）
National Research Center for Resettlement, Hohai University

所属类别/合作智库—政校合作
主管单位/水利部移民局
成立时间/1993 年 2 月
第一负责人/施国庆
合作机构/水利部移民局、河海大学
办公地址/江苏省南京市佛城西路 8 号河海大学江宁校区厚学楼（211100）
电话(传真)/025－83786503（025－83718914）
邮　　箱/nrcr@ hhu. edu. cn
网　　址/http://www. chinaresettlement. com
主要研究领域:
工程移民；生态移民；环境移民；灾害移民

405 河南财经政法大学东北亚研究中心

所属类别/高校智库
主管单位/河南财经政法大学
成立时间/2018 年
第一负责人/
合作机构/
办公地址/河南省郑州市金水东路 180 号（450046）
电话(传真)/
邮　　箱/
网　　址/
主要研究领域:
东北亚国家和区域政治、经济、文化、社会研究

H

406 河南大学以色列研究中心

所 属 类 别 / 高校智库
主 管 单 位 / 河南大学
成 立 时 间 / 2002 年
第一负责人 / 张倩红
合 作 机 构 /
办 公 地 址 / 河南省开封市明伦街（金明大道）（475001）
电话(传真) / 0371 – 22868833
邮　　箱 /
网　　址 /
主要研究领域：
犹太史；以色列史；中东问题

407 河南牧业经济学院爱尔兰研究中心

所 属 类 别 / 高校智库
主 管 单 位 / 河南牧业经济学院
成 立 时 间 / 2017 年
第一负责人 /
合 作 机 构 /
办 公 地 址 / 河南省郑州市郑东新区龙子湖北路 6 号（450046）
电话(传真) / 0371 – 63515962
邮　　箱 /
网　　址 /
主要研究领域：
爱尔兰经济、社会、政治、文化研究；中爱关系研究

408 河南省人民政府参事室
Counsellors' Office of the Henan Provincial People's Government

所 属 类 别 / 政府部门智库—省/区/市政府所属
主 管 单 位 / 河南省政府
成 立 时 间 / 1979 年
第一负责人 / 朱全民
合 作 机 构 /
办 公 地 址 / 河南省郑州市金水区金水路 14 号（450014）
电话(传真) / 0371 – 65903488
邮　　箱 /
网　　址 / http://hncss. henan. gov. cn
主要研究领域：
河南省发展战略

409 河南省社会科学界联合会
Henan Provincial Social Science Circles Federation

所属类别／社会智库—社会团体
主管单位／中共河南省委
成立时间／
第一负责人／李庚香
合作机构／
办公地址／河南省郑州市金水区丰产路 23 号（450002）
电话(传真)／0371－63936765（0371－63921208）
邮　　箱／admin@163. com
网　　址／http://www. hnskl. org
主要研究领域：
中原崛起；河南振兴；富民强省

410 河南省社会科学院

所属类别／科研院所智库
主管单位／中共河南省委、河南省政府
成立时间／1979 年 12 月
第一负责人／谷建全
合作机构／
办公地址／河南省郑州市金水区丰产路 21 号（450002）
电话(传真)／0371－63936112（0371－63936112）
邮　　箱／zzhnass@163. com
网　　址／http://www. hnass. com. cn
主要研究领域：
河南省经济社会发展战略；中国特色社会主义；河南区域经济；中原文化；农村发展；城市与环境；社会发展

411 黑龙江省人民政府参事室
Counsellors' Office of the Heilongjiang Provincial People's Government

所属类别／政府部门智库—省/区/市政府所属
主管单位／黑龙江省政府
成立时间／
第一负责人／王建国
合作机构／
办公地址／黑龙江省哈尔滨市南岗区红军街 77 号（150001）
电话(传真)／0451－53630278（0451－53630278）
邮　　箱／hljscss@126. com
网　　址／
主要研究领域：
黑龙江省发展战略

412 **黑龙江省社会科学界联合会**
Heilongjiang Federation of Social Sciences

所 属 类 别 / 社会智库—社会团体
主 管 单 位 / 中共黑龙江省委宣传部
成 立 时 间 / 1958 年
第一负责人 / 张效廉
合 作 机 构 /
办 公 地 址 / 黑龙江省哈尔滨市南岗区中宣街 20 - 6 号科技大厦 8、9 层 (150001)
电话(传真) / 0451 - 82808217 (0451 - 82808201)
邮　　箱 / bgs8201@ 163. com
网　　址 / http://www. hljskl. gov. cn/new/index. html
主要研究领域:
黑龙江省社会主义物质文明、精神文明、政治文明

413 **黑龙江省社会科学院**
Heilongjiang Provincial Academy of Social Sciences

所 属 类 别 / 科研院所智库
主 管 单 位 / 黑龙江省政府
成 立 时 间 / 1979 年
第一负责人 / 董伟俊
合 作 机 构 /
办 公 地 址 / 黑龙江省哈尔滨市松北区世博路 1000 号 (150028)
电话(传真) / 0451 - 58670434 (0451 - 58670434)
邮　　箱 /
网　　址 / http://www. hlass. com
主要研究领域:
世界经济; 农业经济管理; 产业经济; 东北亚区域经济; 中俄关系; 县域经济; 黑龙江流域文明; 旅游经济; 城市社会

414 **洪范法律与经济研究所**
Hongfan Legal and Economic Studies

所 属 类 别 / 社会智库—企业
主 管 单 位 / 北京洪范东方咨询服务中心
成 立 时 间 / 2004 年
第一负责人 / 王涌
合 作 机 构 /
办 公 地 址 / 北京市海淀区翠微中里 14 号楼四层 B 区 (100081)
电话(传真) / 010 - 52322552 (010 - 52322552)
邮　　箱 / office@ hongfan. org. cn
网　　址 / http://www. hongfan. org. cn/web/index. php
主要研究领域:
中国经济改革; 法治; 法律与社会; 公共经济; 发展与转型经济

415 **湖北大学高等人文研究院**
Institute for Advanced Humanistic Studies, Hubei University

所属类别／高校智库
主管单位／湖北大学
成立时间／2013 年 6 月
第一负责人／江畅
合作机构／
办公地址／湖北省武汉市武昌区友谊大道 368 号湖北大学人文逸夫楼 4 层（430062）
电话(传真)／027－88046421（027－88046421）
邮　　箱／lijialian@126. com
网　　址／http://ifahs. hubu. edu. cn
主要研究领域：
中国文化发展；湖北文化发展；世界文化发展

416 **湖北法治发展战略研究院**

所属类别／社会智库
主管单位／
成立时间／2012 年 11 月
第一负责人／徐汉明
合作机构／
办公地址／湖北省武汉市东湖高新技术开发区南湖大道特一号（430073）
电话(传真)／027－87107128（027－87108590）
邮　　箱／fazhihubei@qq. com
网　　址／http://fa－ce. znufe. edu. cn
主要研究领域：
司法政策

417 **湖北省人民政府参事室**
Counsellors' Office of the Hubei Provincial People's Government

所属类别／政府部门智库—省/区/市政府所属
主管单位／湖北省政府
成立时间／1979 年
第一负责人／汪梦军
合作机构／
办公地址／湖北省武汉市武昌区洪山侧路 27 号（430071）
电话(传真)／027－87306925（027－87233262）
邮　　箱／hbszfcss@163. com
网　　址／http://www. hbcss. gov. cn
主要研究领域：
湖北省发展战略

H

418 湖北省人民政府研究室
Hubei Government Research

所属类别 / 政府部门智库—省/区/市政府所属
主管单位 / 湖北省政府
成立时间 /
第一负责人 / 覃道明
合作机构 /
办公地址 / 湖北省武汉市武昌区洪山路 7 号政府大楼（430071）
电话(传真) / 027 - 87235459（027 - 8782434）
邮　　箱 / zysysq@ hubei. gov. cn
网　　址 / http://zys. hubei. gov. cn
主要研究领域：
决策咨询交流；智力资源整合；智力成果采购

419 湖北省社会科学界联合会

所属类别 / 社会智库—社会团体
主管单位 / 中共湖北省委、湖北省政府
成立时间 / 1959 年 9 月
第一负责人 / 曾婕
合作机构 /
办公地址 / 湖北省武汉市武昌区紫阳东路 45 号（430070）
电话(传真) / 027 - 87839901（027 - 87324788）
邮　　箱 / hbskl@ 163. com
网　　址 /
主要研究领域：
湖北经济社会发展

420 湖北省社会科学院
Hubei Academy of Social Sciences

所属类别 / 科研院所智库
主管单位 / 湖北省政府
成立时间 / 1978 年 6 月
第一负责人 / 刘光远
合作机构 /
办公地址 / 湖北省武汉市武昌区东湖路 165 号（430077）
电话(传真) / 027 - 86785513（027 - 86783511）
邮　　箱 / bgs@ hbsky. cn
网　　址 / http://www. hbsky. cn
主要研究领域：
社会主义商品经济；老工业基地改造；国企改革；武汉城市圈；长江经济带开放开发；长江中游城市群；鄂西生态文化旅游圈；新农村建设

421 湖南大学风险导向审计研究基地

所属类别／合作智库—政校合作
主管单位／湖南省审计厅、湖南大学
成立时间／2008年
第一负责人／刘桂良
合作机构／湖南省审计厅、湖南大学
办公地址／湖南省长沙市岳麓区湖南大学北校区工商管理学院红楼101室（410082）
电话（传真）／
邮　　箱／irahnu@163.com
网　　址／
主要研究领域：
风险导向下的公司审计；风险导向下的政府审计

422 湖南大学国际贸易研究基地

所属类别／高校智库
主管单位／湖南大学
成立时间／2003年8月
第一负责人／张亚斌
合作机构／
办公地址／湖南省长沙市岳麓区麓山南路2号（410082）
电话（传真）／0731－88684825
邮　　箱／
网　　址／
主要研究领域：
国际贸易与经济增长；中国对外贸易发展；产业与区域发展

423 湖南大学教育科学研究院
Research Institute of Education Science, Hunan University

所属类别／高校智库
主管单位／湖南大学
成立时间／1981年
第一负责人／余小波
合作机构／
办公地址／湖南省长沙市岳麓区麓山南路2号（410082）
电话（传真）／0731－88822454
邮　　箱／jxtan@hnu.edu.cn
网　　址／http://edu.hnu.edu.cn
主要研究领域：
教育质量与评价；有效教学；教师教育；高等教育管理；大学分层与定位

424 湖南大学金融发展与信用管理研究中心

所 属 类 别 / 合作智库
主 管 单 位 / 湖南大学
成 立 时 间 / 2006 年 2 月
第一负责人 / 杨胜刚
合 作 机 构 / 湖南省人民政府、中国人民银行长沙中心支行
办 公 地 址 / 湖南省长沙市岳麓区麓山南路 2 号湖南大学（410082）
电话(传真) /
邮　　箱 /
网　　址 /
主要研究领域：
信用理论；信用评估

425 湖南大学廉政研究中心（湖南省廉政研究基地）

Center for Corruption Studies, Hunan University (Hunan Provincial Research Base of Corruption Studies)

所 属 类 别 / 高校智库
主 管 单 位 / 湖南大学
成 立 时 间 / 2002 年 12 月
第一负责人 / 栾永玉
合 作 机 构 /
办 公 地 址 / 湖南省长沙市岳麓区麓山南路 2 号（410082）
电话(传真) /
邮　　箱 /
网　　址 / http://www.hunanlz.com
主要研究领域：
中外廉政思想；廉政制度；廉政政策分析；廉政发展

426 湖南大学中国文化软实力研究中心

所 属 类 别 / 高校智库
主 管 单 位 / 湖南大学
成 立 时 间 / 2009 年 6 月
第一负责人 / 卫建林
合 作 机 构 /
办 公 地 址 / 湖南省长沙市岳麓区麓山南路 2 号湖南大学中国文化软实力研究中心（410082）
电话(传真) / 0731 - 8823372（0731 - 88823372）
邮　　箱 / zgwhrsl@126.com
网　　址 / http://www.zgwhrsl.com
主要研究领域：马克思主义软实力；中国传统文化软实力；文化产业；文化软实力评价；信用文化；廉洁文化；教育文化；中国文化国际传播

H

427 **湖南省农村发展研究院**
Rural Development Research Instute of Human

所 属 类 别 / 科研院所智库
主 管 单 位 / 湖南省政府
成 立 时 间 / 2011 年 3 月
第一负责人 / 陆福兴
合 作 机 构 /
办 公 地 址 / 湖南省长沙市开福区浏河村巷 37 号 (410003)
电话(传真) / 0731 - 85181178
邮　　箱 / hnnyy@ vip. 163. com
网　　址 / http://www. zgxcfx. com/hnnfy
主要研究领域:
农业政策; 城乡建设政策

428 **湖南省人民政府参事室**
Counsellors' Office of the Hunan Provincial Government

所 属 类 别 / 政府部门智库—省/区/市政府所属
主 管 单 位 / 湖南省政府
成 立 时 间 / 1978 年 12 月
第一负责人 / 李文才
合 作 机 构 /
办 公 地 址 / 湖南省长沙市开福区衡清里 5 号 (410005)
电话(传真) / 0731 - 84441852
邮　　箱 / hncss@ hunan. gov. cn
网　　址 / http://css. hunan. gov. cn
主要研究领域:
湖南省发展战略

429 **湖南省人民政府发展研究中心（电子政务中心）**

所 属 类 别 / 政府部门智库—省/区/市政府所属
主 管 单 位 / 湖南省政府
成 立 时 间 / 1988 年 7 月
第一负责人 / 谈文胜
合 作 机 构 /
办 公 地 址 / 湖南省长沙市芙蓉区五一大道 351 号省政府机关 2 院 (410001)
电话(传真) / 0731 - 82212379 (0731 - 84443038)
邮　　箱 / webmaster@ hunan. gov. cn
网　　址 / http://fzyj. hunan. gov. cn
主要研究领域:
宏观经济政策; 产业政策; 人力资源开发; 收入分配; 就业; 社会保障; 环境保护; 城市化; 可持续发展; 国有资产管理; 对外投资; 公共财力分配

430 湖南省社会科学界联合会
Hunan Federation of Social Science Circles

所 属 类 别 / 社会智库—社会团体
主 管 单 位 / 中共湖南省委、湖南省政府
成 立 时 间 / 1979 年 7 月
第一负责人 / 蔡振红
合 作 机 构 /
办 公 地 址 / 湖南省长沙市开福区德雅路浏河村巷 37 号（410003）
电话(传真) / 0731 - 89716099（0731 - 89716099）
邮　　箱 / hhnskw@ 163. com
网　　址 /
主要研究领域:
湖南经济社会发展

431 湖南省社会科学院
Hunan Academy of Social Sciences

所 属 类 别 / 科研院所智库
主 管 单 位 / 中共湖南省委、湖南省政府
成 立 时 间 / 1979 年 2 月
第一负责人 /
合 作 机 构 /
办 公 地 址 / 湖南省长沙市开福区德雅路浏河村巷 37 号（410003）
电话(传真) / 0731 - 84219150（0731 - 84219173）
邮　　箱 / hnass2008@ 126. com
网　　址 / http://www. hnass. cn
主要研究领域:
区域经济;“三农”问题;两型社会;城乡社会发展;人力资源

H

432 湖南师范大学“一带一路”文化交流与传播中心

所 属 类 别 / 高校智库
主 管 单 位 / 湖南师范大学
成 立 时 间 / 2017 年 6 月
第一负责人 / 邓颖玲
办 公 地 址 / 湖南省长沙市岳麓区麓山路 36 号中和楼 616（410081）
电话(传真) /
邮　　箱 /
网　　址 /
主要研究领域:
共建“一带一路”国家和地区的文化交流与传播

433 湖南师范大学大国经济研究中心

Center of Large Country Economy Research

所 属 类 别／高校智库
主 管 单 位／湖南师范大学
成 立 时 间／
第一负责人／欧阳峣
办 公 地 址／湖南省长沙市岳麓区麓山路 36 号（410081）
电话(传真)／
邮　　箱／
网　　址／https://dgjj.hunnu.edu.cn/index.htm
主要研究领域：
大国经济发展理论研究；大国区域协调发展研究；大国经济内外平衡研究

434 湖南师范大学东北亚研究中心

所 属 类 别／高校智库
主 管 单 位／湖南师范大学
成 立 时 间／2018 年 1 月
第一负责人／蔡美花
合 作 机 构／
办 公 地 址／湖南省长沙市岳麓区麓山路 36 号中和楼 617（410081）
电话(传真)／
邮　　箱／
网　　址／
主要研究领域：
东北亚历史与文化；“一带一路”与东北亚区域合作；周边大国与东北亚战略

435 湖南师范大学俄罗斯研究中心（湖南省俄罗斯文化研究与交流中心）

所 属 类 别／高校智库
主 管 单 位／湖南师范大学
成 立 时 间／2014 年 1 月
第一负责人／高荣国
合 作 机 构／
办 公 地 址／湖南省长沙市岳麓区麓山路 36 号腾龙楼 507（410081）
电话(传真)／
邮　　箱／
网　　址／
主要研究领域：
俄罗斯国情与文化

436 湖南师范大学非洲研究中心

所 属 类 别 / 高校智库
主 管 单 位 / 湖南师范大学
成 立 时 间 / 2017 年 3 月
第一负责人 / 陈晓红
办 公 地 址 / 湖南省长沙市岳麓区麓山路 36 号（410081）
电话(传真) /
邮　　箱 /
网　　址 /
主要研究领域：
中非经贸博览会的机制和举措；非洲国家投资法、环境法、贸易法及劳工法；中非旅游及人文合作

437 湖南师范大学国家治理研究所

所 属 类 别 / 高校智库
主 管 单 位 / 湖南师范大学
成 立 时 间 / 2017 年
第一负责人 / 王敏
办 公 地 址 / 湖南省长沙市岳麓区麓山路 36 号（410081）
电话(传真) /
邮　　箱 /
网　　址 /
主要研究领域：
政治发展理论；国家治理现代化；当代中国政府管理与发展；“放管服”改革

438 湖南师范大学湖南省传媒发展研究基地

所 属 类 别 / 高校智库
主 管 单 位 / 湖南师范大学新闻与传播学院
成 立 时 间 / 2010 年
第一负责人 / 蔡骐
办 公 地 址 / 湖南省长沙市岳麓区麓山路 36 号（410081）
电话(传真) /
邮　　箱 /
网　　址 /
主要研究领域：
传播学

439　湖南师范大学湖南省中外文化传播研究基地

所属类别／高校智库
主管单位／湖南师范大学
成立时间／2002 年
第一负责人／郑燕虹
办公地址／湖南省长沙市岳麓区麓山路 36 号中和楼 618（410081）
电话(传真)／
邮　　箱／
网　　址／
主要研究领域：
中外文化传播

440　湖南师范大学湖南省专业特色智库道德文化研究院

所属类别／高校智库
主管单位／湖南师范大学
成立时间／
第一负责人／李民
合作机构／
办公地址／湖南省长沙市岳麓区麓山路 36 号（410081）
电话(传真)／
邮　　箱／
网　　址／
主要研究领域：
道德文化

441　湖南师范大学科学社会主义研究所

所属类别／高校智库
主管单位／湖南师范大学公共管理学院
成立时间／2003 年
第一负责人／严小龙
合作机构／
办公地址／湖南省长沙市岳麓区麓山路 36 号（410081）
电话(传真)／
邮　　箱／
网　　址／
主要研究领域：
科学社会主义

442 湖南师范大学美国研究中心
American Studies Center of Hunan Normal University

所属类别/高校智库
主管单位/湖南师范大学
成立时间/2014年1月
第一负责人/曾艳钰
合作机构/
办公地址/湖南省长沙市岳麓区麓山路36号腾龙楼513（410081）
电话(传真)/
邮　　箱/
网　　址/
主要研究领域：
美国文学与文化；美国文化外交

443 湖南师范大学南亚研究中心

所属类别/高校智库
主管单位/湖南师范大学
成立时间/
第一负责人/刘曙雄
合作机构/
办公地址/湖南省长沙市岳麓区麓山路36号腾龙楼503（410081）
电话(传真)/
邮　　箱/nyyjzx@ hunnu. edu. cn
网　　址/
主要研究领域：
外国文学；比较文学与跨文化研究；国别与区域研究

444 湖南师范大学人工智能道德决策研究所
Institute for Artificial Intelligence Moral Decision – Making Hunan Normal University

所属类别/高校智库
主管单位/湖南师范大学
成立时间/2017年6月
第一负责人/李伦
合作机构/
办公地址/湖南省长沙市岳麓区麓山路36号景德楼三楼301室（410081）
电话(传真)/0731 – 88872175
邮　　箱/ethics@ hunnu. edu. cn
网　　址/https://aiethics. hunnu. edu. cn/index. jsp
主要研究领域：
人工智能道德哲学、算法伦理、设计伦理、社会伦理

445 湖南师范大学人口研究所

所 属 类 别 / 高校智库
主 管 单 位 / 湖南师范大学公共管理学院
成 立 时 间 / 2003 年
第一负责人 / 王翠绒
合 作 机 构 /
办 公 地 址 / 湖南省长沙市岳麓区麓山路 36 号（410081）
电话(传真) /
邮　　箱 /
网　　址 /
主要研究领域：
人口学原理及当代人口政策；人口伦理；婚姻与家庭；人口迁移与城市融合；老年人口养护

446 湖南师范大学社会治理与社会政策研究所

所 属 类 别 / 高校智库
主 管 单 位 / 湖南师范大学
成 立 时 间 /
第一负责人 / 肖汉仕
合 作 机 构 /
办 公 地 址 / 湖南省长沙市岳麓区麓山路 36 号（410081）
电话(传真) /
邮　　箱 /
网　　址 /
主要研究领域：
社会治理理论；社会政策；社区治理；社会工作；社会保障；全民健心工程；人口政策

447 湖南师范大学生态文明研究院

所 属 类 别 / 高校智库
主 管 单 位 / 湖南师范大学
成 立 时 间 / 2013 年 6 月
第一负责人 / 刘湘溶
合 作 机 构 /
办 公 地 址 / 湖南省长沙市岳麓区麓山路 36 号（410081）
电话(传真) /
邮　　箱 /
网　　址 /
主要研究领域：
生态文明

448 湖南师范大学思想政治教育研究所
Institute of Ideological and Political Education

所 属 类 别 / 高校智库
主 管 单 位 / 湖南师范大学
成 立 时 间 / 2009 年 7 月
第一负责人 / 彭继红
合 作 机 构 /
办 公 地 址 / 湖南省长沙市岳麓区麓山路 36 号湖南师范大学景德楼中栋 303 号办公室（410081）
电话(传真) /
邮　　箱 /
网　　址 / https://szs.hunnu.edu.cn
主要研究领域：
网络思想政治教育；中外德育；思政课课程建设；思政史研究；企业思想政治工作

449 湖南师范大学外交研究中心
The Center for Diplomatic Studies

所 属 类 别 / 高校智库
主 管 单 位 / 湖南师范大学
成 立 时 间 / 2019 年 3 月
第一负责人 / 滕建群
合 作 机 构 /
办 公 地 址 / 湖南省长沙市岳麓区麓山路 36 号（410081）
电话(传真) /
邮　　箱 / howardhqk@hunnu.edu.cn
网　　址 /
主要研究领域：
国际关系；对外政策

450 湖南师范大学中共党史党建研究所

所 属 类 别 / 高校智库
主 管 单 位 / 湖南师范大学
成 立 时 间 / 1998 年
第一负责人 / 谭献民
合 作 机 构 /
办 公 地 址 / 湖南省长沙市岳麓区麓山路 36 号（410081）
电话(传真) /
邮　　箱 /
网　　址 /
主要研究领域：中共党史；党的学说与党的建设史；党领导新型政党制度研究；党领导社会建设史；中国共产党思想政治教育史

451 **湖南师范大学中国特色社会主义道德文化省部共建协同创新中心**

所 属 类 别 / 高校智库
主 管 单 位 / 湖南师范大学
成 立 时 间 / 2012 年 7 月
第一负责人 /
合 作 机 构 / 中国社会科学院哲学研究所、湖南大学和南京师范大学
办 公 地 址 / 湖南省长沙市岳麓区麓山路 36 号 (410081)
电话(传真) /
邮　　箱 /
网　　址 /
主要研究领域:
中国特色社会主义道德文化

452 **华北电力大学北京能源发展研究基地**
Research Center for Beijing Energy Development, North China Electric Power University

所 属 类 别 / 高校智库
主 管 单 位 / 华北电力大学
成 立 时 间 / 2006 年 11 月
第一负责人 / 王伟
合 作 机 构 /
办 公 地 址 / 北京市昌平区回龙观北农路 2 号华北电力大学教三楼 A 区 227 (102206)
电话(传真) / 010 - 61773367 (010 - 61773367)
邮　　箱 / energybase@126. com
网　　址 / https://bjnyjd. ncepu. edu. cn/index. htm
主要研究领域:
能源法; 能源教育; 能源信息

453 **华北电力大学高等教育研究所**
Higher Education Research Institute, North China Electric Power University

所 属 类 别 / 高校智库
主 管 单 位 / 华北电力大学
成 立 时 间 / 2004 年
第一负责人 / 荀振芳
合 作 机 构 /
办 公 地 址 / 北京市昌平区朱辛庄华北电力大学高等教育研究所 (102206)
电话(传真) / 010 - 61772229
邮　　箱 / gaojiaosuo@ ncepu. edu. cn
网　　址 / http://gjs. ncepu. edu. cn
主要研究领域:
工程教育; 能源教育; 比较高等教育; 高等教育管理; 高水平大学发展; 教学评价; 研究生教育评价

454 华东检察研究院

所 属 类 别 / 合作智库
主 管 单 位 / 华东政法大学
成 立 时 间 / 2015 年 11 月
第一负责人 / 叶青
合 作 机 构 / 最高人民检察院检察理论研究所、华东地区检察机关
办 公 地 址 / 上海市长宁区万航渡路 1575
电话(传真) /
邮　　箱 /
网　　址 /
主要研究领域:
检察政策; 检察改革

455 华东理工大学能源经济与环境管理研究中心

所 属 类 别 / 高校智库
主 管 单 位 / 华东理工大学
成 立 时 间 / 2009 年
第一负责人 / 吴柏钧
合 作 机 构 /
办 公 地 址 / 上海市梅陇路 130 号 (200237)
电话(传真) /
邮　　箱 /
网　　址 /
主要研究领域:
能源技术系统建模; 环境工程技术经济评价; 循环经济与产业生态化; 环境规划与管理

456 华东理工大学中国城乡发展研究中心

Center for China's Urban－Rural Development Studies, East China University of Science and Technology

所 属 类 别 / 高校智库
主 管 单 位 / 华东理工大学
成 立 时 间 /
第一负责人 / 熊万胜
合 作 机 构 /
办 公 地 址 / 上海市徐汇区梅陇路 130 号 (200237)
电话(传真) / 021－64252541
邮　　箱 / wshxiong@ hotmail. com
网　　址 / http://www. zgcxfz. net/cxfz
主要研究领域:
城乡一体化; 土地制度

457 华东师范大学长三角区域一体化创新基地
Institute for Yangtze River Delta Regional Integration, East China Normal University

所属类别/高校智库
主管单位/华东师范大学
成立时间/2010年1月
第一负责人/曾刚
合作机构/
办公地址/
电话(传真)/
邮　　箱/
网　　址/
主要研究领域:
生态文明建设；区域经济协调发展战略

458 华东师范大学高等教育研究所
Institute of Higher Education, East China Normal University

所属类别/高校智库
主管单位/华东师范大学
成立时间/1982年
第一负责人/阎光才
合作机构/
办公地址/上海市普陀区中山北路3663号华东师范大学文科大楼1415室（200062）
电话(传真)/021-62232291（021-62229173）
邮　　箱/ecnugjs@126.com
网　　址/http://www.ihe.ecnu.edu.cn
主要研究领域:
高等教育哲学；高等教育管理；高等教育评估；高等教育政策；国际和比较高等教育；教师教育；学生发展与就业辅导

459 华东师范大学国际关系与地区发展研究院
School of Advanced International and Area Studies, East China Normal University

所属类别/高校智库
主管单位/华东师范大学
成立时间/
第一负责人/冯绍雷
合作机构/
办公地址/上海市普陀区中山北路3663号华东师范大学理科楼A座403室（200062）
电话(传真)/021-62232113
邮　　箱/jchen@saias.ecnu.edu.cn
网　　址/http://www.saias.ecnu.edu.cn
主要研究领域：俄罗斯与欧亚问题研究；周边合作与发展研究；欧盟与欧洲国家研究；国际发展研究

460 华东师范大学国际教师教育中心
International Center of Teacher Education, East China Normal University

所 属 类 别 / 高校智库
主 管 单 位 / 华东师范大学
成 立 时 间 / 2004 年
第一负责人 / 彭利平
合 作 机 构 /
办 公 地 址 / 上海市普陀区中山北路 3663 号（200062）
电话(传真) / 021 - 62237101（021 - 62237101）
邮　　箱 / icte@ admin. ecnu. edu. cn
网　　址 / http://www. icte. ecnu. edu. cn
主要研究领域:
教育改革; 教师专业标准; 教师专业发展

461 华东师范大学基础教育改革与发展研究所
Institute of Schooling Reform and Development, East China Normal University

所 属 类 别 / 高校智库
主 管 单 位 / 华东师范大学
成 立 时 间 /
第一负责人 / 杨小微
合 作 机 构 /
办 公 地 址 / 上海市普陀区中山北路 3663 号（200062）
电话(传真) / 021 - 62233197
邮　　箱 / isrd@ ecnu. edu. cn
网　　址 / http://www. deduold. ecnu. edu. cn
主要研究领域:
学校综合改革; 教育政策理论; 教育与学生发展; 教师教育

462 华东师范大学科技创新与发展战略研究中心
Institute for Innovation and Strategic Studies, East China Normal University

所 属 类 别 / 高校智库
主 管 单 位 / 华东师范大学
成 立 时 间 / 2009 年
第一负责人 / 杜德斌
合 作 机 构 /
办 公 地 址 / 上海市普陀区中山北路 3663 号华东师范大学文科大楼 12 层（200062）
电话(传真) / 021 - 62237315（021 - 62237315）
邮　　箱 /
网　　址 / http://iss. ecnu. edu. cn
主要研究领域:
科技创新战略; 区域创新发展; 国家地缘安全战略

463 华东师范大学课程与教学研究所
The Institute of Curriculum and Instruction of East China Normal University

所 属 类 别 / 高校智库
主 管 单 位 / 华东师范大学
成 立 时 间 / 1999 年
第一负责人 / 崔允漷
合 作 机 构 /
办 公 地 址 / 上海市普陀区中山北路 3663 号（200062）
电话(传真) / 021 - 62233405（021 - 62233405）
邮　　箱 / ecnuici@ 163. com
网　　址 / http://www. kcs. ecnu. edu. cn
主要研究领域:
课程理论国际化；课程评价与政策；学科课程；教师专业发展与学习科学

464 华东师范大学旅游规划与发展研究中心
Research Center of Tourism Planning and Development, East China Normal University

所 属 类 别 / 高校智库
主 管 单 位 / 华东师范大学
成 立 时 间 / 2002 年 5 月
第一负责人 / 冯学钢
合 作 机 构 /
办 公 地 址 / 上海市闵行区东川路 500 号法商楼商学院 402 室（200241）
电话(传真) /
邮　　箱 /
网　　址 /
主要研究领域:
旅游规划；景观设计；遗产保护；城市、区域发展与管理战略

H

465 华东师范大学人口研究所
East China Normal University Population Research Institute

所 属 类 别 / 高校智库
主 管 单 位 / 华东师范大学
成 立 时 间 / 1983 年 6 月
第一负责人 / 吴瑞君
合 作 机 构 /
办 公 地 址 / 上海市闵行区东川路 500 号法商楼 509 室（200241）
电话(传真) / 021 - 54342981
邮　　箱 / rjwu@ re. ecnu. edu. cn
网　　址 /
主要研究领域:
人口迁移与城市化；人口社会经济问题；老龄化和社会保障；国际移民、海外人才与侨务政策

466　华东师范大学上海终身教育研究院
Shanghai Municipal Institute for Lifelong Education

所 属 类 别 / 高校智库
主 管 单 位 / 华东师范大学
成 立 时 间 / 2012 年 7 月
第一负责人 / 叶澜
合 作 机 构 /
办 公 地 址 / 上海市普陀区中山北路 3663 号文科大楼 301 室（200062）
电话(传真) / 021 - 62233027（021 - 62233027）
邮　　箱 / mail@ smile. ecnu. edu. cn
网　　址 / http://www. smile. ecnu. edu. cn
主要研究领域：
终身教育

467　华东师范大学社会学研究所

所 属 类 别 / 高校智库
主 管 单 位 / 华东师范大学
成 立 时 间 / 2000 年
第一负责人 / 文军
合 作 机 构 /
办 公 地 址 / 上海市闵行区东川路 500 号法商楼北楼 511 室（200241）
电话(传真) / 021 - 53432977（021 - 54345171）
邮　　箱 / jwen@ soci. ecnu. edu. cn
网　　址 /
主要研究领域：
当代西方社会学理论；城市社会学；教育社会学；女性主义及文化研究

H

468　华东师范大学中国现代城市研究中心
Center for Modern Chinese City Studies, East China Normal University

所 属 类 别 / 高校智库
主 管 单 位 / 华东师范大学
成 立 时 间 / 2003 年 3 月
第一负责人 / 宁越敏
合 作 机 构 /
办 公 地 址 / 上海市普陀区中山北路 3663 号华东师范大学地理馆 308 室（200062）
电话(传真) / 021 - 62232980
邮　　箱 / cmccs@ mail. ecnu. edu. cn
网　　址 / http://ccmc. ecnu. edu. cn
主要研究领域：
城市经济与可持续发展；城市人口与社会发展；城市史；城市文化研究；城市制度

469 华东师范大学周边合作与发展协同创新中心

Research Center for Co - development with Neighboring Countries, East China Normal University

所 属 类 别 / 高校智库
主 管 单 位 / 华东师范大学
成 立 时 间 / 2012 年 9 月
第一负责人 / 冯绍雷
合 作 机 构 / 北京大学、复旦大学
办 公 地 址 / 上海市中山北路 3663 号（200062）
电话(传真) / 021 - 62233321（021 - 62232109）
邮　　箱 / zhoubiancenter@ yeah. net
网　　址 /
主要研究领域:
外交; 国家安全; 国际经济

470 华坤女性生活调查中心

Huakun Women's Life Survey Center

所 属 类 别 / 社会智库—民办非企业
主 管 单 位 / 中华全国妇女联合会
成 立 时 间 / 2002 年 9 月
第一负责人 / 韩湘景
合 作 机 构 /
办 公 地 址 / 北京市东城区史家胡同甲 24 号（100010）
电话(传真) / 010 - 65226583（010 - 65270056）
邮　　箱 / hanxiangjing@ 263. net
网　　址 /
主要研究领域:
女性生活; 女性调查

471 华南理工大学公共政策研究院

Institute of Public Policy at South China University of Technology

所 属 类 别 / 高校智库
主 管 单 位 / 华南理工大学
成 立 时 间 /
第一负责人 / 杨沐
合 作 机 构 /
办 公 地 址 / 广东省广州市天河区五山路 381 号华南理工大学汽车大楼 15 层（510640）
电话(传真) / 020 - 87111850（020 - 87111856）
邮　　箱 / liujincheng@ ipp. org. cn
网　　址 / http://www. ipp. org. cn
主要研究领域:
知识创新; 公共政策

472 华南理工大学社会治理研究中心

所属类别 / 高校智库
主管单位 / 华南理工大学
成立时间 / 2015 年 3 月
第一负责人 / 吴克昌
合作机构 /
办公地址 / 广东省广州市天河区五山路 381 号华南理工大学公共管理学院（510640）
电话(传真) / 020 - 87114133（020 - 87114133）
邮　　箱 /
网　　址 /
主要研究领域：
社会保障政策；民政政策；社会建设与社会政策

473 华南理工大学现代服务业研究院

所属类别 / 合作智库—政校合作
主管单位 / 广东省发展和改革委员会、华南理工大学
成立时间 / 2009 年 1 月
第一负责人 / 张振刚
合作机构 / 广东省发展和改革委员会、华南理工大学
办公地址 / 广东省广州市番禺区广州大学城华南理工大学 B5、B10 楼（510006）
电话(传真) / 020 - 39381068（020 - 39381068）
邮　　箱 / x2jm@ scut. edu. cn
网　　址 / http://www2. scut. edu. cn/ims
主要研究领域：
现代服务业宏观战略；现代服务业中观产业；现代服务业微观企业；现代服务业技术进步；现代服务业管理

474 华南师范大学民族体质与健康研究中心

所属类别 / 高校智库
主管单位 / 华南师范大学
成立时间 / 2004 年
第一负责人 / 杨文轩
合作机构 /
办公地址 / 广东省广州市番禺区广州大学城外环西路 378 号艺体 3 栋（510006）
电话(传真) /
邮　　箱 / scnuphrc@ 163. com
网　　址 / http://sport. scnu. edu. cn/health
主要研究领域：
青少年学生心理健康；教育、体育与青少年学生全面发展；青少年学生体质健康

475 华侨大学华侨华人研究院
Institute of Overseas Chinese, Huaqiao University

所 属 类 别 / 高校智库
主 管 单 位 / 国务院侨务办公室
成 立 时 间 / 2009 年 9 月
第一负责人 / 林宏宇
合 作 机 构 /
办 公 地 址 / 福建省厦门市集美区集美大道 668 号 A 区 14 层（361021）
电话(传真) / 0592 - 6162101 （0592 - 6162102）
邮　　箱 / qyy@ hqu. edu. cn
网　　址 / http://hqhr. hqu. edu. cn
主要研究领域:
华侨华人；国际关系

476 华侨大学泰国研究所

所 属 类 别 / 高校智库
主 管 单 位 / 华侨大学
成 立 时 间 / 2011 年 4 月
第一负责人 / 林宏宇
合 作 机 构 / 华侨大学、泰国国家研究院
办 公 地 址 / 福建省厦门市集美大道 668 号（361021）
电话(传真) /
邮　　箱 /
网　　址 /
主要研究领域:
泰国政治、经济、文化、外交；中泰关系研究

477 华夏新供给经济学研究院
China Academy of New Supply - side Ecnomics

所 属 类 别 / 社会智库—民办非企业
主 管 单 位 / 北京市民政局
成 立 时 间 / 2013 年 9 月
第一负责人 / 洪崎
合 作 机 构 /
办 公 地 址 / 北京市海淀区西三环北路 89 号中国外文大厦 A 座 1106（100089）
电话(传真) / 010 - 88820134 （010 - 88820942）
邮　　箱 /
网　　址 / http://www. newsupplyecon. org
主要研究领域:
新供给经济学理论与政策

478 华中科技大学非传统安全研究中心

所 属 类 别 / 高校智库
主 管 单 位 / 华中科技大学
成 立 时 间 / 2008 年 12 月
第一负责人 / 杨勇
合 作 机 构 /
办 公 地 址 / 湖北省武汉市洪山区珞喻路 1037 号（430074）
电话(传真) /
邮　　箱 /
网　　址 /
主要研究领域:
网络舆情与社会安全；粮食和食品安全；新能源与环境安全；金融工程与政权安全；跨流域调水实时监控与应急响应

479 华中科技大学国家治理研究院
The Institute of State Governance, HUST

所 属 类 别 / 高校智库
主 管 单 位 / 华中科技大学
成 立 时 间 / 2014 年 2 月
第一负责人 / 欧阳康
合 作 机 构 /
办 公 地 址 / 湖北省武汉市洪山区珞喻路 1037 号（430074）
电话(传真) / 027 - 87793020
邮　　箱 / isg@ hust. edu. cn
网　　址 / http://isg. hust. edu. cn
主要研究领域:
国家治理和中国未来发展；国家治理体系和治理能力现代化

480 华中科技大学教育科学研究院
Huazhong University of Science and Technology

所 属 类 别 / 高校智库
主 管 单 位 / 华中科技大学
成 立 时 间 / 2000 年 12 月
第一负责人 / 陈廷柱
合 作 机 构 /
办 公 地 址 / 湖北省武汉市洪山区珞喻路 1037 号（430074）
电话(传真) / 027 - 87541114（027 - 87545438）
邮　　箱 / jky@ hust. edu. cn
网　　址 / http://jky. hust. edu. cn
主要研究领域:
高等教育政策与管理；国际与比较教育；学位与研究生教育；基础教育理论与改革

481 华中科技大学张培刚发展研究院
Peikang Chang Institute for Development Studies, Huazhong University

所 属 类 别 / 高校智库
主 管 单 位 / 华中科技大学
成 立 时 间 / 2011 年 4 月
第一负责人 / 张建华
合 作 机 构 /
办 公 地 址 / 湖北省武汉市洪山区珞喻路 1037 号华中科技大学经济学院 506 室（430074）
电话(传真) / 027 - 87542253 (027 - 87542253)
邮　　箱 / hao_ zhang@ hust. edu. cn
网　　址 / http://cids. hust. edu. cn
主要研究领域：
农业与工业化；大国经济发展；贫困与福利问题；结构调整与产业发展；低碳与循环经济；城市化与区域发展

482 华中农业大学高等教育研究所

所 属 类 别 / 高校智库
主 管 单 位 / 华中农业大学
成 立 时 间 / 1985 年
第一负责人 / 刘松年
合 作 机 构 /
办 公 地 址 / 湖北省武汉市洪山区狮子山街 1 号（430070）
电话(传真) / 027 - 87282036
邮　　箱 / gjs@ mail. hzau. edu. cn
网　　址 / http://gjs. hzau. edu. cn
主要研究领域：高等农业教育；教育经济与管理；教育行政管理；农业科技组织与服务

H

483 华中农业大学湖北农村发展研究中心
Hubei Rural Development Research Center, Huazhong Agricultural University

所 属 类 别 / 高校智库
主 管 单 位 / 华中农业大学
成 立 时 间 / 2002 年 12 月
第一负责人 / 张俊飚
合 作 机 构 /
办 公 地 址 / 湖北省武汉市洪山区狮子山街 1 号（430070）
电话(传真) / 027 - 68756919 (027 - 68756919)
邮　　箱 /
网　　址 / http://nfzx. hzau. edu. cn
主要研究领域：湖北农业经济（品牌农业、现代农业、循环农业等）发展；农村小康建设；食品安全；农产品生产优势布局；土地资源利用；农村社会保障

484 **华中师范大学国家文化产业研究中心**
National Research Center of Cultural Industries in Center China Normal University

所 属 类 别 / 合作智库—政校合作
主 管 单 位 / 文化和旅游部、湖北省文化厅、华中师范大学
成 立 时 间 / 2006 年
第一负责人 / 黄永林
合 作 机 构 / 文化和旅游部、湖北省文化厅、华中师范大学
办 公 地 址 / 湖北省武汉市洪山区珞喻路 152 号逸夫苑（科学会堂）南楼 3 层（430079）
电话(传真) / 027 - 67867695
邮　　箱 / nrcc2006@ 163. com
网　　址 / http://nrcci. ccnu. edu. cn
主要研究领域:
文化产业发展

485 **华中师范大学可持续发展研究中心**
Research Institute of Sustainable Development of Central China Normal University

所 属 类 别 / 高校智库
主 管 单 位 / 华中师范大学
成 立 时 间 / 1996 年 8 月
第一负责人 / 龚胜生
合 作 机 构 /
办 公 地 址 / 湖北省武汉市洪山区珞喻路 152 号（430079）
电话(传真) /
邮　　箱 / shshgong@ sina. com
网　　址 / http://risd. ccnu. edu. cn
主要研究领域:
可持续发展；历史；医学；地理学

486 **华中师范大学中国农村研究院**
Center of Chinese Rural Studies of Central China Normal University

所 属 类 别 / 高校智库
主 管 单 位 / 华中师范大学
成 立 时 间 / 1990 年
第一负责人 / 邓大才
合 作 机 构 /
办 公 地 址 / 湖北省武汉市洪山区珞喻路 152 号（430079）
电话(传真) / 027 - 67865845（027 - 67865189）
邮　　箱 / newccrs@ 126. com
网　　址 / http://www. ccrs. org. cn
主要研究领域:
中国农村经济、社会、文化、教育

487 机械工业经济管理研究院
Research Institute of Machinery Industry Economic & Management

所属类别／政府部门智库—国务院直属特设机构所属
主管单位／国务院国有资产监督管理委员会
成立时间／1982 年
第一负责人／徐东华
合作机构／
办公地址／北京市西城区广安门外大街甲 397 号（100055）
电话(传真)／010 – 83069019（010 – 83069020）
邮　　箱／
网　　址／http://www.miem.org.cn
主要研究领域：
政策研究；战略规划；产业经济；技术引进；政府采购；网络经济；国际贸易；企业融资；两化融合；精益管理；电子商务；环境能源

488 吉林大学东北亚研究院
Northeast Asian Studies College, Jilin University

所属类别／高校智库
主管单位／吉林大学
成立时间／1994 年 4 月
第一负责人／于潇
合作机构／
办公地址／吉林省长春市朝阳区前进大街 2699 号（130012）
电话(传真)／0431 – 85166390
邮　　箱／
网　　址／http://nasa.jlu.edu.cn
主要研究领域：
世界经济；区域经济；国际政治；历史与文化；人口、资源与环境；图们江国际开发

489 吉林大学高等教育研究所
Institute for Higher Education of Jilin University

所属类别／高校智库
主管单位／吉林大学
成立时间／1986 年 5 月
第一负责人／赵俊芳
合作机构／
办公地址／吉林省长春市朝阳区前进大街 2699 号（130012）
电话(传真)／0431 – 85168784
邮　　箱／zhaojf@jlu.edu.cn
网　　址／http://gjs.jlu.edu.cn
主要研究领域：现代大学制度；网络教育研究与应用；学位与研究生教育；超越式学习

J

490 吉林大学国际关系研究所
The Institute of International Studies, Jilin University

所 属 类 别 / 高校智库
主 管 单 位 / 吉林大学
成 立 时 间 / 2002 年
第一负责人 / 刘德斌
合 作 机 构 /
办 公 地 址 / 吉林省长春市朝阳区前进大街 2699 号（130012）
电话(传真) / 0431 - 85167192
邮　　箱 / chinaworld@ jlu. edu. cn
网　　址 / http://iis. jlu. edu. cn
主要研究领域：
国际关系；东亚国际关系；美国外交与软权力

491 吉林大学农村发展研究中心
Center for Rural Development Research of Jilin University

所 属 类 别 / 高校智库
主 管 单 位 / 吉林大学
成 立 时 间 / 2009 年 12 月
第一负责人 / 韩喜平
合 作 机 构 /
办 公 地 址 / 吉林省长春市朝阳区前进大街 2699 号（130012）
电话(传真) / 0431 - 85151043（0431 - 85151041）
邮　　箱 / hanxp@ jlu. edu. cn
网　　址 / http://ncfz. jlu. edu. cn
主要研究领域：
农村社会经济结构；农村土地制度；农村生产的组织和管理；农村经济管理体制；农村人口与就业

J

492 吉林大学欧洲研究中心
Centre for European Studies of Jilin University

所 属 类 别 / 高校智库
主 管 单 位 / 吉林大学
成 立 时 间 / 1998 年 11 月
第一负责人 / 杜莉
合 作 机 构 /
办 公 地 址 / 吉林省长春市朝阳区前进大街 2699 号（130012）
电话(传真) / 0431 - 85168008
邮　　箱 / escjlu@ 126. com
网　　址 / http://esc. jlu. edu. cn
主要研究领域：
欧洲经贸与金融；欧洲法律；欧洲政治和国际关系；欧洲哲学；欧洲文化与教育

493 吉林大学社会公正与政府治理研究中心
Research Center for Social Justice and Governance of Jilin University

所 属 类 别 / 高校智库
主 管 单 位 / 吉林大学
成 立 时 间 /
第一负责人 / 周光辉
合 作 机 构 /
办 公 地 址 / 吉林省长春市朝阳区前进大街 2699 号匡亚明楼 3 楼（130012）
电话(传真) / 0431 - 85155432
邮　　箱 / mijy@ jlu. edu. cn
网　　址 / http://just - gov. jlu. edu. cn
主要研究领域：
社会正义；当代中国民主建设；政府治理；公民文化

494 吉林大学数量经济研究中心
Center for Quantitative Economics of Jilin University

所 属 类 别 / 高校智库
主 管 单 位 / 吉林大学
成 立 时 间 / 1999 年 10 月
第一负责人 / 孙巍
合 作 机 构 /
办 公 地 址 / 吉林省长春市朝阳区前进大街 2699 号（130012）
电话(传真) / 0431 - 85166059（0431 - 85168766）
邮　　箱 / webmaster@ jlucqe. org
网　　址 / http://jlucqe. jlu. edu. cn
主要研究领域：
经济增长；经济波动与经济政策；金融与投资；区域经济和产业经济；经济系统模拟实验和经济权力范式；经济博弈论

495 吉林大学中国地方政府创新研究中心
Center for Chinese Local Government Innovations Jilin University

所 属 类 别 / 高校智库
主 管 单 位 / 吉林大学
成 立 时 间 / 2011 年 10 月
第一负责人 / 李靖
合 作 机 构 /
办 公 地 址 / 吉林省长春市朝阳区前进大街 2699 号
电话(传真) / 0431 - 85166271
邮　　箱 / jluinnovation@ gmail. com
网　　址 / http://gov - innov. jlu. edu. cn
主要研究领域：
政治改革；行政改革；公共服务；社会管理

496 吉林大学中国国有经济研究中心
China Center for Public Sector Economy Research at Jilin University

所 属 类 别 / 高校智库
主 管 单 位 / 吉林大学
成 立 时 间 / 1999 年
第一负责人 / 徐传谌
合 作 机 构 /
办 公 地 址 / 吉林省长春市朝阳区前进大街 2699 号（130012）
电话(传真) / 0431 - 85168829
邮　　箱 / ccpser@ jlu. edu. cn
网　　址 / http://ccpser. jlu. edu. cn
主要研究领域：
国有经济调整和发展；国有企业战略改组与改革

497 吉林大学中国人口老龄化与经济社会发展研究中心

所 属 类 别 / 合作智库
主 管 单 位 / 吉林大学
成 立 时 间 / 2009 年 5 月
第一负责人 /
合 作 机 构 / 国家卫生健康委员会
办 公 地 址 / 吉林省长春市朝阳区前进大街 2699 号（130012）
电话(传真) / 0431 - 85166379（0431 - 85166393）
邮　　箱 /
网　　址 /
主要研究领域：
人口老龄化；人口发展战略

498 吉林省人民政府参事室
Counsellors' Office of the Jilin Provincial People's Government

所 属 类 别 / 政府部门智库—省/区/市政府所属
主 管 单 位 / 吉林省政府
成 立 时 间 /
第一负责人 / 王立安
合 作 机 构 /
办 公 地 址 /
电话(传真) /
邮　　箱 / liweida@ jl. gov. cn
网　　址 / http://cs. jl. gov. cn/css
主要研究领域：
吉林省发展战略

499 吉林省人民政府发展研究中心（吉林省政府调查研究室）
Development Research Center, The People's Government of Jilin Province

所 属 类 别 / 政府部门智库—省/区/市政府所属
主 管 单 位 / 吉林省政府
成 立 时 间 / 1983 年 5 月
第一负责人 / 李寅权
合 作 机 构 /
办 公 地 址 / 吉林省长春市朝阳区人民大街 1485 号（130051）
电话(传真) / 0431 - 88906681（0431 - 88906543）
邮　　箱 / fzzx_ xxc@ mail. jl. gov. cn
网　　址 / http://fzzx. jl. gov. cn/
主要研究领域:
政治管理；经济管理；社会管理；生态文明；工业化；信息化；城镇化；农业现代化；老工业基地建设；开发开放；农村发展；社会发展

500 吉林省社会科学界联合会
Jilin Union of Social Sciences Circles

所 属 类 别 / 社会智库—社会团体
主 管 单 位 / 吉林省政府
成 立 时 间 / 1984 年 12 月
第一负责人 / 邵汉明
合 作 机 构 /
办 公 地 址 / 吉林省长春市二道区自由大路 5399 号（130033）
电话(传真) / 0431 - 84638340（0431 - 84668875）
邮　　箱 / jlsk. 623@ 163. com
网　　址 / http://www. jlskl. cn
主要研究领域:
吉林经济与社会发展；东北边疆历史与文化；东北亚国际关系问题

501 吉林省社会科学院
Jilin Academy of Social Sciences

所 属 类 别 / 科研院所智库
主 管 单 位 / 中共吉林省委
成 立 时 间 / 1978 年 10 月
第一负责人 / 邵汉明
合 作 机 构 /
办 公 地 址 / 吉林省长春市二道区自由大路 5399 号（130033）
电话(传真) / 0431 - 84638323（0431 - 84638321）
邮　　箱 / jilinskw5@ 126. com
网　　址 / http://www. jlass. org. cn
主要研究领域:
吉林经济与社会发展；东北边疆历史与文化；东北亚国际关系问题

502 济南市社会科学院

所属类别 / 科研院所智库
主管单位 / 中共济南市委
成立时间 /
第一负责人 / 马军远
合作机构 /
办公地址 / 山东省济南市马鞍山路 14 号（250002）
电话(传真) /
邮　　箱 /
网　　址 /
主要研究领域：
政府决策服务；社会科学基础理论研究

503 暨南大学产业经济研究院
Institute of Industrial Economics, Jinan University

所属类别 / 高校智库
主管单位 / 暨南大学
成立时间 / 2006 年
第一负责人 / 顾乃华
合作机构 /
办公地址 / 广东省广州市天河区黄埔大道西 601 号惠全楼 3 层（510632）
电话(传真) / 020 - 85228911（020 - 85228911）
邮　　箱 /
网　　址 / http://iie.jnu.edu.cn
主要研究领域：
产业竞争力；产业发展规划；创新政策与企业发展战略

504 暨南大学东南亚研究所

所属类别 / 高校智库
主管单位 / 暨南大学
成立时间 / 1960 年
第一负责人 / 庄礼伟
合作机构 /
办公地址 / 广东省广州市黄埔大道西 601 号暨南大学第二文科楼（510632）
电话(传真) / 020 - 85220292（020 - 85226237）
邮　　箱 / oggy@jnu.edu.cn
网　　址 / https://dnyyj.jnu.edu.cn
主要研究领域：
东南亚地区的政治、经济、国际关系；华侨华人问题

505 暨南大学菲律宾研究中心

所 属 类 别 / 高校智库
主 管 单 位 / 暨南大学
成 立 时 间 /
第一负责人 / 代帆
合 作 机 构 /
办 公 地 址 / 广东省广州市黄埔大道西 601 号（510632）
电话(传真) /
邮　　箱 /
网　　址 /
主要研究领域:
菲律宾政治、经济、文化、社会等

506 暨南大学广东产业发展与粤港澳台区域合作研究中心

Research Center for Industrial Development and Regional Cooperation Between Guangdong, HongKong, Macau, and Taiwan, Jinan University

所 属 类 别 / 高校智库
主 管 单 位 / 暨南大学
成 立 时 间 / 2009 年 1 月
第一负责人 / 陈恩
合 作 机 构 /
办 公 地 址 / 广东省广州市天河区黄埔大道西 601 号（510632）
电话(传真) / 020 - 85220186（020 - 85220187）
邮　　箱 / tqhuang@ jnu. edu. cn
网　　址 /
主要研究领域:
产业布局与区域协调发展；产业发展与产业规划；粤港澳台区域合作

507 暨南大学华侨华人研究院

Academy of Overseas Chinese Studies in Jinan University

所 属 类 别 / 高校智库
主 管 单 位 / 暨南大学
成 立 时 间 / 2006 年 11 月
第一负责人 / 张振江
合 作 机 构 /
办 公 地 址 / 广东省广州市天河区黄埔大道西 601 号（510632）
电话(传真) / 020 - 85220514
邮　　箱 / ohqhr@ jnu. edu. cn
网　　址 / http://portal. jnu. edu. cn/portal/group/hqhr
主要研究领域:
华侨华人

J

508 暨南大学金融研究所
Institute of Finance of Jinan University

所属类别／高校智库
主管单位／暨南大学
成立时间／1998 年
第一负责人／白钦先
合作机构／
办公地址／广东省广州市天河区黄埔大道西 601 号暨南大学经济学院（510632）
电话(传真)／020－85220465（020－85220465）
邮　　箱／ojrs@ jnu. edu. cn
网　　址／http://fi. jnu. edu. cn
主要研究领域：
资本市场；公司金融；微观金融

509 暨南大学拉美中心

所属类别／高校智库
主管单位／暨南大学
成立时间／2016 年 8 月
第一负责人／潘灯
合作机构／
办公地址／广东省广州市黄埔大道西 601 号（510632）
电话(传真)／
邮　　箱／
网　　址／
主要研究领域：
中拉经贸合作、学术交流等

510 暨南大学企业发展研究所

所属类别／高校智库
主管单位／暨南大学
成立时间／2003 年 7 月
第一负责人／卫海英
合作机构／
办公地址／广东省广州市天河区黄埔大道西 601 号暨南大学惠全楼（510632）
电话(传真)／020－85220860
邮　　箱／edri@ jnu. edu. cn
网　　址／http://edri. jnu. edu. cn
主要研究领域：
社会责任观下的会计与财务；行为公司财务和管理会计；组织行为与人力资源管理；生产运营与物流管理；品牌营销与旅游管理

511 暨南大学印度尼西亚研究中心

所属类别／高校智库
主管单位／暨南大学
成立时间／
第一负责人／李皖南
合作机构／
办公地址／广东省广州市黄埔大道西601号（510632）
电话(传真)／
邮　　箱／
网　　址／
主要研究领域：
印度尼西亚政治、经济、文化等

512 暨南大学中国（广东）自由贸易试验区研究院

所属类别／合作智库
主管单位／广州南沙开发区管委会、中山大学、暨南大学
成立时间／2015年5月
第一负责人／胡军
合作机构／
办公地址／
电话(传真)／
邮　　箱／
网　　址／
主要研究领域：
构建与高标准的国际投资贸易规则相适应的制度、政策体系

513 暨南大学资源环境与可持续发展研究所
Institute of Resource, Environment and Sustainable Development Research, Jinan University

所属类别／高校智库
主管单位／暨南大学
成立时间／2011年4月
第一负责人／傅京燕
合作机构／
办公地址／广东省广州市天河区黄埔大道西601号暨南大学中惠楼501室（510632）
电话(传真)／020－85226192（020－85226192）
邮　　箱／iresd2011@163.com
网　　址／http://iresd.jnu.edu.cn
主要研究领域：
低碳与可持续发展；碳排放权交易；生态补偿

514 江南大学江苏省食品安全研究基地

所属类别 / 高校智库
主管单位 / 江南大学
成立时间 / 2008 年 8 月
第一负责人 / 徐立青
合作机构 /
办公地址 / 江苏省无锡市蠡湖大道 1800 号
电话(传真) / 0510 - 85329081
邮　　箱 / foodsci@ jiangnan. edu. cn
网　　址 /
主要研究领域:
食品安全与消费行为;食品安全与生产者行为;食品安全与政府咨询决策

515 江苏长江产业经济研究院

所属类别 / 合作智库
主管单位 / 南京大学
成立时间 / 2015 年 11 月
第一负责人 / 刘志彪
合作机构 / 江苏省政府政策研究室
办公地址 / 江苏省南京市鼓楼区汉口路 22 号南京大学鼓楼校区北园丙丁楼(210094)
电话(传真) / 025 - 83576316
邮　　箱 / idei@ nju. edu. cn
网　　址 / http://www. yangtze - idei. cn
主要研究领域:
产业经济;产业政策;宏观经济;企业发展战略

516 江苏省公共安全研究院

所属类别 / 合作智库
主管单位 / 江苏警官学院
成立时间 /
第一负责人 / 吴跃章
合作机构 / 公安部、江苏省公安厅
办公地址 /
电话(传真) /
邮　　箱 /
网　　址 /
主要研究领域:
公共安全理论与战略;社会稳定与风险治理;社会治安防控体系建设

517 江苏省人民政府参事室

Counsellors' Office of Jiangsu Provincial People's Government

所 属 类 别 / 政府部门智库—省/区/市政府所属
主 管 单 位 / 江苏省政府
成 立 时 间 / 1953 年 2 月
第一负责人 / 谢润盛
合 作 机 构 /
办 公 地 址 / 江苏省南京市鼓楼区中山北路 283 号 10 号楼（210011）
电话(传真) / 025 - 85699681
邮　　箱 / 510060189@ qq. com
网　　址 / http://szfcss. jiangsu. gov. cn
主要研究领域：
江苏省发展战略

518 江苏省社会科学院

Jiangsu Provincial Academy of Social Sciences

所 属 类 别 / 科研院所智库
主 管 单 位 / 江苏省政府
成 立 时 间 / 1980 年
第一负责人 / 夏锦文
合 作 机 构 /
办 公 地 址 / 江苏省南京市建邺路 168 号江苏省社会科学院（210004）
电话(传真) / 025 - 85699806（025 - 85699807）
邮　　箱 / yzxx@ jsass. org. cn
网　　址 / http://www. jsass. org. cn
主要研究领域：
市场经济理论；江苏经济发展战略；现代化；农村工业化；城市化；社会保障；新社会阶层；WTO 法规

519 江苏省苏科创新战略研究院

所 属 类 别 / 社会智库
主 管 单 位 / 江苏省科学技术协会
成 立 时 间 /
第一负责人 / 陈骏
合 作 机 构 /
办 公 地 址 /
电话(传真) /
邮　　箱 /
网　　址 /
主要研究领域：
科技创新发展战略；科技创新政策和评估；科技创新文化；科技环境与人才

520 江苏省哲学社会科学界联合会
Jiangsu Provincial Federation of Philosophy and Social Sciences

所 属 类 别 / 社会智库—社会团体
主 管 单 位 / 中共江苏省委、江苏省政府
成 立 时 间 / 1979 年
第一负责人 / 刘德海
合 作 机 构 /
办 公 地 址 / 江苏省南京市秦淮区建邺路 168 号 (210004)
电话(传真) / 025 - 83370457
邮　　箱 / js_ skw@ 163. com
网　　址 / http://www. js - skl. org. cn
主要研究领域:
江苏省经济建设、政治建设、文化建设、社会建设、生态文明建设、党的建设

521 江苏师范大学"一带一路"研究院

所 属 类 别 / 合作智库
主 管 单 位 / 江苏师范大学
成 立 时 间 / 2015 年 11 月
第一负责人 / 华桂宏
合 作 机 构 / 徐州市人民政府
办 公 地 址 / 江苏省徐州市和平路 57 号 (221009)
电话(传真) / 0516 - 83867180 (0516 - 83867791)
邮　　箱 / hhfzyjy@ jsnu. edu. cn
网　　址 / http://bri. jsnu. edu. cn
主要研究领域:
江苏发展；国际经贸与国别关系；历史文化与旅游发展；人才培养；国际交流

522 江西省党风廉政建设研究中心（南昌大学廉政研究中心）
Jiangxi Center for Anti - Corruption Studies (Center for Anti - Corruption Studies, Nanchang University)

J

所 属 类 别 / 合作智库—政校合作
主 管 单 位 / 中共江西省纪委、南昌大学
成 立 时 间 /
第一负责人 / 黄云
合 作 机 构 / 中共江西省纪委、南昌大学
办 公 地 址 / 江西省南昌市红谷滩新区学府大道 999 号法学楼 4 层 (330031)
电话(传真) / 0791 - 83969236
邮　　箱 / cacs@ ncu. edu. cn
网　　址 / http://cacs. ncu. edu. cn
主要研究领域:
反腐倡廉理论；反腐倡廉建设

523 **江西省人民政府参事室**
Counsellors' Office of Jiangxi Provincial People's Government

所属类别／政府部门智库—省/区/市政府所属
主管单位／江西省政府
成立时间／
第一负责人／
合作机构／
办公地址／江西省南昌市东湖区省府北二路100号（330000）
电话(传真)／0791－6212341
邮　　箱／
网　　址／
主要研究领域：
江西省发展战略

524 **江西省社会科学界联合会**
Jiangxi Federation of Social Sciences

所属类别／社会智库—社会团体
主管单位／中共江西省委
成立时间／1980年5月
第一负责人／吴永明
合作机构／
办公地址／江西省南昌市东湖区洪都北大道649号（330077）
电话(传真)／0791－88595983（0791－88592895）
邮　　箱／jxsslbgs@163.com
网　　址／http://www.jxskw.gov.cn
主要研究领域：
改革开放和现代化建设重大理论与实践问题

525 **江西省社会科学院**
Jiangxi Academy of Social Sciences

所属类别／科研院所智库
主管单位／江西省政府
成立时间／1984年
第一负责人／田延光
合作机构／
办公地址／江西省南昌市东湖区洪都北大道649号（330077）
电话(传真)／0791－88592414（0791－88596284）
邮　　箱／webmaster@jxsky.org.cn
网　　址／http://www.jxsky.org.cn
主要研究领域：
执政党建设；区域经济学与应用对策；生态经济；生态文明

J

526 江西师范大学马达加斯加研究中心

所 属 类 别 / 高校智库
主 管 单 位 / 江西师范大学
成 立 时 间 / 2015 年 4 月
第一负责人 / 李勇忠
合 作 机 构 /
办 公 地 址 / 江西省南昌市紫阳大道 99 号 (330022)
电话(传真) /
邮　　箱 /
网　　址 / http://mrc. jxnu. edu. cn
主要研究领域:
马达加斯加的政治、经济、文化、社会等

527 交通运输部公路科学研究院
Research Institute of Highway Ministry of Transport

所 属 类 别 / 政府部门智库—国务院组成部门所属
主 管 单 位 / 交通运输部
成 立 时 间 / 1956 年
第一负责人 / 张劲泉
合 作 机 构 /
办 公 地 址 / 北京市海淀区西土城路 8 号 (100088)
电话(传真) / 010 - 62079548
邮　　箱 /
网　　址 / http://www. rioh. cn
主要研究领域:
道路工程; 桥梁工程; 交通工程; 智能交通; 汽车运用工程; 道路运输与物流; 公路生态与环境保护工程

528 交通运输部规划研究院
Transport Planning and Research Institute, Ministry of Transport

所 属 类 别 / 政府部门智库—国务院组成部门所属
主 管 单 位 / 交通运输部
成 立 时 间 / 1998 年 3 月
第一负责人 / 陈胜营
合 作 机 构 /
办 公 地 址 / 北京市朝阳区曙光西里甲 6 号 2 号楼 (100028)
电话(传真) / 010 - 59629011 (010 - 59629000)
邮　　箱 / tpri_ hr001@ 163. com
网　　址 / http://www. tpri. org. cn
主要研究领域: 综合运输体系建设; 交通运输行业发展战略; 交通运输行业物流发展; 环境保护; 节能减排; 安全应急; 信息化

529 交通运输部科学研究院
China Academy of Transportation Sciences

所 属 类 别 / 政府部门智库—国务院组成部门所属
主 管 单 位 / 交通运输部
成 立 时 间 / 1960 年
第一负责人 / 石宝林
合 作 机 构 /
办 公 地 址 / 北京市朝阳区惠新里 240 号（100029）
电话(传真) / 010 - 58278413（010 - 58278432）
邮　　箱 /
网　　址 / http://www. motcats. com. cn
主要研究领域：
交通信息化；交通环境保护与安全；城市交通；交通标准计量；公路工程技术

530 交通运输部水运科学研究院
China Waterborne Transport Research Institute

所 属 类 别 / 政府部门智库—国务院组成部门所属
主 管 单 位 / 交通运输部
成 立 时 间 / 1956 年 6 月
第一负责人 / 费维军
合 作 机 构 /
办 公 地 址 / 北京市海淀区西土城路 8 号（100088）
电话(传真) / 010 - 65290216
邮　　箱 / yuanban@ wtiac. cn
网　　址 / http://www. wti. ac. cn
主要研究领域：
水运经济；安全应急；环保节能；现代物流；智能交通

531 教育部 - 北京大学人力资本与国家政策研究中心
Center for Human Capital and Policy, Ministry of Education - Peking University

所 属 类 别 / 合作智库—政校合作
主 管 单 位 / 教育部、北京大学
成 立 时 间 / 2011 年 9 月
第一负责人 / 刘伟
合 作 机 构 / 教育部、北京大学
办 公 地 址 / 北京市海淀区颐和园路 5 号北京大学国家发展研究院（100871）
电话(传真) /
邮　　箱 / webmaster@ nsd. pku. edu. cn
网　　址 /
主要研究领域：
教育资源配置对城镇化进程的影响；人力资源强国与基本公共教育服务体系；中国经济发展方式与人力资本投资

532 教育部高等教育教学评估中心
Higher Education Evaluation Center of the Ministry of Education

所 属 类 别 / 政府部门智库—国务院组成部门所属
主 管 单 位 / 教育部
成 立 时 间 / 2004 年 8 月
第一负责人 / 范唯
合 作 机 构 /
办 公 地 址 / 北京市海淀区魏公村路 2 号中央广播电视大学魏公村学区办公大楼 11 层、12 层（100081）
电话(传真) / 010 - 56973102
邮　　箱 / pgzx@ moe. edu. cn
网　　址 / http://www. heec. edu. cn
主要研究领域:
教育教学改革及评估

533 教育部高等学校社会科学发展研究中心

所 属 类 别 / 政府部门智库—国务院组成部门所属
主 管 单 位 / 教育部
成 立 时 间 / 1986 年 11 月
第一负责人 / 王炳林
合 作 机 构 /
办 公 地 址 / 北京市海淀区中关村大街 35 号（100080）
电话(传真) / 010 - 62514703（010 - 62514703）
邮　　箱 /
网　　址 / http://shekzx. moe. edu. cn
主要研究领域:
哲学社会科学理论；中国特色社会主义；哲学社会科学发展动态

534 教育部国家教育发展研究中心

所 属 类 别 / 政府部门智库—国务院组成部门所属
主 管 单 位 / 教育部
成 立 时 间 / 1986 年
第一负责人 / 陈子季
合 作 机 构 /
办 公 地 址 / 北京市西城区西单大木仓胡同 37 号（100816）
电话(传真) / 010 - 66097042
邮　　箱 / ncedr@ moe. edu. cn
网　　址 / http://www. ncedr. edu. cn
主要研究领域:
教育发展战略；教育体制改革；国际教育政策比较

J

535 教育部科技发展中心
Ministry of Education, Science and Technology Development Center

所属类别/政府部门智库—国务院组成部门所属
主管单位/教育部
成立时间/
第一负责人/李志民
合作机构/
办公地址/北京市海淀区中关村大街35号（100080）
电话(传真)/010-62514695（010-62514678）
邮　　箱/cutech@cutech.edu.cn
网　　址/http://www.cutech.edu.cn
主要研究领域:
高等学校科技政策；高校产业改革与发展

536 教育部民族教育发展中心

所属类别/政府部门智库—国务院组成部门所属
主管单位/教育部
成立时间/2011年12月
第一负责人/郭岩
合作机构/
办公地址/北京市西城区西单大木仓胡同37号（100816）
电话(传真)/010-66090798（010-66090526）
邮　　箱/mjzx@moe.edu.cn
网　　址/http://mjzx.moe.edu.cn
主要研究领域:
民族教育发展战略

537 教育部学位与研究生教育发展中心
China Academic Degrees and Graduate Education Development Center

所属类别/政府部门智库—国务院组成部门所属
主管单位/教育部
成立时间/2003年
第一负责人/黄宝印
合作机构/
办公地址/北京市海淀区王庄路1号同方科技大厦B座17层（100083）
电话(传真)/010-82378812（010-82379482）
邮　　箱/bgs@cdgdc.edu.cn
网　　址/http://www.chinadegrees.cn
主要研究领域:
学位与研究生教育评估；全国学位与研究生教育信息系统

J

538 教育部语言文字应用研究所
Institute of Applied Linguistics Ministry of Education

所 属 类 别 / 政府部门智库—国务院组成部门所属
主 管 单 位 / 教育部
成 立 时 间 / 1984 年 9 月
第一负责人 / 刘朋建
合 作 机 构 /
办 公 地 址 / 北京市东城区朝阳门内南小街 51 号（100010）
电话(传真) / 010 - 65592909
邮　　箱 / yysbgsh@ sina. com
网　　址 / http://yys. moe. edu. cn
主要研究领域：
语言文字应用；语言政策；语言规划

539 金善宝农业现代化研究院

所 属 类 别 / 合作智库
主 管 单 位 / 南京农业大学
成 立 时 间 / 2015 年
第一负责人 / 周应恒
合 作 机 构 / 江苏省农工办、江苏省农委
办 公 地 址 /
电话(传真) /
邮　　箱 /
网　　址 /
主要研究领域：
农村产权制度改革；新型农业经营体系构建；美丽乡村与特色小镇建设；农业产业组织发展与升级；农村环境整治；苏南集体经济建设

540 经济日报社中国经济趋势研究院

所 属 类 别 / 社会智库
主 管 单 位 / 经济日报（集团）
成 立 时 间 / 2015 年 9 月
第一负责人 / 孙世芳
合 作 机 构 /
办 公 地 址 / 北京市西城区白纸坊东街（100054）
电话(传真) / 010 - 58392840
邮　　箱 /
网　　址 /
主要研究领域：
经济理论基础研究；经济趋势应用研究；中国经济趋势研究；经济预期分析

541 科学技术部高技术研究发展中心

所属类别／政府部门智库—国务院组成部门所属
主管单位／科学技术部
成立时间／1994 年
第一负责人／刘敏
合作机构／
办公地址／北京市海淀区三里河路 1 号西苑饭店 9 号楼（100044）
电话(传真)／010－68339522
邮　　箱／mxh@ htrdc. com
网　　址／http://www. htrdc. com
主要研究领域：
基础科学；高新技术发展

542 兰州大学阿富汗研究中心

The Center for Afghanistan Studies，Lanzhou University

所属类别／高校智库
主管单位／兰州大学
成立时间／2017 年 6 月
第一负责人／朱永彪
合作机构／
办公地址／甘肃省兰州市城关区天水南路 222 号（730000）
电话(传真)／
邮　　箱／afhlzu@ 163. com
网　　址／http://afuhan. org
主要研究领域：
阿富汗问题；反恐问题

543 兰州大学格鲁吉亚研究中心

所属类别／高校智库
主管单位／兰州大学
成立时间／2017 年 3 月
第一负责人／车如山
合作机构／
办公地址／甘肃省兰州市城关区天水南路 222 号（730000）
电话(传真)／0931－8912125（0931－8912123）
邮　　箱／ldbr@ lzu. edu. cn
网　　址／
主要研究领域：
中格关系；格鲁吉亚对外政策、经济政策与形势；格鲁吉亚民族个性；格鲁吉亚历史与地理；格鲁吉亚文化

544 兰州大学社会与经济发展研究评价中心
Institute of Sociology & Center of Social and Economic Development Research, Lanzhou University

所 属 类 别／高校智库
主 管 单 位／兰州大学
成 立 时 间／1995 年
第一负责人／
合 作 机 构／
办 公 地 址／甘肃省兰州市城关区天水南路兰州大学齐云楼 1821 室（730000）
电话(传真)／0931－8910943（0931－8910943）
邮　　箱／xibushehuixue@ 163. com
网　　址／http://www. serc. lzu. edu. cn
主要研究领域:
资源环境与社会发展；社会政策评估；民族社会发展；民族社会学与文化人类学

545 兰州大学丝绸之路经济带建设研究中心

所 属 类 别／高校智库
主 管 单 位／兰州大学
成 立 时 间／2014 年 12 月
第一负责人／
合 作 机 构／
办 公 地 址／甘肃省兰州市盘旋路校区齐云楼（730000）
电话(传真)／0931－8912010（0931－8625576）
邮　　箱／
网　　址／
主要研究领域:
民族政策；外交政策；金融政策；财政政策；资源政策

546 兰州大学西北少数民族研究中心（兰州大学民族学研究院）
Publications Center for Studies of Ethnic Minorities in Northwest China of Lanzhou University (Ethnology Institute of Lanzhou University)

所 属 类 别／高校智库
主 管 单 位／兰州大学
成 立 时 间／2000 年
第一负责人／高永久
合 作 机 构／
办 公 地 址／甘肃省兰州市城关区嘉峪关西路 9 号兰州大学一分部衡山堂 4 层（730020）
电话(传真)／0931－8913764
邮　　箱／biancheng20000@ 163. com
网　　址／
主要研究领域：中国民族关系；西北少数民族及地区史；西北跨国民族；民族社会

547 兰州大学意大利研究中心

所 属 类 别 / 高校智库
主 管 单 位 / 兰州大学
成 立 时 间 / 2011 年 11 月
第一负责人 / 刘光华
合 作 机 构 /
办 公 地 址 / 甘肃省兰州市城关区天水南路 222 号（730000）
电话(传真) / 0931 - 8912125（0931 - 8912123 ）
邮　　箱 / ldbr@ lzu. edu. cn
网　　址 /
主要研究领域：
中意关系研究

548 兰州大学印度研究中心

所 属 类 别 / 高校智库
主 管 单 位 / 兰州大学
成 立 时 间 / 2009 年
第一负责人 / 毛世昌
合 作 机 构 /
办 公 地 址 / 甘肃省兰州市城关区天水南路 222 号（730000）
电话(传真) / 0931 - 8912125（0931 - 8912123 ）
邮　　箱 / ldbr@ lzu. edu. cn
网　　址 /
主要研究领域：
印度文化；中印关系；印度文学、宗教；中印文化交流

549 兰州大学中亚研究所
Institute for Central Asian Studies Lanzhou University

所 属 类 别 / 高校智库
主 管 单 位 / 兰州大学
成 立 时 间 / 1994 年 3 月
第一负责人 / 杨恕
合 作 机 构 /
办 公 地 址 / 甘肃省兰州市城关区天水南路 222 号（730000）
电话(传真) / 0931 - 8912982（0931 - 8912982）
邮　　箱 / icas@ lzu. edu. cn
网　　址 / http://icas. lzu. edu. cn
主要研究领域：
中亚政治、经济、民族、宗教、历史、文化、科教、资源环境及人口；反分裂主义；反恐怖主义

550 蓝迪国际智库（一带一路国际智库）
RDI Think - Tank Platform（“Belt and Road” Initiative International Think Tank）

所 属 类 别 / 社会智库
主 管 单 位 / 中国社会科学院
成 立 时 间 / 2015 年 4 月
第一负责人 /
合 作 机 构 /
办 公 地 址 / 北京市朝阳区国贸大厦 A 座 2505（100007）
电话(传真) / 010 - 85351800 - 881
邮　　箱 / webmaster@ rdi. org. cn
网　　址 / http://www. rdi. org. cn
主要研究领域：
“一带一路”倡议

551 联合国教科文组织国际工程教育中心
International Centre for Engineering Education under the auspices of UNESCO

所 属 类 别 / 合作智库
主 管 单 位 / 清华大学
成 立 时 间 / 2015 年 11 月
第一负责人 / 吴启迪
合 作 机 构 / 中国工程院
办 公 地 址 / 北京市海淀区清华大学文南楼 4 层（100084）
电话(传真) / 010 - 62783326（010 - 62782667）
邮　　箱 / icee@ tsinghua. edu. cn
网　　址 / http://www. icee - unesco. org/unesco
主要研究领域：
工程教育

552 联想研究院
Lenovo Research

所 属 类 别 / 社会智库
主 管 单 位 / 联想集团有限公司
成 立 时 间 / 1999 年
第一负责人 / 芮勇
合 作 机 构 /
办 公 地 址 / 北京市海淀区上地西路 6 号联想北研大厦（100085）
电话(传真) / 010 - 58868888
邮　　箱 / rtim@ lenovo. com
网　　址 / http://research. lenovo. com/webapp/view/index. html
主要研究领域：
人工智能；智能设备；大数据；云计算；5G 和智能生活

553 **辽宁大学金融研究中心**
Center for Financial Studies Liaoning University

所属类别／高校智库
主管单位／辽宁大学
成立时间／2007 年 5 月
第一负责人／曲昭光
合作机构／
办公地址／辽宁省沈阳市沈北新区道义南大街 58 号辽宁大学蒲河校区则行楼 4 层（110136）
电话(传真)／024－62602979（024－62602979）
邮　　箱／cfslnumail@126.com
网　　址／http://jryj.lnu.edu.cn
主要研究领域:
区域金融理论和应用；金融改革和地方经济社会发展

554 **辽宁大学人口研究所**
Liaoning University Population research institute

所属类别／合作智库—中外合作
主管单位／辽宁大学
成立时间／1983 年
第一负责人／刘成敏
合作机构／辽宁大学、联合国人口基金
办公地址／辽宁省沈阳市沈北新区道义南大街 58 号（110136）
电话(传真)／024－62602247（024－62602247）
邮　　箱／ldrkyjs2046@163.com
网　　址／http://rkyjs.lnu.edu.cn
主要研究领域:
资源型城市可持续发展；社会保障；人口与就业

555 **辽宁大学日本研究所**
Liaoning University Institute of Japan Studies

所属类别／高校智库
主管单位／辽宁大学
成立时间／1971 年
第一负责人／王铁军
合作机构／
办公地址／辽宁省沈阳市皇姑区崇山中路 66 号（110036）
电话(传真)／
邮　　箱／
网　　址／http://rbyjs.lnu.edu.cn
主要研究领域:
日本经济体制；中日经济关系；日本官僚制度；中日关系；中国东北与日本

556 辽宁大学亚洲研究中心
The Asia Research Centre of Liaoning University

所属类别 / 高校智库
主管单位 / 辽宁大学
成立时间 /
第一负责人 /
合作机构 /
办公地址 / 辽宁省沈阳市沈北新区道义南大街 58 号（110036）
电话(传真) / 024 - 62602345
邮　　箱 /
网　　址 / http://arc.lnu.edu.cn
主要研究领域:
亚洲政治、经济、文化、历史、宗教、哲学、政策、制度

557 辽宁大学中国特色社会主义研究中心
Liaoning University Chinese Characteristic Socialism Research Center

所属类别 / 高校智库
主管单位 / 辽宁大学
成立时间 / 1994 年 6 月
第一负责人 / 周菲
合作机构 /
办公地址 / 辽宁省沈阳市皇姑区崇山中路 66 号（110036）
电话(传真) / 024 - 62205265
邮　　箱 / dyzx@lnu.edu.cn
网　　址 / http://shzyyjzx.lnu.edu.cn
主要研究领域:
中国特色社会主义

558 辽宁大学转型国家经济政治研究中心
Research Center for the Economies and Politics of Transitional Countries, Liaoning University

所属类别 / 高校智库
主管单位 / 辽宁大学
成立时间 / 1973 年
第一负责人 / 程伟
合作机构 /
办公地址 / 辽宁省沈阳市沈北新区道义南大街 58 号（110136）
电话(传真) / 024 - 62602445（024 - 62602447）
邮　　箱 / rceptc@lnu.edu.cn
网　　址 / http://rceptc.lnu.edu.cn
主要研究领域:
俄罗斯、东欧等转型国家经济、政治问题

559 辽宁社会科学院
Liaoning Academy of Social Sciences

所 属 类 别 / 科研院所智库
主 管 单 位 / 辽宁省政府
成 立 时 间 / 1977 年
第一负责人 / 姜晓秋
合 作 机 构 /
办 公 地 址 / 辽宁省沈阳市皇姑区泰山路 86 号（110031）
电话(传真) / 024 - 86806061
邮　　箱 / lassorg@ 163. com
网　　址 / http://www. lass. net. cn
主要研究领域:
东北亚研究；农村发展；低碳发展；边疆史地；城市发展；产业经济与 WTO；人力资源；信息

560 辽宁省人民政府参事室
Counsellors' Office of Liaoning Provincial People's Government

所 属 类 别 / 政府部门智库—省/区/市政府所属
主 管 单 位 / 辽宁省政府
成 立 时 间 /
第一负责人 / 徐岩
合 作 机 构 /
办 公 地 址 / 辽宁省沈阳市皇姑区北陵大街 45 - 9 号（110032）
电话(传真) /
邮　　箱 /
网　　址 /
主要研究领域:
辽宁省发展战略

561 辽宁省社会科学界联合会
Liaoning Provincial Federation Social Science Circles

所 属 类 别 / 社会智库—社会团体
主 管 单 位 / 中共辽宁省委
成 立 时 间 / 1978 年
第一负责人 / 石坚
合 作 机 构 /
办 公 地 址 / 辽宁省沈阳市和平区和平南大街 45 号（110006）
电话(传真) / 024 - 23264268
邮　　箱 /
网　　址 / http://www. lnskl. org. cn
主要研究领域:
社会主义物质文明、精神文明

L

562 瞭望智库
Liaowang Institute

所属类别 / 社会智库—企业
主管单位 /
成立时间 /
第一负责人 /
合作机构 /
办公地址 / 北京市东城区永定门西滨河路 8 号中海地产广场东塔 16 层（100077）
电话(传真) / 17778089574
邮　　箱 / liaowangzhiku@ outlook. com
网　　址 / http://www. lwinst. com
主要研究领域：
国情国策；区域发展；行业运行

563 零点研究咨询集团
Horizon Research Consultancy Group

所属类别 / 社会智库—企业
主管单位 /
成立时间 / 1992 年
第一负责人 / 袁岳
合作机构 /
办公地址 / 北京市朝阳区酒仙桥中路 24 号院 1 号楼 878 东区 4、6、7、8 层（100015）
电话(传真) / 010 - 53896000（010 - 53896001）
邮　　箱 /
网　　址 / http://www. horizon - china. com
主要研究领域：
专业调研；策略咨询；互动营销；公共呼叫；跨国投资；主题地产全案服务

564 洛阳师范学院意大利研究中心

所属类别 / 高校智库
主管单位 / 洛阳师范学院
成立时间 /
第一负责人 / 梁留科
合作机构 /
办公地址 / 河南省洛阳市伊滨区吉庆路 6 号（471934）
电话(传真) /
邮　　箱 / xcb@ lynu. edu. cn
网　　址 /
主要研究领域：
意大利政治、经济、文化、社会研究

565 麦可思数据有限公司
Mycos Data Co., Ltd.

所 属 类 别 / 社会智库—企业
主 管 单 位 /
成 立 时 间 / 2006 年
第一负责人 / 王伯庆
合 作 机 构 /
办 公 地 址 / 北京市海淀区长春桥路 11 号万柳亿城中心 A 座 18 层（100089）
电话(传真) / 010 - 58819662（010 - 58819663）
邮　　箱 / research@ mycos. com
网　　址 / http://www. mycos. com. cn
主要研究领域：
高等教育管理数据与咨询

566 民政部国家减灾中心（民政部卫星减灾应用中心）
National Disaster Reduction Center of China

所 属 类 别 / 政府部门智库—国务院组成部门所属
主 管 单 位 / 民政部
成 立 时 间 / 2002 年 4 月
第一负责人 / 庞陈敏
合 作 机 构 /
办 公 地 址 / 北京市朝阳区百子湾广百东路 6 号院（100124）
电话(传真) / 010 - 52811312（010 - 52811300）
邮　　箱 / webmaster@ ndrcc. gov. cn
网　　址 /
主要研究领域：
减灾救灾数据信息；灾害及风险评估；空间科技应用；科学技术与政策法规；减灾救灾重大工程规划；减灾救灾公共政策；灾后心理干预

567 民政部一零一研究所

所 属 类 别 / 政府部门智库—国务院组成部门所属
主 管 单 位 / 民政部
成 立 时 间 / 1989 年
第一负责人 / 李伯森
合 作 机 构 /
办 公 地 址 / 北京市丰台区南四环西路 188 号 10 区 33 号楼（100070）
电话(传真) / 010 - 63706758 - 6269
邮　　箱 /
网　　址 / http://101. mca. gov. cn
主要研究领域：殡葬科学技术与基础理论；殡葬建筑；殡葬行业技术标准；殡葬行业环境监测、评价与治理；殡葬政策；殡葬的文化、人文、历史研究

568 民政部政策研究中心

所属类别／政府部门智库—国务院组成部门所属
主管单位／民政部
成立时间／1998 年
第一负责人／王杰秀
合作机构／
办公地址／北京市东城区北河沿大街 147 号（100721）
电话(传真)／010－58123787（010－58123788）
邮　　箱／634569064@ qq. com
网　　址／http://zyzx. mca. gov. cn
主要研究领域:
民政政策；民政理论

569 南昌大学江西发展研究院
institute of Jiangxi development studies

所属类别／高校智库
主管单位／南昌大学
成立时间／2015 年 5 月
第一负责人／黄细嘉
合作机构／
办公地址／江西省南昌市红谷滩新区学府大道 999 号南昌大学前湖校区行政楼 3 楼（330031）
电话(传真)／0791－83968323（0791－83968322）
邮　　箱／jxfzck@ ncu. edu. cn
网　　址／
主要研究领域:
江西经济；江西社会发展

570 南昌大学立法研究中心

所属类别／高校智库
主管单位／南昌大学
成立时间／2005 年 4 月
第一负责人／程样国
合作机构／
办公地址／江西省南昌市青山湖区南京东路 235 号（330047）
电话(传真)／0791－88304101
邮　　箱／
网　　址／
主要研究领域:
宪法；行政法；经济法；刑事法

571 南昌大学旅游规划与研究中心
The Center for Tourism Planning and Research of Nanchang University

所 属 类 别 / 高校智库
主 管 单 位 / 南昌大学
成 立 时 间 / 2003 年
第一负责人 / 黄细嘉
合 作 机 构 /
办 公 地 址 / 江西省南昌市新建县红谷滩新区学府大道 999 号（330031）
电话(传真) / 0791 - 3969461（0791 - 3969463）
邮　　箱 /
网　　址 / http://lygh. ncu. edu. cn
主要研究领域:
旅游规划；旅游策划；旅游咨询

572 南昌大学中国中部经济社会发展研究中心
The Research Center of Central China Economic Development, Nanchang University

所 属 类 别 / 高校智库
主 管 单 位 / 南昌大学
成 立 时 间 / 2000 年 6 月
第一负责人 / 郑克强
合 作 机 构 /
办 公 地 址 /
电话(传真) /
邮　　箱 /
网　　址 /
主要研究领域:
中部区域经济协调发展；中部产业经济发展；中部自然资源开发与生态经济；中部人力资源开发与新经济

573 南方国际人才研究院
South China Global Talent Institute

所 属 类 别 / 社会智库—民办非企业
主 管 单 位 /
成 立 时 间 / 2012 年 12 月
第一负责人 / 王辉耀
合 作 机 构 /
办 公 地 址 / 广东省广州市番禺区大学城外环东路 232 号国家数字家庭基地 B 栋 214（510006）
电话(传真) / 020 - 31056144（020 - 31056144）
邮　　箱 / info@ scgti. org
网　　址 / http://www. scgti. org
主要研究领域：人才；科技；教育；可持续发展

574 **南方民间智库**
South Nongovernmental Think Tank

所 属 类 别 / 社会智库
主 管 单 位 / 南方报业传媒集团
成 立 时 间 / 2010 年 10 月
第一负责人 / 曹轲
合 作 机 构 /
办 公 地 址 / 广东省广州市天河区广州大道中 289 号南方报业传媒集团（510600）
电话(传真) / 020 - 83002589（020 - 83002589）
邮　　箱 / oewenzheng@ 126. com
网　　址 / http://snt. oeeee. com
主要研究领域:
广东社会、产业与区域经济发展

575 **南京大学长江三角洲经济社会发展研究中心**
Yangtze River Delta Economics and Social Development Research Center of Nanjing University

所 属 类 别 / 合作智库—政校合作
主 管 单 位 / 教育部、南京大学
成 立 时 间 / 2001 年 2 月
第一负责人 / 洪银兴
合 作 机 构 / 教育部、南京大学
办 公 地 址 / 江苏省南京市鼓楼区汉口路 22 号安中（EMBA）大楼（210093）
电话(传真) / 025 - 83595262（025 - 83595262）
邮　　箱 / JiangNing@ nju. edu. cn
网　　址 / http://www. ccjsjz. cn
主要研究领域:
长江三角洲地区经济运行、经济发展；城市发展；区域与产业发展

576 **南京大学城市科学研究院**
Institute of Urban Science, Nanjing University

所 属 类 别 / 高校智库
主 管 单 位 / 南京大学
成 立 时 间 / 2010 年 11 月
第一负责人 / 张鸿雁
合 作 机 构 /
办 公 地 址 / 江苏省南京市栖霞区仙林大道 163 号南京大学仙林校区河仁楼（210046）
电话(传真) / 025 - 83595711（025 - 83594343）
邮　　箱 / ius@ nju. edu. cn
网　　址 / http://ius. nju. edu. cn
主要研究领域：城市现代化与城市战略；城乡一体化规划；区域经济发展；城市文化资本整合与城市整体形象策划；城市产业升级和空间布局；城市应急系统

577 南京大学非洲研究所
Center of African Studies, Nanjing University

所属类别／高校智库
主管单位／南京大学
成立时间／1993 年
第一负责人／张振克
合作机构／
办公地址／江苏省南京市栖霞区仙林大道 163 号（210023）
电话(传真)／025－83686694（025－89682686）
邮　　箱／casnju@126.com
网　　址／
主要研究领域：非洲自然资源与环境；非洲城市化；非洲农业和乡村发展；非洲港口与区域发展；非洲海洋渔业；非洲地缘战略与中非关系；非洲科技教育合作

578 南京大学公共事务与地方治理研究中心

所属类别／高校智库
主管单位／南京大学
成立时间／1997 年
第一负责人／
合作机构／
办公地址／江苏省南京市栖霞区仙林大道 163 号南京大学政府管理学院圣达楼（210023）
电话(传真)／025－89680610
邮　　箱／
网　　址／
主要研究领域：政府管理与政治过程；地方治理与公共政策；社会稳定与危机管理；社会组织与民众行为

579 南京大学教育研究院
Institute of Education, Nanjing University

所属类别／高校智库
主管单位／南京大学
成立时间／2009 年 11 月
第一负责人／王运来
合作机构／
办公地址／江苏省南京市鼓楼区汉口路 22 号逸夫管理科学楼 19 层（210093）
电话(传真)／025－83686057（025－83686057）
邮　　箱／
网　　址／http://edu.nju.edu.cn
主要研究领域：高等教育；网络化学习与管理；课程与教学；教育经济与管理；教育政策与领导

580 南京大学能源科学研究院
Institute of Energy Sciences Nanjing University

所属类别／高校智库
主管单位／南京大学
成立时间／2010 年 10 月
第一负责人／贾承造
合作机构／
办公地址／江苏省南京市鼓楼区汉口路 22 号南京大学科学楼 1205 室（210093）
电话(传真)／025－83686309
邮　　箱／
网　　址／http://ens.nju.edu.cn
主要研究领域：全球能源经济战略宏观评价与预测；能源与经济发展战略的制约关系和规律；能源开发应用过程的制约因素与管理模式

581 南京大学人文地理研究中心
Research Center of Human Geography, Nanjing University

所属类别／高校智库
主管单位／南京大学
成立时间／2012 年
第一负责人／黄贤金
合作机构／
办公地址／江苏省南京市鼓楼区汉口路 22 号南京大学鼓楼校区东北楼 211 室（210093）
电话(传真)／025－83595964
邮　　箱／huge_nju@163.com
网　　址／http://hugeo.nju.edu.cn
主要研究领域：城镇化战略；区域可持续开发与土地集约利用；城市规划；旅游与文化地理

582 南京大学社会风险与公共危机管理研究中心
Center for Societal Risk and Public Crisis Management Studies, Nanjing University

所属类别／高校智库
主管单位／南京大学
成立时间／2005 年
第一负责人／童星
合作机构／
办公地址／江苏省南京市鼓楼区汉口路 22 号南京大学逸夫管理科学楼 1502 室（210093）
电话(传真)／025－83686709（025－83686050）
邮　　箱／heaventx@nju.edu.cn
网　　址／http://rdc.nju.edu.cn
主要研究领域：风险、灾害与危机管理

N

583 南京大学中国语言战略研究中心
The China Centre for Linguistic and Strategic Studies

所属类别／高校智库
主管单位／南京大学
成立时间／2007 年 11 月
第一负责人／徐大明
合作机构／
办公地址／
电话(传真)／025－83685891
邮　　箱／xudaming@ nju. edu. cn
网　　址／http://www. chinalanguage. net
主要研究领域:
语言规划；语言战略；语言社区规划；语言交换；城市语言；语言经济；语言就业；语言消费

584 南京大学中国直销研究中心
China Direct Selling Research Center, Nanjing University

所属类别／高校智库
主管单位／南京大学
成立时间／2006 年 2 月
第一负责人／赵曙明
合作机构／
办公地址／江苏省南京市鼓楼区南京大学商学院安中楼 1308 室（210093）
电话(传真)／025－83592590（025－83621151）
邮　　箱／yrdong@ nju. edu. cn
网　　址／http://www. dsrc－nju. com
主要研究领域:
直销监管与环境建设；直销企业转型与管理；直销企业国际化经营

585 南京大学中国智库研究与评价中心
China Think Tank Research and Evaluation Center at Nanjing University

所属类别／智库研究与评价机构，高校智库
主管单位／南京大学
成立时间／2015 年 5 月
第一负责人／孙建军
合作机构／
办公地址／江苏省南京市栖霞区仙林大道 163 号南京大学仙林校区信息管理学院潘琦楼 A403（210023）
电话(传真)／025－89681397
邮　　箱／ctti@ nju. edu. cn
网　　址／http://cttrec. nju. edu. cn
主要研究领域：智库数据收集处理；智库机构评价管理；智库研究；智库人才培养

586 南京航空航天大学国家文化产业研究中心
National Research Center for Cultural Industry in Nanjing University of Aeronautics and Astronautics

所属类别 / 高校智库
主管单位 / 南京航空航天大学
成立时间 / 2005 年
第一负责人 / 肖平
合作机构 /
办公地址 / 江苏省南京市白下区御道街 29 号南京航空航天大学大学生活动中心西 207 室（210016）
电话(传真) / 025 – 52075805
邮　　箱 /
网　　址 / http://ncci. nuaa. edu. cn
主要研究领域：
文化产业

587 南京航空航天大学科学发展研究中心

所属类别 / 高校智库
主管单位 / 南京航空航天大学
成立时间 / 2008 年 11 月
第一负责人 / 刘思峰
合作机构 /
办公地址 /
电话(传真) /
邮　　箱 /
网　　址 / http://igss. nuaa. edu. cn/jidi
主要研究领域：区域经济发展；公共政策评价

588 南京航空航天大学能源软科学研究中心
Research Center for Soft Energy Science, Nanjing University of Aeronautics and Astronautics

所属类别 / 高校智库
主管单位 / 南京航空航天大学
成立时间 / 2008 年
第一负责人 / 周德群
合作机构 /
办公地址 / 江苏省南京市江宁区将军大道 29 号南京航空航天大学经济与管理学院 4 楼 0420 室（211100）
电话(传真) / 025 – 84893751 – 813（025 – 84892700）
邮　　箱 / zdl@ nuaa. edu. cn
网　　址 / http://www. china3e. org. cn
主要研究领域：能源效率与节能；碳排放与低碳发展；新能源产业规划与政策；能源企业管理

589 南京理工大学江苏人才发展战略研究院

Jiangsu Academy of Talent Development

所属类别／高校智库
主管单位／南京理工大学
成立时间／2015 年 5 月
第一负责人／廖文和
合作机构／
办公地址／江苏省南京市玄武区孝陵卫 200 号（210014）
电话(传真)／025 - 84303966
邮　　箱／jatd2015@163.com
网　　址／http://www.jatd.org
主要研究领域：
人才合作交流；人才培养；人才引进；人才制度；人才信息

590 南京林业大学城市规划与设计研究所

所属类别／高校智库
主管单位／南京林业大学风景园林学院
成立时间／2008 年
第一负责人／
合作机构／
办公地址／江苏省南京市龙蟠路 159 号（210037）
电话(传真)／
邮　　箱／
网　　址／
主要研究领域：
城镇规划方向；城市设计；城市景观生态规划

591 南京林业大学高等教育研究所

所属类别／高校智库
主管单位／南京林业大学
成立时间／1984 年 9 月
第一负责人／周统建
合作机构／
办公地址／江苏省南京市龙蟠路 159 号（210037）
电话(传真)／025 - 85427991（025 - 85427991）
邮　　箱／lyl@njfu.edu.cn
网　　址／http://gjs.njfu.edu.cn
主要研究领域：
高等教育

592 南京林业大学国家林业和草原局林产品经济贸易研究中心
Research Center for Economics and Trade in Forest Products of the State Forestry Administration

所属类别 / 高校智库
主管单位 / 南京林业大学
成立时间 / 1992 年 11 月
第一负责人 / 聂影
合作机构 /
办公地址 / 江苏省南京市龙蟠路 159 号南京林业大学逸夫科技楼（210037）
电话(传真) / 025 - 85427378
邮　　箱 / sinofortrade@ sina. com
网　　址 / http://www. rcetfor. org
主要研究领域:
林产品贸易与市场

593 南京林业大学环境与发展系统工程研究所

所属类别 / 高校智库
主管单位 / 南京林业大学经济管理学院
成立时间 /
第一负责人 / 张智光
合作机构 /
办公地址 / 江苏省南京市龙蟠路 159 号（210037）
电话(传真) /
邮　　箱 /
网　　址 /
主要研究领域:
环境与发展系统工程

594 南京林业大学江苏环境与发展研究中心

所属类别 / 高校智库
主管单位 / 南京林业大学
成立时间 / 2010 年 4 月
第一负责人 / 王国聘
合作机构 /
办公地址 / 江苏省南京市龙蟠路 159 号南京林业大学（210037）
电话(传真) /
邮　　箱 /
网　　址 /
主要研究领域:
生态伦理与环境保护研究

595 南京林业大学江苏生态经济研究中心

所 属 类 别 / 高校智库
主 管 单 位 / 南京林业大学经济管理学院
成 立 时 间 / 2008 年 9 月
第一负责人 / 蔡志坚（副主任）
合 作 机 构 /
办 公 地 址 / 江苏省南京市龙蟠路 159 号南京林业大学（210037）
电话(传真) /
邮　　箱 /
网　　址 /
主要研究领域：
生态经济研究

596 南京林业大学交通运输研究所

所 属 类 别 / 高校智库
主 管 单 位 / 南京林业大学汽车与交通工程学院
成 立 时 间 /
第一负责人 / 马健霄
合 作 机 构 /
办 公 地 址 / 江苏省南京市龙蟠路 159 号南京林业大学（210037）
电话(传真) / 025 - 85427652（025 - 85428646）
邮　　箱 /
网　　址 /
主要研究领域：
交通规划；交通设计；交通安全；交通调查；内河水运

597 南京林业大学马克思主义理论研究中心

所 属 类 别 / 高校智库
主 管 单 位 / 南京林业大学马克思主义学院
成 立 时 间 /
第一负责人 /
合 作 机 构 /
办 公 地 址 / 江苏省南京市龙蟠路 159 号（210037）
电话(传真) /
邮　　箱 /
网　　址 /
主要研究领域：
马克思主义理论

598 南京林业大学企业管理与发展研究中心

所 属 类 别 / 高校智库
主 管 单 位 / 南京林业大学经济管理学院
成 立 时 间 /
第一负责人 /
合 作 机 构 /
办 公 地 址 / 江苏省南京市龙蟠路 159 号南京林业大学 11 号楼 C 区 219 室
电话(传真) /
邮　　箱 /
网　　址 /
主要研究领域:
企业管理与发展

599 南京林业大学森林保护研究所

所 属 类 别 / 高校智库
主 管 单 位 / 南京林业大学
成 立 时 间 /
第一负责人 / 叶建仁
合 作 机 构 /
办 公 地 址 / 江苏省南京市龙蟠路 159 号（210037）
电话(传真) /
邮　　箱 /
网　　址 /
主要研究领域:
森林保护

600 南京林业大学森林旅游研究中心

所 属 类 别 / 高校智库
主 管 单 位 / 南京林业大学
成 立 时 间 /
第一负责人 / 程南洋
合 作 机 构 /
办 公 地 址 / 江苏省南京市龙蟠路 159 号（210037）
电话(传真) /
邮　　箱 /
网　　址 /
主要研究领域:
森林旅游

601 南京林业大学社会生态研究所

所 属 类 别 / 高校智库
主 管 单 位 / 南京林业大学
成 立 时 间 / 2008 年 11 月
第一负责人 / 王国聘
合 作 机 构 /
办 公 地 址 / 江苏省南京市龙蟠路 159 号（210037）
电话(传真) /
邮　　箱 /
网　　址 /
主要研究领域：
社会生态研究

602 南京林业大学生态经济研究中心

所 属 类 别 / 高校智库
主 管 单 位 / 南京林业大学经济管理学院
成 立 时 间 / 2007 年
第一负责人 / 蔡志坚（副主任）
合 作 机 构 /
办 公 地 址 / 江苏省南京市龙蟠路 159 号（210037）
电话(传真) /
邮　　箱 /
网　　址 /
主要研究领域：
生态经济研究

603 南京林业大学现代物流研究中心

所 属 类 别 / 高校智库
主 管 单 位 / 南京林业大学经济管理学院
成 立 时 间 /
第一负责人 / 聂影
合 作 机 构 /
办 公 地 址 / 江苏省南京市龙蟠路 159 号南京林业大学 11 号楼 C 区 219 室（210037）
电话(传真) /
邮　　箱 /
网　　址 /
主要研究领域：
现代物流

604 南京林业大学新农村规划建设研究所

所 属 类 别 / 高校智库
主 管 单 位 / 南京林业大学风景园林学院
成 立 时 间 / 2007 年
第一负责人 / 丁彦芬
合 作 机 构 /
办 公 地 址 / 江苏省南京市龙蟠路 159 号南京林业大学风景园林学院逸夫楼 6 楼 (210037)
电话(传真) /
邮　　箱 /
网　　址 /
主要研究领域:
新农村规划建设

605 南京林业大学沿海资源与环境研发中心

所 属 类 别 / 高校智库
主 管 单 位 / 南京林业大学
成 立 时 间 /
第一负责人 /
合 作 机 构 /
办 公 地 址 / 江苏省南京市龙蟠路 159 号 (210037)
电话(传真) /
邮　　箱 /
网　　址 /
主要研究领域:
沿海资源与环境研发

606 南京农业大学高等教育研究所
Institute for Higher Education of Nanjing Agricultural University

所 属 类 别 / 高校智库
主 管 单 位 / 南京农业大学
成 立 时 间 / 2002 年 3 月
第一负责人 / 刘志民
合 作 机 构 /
办 公 地 址 / 江苏省南京市玄武区卫岗 1 号 (210095)
电话(传真) / 025 - 84399705 (025 - 84396653)
邮　　箱 / gjs@ njau. edu. cn
网　　址 / http://gjs. njau. edu. cn
主要研究领域:
教育经济; 教育管理; 教育政策; 教育发展战略与规划; 高等农业教育

607 南京农业大学区域农业研究所
Institute of Regional Agriculture Research, Nanjing Agricultural University

所属类别 / 高校智库
主管单位 / 南京农业大学
成立时间 / 1996 年
第一负责人 / 朱利群
合作机构 /
办公地址 / 江苏省南京市玄武区卫岗 1 号南京农业大学逸夫楼 8051 室（210095）
电话(传真) / 025 - 84396365（025 - 84396365）
邮　　箱 / zhulq@ njau. edu. cn
网　　址 / http://agriplan. njau. edu. cn
主要研究领域：
区域农业发展战略与产业规划；农业开发项目和园区规划设计；农村生态环境保护与综合整治规划；农村发展政策与法规体系；区域生态经济社会系统规划

608 南京师范大学道德教育研究所
Research Institute of Moral Education Nanjing Normal University

所属类别 / 高校智库
主管单位 / 南京师范大学
成立时间 / 1999 年 6 月
第一负责人 / 冯建军
合作机构 /
办公地址 / 江苏省南京市宁海路 122 号田家炳楼南楼 7 楼（210024）
电话(传真) / 025 - 83598304（025 - 83721092）
邮　　箱 /
网　　址 / http://dys. njnu. edu. cn
主要研究领域：
德育基础理论；德育课程发展；传统文化与道德教育；品德心理；公民教育

609 南京师范大学教育科学研究院

所属类别 / 高校智库
主管单位 / 南京师范大学
成立时间 / 1983 年 7 月
第一负责人 / 顾建军
合作机构 /
办公地址 / 江苏省南京市鼓楼区宁海路 122 号（210024）
电话(传真) / 13584033360
邮　　箱 / peaceman001@ 163. com
网　　址 /
主要研究领域：学前教育；高等教育；心理教育咨询；教育政策与管理研究所；美育；基础教育课程改革；实验学校；德育；教育社会学

N

610 **南京师范大学中国法治现代化研究院**
institute for Chinese legal modernization studies

所 属 类 别 / 高校智库
主 管 单 位 / 南京师范大学
成 立 时 间 / 2015 年 10 月
第一负责人 / 公丕祥
合 作 机 构 /
办 公 地 址 / 江苏省南京市宁海路 122 号（210097）
电话(传真) / 025 - 85891703
邮　　箱 / huweijia@ sina. com
网　　址 / http://fzxdhyj. njnu. edu. cn
主要研究领域:
法治发展战略研究；立法发展研究；法治政府研究；司法改革与现代化研究；法治社会研究；区域法治发展研究；中国法治国情调查研究

611 **南京市社会科学院**

所 属 类 别 / 科研院所智库
主 管 单 位 / 南京市政府
成 立 时 间 / 1997 年 1 月
第一负责人 / 叶南客
合 作 机 构 /
办 公 地 址 / 江苏省南京市成贤街 43 号（210018）
电话(传真) /
邮　　箱 /
网　　址 / http://njass. nanjing. gov. cn/skw/sky
主要研究领域:
经济发展；社会发展；文化与历史

612 **南京信息工程大学江北新区发展研究院**

所 属 类 别 / 高校智库
主 管 单 位 / 南京信息工程大学
成 立 时 间 / 2017 年 8 月
第一负责人 /
合 作 机 构 /
办 公 地 址 / 江苏省南京市浦口区宁六路 219 号（210044）
电话(传真) /
邮　　箱 /
网　　址 /
主要研究领域:
南京江北新区战略发展

613 南京信息工程大学气候变化与公共政策研究院
Institute of Climate Change and Public Policy

所属类别 / 高校智库
主管单位 / 南京信息工程大学
成立时间 / 2007 年 3 月
第一负责人 / 史军
合作机构 /
办公地址 / 江苏省南京市浦口区宁六路 219 号气候变化与公共政策研究院（210044）
电话（传真）/ 025 - 58731210
邮　　箱 / climatepolicy@ 126. com
网　　址 / http://web2. nuist. edu. cn/ICCPP/sy/index. html
主要研究领域：
应对气候变化的政策理论基础研究；气象灾害危机管理研究；应对气候变化的法律机制研究；适应气候变化的低碳发展模式研究

614 南京信息工程大学气候与环境治理研究院
Research Institute of Climatic and Environmental Governance（RICEG）

所属类别 / 高校智库
主管单位 / 南京信息工程大学
成立时间 /
第一负责人 / 王会军
合作机构 /
办公地址 / 江苏省南京市浦口区宁六路 219 号（210044）
电话（传真）/ 025 - 58731224
邮　　箱 / nuist_ thinktank@ 163. com
网　　址 / https://riceg. nuist. edu. cn
主要研究领域：
气候变化；环境污染；雾霾治理；低碳发展；气候政策；生态文化

615 南京信息工程大学气候与应用前沿研究院
Institute for Climate and Application Research

所属类别 / 高校智库
主管单位 / 南京信息工程大学
成立时间 /
第一负责人 / 罗京佳
合作机构 /
办公地址 / 江苏省南京市宁六路 219 号（210044）
电话（传真）/
邮　　箱 / icar@ nuist. edu. cn
网　　址 / https://icar. nuist. edu. cn
主要研究领域：气候与应用

616　南京信息工程大学生态气象环境研究中心

所 属 类 别 / 高校智库
主 管 单 位 / 南京信息工程大学
成 立 时 间 / 2013 年 1 月
第一负责人 / 陈吉泉
合 作 机 构 /
办 公 地 址 / 江苏省南京市浦口区宁六路 219 号（210044）
电话(传真) /
邮　　箱 /
网　　址 / http://web2. nuist. edu. cn/emec/sy/index. html
主要研究领域：
生态气象环境

617　南京信息工程大学生态研究院

所 属 类 别 / 高校智库
主 管 单 位 / 南京信息工程大学
成 立 时 间 / 2019 年 4 月
第一负责人 / 周国逸
合 作 机 构 /
办 公 地 址 / 江苏省南京市浦口区宁六路 219 号（210044）
电话(传真) /
邮　　箱 /
网　　址 /
主要研究领域：
生态研究

618　南京邮电大学大数据研究院

所 属 类 别 / 高校智库
主 管 单 位 / 南京邮电大学
成 立 时 间 /
第一负责人 / 李涛
合 作 机 构 /
办 公 地 址 / 江苏省南京市亚东新城文苑路 9 号，6 号学科楼（210023）
电话(传真) /
邮　　箱 /
网　　址 /
主要研究领域：
大数据

619 南京邮电大学大运河研究中心

所 属 类 别 / 高校智库
主 管 单 位 / 南京邮电大学
成 立 时 间 / 2018 年 1 月
第一负责人 / 王佳宁
合 作 机 构 /
办 公 地 址 / 江苏省南京市栖霞区文苑路 9 号（210023）
电话(传真) /
邮　　箱 /
网　　址 /
主要研究领域：
国家大运河文化带发展战略

620 南京邮电大学国际电联经济和政策问题研究中心

所 属 类 别 / 高校智库
主 管 单 位 / 南京邮电大学管理学院
成 立 时 间 /
第一负责人 /
合 作 机 构 /
办 公 地 址 / 江苏省南京市新模范马路 66 号（210003）
电话(传真) /
邮　　箱 /
网　　址 /
主要研究领域：
国际问题与产业政策研究

621 南京邮电大学江苏农业信息化研究基地

所 属 类 别 / 高校智库
主 管 单 位 / 南京邮电大学
成 立 时 间 / 2011 年 11 月
第一负责人 /
合 作 机 构 /
办 公 地 址 / 江苏省南京市亚东新城区文苑路 9 号（210023）
电话(传真) / 025 - 85866926
邮　　箱 /
网　　址 /
主要研究领域：
农业信息化

622 南京邮电大学江苏省统计科学研究基地

所 属 类 别 / 高校智库
主 管 单 位 / 南京邮电大学
成 立 时 间 / 2010 年 6 月
第一负责人 / 凌迎兵
合 作 机 构 /
办 公 地 址 / 江苏省南京市亚东新城区文苑路 9 号（210023）
电话(传真) / 025 - 85866860
邮　　箱 /
网　　址 / http://ssrb. njupt. edu. cn
主要研究领域：
大数据；经济与金融统计；人口统计

623 南京邮电大学江苏智慧养老研究院

所 属 类 别 / 高校智库
主 管 单 位 / 南京邮电大学
成 立 时 间 / 2017 年 7 月
第一负责人 /
合 作 机 构 / 南京邮电大学、烽火祥云科技有限公司
办 公 地 址 / 江苏省南京市栖霞区文苑路 9 号（210023）
电话(传真) /
邮　　箱 /
网　　址 /
主要研究领域：
智慧养老

624 南京邮电大学教育历史与文化研究中心

所 属 类 别 / 高校智库
主 管 单 位 / 南京邮电大学社会与人口学院
成 立 时 间 /
第一负责人 /
合 作 机 构 /
办 公 地 址 / 江苏省南京市栖霞区文苑路 9 号仙林文科楼 206（210003）
电话(传真) /
邮　　箱 /
网　　址 /
主要研究领域：
教育历史与文化

625 南京邮电大学人口研究院

所 属 类 别 / 高校智库
主 管 单 位 / 南京邮电大学
成 立 时 间 / 2013 年 11 月
第一负责人 / 沙勇
合 作 机 构 /
办 公 地 址 / 江苏省南京市玄武区龙蟠路 177 号南京邮电大学锁金村校区（210042）
电话(传真) / 025 - 85483183
邮　　箱 /
网　　址 / http://ipr. njupt. edu. cn
主要研究领域:
人口老龄化；人口与城市；流动人口；脱贫攻坚民主监督

626 南京邮电大学人口与健康研究中心

所 属 类 别 / 高校智库
主 管 单 位 / 南京邮电大学社会与人口学院
成 立 时 间 /
第一负责人 /
合 作 机 构 /
办 公 地 址 / 江苏省南京市栖霞区文苑路 9 号仙林文科楼 206（210003）
电话(传真) /
邮　　箱 /
网　　址 /
主要研究领域:
人口与健康

627 南京邮电大学数字经济研究所

所 属 类 别 / 高校智库
主 管 单 位 / 南京邮电大学管理学院
成 立 时 间 /
第一负责人 / 姚国章
合 作 机 构 / 南京邮电大学经济学院
办 公 地 址 / 江苏省南京市新模范马路 66 号南京邮电大学物联网国家大学科技园大楼 1502 - 02（210003）
电话(传真) /
邮　　箱 / yaogz@ njupt. edu. cn
网　　址 /
主要研究领域:
数字经济相关理论；数字经济实现技术和发展模式；数字货币；金融科技和财务管理创新；数字经济案例和数字经济教学资源开发

N

628 **南京邮电大学网络话语研究中心**

所属类别/高校智库
主管单位/南京邮电大学
成立时间/
第一负责人/袁周敏
合作机构/
办公地址/
电话(传真)/
邮　　箱/
网　　址/
主要研究领域:
网络话语研究

629 **南京邮电大学江苏省物联网产业发展研究基地**

所属类别/高校智库
主管单位/南京邮电大学
成立时间/2010 年
第一负责人/
合作机构/
办公地址/江苏省南京市新模范马路66 号南京邮电大学物联网产业发展研究基地(210003)
电话(传真)/025 - 85866901
邮　　箱/zhangyu@ njupt. edu. cn
网　　址/http://iot. njupt. edu. cn
主要研究领域:
物联网产业发展

630 **南京邮电大学物联网研究院**

所属类别/高校智库
主管单位/南京邮电大学
成立时间/
第一负责人/朱洪波
合作机构/
办公地址/江苏省南京市鼓楼区新模范马路66 号南京邮电大学物联网科技园5 楼(210003)
电话(传真)/025 - 83535035
邮　　箱/shaoc@ njupt. edu. cn
网　　址/http://ciciot. njupt. edu. cn
主要研究领域:
物联网技术创新研究

631 南京邮电大学现代供应链管理研究中心

所属类别／高校智库
主管单位／南京邮电大学管理学院
成立时间／2017年3月
第一负责人／张相斌
合作机构／
办公地址／江苏省南京市新模范马路66号（210003）
电话(传真)／
邮　　箱／
网　　址／
主要研究领域：
电子商务、现代物流与供应链管理

632 南京邮电大学现代教育技术研究中心

所属类别／高校智库
主管单位／南京邮电大学
成立时间／1999年
第一负责人／魏建
合作机构／
办公地址／江苏省南京市栖霞区文苑路9号南京邮电大学仙林校区教四209室（210003）
电话(传真)／025－85866742
邮　　箱／
网　　址／http://metc.njupt.edu.cn
主要研究领域：
现代教育技术

633 南京邮电大学现代邮政研究院

所属类别／高校智库
主管单位／南京邮电大学
成立时间／2016年10月
第一负责人／孙知信
合作机构／江苏省人民政府、国家邮政局
办公地址／江苏省南京市新模范马路66号（210003）
电话(传真)／
邮　　箱／
网　　址／
主要研究领域：
现代邮政

634　南京邮电大学信息产业发展战略研究院
Institute of China ICT Development and Strategy

所 属 类 别／高校智库
主 管 单 位／南京邮电大学
成 立 时 间／
第一负责人／黄卫东
合 作 机 构／
办 公 地 址／江苏省南京市鼓楼区新模范马路 66 号南京邮电大学三牌楼校区图科楼 407（210003）
电话(传真)／025－85866798
邮　　箱／njuptict@163. com
网　　址／http://iids. njupt. edu. cn
主要研究领域：信息产业

635　南京邮电大学信息产业融合创新与应急管理研究中心

所 属 类 别／高校智库
主 管 单 位／南京邮电大学
成 立 时 间／2009 年
第一负责人／仲伟俊
合 作 机 构／
办 公 地 址／江苏省南京市鼓楼区新模范马路 66 号南京邮电大学三牌楼校区有线楼 308（210003）
电话(传真)／025－83535869
邮　　箱／zhangyihan@njupt. edu. cn
网　　址／http://iiism. njupt. edu. cn
主要研究领域：信息产业链的延伸与创新；信息产业与传统产业的融合创新；信息产业推动的商业模式创新；舆情演化视域下的应急管理和竞争情报研究

636　南京中医药大学中药资源产业化过程协同创新中心
Jiangsu Collaborative Innovation Center of Chinese Medicinal Resources Industrialization

所 属 类 别／高校智库
主 管 单 位／南京中医药大学
成 立 时 间／2013 年 2 月
第一负责人／段金廒
办 公 地 址／江苏省南京市仙林大学城仙林大道 138 号（210023）
电话(传真)／
邮　　箱／
网　　址／http://zyzyxt2011. njucm. edu. cn
主要研究领域：中药资源调查、种质选育及药材生产加工；中药饮片加工生产过程与标准化；中药配伍应用及其安全性与有效性；中药制药过程关键技术与产品升级；中药资源产业化过程废弃物的资源化

637 南京中医药大学中医文化研究与传播协同创新中心

所 属 类 别 / 高校智库
主 管 单 位 / 南京中医药大学
成 立 时 间 /
第一负责人 /
合 作 机 构 /
办 公 地 址 / 江苏省南京市仙林大学城仙林大道 138 号（210023）
电话(传真) /
邮　　箱 /
网　　址 /
主要研究领域:
中医文化研究与传播

638 南开大学滨海开发研究院
Binhai Development Institute Nankai University

所 属 类 别 / 高校智库
主 管 单 位 / 南开大学
成 立 时 间 / 2008 年
第一负责人 / 刘刚
合 作 机 构 /
办 公 地 址 / 天津市南开区卫津路 94 号南开大学文科创新楼 B103 室（300071）
电话(传真) / 022 - 23505110（022 - 23505110）
邮　　箱 / peilei@ nankai. edu. cn
网　　址 /
主要研究领域:
高科技产业；滨海金融；生态环境；房地产法律；文化创意产业

639 南开大学当代中国问题研究院
The Institute of Issues in Contemporary China（IICC）

所 属 类 别 / 高校智库
主 管 单 位 / 南开大学哲学院
成 立 时 间 / 2011 年 6 月
第一负责人 / 龚克
合 作 机 构 /
办 公 地 址 / 天津市南开区卫津路 94 号南开大学文科创新楼 B209（300071）
电话(传真) / 022 - 23508860
邮　　箱 / ddzgwt@ nankai. edu. cn
网　　址 /
主要研究领域:
当代中国的经济建设、政治建设、文化建设、社会建设、生态文明建设

640 南开大学妇女与发展研究中心

所 属 类 别 / 高校智库
主 管 单 位 / 南开大学
成 立 时 间 / 1994 年 6 月
第一负责人 / 乔以钢
合 作 机 构 /
办 公 地 址 / 天津市南开区卫津路 94 号南开大学文学院（300071）
电话(传真) /
邮　　箱 /
网　　址 /
主要研究领域:
妇女与发展问题

641 南开大学国际经济研究所
Nankai Institute of International Economics

所 属 类 别 / 高校智库
主 管 单 位 / 南开大学
成 立 时 间 / 1987 年 11 月
第一负责人 / 葛顺奇
合 作 机 构 /
办 公 地 址 / 天津市南开区卫津路 94 号南开大学经济学院高层 12 层（300071）
电话(传真) / 022 - 23508291（022 - 23502437）
邮　　箱 /
网　　址 / http://nkiie. nankai. edu. cn
主要研究领域:
国际贸易；国际投资与国际企业；国际金融

642 南开大学环境与社会发展研究中心
College of Environmental Science and Engineering, Nankai University

所 属 类 别 / 高校智库
主 管 单 位 / 南开大学
成 立 时 间 / 1998 年
第一负责人 / 李慧明
合 作 机 构 /
办 公 地 址 / 天津市津南区海河教育园区同砚路 38 号（300350）
电话(传真) / 022 - 23508807
邮　　箱 /
网　　址 /
主要研究领域:
环境科学；环境工程；环境管理与经济；生态学；安全科学与工程

643 南开大学经济与社会发展研究院
College of Economic and Social Development, Nankai University

所 属 类 别 / 高校智库
主 管 单 位 / 南开大学
成 立 时 间 / 1998 年
第一负责人 / 刘秉镰
合 作 机 构 /
办 公 地 址 / 天津市南开区卫津路 94 号南开大学文科创新楼 A303 室（300071）
电话(传真) / 022 - 23503746（022 - 23506871）
邮　　箱 / liubl@ nankai. edu. cn
网　　址 / http://esd. nankai. edu. cn
主要研究领域:
区域经济；产业经济；物流管理；战略管理

644 南开大学欧洲研究中心
Center for European Studies, Nankai University

所 属 类 别 / 高校智库
主 管 单 位 / 南开大学
成 立 时 间 / 1975 年
第一负责人 / 佟家栋
合 作 机 构 /
办 公 地 址 / 天津市南开区卫津路 94 号（300071）
电话(传真) / 022 - 23509676（022 - 23509676）
邮　　箱 / eu_ centre@ nankai. edu. cn
网　　址 /
主要研究领域:
欧盟及其成员国经济、政治、法律、文化、历史、管理、社会环境、教育

645 南开大学人权研究中心
Center for the Study of Human Rights, Nankai University

所 属 类 别 / 高校智库
主 管 单 位 / 南开大学
成 立 时 间 / 2005 年 4 月
第一负责人 / 薛进文
合 作 机 构 /
办 公 地 址 / 天津市南开区卫津路 94 号南开大学文科创新楼（300071）
电话(传真) / 022 - 23501318（022 - 23501318）
邮　　箱 / humanrightsnku@ 163. com
网　　址 /
主要研究领域:
人权理论；人权政策；人权法律；拉丁美洲人权

646 南开大学日本研究院
Institute of Japan Studies, Nankai University

所属类别 / 高校智库
主管单位 / 南开大学
成立时间 / 2003 年 4 月
第一负责人 / 刘岳兵
合作机构 /
办公地址 / 天津市南开区卫津路 94 号 (300071)
电话(传真) / 022 - 23505186 (022 - 23505753)
邮　　箱 / jyz@ nankai. edu. cn
网　　址 / http://www. riyan. nankai. edu. cn
主要研究领域:
日本经济; 日本政治与外交; 日本社会

647 南开大学虚拟经济与管理研究中心

所属类别 / 高校智库
主管单位 / 南开大学
成立时间 / 2000 年 10 月
第一负责人 / 刘晓欣
合作机构 /
办公地址 / 天津市南开区卫津路 94 号南开大学范孙楼 416 室 (300071)
电话(传真) / 022 - 23501837
邮　　箱 /
网　　址 /
主要研究领域:
虚拟经济学; 金融经济学; 马克思主义经济学; 产业经济学

648 南开大学亚太经济合作组织研究中心
APEC Study Center of Nankai University

所属类别 / 合作智库—政校合作
主管单位 / 教育部、南开大学
成立时间 / 1995 年
第一负责人 / 刘晨阳
合作机构 / 外交部、商务部
办公地址 / 天津市南开区卫津路 94 号南开大学伯苓楼 408、409 室 (300071)
电话(传真) / 022 - 23501573 (022 - 23500035)
邮　　箱 / apecnk@ nankai. edu. cn
网　　址 / http://apec. nankai. edu. cn
主要研究领域:
亚太经济合作组织

649 **南开大学战略环境评价研究中心**
Strategic Environmental Assessment Research Centre，Nankai University

所属类别／合作智库—政校合作
主管单位／生态环境部、南开大学
成立时间／2004 年
第一负责人／徐鹤
合作机构／生态环境部环境工程评估中心、南开大学环境科学与工程学院
办公地址／天津市津南区海河教育园区同砚路 38 号南开大学环境科学与工程学院 B311 室（300350）
电话(传真)／022－23508348（022－23508348）
邮　　箱／seacenter@ nankai. edu. cn
网　　址／http://env. nankai. edu. cn/sea/main. htm
主要研究领域：规划环境；评价技术与政策；环境系统模拟；低碳与能源评价

650 **南开大学政治经济学研究中心**
center for studies of political economy

所属类别／合作智库
主管单位／南开大学
成立时间／2000 年 12 月
第一负责人／逄锦聚
合作机构／教育部
办公地址／天津市南开区卫津路 94 号南开大学经院大楼 8 层（300071）
电话(传真)／022－23498822（022－23503997）
邮　　箱／
网　　址／http://ces. nankai. edu. cn/main. htm
主要研究领域：建设有中国特色社会主义实践中提出的重大理论问题研究；社会主义经济理论

651 **南开大学中国特色社会主义经济建设协同创新中心**
Collaborative Innovation Center for China Economy

所属类别／高校智库
主管单位／南开大学
成立时间／2012 年 9 月
第一负责人／逄锦聚
合作机构／南京大学、中国人民大学、中国社会科学院、国家统计局、中国宏观经济研究院、外交部、证监会、银监会、保监会、商务部、国资委、国务院研究室，英国格拉斯哥大学、美国夏威夷大学等
办公地址／天津市南开区卫津路 94 号南开大学经济学院方楼 301 办公室（300071）
电话(传真)／022－23500335
邮　　箱／cicce@ nankai. edu. cn
网　　址／http://chinaeconomy. nankai. edu. cn
主要研究领域：经济发展；体制机制改革

658 内蒙古自治区社会科学界联合会
Federation of Social Sciences Inner Mongolia Autonomous Region

所属类别 / 社会智库—社会团体
主管单位 / 中共内蒙古自治区委
成立时间 / 1979 年 5 月
第一负责人 / 杭栓柱
合作机构 /
办公地址 / 内蒙古呼和浩特市新城区利民街 25 号（010010）
电话(传真) / 0471 - 4964520（0471 - 4964520）
邮　　箱 / nmgskl@ sina. com
网　　址 /
主要研究领域:
内蒙古经济社会发展

659 内蒙古自治区社会科学院
Inner Mongolia Academy of Social Sciences

所属类别 / 科研院所智库
主管单位 / 内蒙古自治区政府
成立时间 / 1979 年 2 月
第一负责人 / 李春林
合作机构 /
办公地址 / 内蒙古呼和浩特市赛罕区大学东街 129 号（010010）
电话(传真) / 0471 - 4912276（0471 - 4954831）
邮　　箱 / nmgshkxy@ yahoo. com. cn
网　　址 / http://www. nmgass. com. cn
主要研究领域:
草原文化；内蒙古国情调研；中国草原文化；内蒙古草原文化；内蒙古舆情；牧区发展；俄罗斯与蒙古国；公共管理；城市发展

660 宁波大学东海研究院

所属类别 / 高校智库
主管单位 / 宁波大学
成立时间 / 2017 年 11 月
第一负责人 / 沈满洪
合作机构 / 中国海洋学会
办公地址 / 浙江省宁波市江北区风华路 818 号宁波大学黄庆苗楼 2 楼（315020）
电话(传真) / 0574 - 87609463
邮　　箱 / dhi@ nbu. edu. cn
网　　址 / http://dhi. nbu. edu. cn
主要研究领域:
东海经济发展；海洋环境保护；海洋法治建设

661 宁波市社会科学院

所 属 类 别 / 科研院所智库
主 管 单 位 / 中共宁波市委
成 立 时 间 / 2000 年 12 月
第一负责人 / 陈利权
合 作 机 构 /
办 公 地 址 / 浙江省宁波市宁穿路 2001 号市行政中心 3 号楼 5 楼（315066）
电话(传真) / 0574－55883796（0574－89183636）
邮 箱 / nbsheke@ 163. com
网 址 / http://www. nbssa. org. cn
主要研究领域：
宁波经济社会发展应用对策研究；具有地方特色的基础理论研究

662 宁夏大学回族研究院
Institute of Hui Studies, Ningxia University

所 属 类 别 / 高校智库
主 管 单 位 / 宁夏大学
成 立 时 间 / 2004 年
第一负责人 / 胡玉冰
合 作 机 构 /
办 公 地 址 / 宁夏银川市西夏区文萃北街 217 号（750021）
电话(传真) / 0951－2061593
邮 箱 / nd_ hzyjy@ 163. com
网 址 / http://hui. nxu. edu. cn
主要研究领域：
民族政策

663 宁夏大学西部发展研究中心

所 属 类 别 / 高校智库
主 管 单 位 / 宁夏大学
成 立 时 间 / 2002 年 1 月
第一负责人 / 黄立军
合 作 机 构 /
办 公 地 址 / 宁夏银川市西夏区贺兰山西路 489 号（750021）
电话(传真) / 0951－2061909
邮 箱 / xbyjzx@ nxu. edu. cn
网 址 / http://xbyjzx. nxu. edu. cn
主要研究领域：
宁夏内陆开放型经济试验区建设；宁夏中南部地区生态移民；沿黄城市带与区域城镇化；生态恢复与重建的管理体制及运行机制；西部特色优势产业发展

664 宁夏大学中国阿拉伯研究院

所 属 类 别 / 高校智库
主 管 单 位 / 宁夏大学
成 立 时 间 / 2016 年 5 月
第一负责人 / 李绍先
合 作 机 构 /
办 公 地 址 / 宁夏银川市西夏区贺兰山西路 489 号（750021）
电话(传真) / 0951 - 2061747 （0951 - 2061747）
邮　　箱 /
网　　址 / http://anri. nxu. edu. cn
主要研究领域:
阿拉伯国家政治、经济、文化政策

665 宁夏回族自治区人民政府参事室
Counsellors' Office of Ningxia Hui Autonomous Region People's Government

所 属 类 别 / 政府部门智库—省/区/市政府所属
主 管 单 位 / 宁夏回族自治区政府
成 立 时 间 /
第一负责人 /
合 作 机 构 /
办 公 地 址 / 宁夏银川市兴庆区解放西街 217 号（750001）
电话(传真) / 0951 - 5035342
邮　　箱 /
网　　址 /
主要研究领域:
宁夏发展战略

666 宁夏回族自治区人民政府研究室（宁夏回族自治区发展研究中心）
Development Research Center of Ningxia Hui Autonomous Region People's Government

所 属 类 别 / 政府部门智库—省/区/市政府所属
主 管 单 位 / 宁夏回族自治区政府
成 立 时 间 / 1983 年 8 月
第一负责人 / 张正清
合 作 机 构 /
办 公 地 址 / 宁夏银川市兴庆区解放西街 361 号（750031）
电话(传真) / 0951 - 5031741 （0951 - 5031741）
邮　　箱 / hanzhitai@ 163. com
网　　址 / http://www. nxyjs. com
主要研究领域:
信息产业；自治区城市经济改革和发展；农村经济；自治区财政、金融、税务、商贸、科技、教育、文化、卫生调查

667 宁夏社会科学界联合会
Ningxia Federation of Social Sciences

所 属 类 别 / 社会智库—社会团体
主 管 单 位 / 中共宁夏回族自治区党委
成 立 时 间 / 1981 年 11 月
第一负责人 / 杨占武
合 作 机 构 /
办 公 地 址 / 宁夏银川市北京中路 106 号自治区工商局院内（750002）
电话(传真) / 0951 - 5559344（0951 - 5559349）
邮　　箱 / nxsklkpc@ 163. com
网　　址 / http://www. nxskl. net
主要研究领域:
中国及宁夏经济建设、政治建设、文化建设、社会建设、生态文明建设重大理论与现实问题

668 宁夏社会科学院
Ningxia Academy of Social Sciences

所 属 类 别 / 科研院所智库
主 管 单 位 / 宁夏回族自治区政府
成 立 时 间 / 1979 年 9 月
第一负责人 / 张廉
合 作 机 构 /
办 公 地 址 / 宁夏银川市西夏区朔方路新风巷 8 号（750021）
电话(传真) / 0951 - 5686211
邮　　箱 / nxskywz@ 126. com
网　　址 / http://www. nxass. com
主要研究领域:
社会保障；户籍管理；内陆开放型经济；农村经济；农业特色优势产业；银鄂榆三角区域经济；宁夏沿黄城市带

669 盘古智库
The Pangoal Institution

所 属 类 别 / 社会智库—民办非企业
主 管 单 位 / 国家发展和改革委员会
成 立 时 间 /
第一负责人 / 王飞跃
合 作 机 构 /
办 公 地 址 / 北京市西城区展览馆路葡萄园 1 号（100037）
电话(传真) / 010 - 82597716（010 - 82593219）
邮　　箱 / panguzhiku@ pangoal. cn
网　　址 / http://pangoal. cn
主要研究领域: 公共政策

670 千龙智库

所属类别 / 社会智库
主管单位 / 千龙网
成立时间 /
第一负责人 /
合作机构 /
办公地址 / 北京市东直门外大街 46 号天恒大厦 1001 室
电话(传真) / 010 - 64165167
邮　　箱 / qlzhiku@ qianlong. com
网　　址 / http://thinktank. qianlong. com
主要研究领域:
舆论动向和政治经济社会发展策略研究

671 青岛市社会科学院

所属类别 / 科研院所智库
主管单位 /
成立时间 / 1979 年
第一负责人 / 管习会
合作机构 /
办公地址 / 山东省青岛市市南区山东路 12 号甲 (266071)
电话(传真) / 0532 - 80798015
邮　　箱 / qdskybgs@ 163. com
网　　址 /
主要研究领域:
基础理论研究；应用对策研究；城市发展战略研究

672 青海大学产业发展研究院
Industry Development Research Institute of Qinghai University

所属类别 / 高校智库
主管单位 / 青海大学
成立时间 / 2011 年 9 月
第一负责人 / 郭彦宏
合作机构 /
办公地址 / 青海省西宁市城北区宁大路 521 号青海大学行政 B 楼三楼 (810016)
电话(传真) / 0971 - 5312592
邮　　箱 / cyfzyjy@ qhu. edu. cn
网　　址 / https://cyfz. qhu. edu. cn
主要研究领域:
青海省特色优势产业、战略新兴产业和循环经济发展

673 青海大学青海大学－清华大学三江源研究院

所 属 类 别 / 高校智库
主 管 单 位 / 青海大学
成 立 时 间 / 2010 年 3 月
第一负责人 / 梁曦东
合 作 机 构 / 青海大学、清华大学
办 公 地 址 / 青海省西宁市宁大路 251 号（810016）
电话(传真) / 010－62783337（010－62783337）
邮　　箱 /
网　　址 / https://sjy.qhu.edu.cn
主要研究领域：
三江源生态保护；后续产业发展；公共服务体系建设与可持续发展；新能源综合利用及野外台站建设

674 青海大学青海省情研究中心

所 属 类 别 / 高校智库
主 管 单 位 / 青海大学、青海省委教工委（省教育厅）
成 立 时 间 /
第一负责人 / 李臣玲
合 作 机 构 /
办 公 地 址 / 青海省西宁市宁大路 251 号（810016）
电话(传真) /
邮　　箱 /
网　　址 / https://sqyj.qhu.edu.cn
主要研究领域：
战略研究；公共政策

675 青海大学省部共建三江源生态与高原农牧业国家重点实验室

所 属 类 别 / 高校智库
主 管 单 位 / 青海省科技厅
成 立 时 间 / 2016 年 1 月
第一负责人 / 王光谦
合 作 机 构 /
办 公 地 址 / 青海省西宁市宁大路 251 号（810016）
电话(传真) /
邮　　箱 /
网　　址 / https://gz.qhu.edu.cn
主要研究领域：
青藏高原生态保护和高原农牧业可持续发展

676 青海大学新能源光伏产业研究中心
New Energy (Photovoltaic) Industry Research Center, Qinghai University

所 属 类 别 / 高校智库
主 管 单 位 /
成 立 时 间 / 2014 年 4 月
第一负责人 / 梅生伟（主任）；铁生年（常务副主任）
合 作 机 构 /
办 公 地 址 / 青海省西宁市宁大路 251 号（810016）
电话(传真) / 0971 - 5116943
邮　　箱 /
网　　址 / https://gfxy. qhu. edu. cn
主要研究领域：
科研服务；人才培养；技术咨询

677 青海大学新农村发展研究院

所 属 类 别 / 高校智库
主 管 单 位 / 青海大学
成 立 时 间 / 2013 年 12 月
第一负责人 / 李玉平
合 作 机 构 /
办 公 地 址 / 青海省西宁市宁大路 251 号青海大学新农村发展研究院（810016）
电话(传真) /
邮　　箱 / 993690332@ qq. com
网　　址 / http://xnc. qhu. edu. cn
主要研究领域：
青海新农村建设和现代农牧业发展

678 青海省人民政府参事室
Counsellors' Office of Qinghai Provincial People's Government

所 属 类 别 / 政府部门智库—省/区/市政府所属
主 管 单 位 / 青海省政府办公厅
成 立 时 间 / 2001 年 7 月
第一负责人 / 万玛多杰
合 作 机 构 /
办 公 地 址 / 青海省西宁市城中区西大街 12 号（810000）
电话(传真) / 0971 - 82252115（0971 - 82252115）
邮　　箱 /
网　　址 /
主要研究领域：
青海发展战略

Q

679 青海省社会科学界联合会
Qinghai Social Sciences Association

所 属 类 别 / 社会智库—社会团体
主 管 单 位 /
成 立 时 间 / 1998 年 3 月
第一负责人 / 李平
合 作 机 构 /
办 公 地 址 / 青海省西宁市城中区上滨河路 1 号（810000）
电话(传真) / 0971 - 8455498 （0971 - 8455498）
邮　　箱 / 8455498@ qq. com
网　　址 / http://www. qhsklw. com
主要研究领域:
青海省经济社会发展

680 青海省社会科学院
Qinghai Academy of Social Sciences

所 属 类 别 / 科研院所智库
主 管 单 位 / 中共青海省委、青海省政府
成 立 时 间 / 1978 年 10 月
第一负责人 / 索端智
合 作 机 构 /
办 公 地 址 / 青海省西宁市城中区上滨河路 1 号（810000）
电话(传真) / 0971 - 8452119
邮　　箱 / qinghaisky@ 126. com
网　　址 / http://www. qhass. org
主要研究领域:
地方经济；地方历史文化；民族宗教；青藏高原生态环境

681 清华 - 布鲁金斯公共政策研究中心
Brookings - Tsinghua Center for Public Policy

所 属 类 别 / 合作智库—中外合作
主 管 单 位 /
成 立 时 间 / 2006 年
第一负责人 / 齐晔
合 作 机 构 / 清华大学、美国布鲁金斯学会
办 公 地 址 / 北京市海淀区清华园 1 号清华大学公共管理学院 6 层（100084）
电话(传真) / 010 - 62797363 （010 - 62797659）
邮　　箱 / brookings@ tsinghua. edu. cn
网　　址 / http://www. brookings. edu
主要研究领域:
中美关系；经济转型；社会保障；城市化；清洁能源与气候变化

682 清华－卡内基全球政策中心
The Carnegie – Tsinghua Center for Global Policy

所属类别 / 合作智库—中外合作
主管单位 / 清华大学
成立时间 / 2010 年 4 月
第一负责人 / 韩磊
合作机构 / 清华大学、美国卡内基国际和平研究院
办公地址 / 北京市海淀区中关村 1 号院 9 号楼清华科技园（100083）
电话(传真) / 010－82150178（010－62703536）
邮　　箱 / phaenle@ ceip. org
网　　址 / http://carnegietsinghua. org
主要研究领域:
国际经济与贸易；气候变化与能源；核不扩散与裁军；国际安全挑战

683 清华大学 21 世纪发展研究院

所属类别 / 高校智库
主管单位 / 清华大学
成立时间 / 1996 年 3 月
第一负责人 / 陈清泰
合作机构 /
办公地址 / 北京市海淀区清华园 1 号清华大学明理楼 520 室（100084）
电话(传真) / 010－62783055
邮　　箱 /
网　　址 /
主要研究领域:
经济；科技；教育；能源；交通

684 清华大学产业发展与环境治理研究中心
Center for Industrial Development and Environmental Governance, Tsinghua University

所属类别 / 合作智库—中外合作
主管单位 / 清华大学
成立时间 / 2005 年 9 月
第一负责人 / 陈清泰
合作机构 / 清华大学、丰田汽车公司
办公地址 / 北京市海淀区清华园 1 号清华大学公共管理学院 6 层（100084）
电话(传真) / 010－62772497（010－62772497）
邮　　箱 / cideg@ tsinghua. edu. cn
网　　址 / http://www. cideg. tsinghua. edu. cn
主要研究领域:
产业组织、监管及政策；资源与能源约束下的可持续发展；制度变革与协调发展

685 清华大学城市治理与可持续发展研究院
Institute for Sustainable Development Goals, Tsinghua University

所属类别/高校智库
主管单位/清华大学
成立时间/
第一负责人/尹稚
合作机构/
办公地址/北京市海淀区双清路77号院双清大厦4号楼14层
电话(传真)/010－83021833
邮　　箱/tucsu@tsinghua.edu.cn
网　　址/http://www.thupdi.com/urban/index.html
主要研究领域:
联合国可持续发展目标（SDGs）整体框架、政策执行和各个具体目标

686 清华大学当代国际关系研究院
Institute of Modern International Relations, Tsinghua University

所属类别/高校智库
主管单位/清华大学
成立时间/2010年
第一负责人/阎学通
合作机构/
办公地址/北京市海淀区清华园1号清华大学明斋304室（100084）
电话(传真)/010－62798183（010－62798083）
邮　　箱/imir@mail.tsinghua.edu.cn
网　　址/http://www.tsinghua.edu.cn/publish/iis
主要研究领域:
国际关系；国际安全战略；军控与裁军

687 清华大学低碳经济研究院
Institute of Low Carbon Economy, Tsinghua University

所属类别/高校智库
主管单位/清华大学
成立时间/2008年6月
第一负责人/何建坤
合作机构/
办公地址/北京市海淀区清华园1号（100084）
电话(传真)/010－62794858（010－62796617）
邮　　箱/lce@tsinghua.edu.cn
网　　址/
主要研究领域:
低碳经济、政策及战略

Q

688 清华大学港澳研究中心
Center for Hong Kong and Macao Studies, Tsinghua University

所 属 类 别 / 高校智库
主 管 单 位 / 清华大学
成 立 时 间 / 2012 年 1 月
第一负责人 / 王振民
合 作 机 构 /
办 公 地 址 / 广东省深圳市深圳大学城清华园区 D 楼 4 层 (518055)
电话(传真) / 0755 - 26036098 (0755 - 26036098)
邮　　箱 / hmt@ sz. tsinghua. edu. cn
网　　址 / http://www. hmt. tsinghua. edu. cn
主要研究领域:
港澳战略地位; 粤港澳深度合作区域的行政管理体制、城市建设、社会管理、立法和司法关系; 粤港澳 (珠三角) 区域产业经济新布局; 台海两岸良性互动

689 清华大学高校德育研究中心
Research Center for College Moral Education, Tsinghua University

所 属 类 别 / 高校智库
主 管 单 位 / 清华大学
成 立 时 间 / 1999 年 12 月
第一负责人 / 艾四林
合 作 机 构 /
办 公 地 址 / 北京市海淀区清华园 1 号清华大学善斋 (100084)
电话(传真) / 010 - 62773393 (010 - 62773393)
邮　　箱 / dybase@ tsinghua. edu. cn
网　　址 / http://moral. tsinghua. edu. cn
主要研究领域:
社会思潮与青年教育; 新时期大学生思想政治教育; 大学生全面素质教育; 思想政治理论课教育教学

690 清华大学公共管理学院公共经济、金融与治理研究中心

所 属 类 别 / 合作智库—校企合作
主 管 单 位 / 清华大学
成 立 时 间 /
第一负责人 / 陈清泰
合 作 机 构 / 清华大学公共管理学院、海通期货有限公司
办 公 地 址 / 北京市海淀区清华园 1 号清华大学公共管理学院 (100084)
电话(传真) / 010 - 62783055 (010 - 62782605)
邮　　箱 /
网　　址 /
主要研究领域: 公共经济、金融和治理

691 **清华大学公共管理学院卫生与发展研究中心**
Health and Development Institute, Tsinghua University

所属类别 / 合作智库—中外合作
主管单位 / 清华大学
成立时间 / 2006 年 12 月
第一负责人 / 刘远立
合作机构 / 清华大学公共管理学院、美国哈佛大学公共卫生学院
办公地址 / 北京市海淀区清华园 1 号清华大学公共管理学院大楼 505 室（100084）
电话(传真) / 010 – 62795852（010 – 62795852）
邮　　箱 / hadi@ tsinghua. edu. cn
网　　址 / http://www. hadi – tsinghua. com
主要研究领域:
健康发展战略；医疗卫生政策

692 **清华大学国际传播研究中心**
Tsinghua University International Center for Communication

所属类别 / 高校智库
主管单位 / 清华大学
成立时间 / 1999 年 7 月
第一负责人 / 李希光
合作机构 /
办公地址 / 北京市海淀区清华园 1 号清华大学宏盟楼 307 室（100084）
电话(传真) / 010 – 62791123（010 – 62791124）
邮　　箱 / guanwei@ mail. tsinghua. edu. cn
网　　址 /
主要研究领域:
国际传播；丝绸之路文化传播；公共外交策略；危机传播管理；网络信息与社会管理

693 **清华大学国家服务外包人力资源研究院**
National Human Resources Institute for Service Outsourcing, Tsinghua University

所属类别 / 高校智库
主管单位 / 清华大学
成立时间 / 2009 年 10 月
第一负责人 / 孙家广
合作机构 /
办公地址 / 北京市海淀区知春路 58 号院中航科技大厦 5 层（100084）
电话(传真) / 010 – 82102699（010 – 82102662）
邮　　箱 /
网　　址 / http://www. niso. edu. cn
主要研究领域:
服务外包人力资源政策

694 清华大学国家金融研究院

所属类别 / 合作智库
主管单位 / 清华大学五道口金融学院
成立时间 / 2014 年 5 月
第一负责人 / 朱民
合作机构 / 中国人民银行研究局、中国银监会研究局、中国证监会研究中心、中国保监会政策研究室
办公地址 / 北京市海淀区成府路 43 号 (100083)
电话(传真) / 010 - 62798255
邮　　箱 / office@ pbcsf. tsinghua. edu. cn
网　　址 /
主要研究领域：多层次资本市场与创业投融资体系的构建；国际货币体系的发展与演变；国际经济、金融格局以及发展趋势；国家金融普及教育；互联网金融；中国财政政策与货币政策

695 清华大学国家软实力研究院
The Institute for National Soft Power, Tsinghua University

所属类别 / 高校智库
主管单位 / 清华大学
成立时间 / 2011 年 9 月
第一负责人 / 李肇星
合作机构 /
办公地址 /
电话(传真) /
邮　　箱 /
网　　址 /
主要研究领域：国家软实力

696 清华大学国家文化产业研究中心
National Research Center of Cultural Industries in Tsinghua University

所属类别 / 高校智库
主管单位 / 清华大学
成立时间 / 2004 年 5 月
第一负责人 / 熊澄宇
合作机构 /
办公地址 / 北京市海淀区清华园 1 号清华大学宏盟楼 318 室 (100084)
电话(传真) / 010 - 62771481 (010 - 62771481)
邮　　箱 / rcci@ tsinghua. edu. cn
网　　址 / http://wzpt. cic. tsinghua. edu. cn/publish/whcyyjzx/index. html
主要研究领域：文化及文化产业理论；文化产业经济学；文化产业与社会发展；文化产业政策法规；技术应用与文化产业创新

697 **清华大学国家战略研究院**
National Strategy Institute Tsinghua University

所属类别 / 合作智库—校企合作
主管单位 /
成立时间 / 2012 年 9 月
第一负责人 /
合作机构 / 清华大学、天大集团
办公地址 / 北京市海淀区清华园 1 号清华大学胜因院 25 号（100084）
电话(传真) / 010 - 62797753（010 - 62794327）
邮　　箱 /
网　　址 / http://www. nsi. org. cn
主要研究领域:
中国国家发展战略；中国外交政策；国际关系与全球问题

698 **清华大学国情研究院**
Institute for Contemporary China Studies, Tsinghua University

所属类别 / 高端智库，高校智库
主管单位 / 清华大学
成立时间 / 2012 年 1 月
第一负责人 / 胡鞍钢
合作机构 /
办公地址 / 北京市海淀区清华大学公共管理学院 219（100084）
电话(传真) / 010 - 62772199
邮　　箱 / ccsoffice@ tsinghua. edu. cn
网　　址 / http://www. iccs. tsinghua. edu. cn
主要研究领域:
国家发展战略；重大公共政策

699 **清华大学恒隆房地产研究中心**
Hang Lung Center for Real Estate Tsinghua University

所属类别 / 高校智库
主管单位 / 清华大学
成立时间 / 2010 年 4 月
第一负责人 / 吴璟
合作机构 /
办公地址 / 北京市海淀区清华园 1 号清华大学老 10 号楼 4 层（100084）
电话(传真) / 010 - 62788678（010 - 62773661）
邮　　箱 / hanglung_ cre@ tsinghua. edu. cn
网　　址 / http://www. cre. tsinghua. edu. cn
主要研究领域:
房地产经济学；房地产金融与投资；住房政策；土地管理和城市发展

700 清华大学华商研究中心
Tsinghua University Center for Chinese Entrepreneur Studies

所 属 类 别 / 高校智库
主 管 单 位 / 清华大学
成 立 时 间 / 2010 年 7 月
第一负责人 / 龙登高
合 作 机 构 /
办 公 地 址 / 北京市海淀区清华园 1 号清华大学（100084）
电话(传真) / 010 - 62792621（010 - 62792621）
邮　　箱 / cces@ tsinghua. edu. cn
网　　址 / http://www. cces. tsinghua. edu. cn
主要研究领域:
华人经济；华商管理；华商政务

701 清华大学技术创新研究中心
Research Center for Technological Innovation, Tsinghua University

所 属 类 别 / 高校智库
主 管 单 位 / 清华大学
成 立 时 间 / 2000 年
第一负责人 / 陈劲
合 作 机 构 /
办 公 地 址 / 北京市海淀区清华园 1 号清华大学伟伦楼（100084）
电话(传真) / 010 - 62772939
邮　　箱 / chenj@ sem. tsinghua. edu. cn
网　　址 / http://www. innovation. tsinghua. edu. cn
主要研究领域:
技术创新理论；科技战略与管理；科技体制与科技政策；创业管理

702 清华大学建筑与城市研究所
Institute of Architectural and Urban Studies, Tsinghua University

所 属 类 别 / 高校智库
主 管 单 位 / 清华大学
成 立 时 间 / 1984 年
第一负责人 / 吴良镛
合 作 机 构 /
办 公 地 址 / 北京市海淀区清华园 1 号（100084）
电话(传真) / 010 - 62784567（010 - 62783328）
邮　　箱 / wuly@ public. bta. net. cn
网　　址 / http://www. arch. tsinghua. edu. cn/IAUS/index. htm
主要研究领域:
城市规划；区域发展规划

703 **清华大学教育研究院**
Institute of Education Tsinghua University

所属类别 / 高校智库
主管单位 / 清华大学
成立时间 / 1979 年 10 月
第一负责人 / 史静寰
合作机构 /
办公地址 / 北京市海淀区清华园 1 号清华大学文南楼 4 层（100084）
电话(传真) / 010 - 62783326
邮　箱 / jysbgs@ tsinghua. edu. cn
网　址 / http://www. ioe. tsinghua. edu. cn
主要研究领域:
高等教育；教育政策与管理；教育技术；基础教育；教育经济与管理

704 **清华大学科技发展与治理研究中心**
Center for Science & Technology Development and Governance, Tsinghua University

所属类别 / 合作智库
主管单位 / 清华大学、中国科学技术协会
成立时间 / 2019 年 1 月
第一负责人 / 江小涓
合作机构 /
办公地址 / 北京市海淀区清华大学公共管理学院（100084）
电话(传真) /
邮　箱 / stdg@ mail. tsinghua. edu. cn
网　址 / http://www. sppm. tsinghua. edu. cn/yjjg/xjyjjg/26efe48967e2ae7801682cd01d460027. html
主要研究领域:
科学研究；人才培养；学科建设；国际合作；资政建言

705 **清华大学科教政策研究中心**
Center for Science, Technology & Education Policy, Tsinghua University

所属类别 / 高校智库
主管单位 / 清华大学
成立时间 / 2006 年 4 月
第一负责人 / 苏竣
合作机构 /
办公地址 / 北京市海淀区清华园 1 号清华大学公共管理学院 518 室（100084）
电话(传真) / 010 - 62795573（010 - 62795573）
邮　箱 / cstep@ tsinghua. edu. cn
网　址 / http://www. sppm. tsinghua. edu. cn/cstep
主要研究领域:
科技政策；教育政策

Q

706 清华大学科学技术与社会研究所
Tsinghua University Institute of Science，Technology and Society

所 属 类 别 / 高校智库
主 管 单 位 / 清华大学
成 立 时 间 / 2000 年
第一负责人 / 杨舰
合 作 机 构 /
办 公 地 址 / 北京市海淀区清华园 1 号清华大学明斋 247 室（100084）
电话(传真) / 010 - 62797896（010 - 62787568）
邮　　箱 / sts999@ tsinghua. edu. cn
网　　址 /
主要研究领域：
科技传播与普及；科技政策与战略；科技与国际（地区）关系；科技创新与政策；科技哲学与文化

707 清华大学能源环境经济研究所
Institute of Energy，Environment and Economy，Tsinghua University

所 属 类 别 / 高校智库
主 管 单 位 / 清华大学
成 立 时 间 / 1980 年
第一负责人 / 何建坤
合 作 机 构 /
办 公 地 址 / 北京市海淀区清华园 1 号清华大学能科楼 C 座（100084）
电话(传真) / 010 - 62771024（010 - 62772759）
邮　　箱 / zhang_ xl@ tsinghua. edu. cn
网　　址 /
主要研究领域：
能源与气候；低碳发展理论与机制；国际应对气候变化机制；新能源与可再生能源；能效与节能

Q

708 清华大学气候变化国际政策研究中心

所 属 类 别 / 高校智库
主 管 单 位 / 清华大学
成 立 时 间 / 2010 年 5 月
第一负责人 / 齐晔
合 作 机 构 /
办 公 地 址 / 北京市海淀区清华园 1 号清华大学低碳能源楼（100084）
电话(传真) / 010 - 62797187（010 - 62796617）
邮　　箱 / info@ cpibeijing. org
网　　址 /
主要研究领域：气候变化；低碳发展；环境监管

709 清华大学气候政策研究中心
Climate Policy Initiative at Tsinghua University

所 属 类 别 / 合作智库—中外合作
主 管 单 位 /
成 立 时 间 / 2010 年 5 月
第一负责人 /
合 作 机 构 / 清华大学、国际气候政策中心
办 公 地 址 / 北京市海淀区清华园 1 号清华大学低碳能源楼（100084）
电话(传真) / 010 - 62797187（010 - 62796617）
邮　　箱 / info@ cpibeijing. org
网　　址 / http://www. cpi. tsinghua. edu. cn
主要研究领域：
气候变化；低碳发展；环境监管

710 清华大学全球变化研究院

所 属 类 别 / 高校智库
主 管 单 位 / 清华大学
成 立 时 间 / 2010 年 1 月
第一负责人 / 官鹏
合 作 机 构 /
办 公 地 址 / 北京市海淀区清华园 1 号清华大学蒙民伟科技大楼南楼 801、803、805 室（100084）
电话(传真) / 010 - 62772750（010 - 62797284）
邮　　箱 / dess@ mail. tsinghau. edu. cn
网　　址 /
主要研究领域：气候变化与地球系统模式；全球变化经济学

711 清华大学全球产业研究院
Institution for Global Industry（IGI）

所 属 类 别 / 高校智库
主 管 单 位 / 清华大学
成 立 时 间 / 2015 年 1 月
第一负责人 / 杨斌
合 作 机 构 /
办 公 地 址 / 北京市海淀区双清路 77 号双清大厦 4 楼 8 层（100084）
电话(传真) / 010 - 62796261
邮　　箱 / igi@ tsinghua. edu. cn
网　　址 / http://www. igi. tsinghua. edu. cn
主要研究领域：创新与产业升级；新兴产业培育与全球产业转移；智能制造；数字化转型；产业与企业生态；医疗健康；房产；汽车；新能源；新一代电子信息技术和教育科技

712 清华大学网络行为研究所
Institute for Internet Behavior, Tsinghua University

所 属 类 别 / 高校智库
主 管 单 位 / 清华大学
成 立 时 间 / 2005 年 1 月
第一负责人 / 贾培发
合 作 机 构 /
办 公 地 址 / 北京市海淀区清华园 1 号清华大学 FIT 楼 4 - 515 室 (100084)
电话(传真) / 010 - 62798984 (62782266)
邮　　箱 /
网　　址 / http://www. thu - iib. org
主要研究领域:
网络文化与网络文明; 信息社会的国家治理; 网络空间的信任建立; 国家信息安全; 渗透与反渗透; 网络舆情监测与处置; 网络犯罪预防与惩治

713 清华大学文化创意发展研究院

所 属 类 别 / 高校智库
主 管 单 位 / 清华大学
成 立 时 间 / 2016 年 12 月
第一负责人 / 柳斌杰
合 作 机 构 /
办 公 地 址 /
电话(传真) /
邮　　箱 /
网　　址 /
主要研究领域:
文化创意; 文创产业发展

Q

714 清华大学现代管理研究中心
Research Center for Contemporary Management, Tsinghua University

所 属 类 别 / 高校智库
主 管 单 位 / 清华大学
成 立 时 间 / 2000 年 3 月
第一负责人 / 陈剑
合 作 机 构 /
办 公 地 址 / 北京市海淀区清华大学经济管理学院伟伦楼 447 (100084)
电话(传真) / 010 - 62771663 (010 - 62784555)
邮　　箱 / rccm@ mail. tsinghua. edu. cn
网　　址 / http://www. rccm. tsinghua. edu. cn
主要研究领域: 决策与管理理论研究; 组织行为与人力资源管理研究; 信息战略与信息管理研究; 资源管理与可持续发展研究

715 **清华大学医院管理研究院**
Institute for Hospital Management, Tsinghua University

所属类别 / 高校智库
主管单位 / 清华大学
成立时间 / 2012 年 5 月
第一负责人 / 黄洁夫
合作机构 /
办公地址 / 广东省深圳市西丽大学城深圳大学城清华园区（518055）
电话(传真) / 0755 - 26036095（0755 - 26032492）
邮　　箱 / ihm@ sz. tsinghua. edu. cn
网　　址 / http://www. ihm. tsinghua. edu. cn
主要研究领域:
医院管理

716 **清华大学中俄战略合作研究所**

所属类别 / 高校智库
主管单位 / 清华大学
成立时间 / 2011 年 4 月
第一负责人 / 王奇
合作机构 /
办公地址 / 北京市海淀区清华园 1 号清华大学伟伦楼 103 室（100084）
电话(传真) /
邮　　箱 /
网　　址 /
主要研究领域:
中俄人文社科战略；中俄科技战略；中俄关系

717 **清华大学中国财政税收研究所**
National Institute for Fiscal Studies, Tsinghua University

所属类别 / 高校智库
主管单位 / 清华大学
成立时间 / 2008 年 1 月
第一负责人 / 白重恩
合作机构 /
办公地址 / 北京市海淀区清华园 1 号清华大学经济管理学院（100084）
电话(传真) / 010 - 62772416（010 - 62785562）
邮　　箱 / wangy36@ sem. tsinghua. edu. cn
网　　址 / http://www. nifs. tsinghua. edu. cn
主要研究领域:
财政税收；财税政策与宏观经济；税收政策实效评估

718 清华大学中国城市研究院
Tsinghua Urban Institute

所 属 类 别 / 高校智库
主 管 单 位 / 清华大学地球系统科学系
成 立 时 间 / 2018 年 11 月
第一负责人 / 宫鹏
合 作 机 构 /
办 公 地 址 /
电话(传真) /
邮　　箱 /
网　　址 /
主要研究领域:
城市发展、规划建设

719 清华大学中国发展规划研究中心
China Institute for Development Planning at Tsinghua University

所 属 类 别 / 合作智库—政校合作
主 管 单 位 / 国家发展和改革委员会、清华大学
成 立 时 间 / 2006 年 6 月
第一负责人 / 马凯
合 作 机 构 / 国家发展和改革委员会、清华大学
办 公 地 址 /
电话(传真) /
邮　　箱 /
网　　址 /
主要研究领域:
经济社会发展战略; 发展规划和政策

720 清华大学中国工程科技发展战略研究院
Chinese Institute of Engineering Development Strategies, Tsinghua University

所 属 类 别 / 合作智库—研校合作
主 管 单 位 / 清华大学
成 立 时 间 / 2011 年 4 月
第一负责人 / 顾秉林
合 作 机 构 / 中国工程院、清华大学
办 公 地 址 / 北京市海淀区清华园 1 号清华大学主楼 11 层 (100084)
电话(传真) / 010 - 62798474 (010 - 62798474)
邮　　箱 / CIEDS@ tsinghua. edu. cn
网　　址 / http://www. sppm. tsinghua. edu. cn/cieds
主要研究领域:
中国特色城市化发展道路; 可持续发展矿产资源; 战略性新兴产业培育与发展

721 清华大学中国公益慈善研究院

所 属 类 别 / 合作智库—政校合作
主 管 单 位 / 清华大学
成 立 时 间 / 2015 年 4 月
第一负责人 / 王名
合 作 机 构 / 民政部、清华大学
办 公 地 址 / 北京市海淀区清华大学公共管理学院 429 室（100084）
电话(传真) / 010 - 62773929
邮　　箱 / icpm2002@ tsinghua. edu. cn
网　　址 /
主要研究领域:
公益慈善研究；公益慈善人才培养体系建设

722 清华大学中国经济社会数据研究中心

所 属 类 别 / 高校智库
主 管 单 位 / 清华大学
成 立 时 间 / 2009 年 11 月
第一负责人 / 许宪春
合 作 机 构 /
办 公 地 址 / 北京市海淀区清华大学舜德楼 224 室（100084）
电话(传真) / 010 - 62789937（010 - 62789937）
邮　　箱 / chinadatacenter@ sem. tsinghua. edu. cn
网　　址 / http://www. tcdc. sem. tsinghua. edu. cn
主要研究领域:
微观社会经济调查；政策发展研究；教育；劳动力市场

723 清华大学中国经济研究中心

所 属 类 别 / 高校智库
主 管 单 位 / 清华大学
成 立 时 间 / 1996 年
第一负责人 / 陈希琳
合 作 机 构 /
办 公 地 址 / 北京市海淀区清华园 1 号清华大学经济管理学院舜德楼 226 室（100084）
电话(传真) / 010 - 62789695（010 - 62789697）
邮　　箱 / ncer@ sem. tsinghua. edu. cn
网　　址 / http://www. ncer. tsinghua. edu. cn
主要研究领域:
经济增长；经济问题；金融研究；公共财政；人力资源

Q

724 清华大学中国科学技术政策研究中心
China Institute for Science and Technology Policy, Tsinghua University

所属类别 / 合作智库—政校合作
主管单位 / 科学技术部、清华大学
成立时间 / 2003 年
第一负责人 / 王志刚
合作机构 / 科学技术部、清华大学
办公地址 / 北京市海淀区清华园 1 号清华大学公共管理学院（100084）
电话(传真) / 010 - 62797212（010 - 62797212）
邮　　箱 / cistp@ tsinghua. edu. cn
网　　址 / http://cistp. sppm. tsinghua. edu. cn
主要研究领域:
科技政策与发展战略；科技教育政策

725 清华大学中国农村研究院
China Institute for Rural Studies, Tsinghua University

所属类别 / 高校智库
主管单位 / 清华大学
成立时间 / 2011 年 9 月
第一负责人 / 陈锡文
合作机构 /
办公地址 / 北京市海淀区清华园 1 号清华大学公共管理学院 612 室（100084）
电话(传真) / 010 - 62773526（010 - 62796949）
邮　　箱 / cirs@ mail. tsinghua. edu. cn
网　　址 / http://www. cirs. tsinghua. edu. cn
主要研究领域:
"三农"问题；中国农村改革发展

726 清华大学中国企业成长与经济安全研究中心
Center for Enterprise Growth and National Economic Security Research, Tsinghua University

所属类别 / 高校智库
主管单位 / 清华大学
成立时间 / 2010 年 4 月
第一负责人 / 程建平
合作机构 /
办公地址 / 北京市海淀区清华园 1 号清华大学伟伦楼 377 室（100084）
电话(传真) / 010 - 62789953
邮　　箱 /
网　　址 / http://cegesr. sem. tsinghua. edu. cn
主要研究领域:
企业成长与产业发展；经济安全；企业成长与创新政策

727 清华大学中国应急管理研究基地
Center for Crisis Management Research, Tsinghua University

所属类别／高校智库
主管单位／清华大学
成立时间／2004 年
第一负责人／彭宗超
合作机构／
办公地址／北京市海淀区清华园 1 号清华大学公共管理学院 323 室（100084）
电话（传真）／010－62792421（010－62792421）
邮　　箱／ccmr@ tsinghua. edu. cn
网　　址／http://ccmr. sppm. tsinghua. edu. cn
主要研究领域：
应急管理；风险治理

728 清华大学中国与世界经济研究中心
Center for China in the World Economy, Tsinghua University

所属类别／高校智库
主管单位／清华大学
成立时间／2004 年 9 月
第一负责人／李稻葵
合作机构／
办公地址／北京市海淀区清华园 1 号清华大学经济学院舜德楼 128 室（100084）
电话（传真）／010－62796901（010－62796901）
邮　　箱／ccwe@ sem. tsinghua. edu. cn
网　　址／http://www. ccwe. tsinghua. edu. cn
主要研究领域：
中国与世界关系；中国政策

729 全国党的建设研究会
National Society for Party Building Studies

所属类别／社会智库—社会团体
主管单位／中共中央组织部
成立时间／1992 年 1 月
第一负责人／李景田
合作机构／
办公地址／北京市西城区西长安街 80 号（100815）
电话（传真）／010－58587103（010－58305868）
邮　　箱／djyj@ people. cn
网　　址／http://www. djyj. cn
主要研究领域：
党的建设；中国共产党的建设理论与实践问题

730 **全国妇女联合会妇女研究所**
Women's Studies Institute of China

所 属 类 别 / 社会智库—社会团体
主 管 单 位 / 中华全国妇女联合会
成 立 时 间 / 1991 年 1 月
第一负责人 / 刘亚玫
合 作 机 构 /
办 公 地 址 / 北京市朝阳区建国门内大街 15 号（100022）
电话(传真) / 010 - 65252539（010 - 65225396）
邮　　箱 / wsic@ wsic. ac. cn
网　　址 / http://www. wsic. ac. cn
主要研究领域:
女性高层次人才成长状况研究与政策推动；社会性别平等与妇女发展；先进性别文化；妇女参政；妇女生育健康；西部妇女人力资源开发对策

731 **全国经济综合竞争力研究中心福建师范大学分中心**
National Research Center for Economic Comprehensive Competitiveness, Fujian Normal University Branch

所 属 类 别 / 高校智库
主 管 单 位 / 福建师范大学
成 立 时 间 / 2006 年 1 月
第一负责人 / 李建平
合 作 机 构 /
办 公 地 址 / 福建省福州市仓山区上三路 32 号福建师范大学仓山校区文科楼 9 层（350007）
电话(传真) / 0591 - 83465205（0591 - 83465205）
邮　　箱 / fjnujzl@ sina. com
网　　址 / http://jjxy. fjnu. edu. cn
主要研究领域: 省域经济竞争力；环境竞争力；创新竞争力；人才竞争力

732 **人民网研究院**
Institute of People's Daily Online

所 属 类 别 / 社会智库—企业
主 管 单 位 / 人民网股份有限公司
成 立 时 间 / 2011 年 4 月
第一负责人 / 余清楚
合 作 机 构 /
办 公 地 址 / 北京市朝阳区金台西路 2 号人民日报社 12 号楼（100733）
电话(传真) / 010 - 65363920（010 - 65363920）
邮　　箱 / yjy@ people. cn
网　　址 / http://yjy. people. com. cn
主要研究领域: 媒介、媒体发展；新媒体传播；信息技术；信息经济

733 赛迪顾问股份有限公司

CCID Consulting Co. , Ltd.

所属类别／社会智库—企业
主管单位／工业和信息化部
成立时间／2002 年 12 月
第一负责人／李树翀
合作机构／
办公地址／北京市海淀区紫竹院路 66 号赛迪大厦 10 层（100048）
电话(传真)／010－88558866（010－88559009）
邮　　箱／service@ ccidconsulting. com
网　　址／http://www. ccidconsulting. com
主要研究领域：
城市投融资；智慧城市规划；信息化咨询；产业定位与发展规划；园区布局与建设规划；招商外资策略研究；科技地产规划；智慧园区规划

734 山东大学国际问题研究院

所属类别／高校智库
主管单位／山东大学
成立时间／2019 年 3 月
第一负责人／张蕴岭
合作机构／
办公地址／
电话(传真)／
邮　　箱／
网　　址／
主要研究领域：
东北亚问题；南亚问题；海洋战略与发展；世界经济发展与合作；国际服务贸易；国际公共安全

735 山东大学经济研究院（中心）

所属类别／高校智库
主管单位／山东大学
成立时间／2001 年 6 月
第一负责人／黄少安
合作机构／
办公地址／山东省济南市历城区山大南路 27 号（250100）
电话(传真)／0531－88364000（0531－88364981）
邮　　箱／cer@ sdu. edu. cn
网　　址／http://www. cer. sdu. edu. cn
主要研究领域：产权；法经济学；就业与社会保障；国际经济；经济周期与经济增长理论；“三农”问题；语言经济；教育经济

S

736 **山东大学欧洲研究中心**
Shandong University Center for European Studies

所属类别 / 高校智库
主管单位 / 山东大学
成立时间 / 1994 年 9 月
第一负责人 / 王学玉
合作机构 /
办公地址 / 山东省济南市历城区山大南路 27 号山东大学中心校区邵逸夫科学馆 202 室（250100）
电话(传真) / 0531 - 88364984
邮　　箱 / europe@ sdu. edu. cn
网　　址 / http://www. europe. sdu. edu. cn
主要研究领域：
欧洲政治、外交、经济、社会、法律、公共管理、历史、文化

737 **山东大学日本研究中心**
Shandong University Centre of Japanese Studies

所属类别 / 高校智库
主管单位 / 山东大学
成立时间 / 1986 年 9 月
第一负责人 / 乔幼梅
合作机构 /
办公地址 / 山东省济南市历城区山大南路 27 号山大新校内（250100）
电话(传真) / 0531 - 8564559（0531 - 8902167）
邮　　箱 / sdry@ jn - public. sd. cninto. cn
网　　址 / http://www. sdry. sdu. edu. cn
主要研究领域：
日本政治、经济、哲学、文学、语言、历史、社会、法律、文化、教育

S

738 **山东大学山东发展研究院**
Shandong School of Development at Shandong University

所属类别 / 高校智库
主管单位 / 山东大学
成立时间 / 2010 年 7 月
第一负责人 / 韩寓群
合作机构 /
办公地址 / 山东省济南市历城区山大南路 27 号（250100）
电话(传真) / 0531 - 88363377（0531 - 88363377）
邮　　箱 / ssd@ sdu. edu. cn
网　　址 / http://www. ssd. sdu. edu. cn
主要研究领域：区域经济；民营经济；“三农”问题；产业经济；公共政策；公共服务体系；社会发展与社会治理

739 **山东大学山东省反垄断与规制经济学重点研究基地**
Antitrust and Regulation Research Center, Shandong University

所属类别/高校智库
主管单位/山东大学
成立时间/
第一负责人/于良春
合作机构/
办公地址/山东省济南市历城区山大南路27号（25010）
电话(传真)/86-531-88363658（86-531-88363658）
邮　　箱/regulationcentersd@163.com
网　　址/http://www.arrc.sdu.edu.cn
主要研究领域:
反垄断法律与案例；产业组织与竞争政策；市场设计与模拟

740 **山东大学山东省公共经济与公共政策研究基地**
Center for Public Economy and Policy Research of Shandong Province

所属类别/高校智库
主管单位/山东大学
成立时间/2007年11月
第一负责人/樊丽明
合作机构/
办公地址/山东省济南市历城区山大南路27号（250100）
电话(传真)/0531-88363688（0531-88363688）
邮　　箱/cpepr@sdu.edu.cn
网　　址/http://www.cpepr.sdu.edu.cn
主要研究领域:
公共经济（财政税收）；公共卫生政策；公共管理与公民自治；社会福利政策；生态环境政策；公共经济与政策计量

741 **山东大学山东省应用金融理论与政策研究基地**

所属类别/高校智库
主管单位/山东大学
成立时间/2009年6月
第一负责人/胡金焱
合作机构/
办公地址/山东省济南市历城区山大南路27号山东大学经济学院（250100）
电话(传真)/0531-88364625（0531-88364625）
邮　　箱/econ@sdu.edu.cn
网　　址/http://www.eco.sdu.edu.cn/jd
主要研究领域:
金融投资与金融工程；金融制度与金融政策；国际金融；银行公司治理

S

742 山东大学生活质量与公共政策研究中心
The Center for Quality of Life and Public Policy in Shandong University

所属类别／高校智库
主管单位／山东大学
成立时间／2009 年 10 月
第一负责人／邢占军
合作机构／
办公地址／山东省济南市历城区洪家楼 5 号山东大学政治学与公共管理学院（250100）
电话(传真)／0531－88364669（0531－88364584）
邮　　箱／xingzhanjun@163. com
网　　址／http://www. pspa. sdu. edu. cn/shzlyj
主要研究领域：
中国国民幸福感；居民生活质量；生活质量与公共政策；公共部门人力资源评价

743 山东大学卫生管理与政策研究中心
Health Management and Policy Research Center of Shandong University

所属类别／高校智库
主管单位／山东大学
成立时间／2002 年 6 月
第一负责人／孟庆跃
合作机构／
办公地址／山东省济南市历下区文化西路 44 号（250012）
电话(传真)／0531－88382142（0531－88382693）
邮　　箱／
网　　址／http://www. chmp. sdu. edu. cn
主要研究领域：
卫生经济；卫生管理；卫生政策

744 山东大学亚太研究所
Institute of Asia－Pacific Studies，Shandong University

所属类别／高校智库
主管单位／山东大学
成立时间／1994 年 5 月
第一负责人／杨鲁慧
合作机构／
办公地址／山东省济南市历城区山大南路 27 号邵逸夫科学馆（250100）
电话(传真)／0531－88377001（0531－88377001）
邮　　箱／ylh@sdu. edu. cn
网　　址／http://www. iaps. sdu. edu. cn
主要研究领域：亚太政治；东亚安全；亚太经济；亚太法律；亚太文化；比较政治；民族冲突；中国周边外交

745 山东大学中泰证券金融研究院（山东大学齐鲁证券金融研究院）
Zhongtai Securities Institute for Financial Studies · Shandong University (Qilu Securities Institute for Finance Studies · Shandong University)

所 属 类 别 / 合作智库
主 管 单 位 / 山东大学、齐鲁证券有限公司
成 立 时 间 / 2008 年 5 月
第一负责人 / 彭实戈
合 作 机 构 /
办 公 地 址 / 山东省济南市山大路 27 号（250100）
电话(传真) / 0531 - 88382056
邮　　箱 /
网　　址 / http://mathfinance. sdu. edu. cn/
主要研究领域：
金融数学；现代经济；金融领域

746 山东社会科学院
Shandong Academy of Social Sciences

所 属 类 别 / 科研院所智库
主 管 单 位 / 中共山东省委、山东省政府
成 立 时 间 / 1980 年 12 月
第一负责人 / 张述存
合 作 机 构 /
办 公 地 址 / 山东省济南市市中区舜耕路 56 号（250002）
电话(传真) / 0531 - 82704698（0531 - 82973044）
邮　　箱 / sdsky_ bgs@ 163. com
网　　址 / http://www. sdass. net. cn
主要研究领域：
生态经济；区域经济；农村发展；对外经济；海洋经济战略；财政金融；社会发展；公共政策；中国特色社会主义民主政策；人口管理

747 山东生态文明研究中心
Ecological - civilization Research Center of Shandong

所 属 类 别 / 社会智库—企业
主 管 单 位 / 山东省科技厅
成 立 时 间 / 2007 年 12 月
第一负责人 / 黄承梁
合 作 机 构 /
办 公 地 址 / 山东省济南市马鞍山路 2 号（250002）
电话(传真) /
邮　　箱 / ecofirst@ 126. com
网　　址 / http://www. ecofirst. cn/index. asp
主要研究领域：生态文明理论与实践；生态现代化与可持续发展战略

S

748 山东省宏观经济研究院

所属类别 / 政府部门智库—省/区/市政府所属
主管单位 / 山东省发展和改革委员会
成立时间 / 2011 年 11 月
第一负责人 / 刘冰
合作机构 /
办公地址 / 山东省济南市省府前街 1 号（250011）
电话(传真) / 0531 – 82623788
邮　　箱 /
网　　址 / http://www.sdfgw.gov.cn/col/col5351/index.html
主要研究领域：
国民经济；社会发展；改革问题

749 山东省人民政府参事室
Counsellors' Office of Shandong Provincial People's Government

所属类别 / 政府部门智库—省/区/市政府所属
主管单位 / 山东省政府
成立时间 /
第一负责人 / 王健
合作机构 /
办公地址 / 山东省济南市历下区省府前街 1 号（250011）
电话(传真) / 0531 – 6062433
邮　　箱 /
网　　址 /
主要研究领域：
山东省发展战略

750 山东省社会科学界联合会
Shandong Federation of Social Sciences

所属类别 / 社会智库—社会团体
主管单位 / 中共山东省委宣传部
成立时间 / 1980 年
第一负责人 / 林建宁
合作机构 /
办公地址 / 山东省济南市市中区舜耕路 46 号（250002）
电话(传真) / 0531 – 82866368
邮　　箱 / shekelian@126.com
网　　址 / http://www.skj.gov.cn
主要研究领域：
山东经济社会发展；经济文化强省战略

S

751 山西省人民政府参事室
Counsellors' Office of Shanxi Provincial People's Government

所 属 类 别 / 政府部门智库—省/区/市政府所属
主 管 单 位 / 山西省政府
成 立 时 间 /
第一负责人 / 王安禄
合 作 机 构 /
办 公 地 址 / 山西省太原市迎泽区文源巷 23 号（030001）
电话(传真) / 0351 - 4167013
邮　　箱 / csswhl@ 126. com
网　　址 / http://www. sxcss. com
主要研究领域:
山西省发展战略

752 山西省社会科学界联合会

所 属 类 别 / 社会智库—社会团体
主 管 单 位 / 中共山西省委
成 立 时 间 / 1987 年 9 月
第一负责人 / 李高山
合 作 机 构 /
办 公 地 址 / 山西省太原市迎泽区迎泽大街 388 号 1807 室（030001）
电话(传真) / 0351 - 4031669（0351 - 4046277）
邮　　箱 /
网　　址 / http://www. sxskw. org. cn
主要研究领域:
山西经济社会发展

753 山西省社会科学院（山西省人民政府发展研究中心）
Shanxi Academy of Social Sciences

所 属 类 别 / 科研院所智库
主 管 单 位 / 山西省政府
成 立 时 间 / 1978 年（2001 年）
第一负责人 / 杨茂林
合 作 机 构 /
办 公 地 址 / 山西省太原市小店区大昌南路 14 号（030006）
电话(传真) / 0351 - 7850200
邮　　箱 / 496256476@ qq. com
网　　址 / http://www. sass. sx. cn
主要研究领域:
能源经济；党的建设；思维科学；晋商文化；旅游经济；山西安全文化；山西学习科学与家庭教育；人文资源开发

S

754 陕西省人民政府参事室

Counsellors' Office of Shaanxi Government

所 属 类 别 / 政府部门智库—省/区/市政府所属
主 管 单 位 / 陕西省政府
成 立 时 间 /
第一负责人 / 徐春华
合 作 机 构 /
办 公 地 址 / 陕西省西安市未央区未央路 103 号 B 楼（710021）
电话(传真) / 029 - 63916993（029 - 63917000）
邮　　箱 /
网　　址 / http://csws. shaanxi. gov. cn
主要研究领域:
陕西省发展战略

755 陕西省人民政府研究室（陕西省发展研究中心）

所 属 类 别 / 政府部门智库—省/区/市政府所属
主 管 单 位 / 陕西省政府
成 立 时 间 / 1981 年 6 月
第一负责人 / 杨三省
合 作 机 构 /
办 公 地 址 / 陕西省西安市新城区省政府大院前大楼 12 层东（710006）
电话(传真) / 029 - 63916512（029 - 63916488）
邮　　箱 / zysdyzc@ shaanxi. gov. cn
网　　址 / http://zys. shaanxi. gov. cn/
主要研究领域:
陕西省中长期规划；国土资源；环境保护；经济体制改革；宏观经济调控；粮食安全；县域经济；公共安全；就业与社会保障；收入分配

756 陕西省社会科学界联合会

所 属 类 别 / 社会智库—社会团体
主 管 单 位 / 中共陕西省委
成 立 时 间 / 1980 年
第一负责人 / 甘辉
合 作 机 构 /
办 公 地 址 / 陕西省西安市雁塔区小寨东路 3 号（710061）
电话(传真) / 029 - 85392238
邮　　箱 / sx_ skw@ 163. com
网　　址 / http://www. sxsskw. org. cn
主要研究领域:
陕西经济社会发展

757 陕西省社会科学院
Shaanxi Academy of Social Sciences

所 属 类 别 / 科研院所智库
主 管 单 位 / 陕西省政府
成 立 时 间 / 1979 年
第一负责人 / 司晓宏
合 作 机 构 /
办 公 地 址 / 陕西省西安市雁塔区含光南路 177 号 (710065)
电话(传真) / 029 - 85254007 (029 - 85254007)
邮　　箱 / sassweb@ 126. com
网　　址 / http://www. sxsky. org. cn
主要研究领域:
区域经济; 产业经济; 党的建设; 民主法治建设; 公共管理; 公共政策; 区域社会发展; 陕西人口; 社会舆情调查; 宗教政策; 文化体制改革

758 陕西师范大学“一带一路”建设与中亚研究协同创新研究中心
Central Asia Institute of Shaanxi Normal University

所 属 类 别 / 高校智库
主 管 单 位 / 陕西师范大学
成 立 时 间 / 2004 年
第一负责人 / 李琪
合 作 机 构 /
办 公 地 址 / 陕西省西安市雁塔区长安南路 199 号 (710062)
电话(传真) / 029 - 85318767
邮　　箱 /
网　　址 / http://zys. snnu. edu. cn
主要研究领域:
“一带一路”区域合作研究; 中亚问题研究

759 陕西师范大学教育实验经济研究所
Center for Experimental Economics in Education, Shaanxi Normal University

所 属 类 别 / 高校智库
主 管 单 位 / 陕西师范大学
成 立 时 间 / 2014 年 3 月
第一负责人 / 史耀疆
合 作 机 构 /
办 公 地 址 / 陕西省西安市长安区西长安街 620 号 (710119)
电话(传真) / 029 - 81530873 (029 - 81530873)
邮　　箱 / ceee@ snnu. edu. cn
网　　址 /
主要研究领域: 营养、健康与教育; 科技与人力资本; 减少辍学; 教师与教学; 公共卫生与健康; 公共治理

760 陕西师范大学体育人文社会科学研究中心

所属类别 / 高校智库
主管单位 / 陕西师范大学
成立时间 / 2003 年 11 月
第一负责人 / 游旭群
合作机构 /
办公地址 / 陕西省西安市长安区陕西师范大学文津楼一段（710062）
电话(传真) / 029 - 85310171
邮　　箱 / 123456789@ snnu. edu. cn
网　　址 / http://tyrwzx. snnu. edu. cn
主要研究领域:
体育地理；西北地区社会体育；体育社会认知心理

761 陕西师范大学西北国土资源研究中心
Northwest Land and Resources Research Center of Shaanxi Normal University

所属类别 / 高校智库
主管单位 / 陕西师范大学
成立时间 / 2008 年 5 月
第一负责人 / 曹小曙
合作机构 /
办公地址 / 陕西省西安市长安区西长安街 620 号陕西师范大学长安校区格物楼 6 层（710119）
电话(传真) / 029 - 85310659（029 - 85310525）
邮　　箱 / gtzyzx@ snnu. edu. cn
网　　址 / http://gtzy. snnu. edu. cn
主要研究领域:
西北国土资源与生态环境；土地利用与土地资源保护；水土资源评价与规划；土地开发史与土地制度政策

762 陕西师范大学西北历史环境与经济社会发展研究院
Northwest Institute of Historical Environment and Socio - Economic Development, Shaanxi Normal University

所属类别 / 高校智库
主管单位 / 陕西师范大学
成立时间 / 2000 年 3 月
第一负责人 / 王社教
合作机构 /
办公地址 / 陕西省西安市长安区陕西师范大学文科科研大楼（710062）
电话(传真) / 029 - 85318752（029 - 85318753）
邮　　箱 / xbyjy@ snnu. edu. cn
网　　址 /
主要研究领域：西北地区地理环境变迁；经济社会发展和治理方略

S

763 陕西师范大学中国西部边疆研究院
Institute for the West Frontier Regions of China Shaanxi Normal University

所属类别／高校智库
主管单位／陕西师范大学
成立时间／2001 年 9 月
第一负责人／王欣
合作机构／
办公地址／陕西省西安市雁塔区长安南路 199 号（710062）
电话(传真)／029－85300904（029－85300904）
邮　箱／myzxbg@ snnu. edu. cn
网　址／
主要研究领域：
西北民族历史、文化、宗教；西北地区环境与社会经济发展

764 陕西中经发展改革研究院
Shaanxi Zhongjing Development and Reformation Institute Co. , Ltd

所属类别／社会智库—民办非企业
主管单位／国家发展和改革委员会
成立时间／2011 年 9 月
第一负责人／曾昭宁
合作机构／
办公地址／陕西省西安市电子二路 18 号西安石油大学二号教学楼 1407 室（710003）
电话(传真)／029—88382659（029—88382659）
邮　箱／sxzjfzgg@ 163. com
网　址／http://www. zjfzgg. com
主要研究领域：
宏观经济政策；社会发展规划与政策；产业发展；可持续发展；国际贸易与金融；能源发展；综合运输体系发展；信息化战略；城镇化发展和工业新区

765 商务部国际贸易经济合作研究院
Chinese Academy of International Trade and Economic Cooperation

所属类别／高端智库，政府部门智库
主管单位／商务部
成立时间／2002 年
第一负责人／顾学明
合作机构／
办公地址／北京市东城区安定门外东后巷 28 号（100710）
电话(传真)／010－64245741（010－64212175）
邮　箱／yuanban@ caitec. org. cn
网　址／http://www. caitec. org. cn
主要研究领域：世界经济及政治；国际关系；国际贸易；对外经济合作；地区经济；国内贸易；市场研究；信用与电子商务；贸易安全

S

766 商务部经贸政策咨询委员会
Ministry of Commerce of the People's Republic of China Advisory Committee for Economic & Trade Policy

所属类别 / 政府部门智库—国务院组成部门所属
主管单位 / 商务部
成立时间 / 2011 年 7 月
第一负责人 / 隆国强
合作机构 /
办公地址 / 北京市东城区东长安街 2 号（100731）
电话(传真) / 010 - 53771212（010 - 53771311）
邮　　箱 /
网　　址 / http://zxw.mofcom.gov.cn
主要研究领域：
国际国内商务发展趋势；中国商务发展战略、发展规划

767 商务部流通产业促进中心

所属类别 / 政府部门智库—国务院组成部门所属
主管单位 / 商务部
成立时间 /
第一负责人 / 刘德成
合作机构 /
办公地址 / 北京市丰台区南四环西路 188 号七区 7 号楼（100070）
电话(传真) / 010 - 51190809（010 - 51190811）
邮　　箱 /
网　　址 / http://lczx.mofcom.gov.cn
主要研究领域：
流通产业；流通领域食品安全；流通领域科技创新；流通领域节能；商务信用

768 上海财经大学 500 强企业研究中心
Top 500 Enterprises Research Center

所属类别 / 高校智库
主管单位 / 上海财经大学
成立时间 /
第一负责人 / 江若尘
合作机构 /
办公地址 / 上海市杨浦区国定路 777 号（200433）
电话(传真) / 021 - 65904080
邮　　箱 / wxb@mail.shufe.edu.cn
网　　址 / http://top500.shufe.edu.cn
主要研究领域：
500 强企业的经营战略、跨国并购策略、全球供应链管理、国际市场营销、公司治理、人力资源管理、跨文化管理

769 **上海财经大学财经研究所**

所 属 类 别 / 高校智库
主 管 单 位 / 上海财经大学
成 立 时 间 / 1984 年 12 月
第一负责人 / 曹建华、张学良
合 作 机 构 /
办 公 地 址 / 上海市杨浦区国定路 777 号（200433）
电话(传真) /
邮　　箱 / wxb@ mail. shufe. edu. cn
网　　址 / http://ife. shufe. edu. cn/structure
主要研究领域:
区域经济；城市及房地产经济；都市农业经济；国防经济；宏观经济；经济安全；企业竞争力；能源战略

770 **上海财经大学长三角与长江经济带发展研究院**

所 属 类 别 / 高校智库
主 管 单 位 / 上海财经大学
成 立 时 间 / 2019 年 4 月
第一负责人 / 许涛
合 作 机 构 / 安徽省宣城市、江苏省启东市、浙江省平湖市、浙江省嘉善县政府等地方政府，保利发展控股集团股份有限公司、中国投资咨询有限责任公司、智慧足迹数据科技有限公司、上海合合信息科技发展有限公司
办 公 地 址 /
电话(传真) /
邮　　箱 /
网　　址 /
主要研究领域:
长三角区域一体化发展；长江经济带国家战略的重大和前瞻性问题

771 **上海财经大学高等教育研究所**

所 属 类 别 / 高校智库
主 管 单 位 / 上海财经大学
成 立 时 间 / 2006 年 11 月
第一负责人 / 应望江
合 作 机 构 /
办 公 地 址 / 上海市杨浦区国定路 777 号上海财经大学行政楼 510 室（200433）
电话(传真) /
邮　　箱 / yjshi@ mail. shufe. edu. cn
网　　址 /
主要研究领域:
学科建设与评估；国际比较教育；教育经济管理；财经高等教育

772　上海财经大学高等研究院
Institute for Advanced Research，Shanghai University of Finance and Economics

所 属 类 别 / 高校智库
主 管 单 位 / 上海财经大学
成 立 时 间 / 2006 年 7 月
第一负责人 / 田国强
合 作 机 构 /
办 公 地 址 / 上海市杨浦区武川路 111 号上海财经大学经济学院高等研究院综合办公楼（200433）
电话(传真) / 021－65903224（021－65903188）
邮　　箱 / gtian@ mail. shufe. edu. cn
网　　址 / http://iar. shufe. edu. cn
主要研究领域：
中国教育改革与发展；社会发展与稳定；环境与自然资源；农业与城乡协调发展；卫生经济；公共政策评估；中国宏观经济；市场机制设计与信息经济

773　上海财经大学公共政策与治理研究院
Institute of Public Policy & Governance，Shanghai University of Finance and Economics

所 属 类 别 / 高校智库
主 管 单 位 / 上海财经大学
成 立 时 间 /
第一负责人 / 胡怡建
合 作 机 构 /
办 公 地 址 / 上海市杨浦区国定路 777 号（200433）
电话(传真) / 021－65903686（021－65904294）
邮　　箱 / huyijian@ mail. shufe. edu. cn
网　　址 / http://ippg. shufe. edu. cn
主要研究领域：卫生政策与管理；社会保障；公共政策；资产评估；资源环境政策与管理；不动产；公共治理

774　上海财经大学会计与财务研究院
The Institute of Accounting and Finance，Shanghai University of Finance and Economics

所 属 类 别 / 高校智库
主 管 单 位 / 上海财经大学
成 立 时 间 / 2000 年 9 月
第一负责人 / 孙铮
合 作 机 构 /
办 公 地 址 / 上海市杨浦区国定路 777 号（200433）
电话(传真) /
邮　　箱 /
网　　址 / http://iaf. shufe. edu. cn
主要研究领域：政府管制与盈余管理；会计准则制定；财务监控制度

775 上海财经大学上海发展研究院（上海财经大学自由贸易区研究院）

所 属 类 别 / 高校智库
主 管 单 位 / 上海财经大学
成 立 时 间 / 2013 年 10 月
第一负责人 / 赵晓雷
合 作 机 构 /
办 公 地 址 / 上海市杨浦区国定路 777 号（200433）
电话(传真) / 021 - 65908703
邮　　箱 / ssd@ mail. shufe. edu. cn
网　　址 / http://ssd. shufe. edu. cn
主要研究领域:
上海发展；现代服务经济；城市经济规划

776 上海财经大学上海国际金融中心研究院
Shanghai Institute of International Finance Center

所 属 类 别 / 高校智库
主 管 单 位 / 上海财经大学
成 立 时 间 / 2012 年 7 月
第一负责人 / 蒋传海
合 作 机 构 /
办 公 地 址 / 上海市杨浦区武东路 100 号同德楼（200433）
电话(传真) / 021 - 65901266（021 - 65103925）
邮　　箱 / siifc163@ 163. com
网　　址 / http://fin. shufe. edu. cn/siifc
主要研究领域:
人民币国际化；自由贸易区资本市场创新；金融集聚效应与风险防范；境内外自动化交易监管；金融争端解决机制；信用体系制度保障

777 上海财经大学现代金融研究中心
Research Center for Modern Finance, Shanghai University of Finance and Economics

所 属 类 别 / 高校智库
主 管 单 位 / 上海财经大学
成 立 时 间 /
第一负责人 / 丁剑平
合 作 机 构 /
办 公 地 址 / 上海市杨浦区武东路 100 号毓秀楼 317 室（200433）
电话(传真) / 021 - 65908392（021 - 65908392）
邮　　箱 / rcmff. 2010@ gmail. com；rcmff@ mail. shufe. edu. cn
网　　址 / http://fin. shufe. edu. cn/rcfs
主要研究领域:
金融市场改革；开发性金融；农村金融；金融稳定；人民币汇率；金融中心建设

S

778 **上海财经大学中国公共财政研究院**
China Public Finance Institute

所 属 类 别 / 高校智库
主 管 单 位 / 上海财经大学
成 立 时 间 / 2012 年 8 月
第一负责人 / 刘小川
合 作 机 构 /
办 公 地 址 / 上海市杨浦区武川路 111 号（200433）
电话(传真) / 021 - 65908960（021 - 65104294）
邮　　箱 /
网　　址 / http://spea.shufe.edu.cn
主要研究领域:
公共财政理论；发展财政；民生财政；法制财政；绩效财政

779 **上海财经大学中国教育支出绩效评价研究中心**

所 属 类 别 / 高校智库
主 管 单 位 / 上海财经大学
成 立 时 间 / 2006 年 11 月
第一负责人 / 马国贤
合 作 机 构 /
办 公 地 址 / 上海市杨浦区国定路 777 号（200433）
电话(传真) / 021 - 65904798
邮　　箱 / jyjpzx409@163.com
网　　址 /
主要研究领域:
公共政策；公共支出绩效评价

780 **上海财经大学中国自由贸易试验区协同创新中心**
Collaborative Innovation Center of China Pilot Free Trade Zone

所 属 类 别 / 高校智库
主 管 单 位 / 上海财经大学
成 立 时 间 / 2013 年 10 月
第一负责人 / 王新奎
合 作 机 构 / 对外经济贸易大学、南开大学、中山大学、上海交通大学、华东政法大学、国家发展与改革委员会、商务部、中国人民银行、中国（上海）自由贸易试验区管委会、财政部、世界贸易组织、世界银行等
办 公 地 址 / 上海市杨浦区国定路 777 号（200433）
电话(传真) / 021 - 65904597
邮　　箱 / wxb@mail.shufe.edu.cn
网　　址 / http://cicftz.shufe.edu.cn
主要研究领域：国家自由贸易试验区改革；全球经贸理论及规则体系研究

781 **上海春秋发展战略研究院**

所 属 类 别 / 社会智库—民办非企业
主 管 单 位 / 上海市民政局
成 立 时 间 / 2014 年 9 月
第一负责人 / 金仲伟
合 作 机 构 /
办 公 地 址 / 上海市长宁区番禺路 300 弄 3 号（200052）
电话(传真) / 021 - 62802030
邮　　箱 /
网　　址 /
主要研究领域：
社会建设；中国经济发展模式；国际关系战略

782 **上海大学毒品与国家安全研究中心**
Center for Drugs and National Security Studies, Shanghai University

所 属 类 别 / 高校智库
主 管 单 位 / 上海大学
成 立 时 间 / 2010 年 10 月
第一负责人 / 张勇安
合 作 机 构 /
办 公 地 址 / 上海市宝山区上大路 99 号（200444）
电话(传真) /
邮　　箱 / zhangyongan@ shu. edu. cn
网　　址 /
主要研究领域：
国际禁毒政策；中国毒品管制战略；毒品与国家安全；与毒品、药品、酒精、香烟相关问题

783 **上海大学基层治理创新研究中心**
Research Center for Local Governance

所 属 类 别 / 高校智库
主 管 单 位 / 上海大学
成 立 时 间 / 2013 年 9 月
第一负责人 / 李友梅
合 作 机 构 /
办 公 地 址 / 上海市宝山区南陈路 333 号上海大学东区社会学院大楼（200444）
电话(传真) / 021 - 66135205
邮　　箱 / rclgshu@ 126. com
网　　址 / http://www. rclgshu. org
主要研究领域：
基层治理体制与机制创新；社区自治与共治；社会组织发展

784 上海大学土耳其研究中心
Center for Turkish Studies at Shanghai University

所 属 类 别 / 高校智库
主 管 单 位 / 上海大学
成 立 时 间 / 2012 年 4 月
第一负责人 / 郭长刚
合 作 机 构 /
办 公 地 址 / 上海市宝山区上大路 99 号上海大学行政楼 412 室（200444）
电话(传真) / 021 - 66135630
邮　　箱 / gchgang@ staff. shu. edu. cn
网　　址 / http://cts. shu. edu. cn
主要研究领域:
当代土耳其政治与社会；土耳其历史、文化与宗教综合；中土关系；大中东问题

785 上海大学智库产业研究中心
Think Tank Industry Research Center of Shanghai University

所 属 类 别 / 智库研究与评价机构，高校智库
主 管 单 位 / 上海大学
成 立 时 间 / 2014 年 6 月
第一负责人 / 徐旭、于今
合 作 机 构 /
办 公 地 址 / 上海市宝山区上大路 99 号（200444）
电话(传真) /
邮　　箱 /
网　　址 /
主要研究领域:
国际关系；国家发展战略；智库产业

786 上海大学中国社会转型与社会组织研究中心

所 属 类 别 / 高校智库
主 管 单 位 / 上海市教育委员会
成 立 时 间 / 2007 年
第一负责人 / 李友梅
合 作 机 构 /
办 公 地 址 / 上海市宝山区上大路 99 号 B 楼 109 室（200444）
电话(传真) /
邮　　箱 /
网　　址 / http://www. shzz. shu. edu. cn
主要研究领域:
社会管理体制改革；党政组织的运作机制；国家和民间组织的关系；社会阶层流动和组织认同；社区治理及其自组织构建；虚拟社会与虚拟组织的发展和治理

787 上海国防战略研究所
Shanghai National Defense Institute

所属类别 / 社会智库—民办非企业
主管单位 /
成立时间 / 2000 年 11 月
第一负责人 / 方敏
合作机构 /
办公地址 / 上海市长宁区江苏路 488 号（200050）
电话(传真) / 021 - 81871949（021 - 81871949）
邮　　箱 / Helun@ citiz. net
网　　址 / http://www. gf81. com. cn/zy. html
主要研究领域:
国防战略；全民国防教育

788 上海国际金融研究中心
Shanghai International Finance Research Centre

所属类别 / 社会智库—民办非企业
主管单位 / 中共上海市委宣传部
成立时间 / 2000 年
第一负责人 / 张志超
合作机构 /
办公地址 / 上海市长宁区新华路 543 号新华大厦 1 号楼 5023、5025 室（200052）
电话(传真) / 021 - 52540356（021 - 62802614）
邮　　箱 / pan@ sifrc. org
网　　址 / http://www. sifrc. org/Contact. html
主要研究领域:
金融市场动态；国际资本流动；金融衍生产品开发；国际金融市场投资战略；金融风险防范；金融监管

789 上海国际问题研究院
Shanghai Institute for International Studies

所属类别 / 政府部门智库—省/区/市政府所属
主管单位 / 上海市政府
成立时间 / 1960 年
第一负责人 / 陈东晓
合作机构 /
办公地址 / 上海市徐汇区田林路 195 弄 15 号（200233）
电话(传真) / 021 - 54614900（021 - 64850100）
邮　　箱 / web@ siis. org. cn
网　　址 / http://www. siis. org. cn
主要研究领域:
政治与安全；能源与环境；全球治理；对外政策；上海经济社会发展

790 上海国有资本运营研究院
Shanghai State – owned Capital Operation Research Institute

所 属 类 别 / 合作智库—研企合作
主 管 单 位 / 上海市国有资产监督管理委员会
成 立 时 间 / 2010 年 7 月
第一负责人 / 寿伟光
合 作 机 构 / 上海国盛（集团）有限公司、上海社会科学院
办 公 地 址 / 上海市徐汇区大木桥路 588 号四楼（200032）
电话(传真) / 021 – 24227079
邮　　箱 /
网　　址 /
主要研究领域:
国有资本运营与管理

791 上海华夏社会发展研究院
Shanghai Academy of Huaxia Social Development Research

所 属 类 别 / 社会智库—社会团体
主 管 单 位 /
成 立 时 间 / 1994 年 12 月
第一负责人 / 鲍宗豪
合 作 机 构 /
办 公 地 址 / 上海市浦东新区居家桥路 151 弄 33 号（200129）
电话(传真) / 021 – 50454706
邮　　箱 / HXYJY@ online. sh. cn
网　　址 / http://www. huaxia. org. cn
主要研究领域:
现代化；文化；城市发展与评估

792 上海交通大学城市科学研究院

所 属 类 别 / 合作智库
主 管 单 位 / 上海交通大学
成 立 时 间 / 2010 年
第一负责人 / 刘士林
合 作 机 构 / 国家发展和改革委员会地区经济司、城市和小城镇改革发展中心，国务院发展研究中心社会发展研究部、信息中心；教育部社会科学司等
办 公 地 址 / 上海市东川路 800 号上海市交通大学媒体与设计学院 A302 室（200240）
电话(传真) / 021 – 34208611
邮　　箱 / wxj1210@ 139. com
网　　址 /
主要研究领域:
都市化进程；中国式城市化；人文型智慧城市；文化城市；文化型传统村落

793 **上海交通大学第三部门研究中心**
Center for the Third Sector, Shanghai Jiao Tong University

所 属 类 别 / 高校智库
主 管 单 位 / 上海交通大学
成 立 时 间 / 2006 年 5 月
第一负责人 / 徐家良
合 作 机 构 /
办 公 地 址 / 上海市徐汇区华山路 1954 号新建楼 2002 室（200030）
电话(传真) / 021 - 62932258（021 - 62932258）
邮　　箱 / cts@ sjtu. edu. cn
网　　址 / http://www. sjtucts. com
主要研究领域:
公民社会与第三部门

794 **上海交通大学高等教育研究院**
Graduate School of Education, Shanghai Jiao Tong University

所 属 类 别 / 高校智库
主 管 单 位 / 上海交通大学
成 立 时 间 / 2007 年 12 月
第一负责人 / 刘念才
合 作 机 构 /
办 公 地 址 / 上海市闵行区东川路 800 号上海交通大学闵行校区陈瑞球楼南楼 2 层（200240）
电话(传真) / 021 - 34205654 - 15（021 - 34205782）
邮　　箱 / gsegaoyan@ sjtu. edu. cn
网　　址 / http://gse. sjtu. edu. cn
主要研究领域:
公共管理；高等教育；比较教育；科技与教育管理；教育经济与管理

795 **上海交通大学国家战略研究中心**
Center for National Strategic Studies, Shanghai Jiao Tong University

所 属 类 别 / 高校智库
主 管 单 位 / 上海交通大学
成 立 时 间 / 2005 年 9 月
第一负责人 / 徐根初
合 作 机 构 /
办 公 地 址 / 上海市徐汇区华山路 1954 号上海交通大学浩然科技大厦 15 层（200030）
电话(传真) / 021 - 62836725（021 - 62836817）
邮　　箱 / cnss@ sjtu. edu. cn
网　　址 / http://www. cnss. sjtu. edu. cn
主要研究领域: 国家战略；政治发展战略；经济发展战略

796 **上海交通大学科学史与科学文化研究院**
School of History and Culture of Science, Shanghai Jiao Tong University

所 属 类 别 / 高校智库
主 管 单 位 / 上海交通大学
成 立 时 间 / 2012 年 3 月
第一负责人 / 李侠
合 作 机 构 /
办 公 地 址 / 上海市东川路 800 号上海交通大学闵行校区密西根学院楼五楼（200240）
电话(传真) / 021 - 34207846（021 - 34205781）
邮　　箱 /
网　　址 / http://shc. sjtu. edu. cn
主要研究领域:
科学社会学的基本原理与应用；科技传播与科技政策；科技伦理与工程伦理

797 **上海交通大学能源研究院**

所 属 类 别 / 高校智库
主 管 单 位 / 上海交通大学
成 立 时 间 / 2005 年 6 月
第一负责人 / 黄震
合 作 机 构 /
办 公 地 址 / 上海市闵行区东川路 800 号（200240）
电话(传真) / 021 - 34206287（021 - 34206287）
邮　　箱 / ljyu@ sjtu. edu. cn
网　　址 / http://energy. sjtu. edu. cn
主要研究领域:
化石能源高效清洁利用；可再生能源开发与利用；新一代能源与动力系统；能源战略与政策

798 **上海交通大学新农村发展研究院**
Institute of New Rural Development, Shanghai Jiao Tong University

所 属 类 别 / 高校智库
主 管 单 位 / 上海交通大学
成 立 时 间 / 2006 年 7 月
第一负责人 / 蔡保松
合 作 机 构 /
办 公 地 址 / 上海市闵行区东川路 800 号（200240）
电话(传真) / 021 - 34207060
邮　　箱 / geosjtu@ sjtu. edu. cn
网　　址 / http://www. inrd. sjtu. edu. cn
主要研究领域:
都市农产品安全供给保障；都市农村民生改善；西部农村扶贫开发

799 上海交通大学舆情研究实验室
Public Opinion Research Laboratory of Shanghai Jiao Tong University

所属类别/高校智库
主管单位/上海交通大学
成立时间/2010 年
第一负责人/谢耘耕
合作机构/
办公地址/上海市闵行区东川路 800 号（200240）
电话(传真)/021－34204837
邮　　箱/yuqingsjtu@163. com
网　　址/
主要研究领域:
新媒体；大数据挖掘；公共舆论；社会治理

800 上海交通大学中国发展研究院
Shanghai Institute for National Economy

所属类别/高校智库
主管单位/上海交通大学
成立时间/2013 年 12 月
第一负责人/
合作机构/
办公地址/上海市徐汇区华山路 1954 号（200030）
电话(传真)/
邮　　箱/
网　　址/http://www. shine. sjtu. edu. cn
主要研究领域:
国际金融研究、服务经济与贸易、发展的政治经济学；城市与区域发展、环境和能源政策、产业发展研究；城乡统筹发展；开放型经济的理论与政策

801 上海交通大学中国海洋装备工程科技发展战略研究院
China Strategy Institute of Ocean Engineering

所属类别/合作智库
主管单位/上海交通大学
成立时间/2015 年 6 月
第一负责人/周济
合作机构/中国工程院、工信部、教育部、上海市政府
办公地址/上海市闵行区东川路 800 号木兰船建楼（200240）
电话(传真)/021－34208350（021－34208339）
邮　　箱/csioe@sjtu. edu. cn
网　　址/http://csioe. sjtu. edu. cn
主要研究领域:
海洋战略；海洋科技

S

802 上海金融与法律研究院
Shanghai Institute of Finance and Law

所 属 类 别 / 社会智库—民办非企业
主 管 单 位 / 上海市社会科学界联合会
成 立 时 间 / 2002 年 10 月
第一负责人 / 李步云
合 作 机 构 /
办 公 地 址 / 上海市浦东新区民生路 1199 号证大五道口广场 1 号楼 1902 室（200135）
电话(传真) / 021 - 68545701 (021 - 61009030)
邮　　箱 / office@ sifl. org. cn
网　　址 / http://www. sifl. org. cn
主要研究领域：
城市化与地方政府债务风险；规制研究；世界城市法治；金融与法律研究

803 上海科学技术政策研究所
Shanghai Institute of Science and Technology Policy

所 属 类 别 / 政府部门智库—省/区/市政府所属
主 管 单 位 / 上海科技管理干部学院
成 立 时 间 / 1987 年 1 月
第一负责人 / 杨耀武
合 作 机 构 /
办 公 地 址 / 上海市嘉定区城中路 37 号 (201800)
电话(传真) / 021 - 39188056 (021 - 39188055)
邮　　箱 / kyb@ sistm. edu. cn
网　　址 / http://www. sistp. org. cn
主要研究领域：
创新管理；科技人才；区域科技

S

804 上海社会科学院
Shanghai Academy of Social Sciences

所 属 类 别 / 高端智库，科研院所智库
主 管 单 位 / 上海市政府
成 立 时 间 / 1978 年 10 月
第一负责人 / 张道根
合 作 机 构 /
办 公 地 址 / 上海市卢湾区淮海中路 622 弄 7 号 (200020)
电话(传真) / 021 - 53060606
邮　　箱 / xxzx@ sass. org. cn
网　　址 / https://www. sass. org. cn
主要研究领域：世界经济；国际关系；公共管理；城市与人口；上海汽车战略；生态经济与可持续发展；智库研究；港澳研究；俄罗斯研究；中印比较

805 上海师范大学非洲研究中心
Center for African Studies of Shanghai Normal University

所属类别／高校智库
主管单位／上海师范大学
成立时间／1998 年
第一负责人／舒运国
合作机构／
办公地址／上海市徐汇区桂林路 100 号上海师范大学非洲研究中心（200234）
电话(传真)／
邮　　箱／liuweicai@ shnu. edu. cn
网　　址／http://shcas. shnu. edu. cn
主要研究领域：
非洲经济、非洲历史和中非关系及其他领域研究；中非经贸合作与国家对外战略

806 上海市计划生育科学研究所
Shanghai Institute of Planned Parenthood Research

所属类别／科研院所智库
主管单位／上海科学院
成立时间／1978 年
第一负责人／李元春
合作机构／
办公地址／上海市徐汇区斜土路 2140 号（200032）
电话(传真)／021－64776624（021－64046128）
邮　　箱／sippr2011@ 163. com
网　　址／http://www. sippr. org. cn
主要研究领域：
人类生殖健康；国家生育调节

807 上海市教育科学研究院
Shanghai Academy of Educational Sciences

所属类别／政府部门智库—省/区/市政府所属
主管单位／上海市教育委员会
成立时间／1995 年
第一负责人／陈国良
合作机构／
办公地址／上海市徐汇区茶陵北路 21 号（200032）
电话(传真)／021－64167677
邮　　箱／
网　　址／
主要研究领域：
人力资源与教育规划；教育财政；教育管理；教育政策法规；教育心理；教育评价、国际比较

S

808　上海市流通经济研究所

所 属 类 别 / 合作智库—政研合作
主 管 单 位 / 上海市人民政府发展研究中心
成 立 时 间 / 1999 年 8 月
第一负责人 / 汪亮
合 作 机 构 / 上海市政府商业委员会、上海社会科学院
办 公 地 址 / 上海市静安区武定路 458 号洪安大厦 10 楼（200041）
电话(传真) / 021－51029011（021－62959521）
邮　　箱 / chuang_ liu@ 163. com
网　　址 / http://www. liutong. org. cn
主要研究领域:
流通经济

809　上海市浦东改革与发展研究院（中国（上海）自由贸易试验区研究院）
Shanghai Pudong Academy of Reform and Development

所 属 类 别 / 政府部门智库—省/区/市政府所属
主 管 单 位 / 上海市浦东新区政府
成 立 时 间 / 1993 年 10 月
第一负责人 / 胡延照
合 作 机 构 /
办 公 地 址 / 上海市浦东新区张江路 39 号 4 幢 5 幢（201203）
电话(传真) / 021－58701373（021－58704640）
邮　　箱 / pdard@ pudong. gov. cn
网　　址 / http://www. pdard. cn
主要研究领域:
财政政策；金融政策；市场政策；就业政策；社会保障政策；产业政策；对外贸易政策；城乡建设政策；高端制造业政策；服务业政策

810　上海市人民政府参事室
Counsellors' Office of the Shanghai Municipal People's Government

所 属 类 别 / 政府部门智库—省/区/市政府所属
主 管 单 位 / 上海市政府
成 立 时 间 / 1951 年 2 月
第一负责人 / 姜平
合 作 机 构 /
办 公 地 址 / 上海市巨鹿路 845 弄 1 号（200040）
电话(传真) / 021－63297393
邮　　箱 / css01@ shanghai. gov. cn
网　　址 / http://css. sh. gov. cn
主要研究领域:
上海市发展战略

811　上海市人民政府发展研究中心
Development Research Centre of Shanghai Municipal People's Government

所 属 类 别 / 政府部门智库—省/区/市政府所属
主 管 单 位 / 上海市政府
成 立 时 间 / 1980 年 12 月
第一负责人 / 王德忠
合 作 机 构 /
办 公 地 址 / 上海市黄浦区大沽路 100 号 18 层（200003）
电话(传真) / 021 – 23111111
邮　　箱 /
网　　址 / http://www. fzzx. sh. gov. cn
主要研究领域:
上海市发展战略；上海市社会文化；上海市 WTO 事务；上海市流通经济

812　上海市社会科学界联合会
Shanghai Federation of Social Science Associations

所 属 类 别 / 社会智库—社会团体
主 管 单 位 / 中共上海市委
成 立 时 间 / 1978 年
第一负责人 / 王战
合 作 机 构 /
办 公 地 址 / 上海市黄浦区淮海中路 622 弄 7 号乙社联大楼（200020）
电话(传真) / 021 – 53063517（021 – 53067035）
邮　　箱 / office@ sssa. org. cn
网　　址 / http://www. sssa. org. cn
主要研究领域:
社会主义物质文明、精神文明

813　上海体育学院上海运动与健康产业协同创新中心
Shanghai Collaborative Innovation Center of Sports and Health Industry

所 属 类 别 / 高校智库
主 管 单 位 / 上海体育学院
成 立 时 间 / 2013 年
第一负责人 / 陈佩杰
合 作 机 构 /
办 公 地 址 / 上海市杨浦区长海路 399 号新行政楼 2 楼（200438）
电话(传真) / 021 – 65507597（021 – 65507597）
邮　　箱 / isids@ isids. org
网　　址 / http://isids. sus. edu. cn
主要研究领域:
体育产业、运动康复、青少年体质健康及科技助力奥运等

S

814　上海体育学院体育科学研究院

所 属 类 别 / 高校智库
主 管 单 位 / 上海体育学院
成 立 时 间 / 2012 年 3 月
第一负责人 /
合 作 机 构 /
办 公 地 址 / 上海市清源环路 650 号（200438）
电话(传真) / 021 - 65507862（021 - 65507862）
邮　　箱 / kxyjy102@ sina. com
网　　址 / http://kxyjy. sus. edu. cn
主要研究领域：
体育科学

815　上海外国语大学巴西研究中心

所 属 类 别 / 高校智库
主 管 单 位 / 上海外国语大学
成 立 时 间 /
第一负责人 / 张维琪
合 作 机 构 /
办 公 地 址 / 上海市大连西路 550 号上海外国语大学（200083）
电话(传真) /
邮　　箱 /
网　　址 /
主要研究领域：
巴西政治、经济、文化、社会等研究

S

816　上海外国语大学俄罗斯研究中心

Introduction of Center for Russian Studies of Shanghai International Studies University

所 属 类 别 / 高校智库
主 管 单 位 / 上海外国语大学
成 立 时 间 / 2012 年 6 月
第一负责人 / 汪宁
合 作 机 构 /
办 公 地 址 / 上海市大连西路 550 号上海外国语大学 6 号楼 611 室（200083）
电话(传真) /
邮　　箱 / crs@ shisu. edu. cn
网　　址 / http://www. crs. shisu. edu. cn
主要研究领域：
俄罗斯文化研究；语言与文学研究；中俄关系史研究；俄罗斯思想研究

817 上海外国语大学哈萨克斯坦研究中心

所 属 类 别 / 合作智库
主 管 单 位 / 上海外国语大学
成 立 时 间 / 2015 年 11 月
第一负责人 /
合 作 机 构 / 哈萨克斯坦驻沪总领事馆、哈萨克斯坦教育科学部国际计划中心
办 公 地 址 / 上海市大连西路 550 号上海外国语大学（200083）
电话(传真) /
邮　　箱 /
网　　址 /
主要研究领域:
哈萨克斯坦社会与文化研究；中哈教育交流合作

818 上海外国语大学加拿大研究中心

Centre for Canadian Studies, Shanghai International Studies University

所 属 类 别 / 高校智库
主 管 单 位 / 上海外国语大学
成 立 时 间 /
第一负责人 / 钱皓
合 作 机 构 /
办 公 地 址 / 上海市大连西路 550 号上海外国语大学科研楼 603 室（200083）
电话(传真) / 021 - 35372916
邮　　箱 /
网　　址 /
主要研究领域:
加拿大政治、经济、文化、社会等研究

819 上海外国语大学南亚东南亚研究所

所 属 类 别 / 高校智库
主 管 单 位 / 上海外国语大学
成 立 时 间 / 2014 年 4 月
第一负责人 / 冯超
合 作 机 构 /
办 公 地 址 / 上海市大连西路 550 号上海外国语大学（200083）
电话(传真) /
邮　　箱 /
网　　址 /
主要研究领域:
南亚、东南亚经济、政治和社会文化问题

820　上海外国语大学欧盟研究中心
Center for European Union Studies, Shanghai International Studies University

所 属 类 别 / 高校智库
主 管 单 位 / 上海外国语大学
成 立 时 间 /
第一负责人 / 曹德明
合 作 机 构 /
办 公 地 址 / 上海市虹口区大连西路 550 号 5 号楼 517 室（200083）
电话(传真) /
邮　　箱 / eucenter@ shisu. edu. cn
网　　址 / http://ceus. shisu. edu. cn
主要研究领域:
文化视角下的欧盟及其成员国；欧盟与国际组织；欧洲智库

821　上海外国语大学日本研究中心

所 属 类 别 / 高校智库
主 管 单 位 / 上海外国语大学
成 立 时 间 / 1994 年 2 月
第一负责人 / 廉德瑰
合 作 机 构 /
办 公 地 址 / 上海市大连西路 550 号上海外国语大学（200083）
电话(传真) /
邮　　箱 /
网　　址 /
主要研究领域:
日本语言、文学、政治、经济、文化、社会、教育等领域研究

822　上海外国语大学希腊研究中心

所 属 类 别 / 高校智库
主 管 单 位 / 上海外国语大学
成 立 时 间 /
第一负责人 /
合 作 机 构 /
办 公 地 址 / 上海市大连西路 550 号上海外国语大学（200083）
电话(传真) / 021 - 35372000
邮　　箱 /
网　　址 /
主要研究领域:
希腊经济、政治、社会、文化问题研究

823 上海外国语大学伊朗研究中心

所 属 类 别 / 高校智库
主 管 单 位 / 上海外国语大学
成 立 时 间 /
第一负责人 / 程彤
合 作 机 构 /
办 公 地 址 / 上海市大连西路 550 号上海外国语大学（200083）
电话(传真) /
邮　　箱 /
网　　址 /
主要研究领域：
伊朗政治、经济、文化、语言、社会等研究

824 上海外国语大学伊斯兰合作组织研究中心

所 属 类 别 / 高校智库
主 管 单 位 / 上海外国语大学
成 立 时 间 / 2017 年
第一负责人 /
合 作 机 构 /
办 公 地 址 / 上海市大连西路 550 号上海外国语大学（200083）
电话(传真) /
邮　　箱 /
网　　址 /
主要研究领域：
“一带一路”倡议

825 上海外国语大学印度研究中心

所 属 类 别 / 高校智库
主 管 单 位 / 上海外国语大学
成 立 时 间 /
第一负责人 / 陈金英
合 作 机 构 /
办 公 地 址 / 上海市大连西路 550 号上海外国语大学（200083）
电话(传真) / 021 - 35372000
邮　　箱 /
网　　址 /
主要研究领域：
印度经济、政治和社会文化问题

S

826 上海外国语大学英国研究中心
Center for British Studies, Shanghai International Studies University

所 属 类 别 / 高校智库
主 管 单 位 / 上海外国语大学
成 立 时 间 /
第一负责人 / 查明建
合 作 机 构 /
办 公 地 址 / 上海市大连西路 550 号（200083）
电话(传真) / 021 - 35372804
邮　　箱 / britishstudies@ shisu. edu. cn
网　　址 / http://www. cbs. shisu. edu. cn
主要研究领域:
中英人文交流与文化外交；中英高层政治、经济、人权对话机制研究；中英文化产业政策合作研究；英国社会文化研究；中英教育合作、中英国际发展领域合作、英国涉华舆情研究；中国企业英国本土化策略、中英网络安全领域合作等研究

827 上海外国语大学中东研究所
The Middle East Studies Institute of Shanghai International Studies University

所 属 类 别 / 高校智库
主 管 单 位 / 上海外国语大学
成 立 时 间 / 1980 年 9 月
第一负责人 / 刘中民
合 作 机 构 /
办 公 地 址 / 上海市虹口区大连西路 550 号科研楼（200083）
电话(传真) / 021 - 35373278（021 - 35373286）
邮　　箱 / mideastweb@ 126. com
网　　址 / http://mideast. shisu. edu. cn
主要研究领域:
中东政治；中东安全；中国中东外交；中东能源；中东经济

S

828 上海外国语大学中国国际舆情研究中心

所 属 类 别 / 高校智库
主 管 单 位 / 上海外国语大学
成 立 时 间 / 2008 年 6 月
第一负责人 / 郭可
合 作 机 构 /
办 公 地 址 / 上海市大连西路 550 号上海外国语大学 5 号楼 619 室（200083）
电话(传真) / 021 - 35372559
邮　　箱 / globalpubopinion@ gmail. com
网　　址 / http://www. rcgpoc. shisu. edu. cn/main. htm
主要研究领域：国际媒体舆情分析；国际传播

829 **上海外国语大学中国外语战略研究中心**
Research Center for Foreign Language, Shanghai International Studies University

所属类别/高校智库
主管单位/上海外国语大学
成立时间/2007年12月
第一负责人/赵蓉晖
合作机构/
办公地址/上海市大连西路550号5号楼606室、616室(200083)
电话(传真)/021-35372364
邮　　箱/
网　　址/http://www.rcfls.shisu.edu.cn
主要研究领域:
语言战略;语言政策

830 **上海外国语大学中亚研究中心**
Centre for Central Asia Studies

所属类别/高校智库
主管单位/上海外国语大学
成立时间/2010年5月
第一负责人/赵伟明
合作机构/
办公地址/上海市大连西路550号上海外国语大学科研楼510室(200083)
电话(传真)/021-35372933
邮　　箱/xiechao@shisu.edu.cn
网　　址/http://www.ccas.shisu.edu.cn
主要研究领域:
中亚政治和外交;中国中亚外交;中亚经济转型;中亚各国法律与社会文化

831 **上海物流研究院**
Shanghai Logistics Institute

所属类别/合作智库—政校合作
主管单位/上海市政府、复旦大学
成立时间/2006年
第一负责人/陈海刚、燕爽
合作机构/上海市政府、复旦大学
办公地址/上海市杨浦区邯郸路220号光华楼东主楼2707-2714室(200433)
电话(传真)/021-65643072(021-65643072-8013)
邮　　箱/isl@fudan.edu.cn
网　　址/
主要研究领域:
高端物流;城市配送与快递;物流金融;低碳物流

832 上海新金融研究院
Shanghai Finance Institute, SFI

所 属 类 别 / 社会智库
主 管 单 位 / 上海市金融服务办公室
成 立 时 间 / 2011 年 7 月
第一负责人 / 姜建清
合 作 机 构 / 上海市黄浦区人民政府
办 公 地 址 / 上海市黄浦区北京东路 280 号 2706 室 (200002)
电话(传真) / 021 - 33023250
邮　　箱 / sfi@ 188. com
网　　址 / http://www. sfi. org. cn
主要研究领域:
国际金融发展新趋势; 国内金融发展新问题

833 上海中医药大学药物安全评价研究中心

所 属 类 别 / 高校智库
主 管 单 位 / 上海中医药大学
成 立 时 间 /
第一负责人 / 陶建生
合 作 机 构 /
办 公 地 址 / 上海市蔡伦路 1200 号 (201203)
电话(传真) /
邮　　箱 /
网　　址 /
主要研究领域:
中药、天然药物、生物技术药物和化学药物的安全性评价和毒理学研究

834 社会科学文献出版社皮书研究院

所 属 类 别 / 智库研究与评价机构, 社会智库
主 管 单 位 / 社会科学文献出版社
成 立 时 间 / 2009 年 1 月
第一负责人 / 谢寿光
合 作 机 构 /
办 公 地 址 / 北京市西城区北三环中路甲 29 号院华龙大厦
电话(传真) / 010 - 59366421
邮　　箱 / pishuyanjiuyuan@ 126. com
网　　址 /
主要研究领域:
智库成果评价; 智库评价

835 深圳创新发展研究院
Innovation and Development Institute

所属类别/社会智库—民办非企业
主管单位/深圳市民政局
成立时间/2013 年 7 月
第一负责人/毛振华
合作机构/
办公地址/广东省深圳市福田保税区桃花路 1 号国际互联网金融创业中心 7 楼（518038）
电话(传真)/0755 - 88302511（0755 - 88308875）
邮　　箱/
网　　址/http://www.cxsz.org
主要研究领域：
改革创新

836 深圳大学文化产业研究院
Institute for Cultural Industries, Shenzhen University

所属类别/高校智库
主管单位/深圳大学
成立时间/2009 年 5 月
第一负责人/李凤亮
合作机构/
办公地址/广东省深圳市南山区南海大道 3688 号粤海门广场 B 栋 1 层（518060）
电话(传真)/0755 - 26767835
邮　　箱/whcyyjy@szu.edu.cn
网　　址/http://ici.szu.edu.cn
主要研究领域：
文化产业新兴业态；区域文化产业发展；文化产业政策与知识产权

837 深圳大学中国经济特区研究中心
China Center for Special Economic Zone Research, Shenzhen University

所属类别/高校智库
主管单位/深圳大学
成立时间/1983 年 3 月
第一负责人/陶一桃
合作机构/
办公地址/广东省深圳市南山区深圳大学文科楼 7 层（518060）
电话(传真)/0755 - 26536213（0755 - 26536213）
邮　　箱/sez@szu.edu.cn
网　　址/http://www.ccsezr.org.cn
主要研究领域：
经济特区；自由贸易区

838 深圳市社会科学院

所 属 类 别 / 科研院所智库
主 管 单 位 / 中共深圳市委、深圳市政府
成 立 时 间 / 1992 年 7 月
第一负责人 / 吴定海
合 作 机 构 /
办 公 地 址 / 广东省深圳市福田区上步中路 1023 号市府二办 (518028)
电话(传真) / 0775 - 82104900 (0755 - 82099335)
邮 箱 /
网 址 / http://www.szass.com
主要研究领域:
外向型经济; 经济特区; 现代公共治理; 人口; 城市文化

839 生态环境部华南环境科学研究所
South China Institute of Environmental Sciences, MEE

所 属 类 别 / 政府部门智库—国务院组成部门所属
主 管 单 位 / 生态环境部
成 立 时 间 / 1973 年
第一负责人 / 吴国增
合 作 机 构 /
办 公 地 址 / 广东省广州市天河区员村西街 7 号大院 (510655)
电话(传真) / 020 - 88524440
邮 箱 / bgs@scies.org
网 址 / http://www.scies.org
主要研究领域:
热带、亚热带区域环境问题; 发达地区环境问题; 区域、流域可持续发展; 污染控制方法创新; 环境战略与发展; 环境信息技术

S

840 生态环境部环境发展中心 (中日友好环境保护中心)
Environmental Development Centre of Ministry of Ecology and Environmental (Sino - Japan Friendship Centre for Environmental Protection)

所 属 类 别 / 政府部门智库—国务院组成部门所属
主 管 单 位 / 生态环境部
成 立 时 间 / 1996 年 5 月
第一负责人 / 任勇
合 作 机 构 /
办 公 地 址 / 北京市朝阳区育慧南路 1 号 (100029)
电话(传真) / 010 - 84637722
邮 箱 /
网 址 / http://www.china-epc.cn
主要研究领域:
环境信息管理; 环境认证; 环境影响评价; 国际环境问题

841 生态环境部环境工程评估中心
Appraisal Center for Environment & Engineering Ministry of Ecology and Environmental

所 属 类 别 / 政府部门智库—国务院组成部门所属
主 管 单 位 / 生态环境部
成 立 时 间 / 1992 年
第一负责人 / 谭民强
合 作 机 构 /
办 公 地 址 / 北京市朝阳区北苑路 28 号院 1 号楼鸿炜亿家一层受理大厅 (100012)
电话(传真) / 010 - 84913518 (010 - 84918954)
邮 箱 / oic@ acee. org. cn
网 址 / http://www. china - eia. com
主要研究领域:
重大经济政策与规划的环境影响; 环境影响评价技术政策及预测

842 生态环境部环境规划院
Chinese Academy of Environmental Planning

所 属 类 别 / 政府部门智库—国务院组成部门所属
主 管 单 位 / 生态环境部
成 立 时 间 / 1987 年
第一负责人 / 王金南
合 作 机 构 /
办 公 地 址 / 北京市朝阳区安外大羊坊 8 号院 2 号楼南段 3 层 (100012)
电话(传真) / 010 - 84910863 (010 - 84918581)
邮 箱 / caep@ caep. org. cn
网 址 / http://www. caep. org. cn
主要研究领域:
环境战略; 污染防治; 生态保护; 污染物排放总量控制; 排污交易; 气候变化; 环境风险评估与管理; 环境经济核算; 生态补偿政策

843 生态环境部环境与经济政策研究中心
Policy Research Center for Environment and Economy, Ministry of Ecology and Environmental

所 属 类 别 / 政府部门智库—国务院组成部门所属
主 管 单 位 / 生态环境部
成 立 时 间 / 1989 年
第一负责人 / 吴舜泽
合 作 机 构 /
办 公 地 址 / 北京市朝阳区育慧南路 1 号中日友好环境保护中心院内 (100029)
电话(传真) / 010 - 84665771 (010 - 84634063)
邮 箱 / prcee@ prcee. org
网 址 / http://www. prcee. org
主要研究领域: 环境战略与理论; 环境法规和体制; 环境经济与管理政策; 环境与社会管理; 国际环境政策; 环境与健康; 城市环境管理; 气候变化政策

S

844 生态文明智库

所属类别／合作智库—多方合作
主管单位／
成立时间／2015 年 4 月
第一负责人／张国发
合作机构／中国伦理学会环境伦理学分会、中国自然辩证法研究会、北京春知绿环境技术研究院、哈尔滨工业大学
办公地址／
电话(传真)／010 - 67187160
邮　　箱／309290368@ qq. com
网　　址／
主要研究领域：
中国特色社会主义生态文明新时代；环境保护新常态

845 石河子大学兵团屯垦经济研究中心

所属类别／高校智库
主管单位／石河子大学
成立时间／
第一负责人／龚新蜀
合作机构／
办公地址／新疆石河子市北四路 221 号（832003）
电话(传真)／0993 - 2058555
邮　　箱／
网　　址／
主要研究领域：
新疆（兵团）“三化”建设理论与实践；对外经济合作与发展；绿洲生态经济可持续发展

S

846 石河子大学棉花经济研究中心

Research Center for Cotton Economy of Shihezi University

所属类别／社会智库—民办非企业
主管单位／石河子大学
成立时间／2011 年 9 月
第一负责人／张杰
合作机构／
办公地址／新疆石河子市北四路（832003）
电话(传真)／0993 - 2058972（0993 - 2058972）
邮　　箱／rccecon@ 126. com
网　　址／
主要研究领域：
棉花及棉制品市场；棉花和棉纺产业；棉花和棉纺产业发展战略规划

847 石河子大学农业现代化研究中心

Research Center of Agricultural Modernization, Shihezi University

所属类别/高校智库
主管单位/石河子大学
成立时间/2010 年 10 月
第一负责人/张红丽
合作机构/
办公地址/新疆石河子市北四路石河子大学经济与管理学院 304 室（832000）
电话(传真)/0993－2057916（0993－2057916）
邮　　箱/zzh545675656@163.com
网　　址/
主要研究领域：
绿洲农业资源与环境；农业技术经济与管理；农业特色经济与产业组织

848 食品安全风险治理研究院

所属类别/合作智库
主管单位/江南大学
成立时间/2016 年 7 月
第一负责人/吴林海
合作机构/江苏省食品药品监督管理局
办公地址/江苏省无锡市蠡湖大道 1800 号江南大学（214122）
电话(传真)/0510－85325277（0510－85326659）
邮　　箱/
网　　址/
主要研究领域：
食品安全风险治理；食品安全消费；食品产业政策；食品安全监管体制

849 首都经济贸易大学特大城市经济社会发展研究院

Academy of Metropolis Economic and Social Development of CUEB

所属类别/合作智库
主管单位/首都经济贸易大学、北京市政府、中国社会科学院
成立时间/2012 年 9 月
第一负责人/
合作机构/
办公地址/北京市丰台区花乡张家路口 121 号（校本部）（100070）
电话(传真)/
邮　　箱/
网　　址/https://tdcs.cueb.edu.cn
主要研究领域：
特大城市经济社会发展相关前沿理论和重大现实问题研究

S

850 首都科技发展战略研究院
Capital Institute of Science and Technology Development Strategy, CISTDS

所 属 类 别 / 合作智库—政研合作
主 管 单 位 /
成 立 时 间 / 2011 年 8 月
第一负责人 / 关成华
合 作 机 构 / 科学技术部、北京市政府、中国科学院、中国工程院
办 公 地 址 / 北京市朝阳区东三环中路 63 号富力中心 12 层 (100022)
电话(传真) / 010 - 59037392 (010 - 59037391)
邮　　箱 / cistds@ cistds. org. cn
网　　址 / http://www. cistds. org
主要研究领域:
创新创业评估; 绿色发展战略规划; 城市转型; 大数据开发与应用

851 首都师范大学文化研究院
Institute for Cultural Studies, Capital Normal University

所 属 类 别 / 合作智库
主 管 单 位 / 首都师范大学
成 立 时 间 / 2012 年
第一负责人 / 刘新成
合 作 机 构 / 首都师范大学、北京市教育委员会
办 公 地 址 / 北京市海淀区西三环北路 83 号国际文化大厦南楼 2 层东 (100089)
电话(传真) / 010 - 68902076
邮　　箱 / wenhuazhanlue@ gmail. com
网　　址 / http://bjcs. cnu. edu. cn
主要研究领域:
首都文化建设; 国家文化中心建设

852 首都文化创新与文化传播工程研究院
Beijing Institute of Culture Innovation and Communication

所 属 类 别 / 合作智库—校社合作
主 管 单 位 / 北京师范大学
成 立 时 间 / 2012 年 6 月
第一负责人 / 于丹
合 作 机 构 / 北京师范大学、北京市社会科学联合会
办 公 地 址 / 北京市海淀区新街口外大街 19 号京师大厦 9812A (100875)
电话(传真) / 010 - 58802133
邮　　箱 /
网　　址 / http://www. bicic. org
主要研究领域:
文化创新; 文化传播

853 首都学习型社会研究院
Beijing Institute for the Learning Society

所属类别/合作智库—政校合作
主管单位/北京市教育委员会、北京师范大学
成立时间/2011年10月
第一负责人/孙善学
合作机构/北京市建设学习型城市工作领导小组办公室、北京师范大学
办公地址/北京市海淀区新街口外大街19号京师大厦1112室（100875）
电话(传真)/010-58800558（010-58800558）
邮　　箱/bils@bnu.edu.cn
网　　址/http://bils.bnu.edu.cn
主要研究领域:
城市居民终身学习素养调查；学习型社区、学习型城市建设评价

854 首都医科大学国家医疗保障研究院

所属类别/合作智库
主管单位/首都医科大学、国家医疗保障局
成立时间/2019年8月
第一负责人/娄洪
合作机构/
办公地址/
电话(传真)/
邮　　箱/
网　　址/
主要研究领域:
医保改革发展；医保政策研究

855 数理经济学教育部重点实验室（上海财经大学）
Key Laboratory of Mathematical Economics (Shanghai University of Finance and Economics), Ministry of Education

所属类别/高校智库
主管单位/上海财经大学
成立时间/2012年4月
第一负责人/艾春荣、田国强
合作机构/
办公地址/上海市杨浦区国定路777号（200433）
电话(传真)/021-65903125（021-65903224）
邮　　箱/chen.xudong@mail.shufe.edu.cn
网　　址/http://klme.shufe.edu.cn
主要研究领域:
博弈论及机制设计；金融建模与风险管理；宏观经济模型与预测

S

856 水利部发展研究中心
Development Research Center of the Ministry of Water Resources

所属类别/政府部门智库—国务院组成部门所属
主管单位/水利部
成立时间/
第一负责人/陈茂山
合作机构/
办公地址/北京市海淀区玉渊潭南路3号（100038）
电话(传真)/010－63205081
邮　　箱/
网　　址/http://www.waterinfo.com.cn
主要研究领域：
水利体制机制；水利法制；节水型社会建设；水权；水价；水市场；水利投融资；可持续水利发展；农村水利；国外水利

857 水利部水利水电规划设计总院
China Renewable Energy Engineering Institute

所属类别/政府部门智库—国务院组成部门所属
主管单位/水利部
成立时间/1994年12月
第一负责人/沈凤生
合作机构/
办公地址/北京市西城区六铺炕北小街2号（100120）
电话(传真)/010－51973283
邮　　箱/
网　　址/http://www.creei.cn
主要研究领域：
水利水电规划；水利水电政策法规；全国水资源综合规划；水利规划与战略研究；中国水情分析

858 司法部司法行政学院

所属类别/政府部门智库—国务院组成部门所属
主管单位/司法部
成立时间/1987年
第一负责人/孙艳辉
合作机构/
办公地址/北京市朝阳区霄云路霞光里11号（100016）
电话(传真)/
邮　　箱/
网　　址/
主要研究领域：司法行政

859 **司法部司法研究所（研究室）**
Institute for Justice Administration of the Ministry of Justice

所属类别／政府部门智库—国务院组成部门所属
主管单位／司法部
成立时间／
第一负责人／范履冰
合作机构／
办公地址／
电话(传真)／
邮　　箱／
网　　址／
主要研究领域：
国家法治；刑罚执行制度；执行权配置；社区矫正工作法制化

860 **司法部预防犯罪研究所**
Ministry of Justice Crime Prevention Research Institute

所属类别／政府部门智库—国务院组成部门所属
主管单位／司法部
成立时间／1984 年 9 月
第一负责人／高贞
合作机构／
办公地址／北京市朝阳区朝阳门南大街 6 号（100020）
电话(传真)／
邮　　箱／
网　　址／
主要研究领域：
犯罪原因、趋势与对策；罪犯矫治；监狱管理；国外刑事司法；人权公约

861 **丝路规划研究中心**

所属类别／合作智库
主管单位／全国政协办公厅
成立时间／2016 年 3 月
第一负责人／陈元
合作机构／国家开发银行、清华大学、丝路基金、中国开发性金融促进会、中国金融四十人论坛
办公地址／
电话(传真)／
邮　　箱／
网　　址／
主要研究领域：
“一带一路”倡议

S

862 四川大学经济发展研究院
Institute of Economic Development of Sichuan University

所属类别/高校智库
主管单位/四川大学
成立时间/2009 年 10 月
第一负责人/于建玮
合作机构/
办公地址/四川省成都市武侯区望江路 29 号四川大学（610064）
电话(传真)/028 - 85418758（028 - 85418759）
邮 箱/iedsu@ scu. edu. cn
网 址/http://www. cdjjfzyjy. com
主要研究领域:
西部经济发展；区域经济改革与发展

863 四川大学美国研究中心
American Studies Center（ASC）

所属类别/高校智库
主管单位/四川大学
成立时间/1985 年
第一负责人/陈杰
合作机构/
办公地址/四川省成都市武侯区望江路 29 号四川大学国际关系学院（文科楼）176 室（610042）
电话(传真)/028 - 85418176
邮 箱/ascscu@ 163. com
网 址/http://ascscu. scu. edu. cn
主要研究领域:
美国政治、经济、社会、文化、历史、文学；美国外交政策；中美关系

864 四川大学南亚研究所
Institute of South Asian Studies，Sichuan University

所属类别/高校智库
主管单位/四川大学
成立时间/1978 年
第一负责人/李涛
合作机构/
办公地址/四川省成都市武侯区九眼桥四川大学文科楼 5 层（610064）
电话(传真)/028 - 85412638
邮 箱/nanyasuo@ 163. com
网 址/http://www. isas. net. cn
主要研究领域:
南亚经济发展；南亚社会政治；南亚军事安全；南亚与中国西南发展

865 四川大学欧洲研究中心
Centre for European Studies Sichuan University

所 属 类 别 / 高校智库
主 管 单 位 / 四川大学
成 立 时 间 / 1996 年 5 月
第一负责人 / 石坚
合 作 机 构 /
办 公 地 址 / 四川省成都市武侯区望江路 29 号（610064）
电话(传真) / 028 - 85411806（028 - 85412400）
邮　　箱 / escentre@ scu. edu. cn
网　　址 / http://ces. scu. edu. cn
主要研究领域：
欧盟文化政策与发展战略；欧盟区域政策；欧盟经济金融；欧盟环境政策；欧盟高等教育；欧盟社会发展；欧盟宗教治理；中欧关系

866 四川大学人口研究所

所 属 类 别 / 高校智库
主 管 单 位 / 四川大学
成 立 时 间 / 1979 年 11 月
第一负责人 / 何景熙
合 作 机 构 /
办 公 地 址 / 四川省成都市武侯区科华北路 133 号（610062）
电话(传真) / 028 - 85412416
邮　　箱 / scurks@ 163. com
网　　址 / http://xbkfy. scu. edu. cn/rkyj
主要研究领域：
区域人口研究；民族人口学；人力资源开发；人口地理学；计算机与人口信息管理；历史人口学；南亚、西亚人口

867 四川大学文化产业研究中心
Cultural Industry Research Center，Sichuan University

所 属 类 别 / 高校智库
主 管 单 位 / 四川大学
成 立 时 间 / 2004 年
第一负责人 / 蔡尚伟
合 作 机 构 /
办 公 地 址 /
电话(传真) /
邮　　箱 /
网　　址 / http://cci. scu. edu. cn
主要研究领域：文化产业

868 四川大学中国西部边疆安全与发展协同创新中心
Collaborative Innovation Center for Security and Development of Weatern Frontier China

所 属 类 别 / 高校智库
主 管 单 位 / 四川大学
成 立 时 间 / 2012 年
第一负责人 / 罗中枢
合 作 机 构 / 云南大学、新疆大学、西藏大学、国家民委民族理论政策研究室、国务院发展研究中心民族发展研究所
办 公 地 址 / 四川省成都市望江路 29 号文科楼 239 办公室（610064）
电话(传真) / 028 - 85416270
邮　　箱 / cwf - scu@ 163. com
网　　址 /
主要研究领域：
“一带一路”重大问题研究；西部边疆史地研究；边疆理论与治理战略等

869 四川农业大学四川省农村发展研究中心
Sichuan Center for Rural Development Research

所 属 类 别 / 高校智库
主 管 单 位 / 四川农业大学
成 立 时 间 / 2004 年
第一负责人 / 蓝红星
合 作 机 构 /
办 公 地 址 / 四川省成都市温江区惠民路 211 号（611130）
电话(传真) / 028 - 86290892
邮　　箱 / toscrdr@ 163. com
网　　址 / http://scrdr. sicau. edu. cn
主要研究领域：山地特色农业发展；成渝城乡统筹；长江上游生态文明建设；西南民族及贫困地区跨越发展

870 四川农业大学新农村发展研究院
Institute for New Rural Development, Sichuan Agricultural University

所 属 类 别 / 高校智库
主 管 单 位 / 四川农业大学
成 立 时 间 / 2012 年 4 月
第一负责人 / 张敏
合 作 机 构 /
办 公 地 址 / 四川省雅安市雨城区新康路 46 号（625014）
电话(传真) / 0835 - 2883119（0835 - 2883119）
邮　　箱 / scaunfy@ 163. com
网　　址 / http://nfy. sicau. edu. cn
主要研究领域：农村科技和综合服务体系；创业与孵化服务体系；多元化科技服务体系；现代农村科技创新体系；新农村建设理论创新与政策研究

871 四川省产业经济发展研究院
Sichuan Institute of Industrial Development

所属类别/合作智库—政校合作
主管单位/四川省经济和信息化委员会、西南交通大学
成立时间/2012年4月
第一负责人/蒲云
合作机构/四川省经济和信息化委员会、西南交通大学
办公地址/四川省成都市金牛区二环路北一段111号西南交通大学2号楼(610031)
电话(传真)/028-87600379 (028-87600379)
邮　　箱/sc_ industry@126. com
网　　址/
主要研究领域:
四川产业经济;四川区域经济

872 四川省经济发展研究院

所属类别/政府部门智库—省/区/市政府所属
主管单位/
成立时间/1998年7月
第一负责人/鲁荣东
合作机构/
办公地址/四川省成都市锦江区滨江东路156号(610021)
电话(传真)/028-86705683
邮　　箱/xwgang1313@163. com
网　　址/http://www. scjyy. org
主要研究领域:
产业发展研究;区域和社会发展研究;投融资研究;企业发展研究

873 四川省人民政府参事室
Counsellors' Office of Sichuan Provincial People's Government

所属类别/政府部门智库—省/区/市政府所属
主管单位/四川省政府办公厅
成立时间/1952年11月
第一负责人/蔡竞
合作机构/
办公地址/四川省成都市锦江区暑袜中街42号(610020)
电话(传真)/028-86662355
邮　　箱/ztjjz@sc. gov. cn
网　　址/http://css. sc. gov. cn
主要研究领域:
四川省发展战略

S

874 四川省社会科学界联合会
Sichuan Federation of Social Sciences Circle

所 属 类 别 / 社会智库—社会团体
主 管 单 位 / 中共四川省委、四川省政府
成 立 时 间 / 1981 年 12 月
第一负责人 / 杨泉明
合 作 机 构 /
办 公 地 址 / 四川省成都市青羊区大石西路科联街 19 号 (610071)
电话(传真) / 028 - 87052777
邮　　箱 / scskl@ 163. com
网　　址 / http://www. scskl. cn
主要研究领域:
社会主义物质文明、精神文明

875 四川省社会科学院
Sichuan Academy of Social Sciences

所 属 类 别 / 科研院所智库
主 管 单 位 / 四川省政府
成 立 时 间 / 1978 年 6 月
第一负责人 / 向宝云
合 作 机 构 /
办 公 地 址 / 四川省成都市青羊区一环路西一段 155 号 (610071)
电话(传真) / 028 - 86266824
邮　　箱 / sjyzqt@ 163. com
网　　址 / http://www. sass. cn
主要研究领域:
产业经济; 民族与宗教; 文化创意产业; 新闻传播; 青少年犯罪; 农村发展; 区域经济; 四川震灾; 印度问题

876 四川外国语大学金砖国家研究院

所 属 类 别 / 高校智库
主 管 单 位 / 四川外国语大学
成 立 时 间 / 2013 年 9 月
第一负责人 /
合 作 机 构 /
办 公 地 址 / 重庆市沙坪坝区壮志路 33 号 (400031)
电话(传真) /
邮　　箱 /
网　　址 /
主要研究领域: 金砖国家国别与区域研究; "一带一路" 背景下的金砖国家合作研究; 金砖国家与全球治理的关系; 金砖国家人文交流机制研究

S

877 苏州大学企业创新和发展研究中心
Center for Enterprise Innovation and Development, Soochow University

所属类别 / 高校智库
主管单位 / 苏州大学
成立时间 /
第一负责人 / 董洁林
合作机构 /
办公地址 / 江苏省苏州市沧浪区东环路 50 号 (215021)
电话(传真) / 0512 - 67160183
邮　　箱 / hai11@163.com
网　　址 /
主要研究领域:
科技战略与管理；科技体制与科技政策；创业管理理论与实践

878 苏州大学苏南发展研究院
Institute for Sunan Development, Soochow University

所属类别 / 合作智库—政校合作
主管单位 / 苏州大学
成立时间 / 1999 年 10 月
第一负责人 / 田晓明
合作机构 / 江苏省哲学社会科学规划办公室、苏州大学
办公地址 / 江苏省苏州市沧浪区东环路 50 号苏州大学凌云楼 18 层 (215021)
电话(传真) /
邮　　箱 /
网　　址 /
主要研究领域:
公共治理；人力资源；人口；社会心理；公共文明；文化和教育发展；社会发展；经济发展

879 苏州大学台商投资与发展研究所

所属类别 / 高校智库
主管单位 / 苏州大学
成立时间 / 2010 年 6 月
第一负责人 / 张明
合作机构 /
办公地址 / 江苏省苏州市吴中区工业园区仁爱路 199 号 (215123)
电话(传真) / 0512 - 65880700 (0512 - 65880700)
邮　　箱 / sdty@suda.edu.cn
网　　址 /
主要研究领域:
台商投资；产业合作；台商社会生活；两岸关系；和平发展

S

880 **苏州大学中国特色城镇化研究中心**
Centre for Chinese Urbanization Studies

所属类别／高校智库
主管单位／苏州大学
成立时间／2004 年 12 月
第一负责人／陈进华
合作机构／
办公地址／江苏省苏州市沧浪区十梓街 1 号苏州大学本部十梓街子实堂（215006）
电话(传真)／0512－65227436
邮　　箱／
网　　址／http://rurc.suda.edu.cn
主要研究领域：
城乡规划与产业结构；苏南模式；社会稳定；创新与区域发展；城镇化法制保障；心理与文化支持

881 **太原理工大学基层社会治理研究中心**

所属类别／高校智库
主管单位／太原理工大学文法学院
成立时间／
第一负责人／梁丽萍
合作机构／
办公地址／山西省太原市迎泽西大街 79 号（030024）
电话(传真)／
邮　　箱／
网　　址／
主要研究领域：
山西省各级地方政府基层社会治理

882 **太原理工大学煤炭产业科学发展研究中心**

所属类别／高校智库
主管单位／太原理工大学艺术学院
成立时间／
第一负责人／栗继祖
合作机构／
办公地址／山西省太原市迎泽西大街 79 号（030024）
电话(传真)／
邮　　箱／
网　　址／
主要研究领域：
煤炭产业

883 太原理工大学山西省文化遗产保护与修复协同创新中心

所 属 类 别 / 高校智库
主 管 单 位 / 太原理工大学艺术学院
成 立 时 间 / 2013 年 9 月
第一负责人 / 赵慧
合 作 机 构 /
办 公 地 址 / 山西省太原市迎泽西大街 79 号（030024）
电话(传真) /
邮　　箱 /
网　　址 /
主要研究领域：
山西文化遗产保护与修复

884 腾讯研究院
Tencent Research Institute

所 属 类 别 / 社会智库—企业
主 管 单 位 / 深圳市腾讯计算机系统有限公司
成 立 时 间 / 2007 年 10 月
第一负责人 / 郭凯天
合 作 机 构 /
办 公 地 址 /
电话(传真) /
邮　　箱 / postdoctor@ tencent. com
网　　址 / http://www. tencentresearch. com
主要研究领域：
互联网产业经济；社会文化；法律法规；公共政策

885 天津大学中国文化遗产保护国际研究中心

所 属 类 别 / 高校智库
主 管 单 位 / 天津大学
成 立 时 间 / 2008 年
第一负责人 / 青木信夫
合 作 机 构 /
办 公 地 址 / 天津市南开区卫津路 92 号天津大学建筑学院 3001 房间（300072）
电话(传真) / 022 - 27404491
邮　　箱 /
网　　址 / http://cchc. tju. edu. cn
主要研究领域：
文化遗产保护

886 **天津工业大学天津市中国特色社会主义理论体系研究中心基地**

所 属 类 别 / 高校智库
主 管 单 位 / 天津工业大学
成 立 时 间 / 2017 年
第一负责人 /
合 作 机 构 /
办 公 地 址 / 天津市西青区宾水西道 399 号（300387）
电话(传真) /
邮　　箱 /
网　　址 /
主要研究领域:
中国特色社会主义理论体系研究

887 **天津工业大学现代纺织产业创新研究中心**

所 属 类 别 / 高校智库
主 管 单 位 / 天津工业大学经济与管理学院
成 立 时 间 /
第一负责人 / 周庄
合 作 机 构 /
办 公 地 址 / 天津市西青区宾水西道 399 号（300387）
电话(传真) /
邮　　箱 /
网　　址 /
主要研究领域:
现代纺织业自主创新、现代纺织业产业安全与竞争力、现代纺织业自主品牌的国际化经营研究

888 **天津社会科学院**
Tianjin Academy of Social Sciences

所 属 类 别 / 科研院所智库
主 管 单 位 / 天津市政府
成 立 时 间 / 1979 年 3 月
第一负责人 / 靳方华
合 作 机 构 /
办 公 地 址 / 天津市南开区迎水道 7 号（300191）
电话(传真) / 022 - 23368739（022 - 23362739）
邮　　箱 /
网　　址 / http://www. tass - tj. org. cn
主要研究领域:
城市经济；现代企业；舆情；经济社会预测；经济社会发展；东北亚研究

889 天津市人民政府参事室（天津市文史研究馆）
Counsellors' Office of the Tianjin Municipal People's Government

所属类别 / 政府部门智库—省/区/市政府所属
主管单位 / 天津市政府
成立时间 / 2002 年 3 月
第一负责人 / 刘志永
合作机构 /
办公地址 / 天津市河西区宾友道 16 号增 2 号（300074）
电话(传真) / 022 - 28130259
邮　　箱 /
网　　址 /
主要研究领域：
天津市发展战略

890 天津市社会科学界联合会
Tianjin Federation of Social Science

所属类别 / 社会智库—社会团体
主管单位 / 中共天津市委
成立时间 / 1958 年 3 月
第一负责人 / 薛进文、罗远鹏
合作机构 /
办公地址 / 天津市和平区成都道 52 号（300051）
电话(传真) / 022 - 23301552（022 - 23312579）
邮　　箱 / tjsklgg@ sina. com
网　　址 / http://www. tjskw. org. cn
主要研究领域：
天津市经济建设；政治建设；文化建设；社会建设；生态文明建设

891 天津外国语大学拉丁美洲研究中心
Centro de Estudios sobre America Latina, La Universidad de Estudios Extranjeros de TianJin

所属类别 / 高校智库
主管单位 / 天津外国语大学
成立时间 / 2012 年 7 月
第一负责人 / 张鹏
合作机构 /
办公地址 / 天津市河西区马场道 117 号（300204）
电话(传真) / 022 - 23282681
邮　　箱 /
网　　址 / http://lamei. tjfsu. edu. cn
主要研究领域：
拉美政治、经济、社会问题；国际关系；文化教育

892 **天津中医药大学现代中药协同创新中心**
Collaborative Innovation Center of Modern Chinese Medicine

所 属 类 别 / 高校智库
主 管 单 位 / 天津中医药大学
成 立 时 间 / 2012 年 8 月
第一负责人 / 张伯礼
合 作 机 构 /
办 公 地 址 / 天津市南开区鞍山西道 312 号天津中医药大学（300193）
电话(传真) / 022 - 59596594
邮　　箱 /
网　　址 / http://2011. tjutcm. edu. cn
主要研究领域：
中成药二次开发；现代创新中药研发

893 **天则经济研究所**
Unirule Institute of Economics

所 属 类 别 / 社会智库—民办非企业
主 管 单 位 /
成 立 时 间 / 1993 年
第一负责人 / 盛洪
合 作 机 构 /
办 公 地 址 / 北京市东城区崇文门外街道崇外大街 9 号正仁大厦 6 层（100062）
电话(传真) / 010 - 52988126（010 - 52988126）
邮　　箱 / Unirle@ 263. net. cn
网　　址 / http://www. unirule. org. cn
主要研究领域：
各种社会问题政策建议和制度解决方案

894 **同济大学财经研究所**
Institute of Finance and Economics, Tongji University

所 属 类 别 / 高校智库
主 管 单 位 / 同济大学
成 立 时 间 / 2010 年 1 月
第一负责人 / 石建勋
合 作 机 构 /
办 公 地 址 / 上海市四平路 1239 号同济大学财经研究所（200092）
电话(传真) / 021 - 65984191
邮　　箱 / ife_ tongji@ 163. com
网　　址 / http://ife. tongji. edu. cn
主要研究领域：
世界经济与贸易；国际金融；自贸区金融创新；资本市场改革与发展、中国金融改革开放与金融安全；中国特色政治经济学创新研究；供给侧改革与财税金融改革

895 **同济大学德国研究中心**
German Studies Center, Tongji University

所 属 类 别 / 高校智库
主 管 单 位 / 同济大学
成 立 时 间 / 2012 年 3 月
第一负责人 / 董琦
合 作 机 构 /
办 公 地 址 / 上海市杨浦区四平路 1239 号同济大学四平校区中德大楼 9 层（200092）
电话(传真) / 021 -65980918（021 -65987800）
邮　　箱 / gso@ tongji. edu. cn
网　　址 / http://german - studies - online. tongji. edu. cn
主要研究领域:
德国政治、外交、经济、社会、文化、教育；中德关系

896 **同济大学可持续发展与新型城镇化智库**
Tongji University Sustainable Development and New - type Urbanization Think - Tank

所 属 类 别 / 高校智库
主 管 单 位 / 同济大学
成 立 时 间 / 2015 年
第一负责人 / 诸大建
合 作 机 构 /
办 公 地 址 / 上海市四平路 1239 号（200092）
电话(传真) /
邮　　箱 /
网　　址 / http://urbanization - think - tank. tongji. edu. cn
主要研究领域:
可持续发展；城市规划；经济与管理；环境科学

897 **同济大学新农村发展研究院**
Institute of new rural development, Tongji University

所 属 类 别 / 高校智库
主 管 单 位 / 同济大学
成 立 时 间 / 2013 年 12 月
第一负责人 / 方守恩
合 作 机 构 /
办 公 地 址 / 上海市杨浦区赤峰路 67 号同济大学科技园 2 号楼 302A 室（200092）
电话(传真) / 021 -65980149（021 -65980149）
邮　　箱 / agri@ tongji. edu. cn
网　　址 / http://agri. tongji. edu. cn
主要研究领域: 农村政策和经济；设施农业与农业园区规划；村镇规划与建筑；农村生态环境；农村新能源；中国传统村落保护发展；农村防灾减灾

T

898　同济大学中国科技管理研究院
Chinese Academy of Science and Technology Management, Tongji University

所 属 类 别 / 高校智库
主 管 单 位 / 同济大学
成 立 时 间 / 2007 年 3 月
第一负责人 / 徐冠华
合 作 机 构 /
办 公 地 址 / 上海市杨浦区四平路 1239 号同济大学综合楼 20 层（200092）
电话(传真) / 021 - 65985664（021 - 65984954）
邮　　箱 / castm@ tongji. edu. cn
网　　址 / http://castm. tongji. edu. cn
主要研究领域：
创新政策；创新体制与管理；创新人才；区域创新与产业集群；绿色经济与可持续发展；自主创新的国际环境

899　同济大学中国战略研究院

所 属 类 别 / 高校智库
主 管 单 位 / 同济大学
成 立 时 间 / 2015 年 5 月
第一负责人 / 门洪华
合 作 机 构 /
办 公 地 址 / 上海市四平路 1239 号（200092）
电话(传真) /
邮　　箱 /
网　　址 /
主要研究领域：
战略研究；国际关系；政治学理论

900　外交学院 WTO 法与国际商法研究中心

所 属 类 别 / 高校智库
主 管 单 位 / 外交学院
成 立 时 间 / 2011 年
第一负责人 / 于丹翎
合 作 机 构 /
办 公 地 址 / 北京市西城区展览路 24 号（100037）
电话(传真) /
邮　　箱 /
网　　址 /
主要研究领域：
世界贸易组织法律和国际商法领域研究

901 外交学院北京市对外交流与外事管理研究基地
Research Center for Beijing International Exchanges and Foreign Affairs Administration

所属类别/高校智库
主管单位/外交学院
成立时间/2005年12月
第一负责人/徐坚
合作机构/
办公地址/北京市西城区展览路24号（100037）
电话(传真)/
邮　　箱/
网　　址/http://wsjd.cfau.edu.cn
主要研究领域:
国际关系、外交学及外事管理等涉外领域

902 外交学院当代中国外交研究中心
China center China Foreign Affairs University contemporarydiplomacy research

所属类别/高校智库
主管单位/外交学院
成立时间/
第一负责人/张历历
合作机构/
办公地址/北京市西城区展览路24号（100037）
电话(传真)/
邮　　箱/
网　　址/
主要研究领域:
当代中国外交、外交学、世界各国外交史及国际问题研究

903 外交学院法国与法语国家研究中心
Centre de recherche sur la francophonie

所属类别/高校智库
主管单位/外交学院
成立时间/2009年12月
第一负责人/齐建华
合作机构/
办公地址/北京市西城区展览路24号（100037）
电话(传真)/
邮　　箱/
网　　址/
主要研究领域:
法国与法语国家研究

904　外交学院非洲研究中心
Africa Studies Center of CFAU

所 属 类 别 / 高校智库
主 管 单 位 / 外交学院
成 立 时 间 /
第一负责人 / 李旦
合 作 机 构 /
办 公 地 址 / 北京市西城区展览路 24 号（100037）
电话(传真) /
邮　　箱 /
网　　址 /
主要研究领域：
非洲研究

905　外交学院国际法研究所

所 属 类 别 / 高校智库
主 管 单 位 / 外交学院
成 立 时 间 / 1955 年
第一负责人 / 许军珂
合 作 机 构 /
办 公 地 址 / 北京市西城区展览路 24 号（100037）
电话(传真) /
邮　　箱 /
网　　址 /
主要研究领域：
国际法

906　外交学院国际关系研究所
The Institute of International Relations（IIR）of China Foreign Affairs University（CFAU）

所 属 类 别 / 高校智库
主 管 单 位 / 外交学院
成 立 时 间 / 1984 年
第一负责人 / 曲博
合 作 机 构 /
办 公 地 址 / 北京市西城区展览馆路 24 号（100037）
电话(传真) /
邮　　箱 /
网　　址 / http://iir.cfau.edu.cn
主要研究领域：
中国国际关系理论；全球治理与世界秩序；国际安全与大国战略

907 外交学院国际金融研究中心
International Finance Research Center

所 属 类 别／高校智库
主 管 单 位／外交学院
成 立 时 间／
第一负责人／欧明刚
合 作 机 构／
办 公 地 址／北京市西城区展览路24号（100037）
电话(传真)／
邮　　箱／
网　　址／
主要研究领域：
国际金融研究

908 外交学院海外利益保护研究中心
Protection of Overseas Interests Center

所 属 类 别／高校智库
主 管 单 位／外交学院
成 立 时 间／
第一负责人／夏莉萍
合 作 机 构／
办 公 地 址／北京市西城区展览路24号（100037）
电话(传真)／
邮　　箱／
网　　址／
主要研究领域：
海外利益保护研究

909 外交学院经济外交研究中心
Economic Diplomacy Studies Center

所 属 类 别／高校智库
主 管 单 位／外交学院
成 立 时 间／2007年
第一负责人／江瑞平
合 作 机 构／
办 公 地 址／北京市西城区展览路24号（100037）
电话(传真)／
邮　　箱／
网　　址／http://jjwj.cfau.edu.cn
主要研究领域：
经济外交研究

910 外交学院拉美研究中心
Latin American Studies Center

所 属 类 别 / 高校智库
主 管 单 位 / 外交学院
成 立 时 间 /
第一负责人 / 左晓园
合 作 机 构 /
办 公 地 址 / 北京市西城区展览路 24 号（100037）
电话(传真) /
邮　　箱 /
网　　址 /
主要研究领域:
拉丁美洲研究

911 外交学院联合国研究中心

所 属 类 别 / 高校智库
主 管 单 位 / 外交学院
成 立 时 间 /
第一负责人 / 江国青
合 作 机 构 /
办 公 地 址 / 北京市西城区展览路 24 号（100037）
电话(传真) /
邮　　箱 /
网　　址 /
主要研究领域:
联合国事务以及与联合国有关的国际机制的发展动向和趋势

912 外交学院美国社会文化研究中心

所 属 类 别 / 高校智库
主 管 单 位 / 外交学院
成 立 时 间 /
第一负责人 /
合 作 机 构 /
办 公 地 址 / 北京市西城区展览路 24 号（100037）
电话(传真) /
邮　　箱 /
网　　址 /
主要研究领域:
美国历史、族群、宗教、族裔文学、文化研究等

913 外交学院人权研究中心
Human Rights Studies Center

所属类别／高校智库
主管单位／外交学院
成立时间／2011 年
第一负责人／张爱宁
合作机构／
办公地址／北京市西城区展览路 24 号（100037）
电话(传真)／
邮　　箱／
网　　址／
主要研究领域：
国际人权公约及其实施机制的研究、国内人权法律制度、具体人权领域以及人权哲学研究

914 外交学院日本研究中心
外交学院日本研究センター

所属类别／高校智库
主管单位／外交学院
成立时间／2008 年
第一负责人／周永生（副主任）
合作机构／
办公地址／北京市西城区展览路 24 号（100037）
电话(传真)／
邮　　箱／
网　　址／
主要研究领域：
日本研究

915 外交学院世界政治研究中心
World Politics Center

所属类别／高校智库
主管单位／外交学院
成立时间／2013 年 5 月
第一负责人／施展
合作机构／
办公地址／北京市西城区展览路 24 号（100037）
电话(传真)／
邮　　箱／
网　　址／
主要研究领域：
世界政治

916 外交学院外交学院欧洲研究中心
The European Studies Center（ESC）

所 属 类 别 / 高校智库
主 管 单 位 / 外交学院
成 立 时 间 / 1994 年 2 月
第一负责人 / 赵怀普
合 作 机 构 /
办 公 地 址 / 北京市西城区展览路 24 号（100037）
电话(传真) /
邮　　箱 /
网　　址 /
主要研究领域:
欧洲问题的研究和教学活动

917 外交学院西语国家研究中心

所 属 类 别 / 高校智库
主 管 单 位 / 外交学院
成 立 时 间 / 2019 年 4 月
第一负责人 /
合 作 机 构 /
办 公 地 址 / 北京市西城区展览路 24 号（100037）
电话(传真) /
邮　　箱 /
网　　址 /
主要研究领域:
西语国家研究

918 外交学院亚太研究中心

所 属 类 别 / 高校智库
主 管 单 位 / 外交学院
成 立 时 间 / 1994 年
第一负责人 / 魏玲
合 作 机 构 /
办 公 地 址 / 北京市西城区展览路 24 号（100037）
电话(传真) /
邮　　箱 /
网　　址 /
主要研究领域:
亚太合作进展和未来发展方向

919 外交学院亚洲研究所
Institute of Asian Studies

所属类别/高校智库
主管单位/外交学院
成立时间/2003年12月
第一负责人/郭延军
合作机构/
办公地址/北京市西城区展览路24号外交学院亚洲研究所（100037）
电话(传真)/010-68322939（010-68322939）
邮　　箱/ias@cfau.edu.cn
网　　址/http://ias.cfau.edu.cn
主要研究领域:
亚洲研究

920 外交学院战略与和平研究中心

所属类别/高校智库
主管单位/外交学院
成立时间/
第一负责人/苏浩
合作机构/
办公地址/北京市西城区展览路24号（100037）
电话(传真)/
邮　　箱/
网　　址/
主要研究领域:
战略与和平研究

921 外交学院政党外交研究中心
Party Diplomacy Center

所属类别/高校智库
主管单位/外交学院
成立时间/2012年3月
第一负责人/余科杰
合作机构/
办公地址/北京市西城区展览路24号（100037）
电话(传真)/
邮　　箱/
网　　址/
主要研究领域:
政党外交理论研究

922 外交学院中国国际法实践研究中心

所 属 类 别 / 高校智库
主 管 单 位 / 外交学院
成 立 时 间 /
第一负责人 / 秦晓程
合 作 机 构 /
办 公 地 址 / 北京市西城区展览路 24 号（100037）
电话(传真) /
邮　　箱 /
网　　址 /
主要研究领域:
国际法专业研究

923 万博新经济研究院
Wanb Institute

所 属 类 别 / 社会智库—民办非企业
主 管 单 位 / 北京市民政局
成 立 时 间 /
第一负责人 / 滕泰
合 作 机 构 /
办 公 地 址 / 北京市西城区金融大街 33 号通泰大厦 C 座（100044）
电话(传真) / 010 - 88312800（010 - 88312689）
邮　　箱 / wanb@ wanb. org. cn
网　　址 / http://www. wanb. org. cn
主要研究领域:
新供给经济学；软价值战略；宏观经济；金融

924 文化和旅游部民族民间文艺发展中心
Center for Ethnic and Folk Literature and Art Development, Ministry of Culture

所 属 类 别 / 政府部门智库—国务院组成部门所属
主 管 单 位 / 文化和旅游部
成 立 时 间 /
第一负责人 / 兰静
合 作 机 构 /
办 公 地 址 / 北京市东城区雍和宫大街戏楼胡同 1 号（100007）
电话(传真) / 010 - 64011415
邮　　箱 / net@ cefla. org. cn
网　　址 / http://www. cefla. org
主要研究领域:
中国民族民间文艺资源的搜集、整理、保护、研究、发展；民间文化资源数字化；国家文化艺术资源标准化

925 文化和旅游部全国公共文化发展中心

所属类别/政府部门智库—国务院组成部门所属
主管单位/文化和旅游部
成立时间/
第一负责人/魏大威
合作机构/
办公地址/北京市西城区文津街7号临琼楼（100034）
电话(传真)/010－88003060（010－68475713）
邮　箱/ndcncinfo@163.com
网　址/http://www.ndcnc.gov.cn
主要研究领域：
公共文化服务体系

926 武汉大学发展研究院
Academy of Development of Wuhan University

所属类别/高校智库
主管单位/武汉大学
成立时间/2002年4月
第一负责人/曾国安
合作机构/
办公地址/湖北省武汉市武昌区八一路299号信息学部教学实验大楼4层（430072）
电话(传真)/027－68778818
邮　箱/fzyjy@whu.edu.cn
网　址/http://adwu.whu.edu.cn
主要研究领域：
国民经济建设；社会可持续发展

927 武汉大学法国研究中心

所属类别/高校智库
主管单位/武汉大学
成立时间/
第一负责人/罗国祥
合作机构/
办公地址/湖北省武汉市武昌区八一路299号（430072）
电话(传真)/
邮　箱/
网　址/
主要研究领域：
法国经济、政治、法律、文学、文化等

928 武汉大学国际法研究所
Wuhan University Institute of International Law

所 属 类 别 / 高端智库，高校智库
主 管 单 位 / 武汉大学
成 立 时 间 / 1980 年
第一负责人 / 黄进
合 作 机 构 /
办 公 地 址 / 湖北省武汉市武昌区珞珈山 16 号（430072）
电话(传真) / 027 – 68753621 （027 – 68754154）
邮　　箱 / zzb@ whu. edu. cn
网　　址 / http://translaw. whu. edu. cn
主要研究领域：
国际公法；国际私法；国际经济法

929 武汉大学国际问题研究院
Wuhan University Institute for International Studies

所 属 类 别 / 高校智库
主 管 单 位 / 武汉大学
成 立 时 间 / 2006 年 3 月
第一负责人 / 胡德坤
合 作 机 构 /
办 公 地 址 / 湖北省武汉市武昌区八一路 299 号（430072）
电话(传真) / 027 – 68756726 （027 – 68755912）
邮　　箱 / whuiis@ whu. edu. cn
网　　址 / http://www. iis. whu. edu. cn
主要研究领域：
中国国际战略、外交、外贸、对外文化交流；反恐；国际贸易摩擦；国际冲突

930 武汉大学国家文化创新研究中心
National Center for Cultural Innovation Research in Wuhan University

所 属 类 别 / 合作智库—政校合作
主 管 单 位 / 文化和旅游部、武汉大学
成 立 时 间 / 2009 年 4 月
第一负责人 / 傅才武
合 作 机 构 / 文化和旅游部、湖北省文化厅、武汉大学
办 公 地 址 / 湖北省武汉市武昌区珞珈山武汉大学别墅区 12 栋（430072 ）
电话(传真) / 027 – 68766957 （027 – 68761537）
邮　　箱 / nccirwhu@ 126. com
网　　址 / http://nccc. whu. edu. cn
主要研究领域：
文化创新理论；国家文化创新体系

931 武汉大学国家文化发展研究院
Institute of National Culture Development, Wuhan University

所 属 类 别 / 合作智库
主 管 单 位 / 武汉大学、文化和旅游部
成 立 时 间 / 2015 年
第一负责人 / 傅才武
合 作 机 构 /
办 公 地 址 / 湖北省武汉市武昌区珞珈山武汉大学别墅区 12 栋 (430072)
电话(传真) / 027 - 68766957
邮　　箱 / nccirwhu@ 126. com
网　　址 / http://nccc. whu. edu. cn
主要研究领域:
公共文化政策; 文化体制改革; 文化产业研究

932 武汉大学湖北发展问题研究中心
Center of Hubei Development Research, Wuhan University

所 属 类 别 / 合作智库—政校合作
主 管 单 位 / 武汉大学
成 立 时 间 / 2011 年 7 月
第一负责人 / 曾国安
合 作 机 构 / 湖北省政府、武汉大学
办 公 地 址 / 湖北省武汉市洪山区武汉大学信息学部教学实验大楼附楼 4 层 (430079)
电话(传真) / 027 - 68778818 (027 - 68778818)
邮　　箱 / hbdc@ whu. edu. cn
网　　址 / http://chdr. whu. edu. cn
主要研究领域:
湖北发展

933 武汉大学环境法研究所
The Research Institute of Environmental Law of Wuhan University

所 属 类 别 / 合作智库—政校合作
主 管 单 位 / 生态环境部、武汉大学
成 立 时 间 / 1981 年 6 月
第一负责人 / 秦天宝
合 作 机 构 / 生态环境部、武汉大学
办 公 地 址 / 湖北省武汉市武昌区八一路 299 号武汉大学法学院 (430072)
电话(传真) / 027 - 68752091 (027 - 68752091)
邮　　箱 / RIEL2@ whu. edu. cn
网　　址 / http://www. riel. whu. edu. cn
主要研究领域:
国际环境资源法学与比较环境资源法; 中国环境资源法; 环境资源管理与政策

934 武汉大学经济发展研究中心
Economic Development Research Center of Wuhan University

所属类别/高校智库
主管单位/武汉大学
成立时间/1990年
第一负责人/洪银兴
合作机构/
办公地址/湖北省武汉市武昌区八一路299号（430072）
电话(传真)/027-68752310（027-68754916）
邮　　箱/cedr@whu.edu.cn
网　　址/http://cedr.whu.edu.cn
主要研究领域：
发展经济；中国工业化与城市化；新兴工业化经济

935 武汉大学经济法研究所

所属类别/高校智库
主管单位/武汉大学
成立时间/2004年
第一负责人/冯果
合作机构/
办公地址/湖北省武汉市武昌区八一路299号（430072）
电话(传真)/027-68753675
邮　　箱/wudajingjifa@126.com
网　　址/http://economiclaw.whu.edu.cn
主要研究领域：
经济法基础理论；企业公司法；金融法；知识产权与竞争法；财政税收法；劳动与社会保障法

936 武汉大学媒体发展研究中心
Center for Studies of Media Development, Wuhan University

所属类别/高校智库
主管单位/武汉大学
成立时间/2002年7月
第一负责人/单波
合作机构/
办公地址/湖北省武汉市珞珈山路16号武汉大学媒体发展研究中心（430072）
电话(传真)/027-68756969（027-68756969）
邮　　箱/media@whu.edu.cn
网　　址/http://media.whu.edu.cn
主要研究领域：
媒介理论；媒介战略；媒介经济

937 武汉大学人口·资源·环境经济研究中心

所属类别／高校智库
主管单位／武汉大学
成立时间／2004 年
第一负责人／简新华
合作机构／
办公地址／湖北省武汉市武昌区八一路 299 号武汉大学经济与管理学院大楼 A 区 5 层（430072）
电话（传真）／027－68752611（027－68752611）
邮　　箱／rks@whu.wdu.cn
网　　址／http://cpree.whu.edu.cn
主要研究领域：
中国城乡人口流动；工业化；城镇化；人口发展与计划生育；人口与经济发展；工程性移民安置；中国经济发展；可持续发展理论与战略

938 武汉大学人文社会科学研究院
Academy of Humanities and Social Sciences, Wuhan University

所属类别／高校智库
主管单位／武汉大学
成立时间／2010 年 1 月
第一负责人／王培刚
合作机构／
办公地址／湖北省武汉市武昌区八一路 299 号（430072）
电话（传真）／027－68752647
邮　　箱／
网　　址／http://ssroff.whu.edu.cn
主要研究领域：
中国传统文化；国际问题；国家边界；质量发展战略；中部发展；国家文化创新

939 武汉大学社会保障研究中心
Center for Social Security Studies, Wuhan University

所属类别／高校智库
主管单位／武汉大学
成立时间／1993 年
第一负责人／向运华
合作机构／
办公地址／湖北省武汉市武昌区八一路 299 号（430072）
电话（传真）／027－68752238－802（027－68754302）
邮　　箱／csss6@sina.com
网　　址／http://csss.whu.edu.cn
主要研究领域：社会保障

940　武汉大学信息资源研究中心
Center for the Studies of Information Resources of Wuhan University

所 属 类 别 / 高校智库
主 管 单 位 / 武汉大学
成 立 时 间 / 1999 年 2 月
第一负责人 / 李纲
合 作 机 构 /
办 公 地 址 / 湖北省武汉市武昌区八一路 299 号（430072）
电话(传真) / 027 - 68754541
邮　　箱 /
网　　址 / http://csir. whu. edu. cn
主要研究领域:
信息经济；电子商务；信息组织与检索；信息资源管理

941　武汉大学知识产权高级研究中心
Advanced Study Center for Intellectual Property Rights of Wuhan University

所 属 类 别 / 高校智库
主 管 单 位 / 武汉大学
成 立 时 间 / 2003 年 3 月
第一负责人 / 陈传夫
合 作 机 构 /
办 公 地 址 / 湖北省武汉市武昌区八一路 299 号（430072）
电话(传真) /
邮　　箱 /
网　　址 /
主要研究领域:
数字时代知识产权制度创新与理论发展；电子商务与政务；国家科技基础平台与国家信息化；知识产权

942　武汉大学质量发展战略研究院
Wuhan University Institute of Quality Development Strategy

所 属 类 别 / 合作智库—政校合作
主 管 单 位 / 武汉大学
成 立 时 间 / 2007 年 12 月
第一负责人 / 王兴於
合 作 机 构 / 国家市场监督管理局、武汉大学
办 公 地 址 / 湖北省武汉市武昌区武汉大学文理学部樱顶老外文楼 2 层（430072）
电话(传真) / 027 - 68752131（027 - 68755057）
邮　　箱 / iqds@ whu. edu. cn
网　　址 / http://www. iqds. whu. edu. cn
主要研究领域:
宏观质量管理

943 武汉大学中国边界与海洋研究院
Wuhan University China Institute of Boundary and Ocean Studies

所 属 类 别 / 高校智库
主 管 单 位 / 武汉大学
成 立 时 间 / 2007 年 3 月
第一负责人 / 胡德坤
合 作 机 构 /
办 公 地 址 / 湖北省武汉市武昌区八一路 299 号（430072）
电话(传真) / 027 - 68756726（027 - 68755912）
邮　　箱 / cibos@ whu. edu. cn
网　　址 / http://www. cibos. whu. edu. cn
主要研究领域:
边界理论与实践；边界与国际关系；中外边界与海洋政策；国际河流管理与开发

944 武汉大学中国中部发展研究院
Institute for the Development of Central China, Wuhan University

所 属 类 别 / 合作智库—政校合作
主 管 单 位 / 国家发展和改革委员会、武汉大学
成 立 时 间 / 2007 年 4 月
第一负责人 / 张建清
合 作 机 构 / 国家发展和改革委员会、武汉大学
办 公 地 址 / 湖北省武汉市武昌区珞珈山武汉大学文理学部老十八栋别墅 5 号（430072）
电话(传真) / 027 - 68763901（027 - 68763901）
邮　　箱 / central@ whu. edu. cn
网　　址 / http://idcc. whu. edu. cn/yjygk
主要研究领域:
中部崛起战略；对外开放与区域合作；利益平衡机制

945 武汉理工大学中国应急管理研究中心
China Research Center for Emergency Management, Wuhan University of Technology

所 属 类 别 / 高校智库
主 管 单 位 / 武汉理工大学
成 立 时 间 / 2005 年 12 月
第一负责人 / 宋英华
合 作 机 构 /
办 公 地 址 / 湖北省武汉市洪山区鲁磨路 388 号（430074）
电话(传真) / 027 - 87599808（027 - 87850992）
邮　　箱 / hbyjgl@ whut. edu. cn
网　　址 / http://cchm. whut. edu. cn
主要研究领域:
危机与灾害应急管理；能源安全与应急管理；安全预警与灾害应急管理

946 武汉市社会科学院
Wuhan Academy of Social Sciences

所 属 类 别 / 科研院所智库
主 管 单 位 / 中共武汉市委
成 立 时 间 / 1983 年 3 月
第一负责人 / 李立华
合 作 机 构 /
办 公 地 址 / 湖北省武汉市发展大道 495 号（430019）
电话(传真) / 027 - 82630092（027 - 82630092）
邮　　箱 /
网　　址 / http://www.wuhanass.org.cn
主要研究领域:
基础理论研究和应用对策研究

947 西安电子科技大学大数据安全教育部工程研究中心

所 属 类 别 / 高校智库
主 管 单 位 / 西安电子科技大学
成 立 时 间 / 2019 年 10 月
第一负责人 /
合 作 机 构 /
办 公 地 址 / 陕西省西安市太白南路西安电子科技大学（710071）
电话(传真) / 029 - 88201000
邮　　箱 /
网　　址 /
主要研究领域:
大数据安全

948 西安电子科技大学陕西智慧社会发展战略研究中心

所 属 类 别 / 高校智库
主 管 单 位 / 西安电子科技大学人文学院
成 立 时 间 / 2019 年 1 月
第一负责人 / 高新波
合 作 机 构 /
办 公 地 址 / 陕西省西安市太白南路 2 号西安电子科技大学（710071）
电话(传真) / 029 - 88201000
邮　　箱 /
网　　址 /
主要研究领域:
陕西智慧社会建设和国家战略需求

949 西安电子科技大学丝绸之路经济带发展研究院

所属类别／高校智库
主管单位／西安电子科技大学、陕西省社会科学院
成立时间／2013 年 12 月
第一负责人／杜跃平
合作机构／西安电子科技大学、陕西省社会科学院
办公地址／陕西省西安市太白南路西安电子科技大学（710071）
电话(传真)／029－88201000
邮　　箱／
网　　址／
主要研究领域：
丝绸之路经济带区域社会问题、经济发展问题

950 西安交大－香港科大可持续发展学院
XJTU－HKUST Joint School of Sustainable Development

所属类别／合作智库—校校合作
主管单位／西安交通大学、香港科技大学
成立时间／2014 年 4 月
第一负责人／徐宗本、吴景深
合作机构／西安交通大学、香港科技大学
办公地址／陕西省西安市咸宁西路 28 号西安交通大学行政主楼 E 座 1615 室（710049）
电话(传真)／029－82666335（029－82666338）
邮　　箱／jssd@ mail. xjtu. edu. cn
网　　址／
主要研究领域：
可持续能源；可持续材料；可持续系统与公共政策

951 西安交通大学社会治理和社会政策协同创新研究中心

所属类别／高校智库
主管单位／西安交通大学
成立时间／2016 年 5 月
第一负责人／
合作机构／
办公地址／陕西省西安市咸宁西路 28 号主楼 18 层（710049）
电话(传真)／
邮　　箱／
网　　址／
主要研究领域：
人口、社会政策；社会治理

X

952 西安交通大学丝绸之路经济带法律政策协同创新中心
Collaborative Innovation Centre for Silk Road Economic Belt Legal and Policy Studies

所 属 类 别 / 高校智库
主 管 单 位 / 西安交通大学
成 立 时 间 / 2015 年 1 月
第一负责人 / 张向晨、王树国
合 作 机 构 / 商务部、陕西省政府等
办 公 地 址 / 陕西省西安市咸宁西路 28 号西安交通大学内（710049）
电话(传真) / 029 - 82664423（029 - 82664423）
邮　　箱 / cic - srebs@ xjtu. edu. cn
网　　址 / http://cic - srebs. xjtu. edu. cn
主要研究领域:
丝绸之路经济带对接研究；中亚与俄罗斯法律研究；陕西自贸区建设法治化研究

953 西安市社会科学院

所 属 类 别 / 科研院所智库
主 管 单 位 / 中共西安市委
成 立 时 间 / 1984 年 4 月
第一负责人 / 王作权
合 作 机 构 /
办 公 地 址 / 陕西省西安市西影路 74 号（710054）
电话(传真) / 029 - 85525011（029 - 85525011）
邮　　箱 /
网　　址 /
主要研究领域:
经济、政治、历史文化、社会和旅游规划与创意设计等研究；西安市社会科学发展规划和计划；丝绸之路经济带政治、经济、社会、文化、生态建设和能源安全保障

954 西北大学高等教育研究中心
Higher Education Research Center of Northwest University

所 属 类 别 / 高校智库
主 管 单 位 / 西北大学
成 立 时 间 / 2011 年 6 月
第一负责人 / 姚聪莉
合 作 机 构 /
办 公 地 址 / 陕西省西安市碑林区太白北路 229 号西北大学行政楼 418 室（710069）
电话(传真) / 029 - 88303165
邮　　箱 / gjzx@ nwu. edu. cn
网　　址 / http://gjzx. nwu. edu. cn
主要研究领域:
高等教育发展；政策法规；教育管理

955 西北大学丝绸之路研究院
Institute of Silk Road Studies, Northwest University

所 属 类 别 / 高校智库
主 管 单 位 / 西北大学
成 立 时 间 / 2014 年 1 月
第一负责人 / 卢山冰
合 作 机 构 /
办 公 地 址 / 陕西省西安市碑林区太白北路 229 号 (710069)
电话(传真) /
邮　　箱 / isrs@ nwu. edu. cn
网　　址 / http://isrs. nwu. edu. cn
主要研究领域:
丝绸之路经济带战略; 丝绸之路文化遗产; 丝绸之路社会经济发展; 丝绸之路国际关系; 丝绸之路文明交往; 丝绸之路数字化

956 西北大学中东研究所
The Institute of Middle Eastern Studies, Northwest University

所 属 类 别 / 高校智库
主 管 单 位 / 西北大学
成 立 时 间 / 1964 年 11 月
第一负责人 / 韩志斌
合 作 机 构 /
办 公 地 址 / 陕西省西安市碑林区太白北路 229 号西北大学科学楼 9 层 (710069)
电话(传真) / 029 - 88302834 (029 - 88302829)
邮　　箱 / nwuimes@ nwu. edu. cn
网　　址 / http://www. nwuimes. com
主要研究领域: 中东政治、经济、社会、文化、宗教、军事、国际

957 西北大学中国西部经济发展研究中心
Institute of Western China Economic Development in Northwest University

所 属 类 别 / 高校智库
主 管 单 位 / 西北大学
成 立 时 间 / 2000 年 1 月
第一负责人 / 何炼成
合 作 机 构 /
办 公 地 址 / 陕西省西安市长安区学府大道 1 号 (710127)
电话(传真) / 029 - 88308069 (029 - 88308069)
邮　　箱 / westjj@ nwu. edu. cn
网　　址 / http://westjj. nwu. edu. cn
主要研究领域: 中国发展经济; 西部企业发展; 省域经济发展竞争力评价; 西部县域经济发展与新农村建设; 西部资源环境与可持续发展; 西部企业成长与发展战略; 欧洲问题

958 西北工业大学西部国防科技工业发展研究中心

所 属 类 别 / 高校智库
主 管 单 位 / 西北工业大学
成 立 时 间 / 2004 年 11 月
第一负责人 / 叶金福
合 作 机 构 /
办 公 地 址 / 陕西省西安市碑林区友谊西路 127 号（710068）
电话(传真) / 029 - 88491493（029 - 88491493）
邮　　箱 / xbgf@ nwpu. edu. cn
网　　址 / http://xbgf. nwpu. edu. cn
主要研究领域：
西部国防科技工业与西部经济发展；西部国防科技工业发展的法律对策和法制环境；西部资源环境与区域科学发展

959 西北农林科技大学西部农村发展研究中心
The Western Rural Development Research Center

所 属 类 别 / 高校智库
主 管 单 位 / 西北农林科技大学
成 立 时 间 / 2004 年 4 月
第一负责人 / 霍学喜
合 作 机 构 /
办 公 地 址 / 陕西省咸阳市杨凌区邰城路 3 号西北农林科技大学经济管理学院（712100）
电话(传真) / 029 - 87081157
邮　　箱 / dxhxx1988@ yahoo. com. cn
网　　址 / http://cem. nwsuaf. edu. cn/ncfzyjzx
主要研究领域：农业经济理论与政策；农业经营与管理；农业资源经济与环境管理

960 西北农林科技大学应用经济研究中心
Applied Economic Research Center

所 属 类 别 / 高校智库
主 管 单 位 / 西北农林科技大学
成 立 时 间 / 1999 年 9 月
第一负责人 / 郑少锋
合 作 机 构 /
办 公 地 址 / 陕西省咸阳市杨凌区邰城路 3 号西北农林科技大学经济管理学院（712100）
电话(传真) / 029 - 87081590（029 - 87081209）
邮　　箱 / zsf831@ sohu. com
网　　址 / http://cem. nwsuaf. edu. cn/yyjj
主要研究领域：农业经济；区域经济；数量经济

961 西北师范大学河西走廊研究院

所 属 类 别 / 合作智库
主 管 单 位 / 西北师范大学
成 立 时 间 / 2019 年 9 月
第一负责人 /
合 作 机 构 /
办 公 地 址 /
电话(传真) /
邮　　箱 /
网　　址 /
主要研究领域:
祁连山生态保护；河西走廊特色农业产业；河西走廊历史文化与旅游资源；河西走廊文化遗产

962 西藏大学西藏经济研究所

所 属 类 别 / 高校智库
主 管 单 位 / 西藏大学
成 立 时 间 / 2002 年 5 月
第一负责人 / 罗华
合 作 机 构 /
办 公 地 址 / 西藏拉萨市城关区江苏路 36 号（850012）
电话(传真) /
邮　　箱 /
网　　址 /
主要研究领域:
西藏区域经济发展；西藏农牧民脱贫致富；西藏产业结构调整；西藏国有企业改革探索；西藏新农村建设；西藏民营企业发展；西藏支柱产业发展

963 西藏大学西藏可持续发展研究所

所 属 类 别 / 高校智库
主 管 单 位 / 西藏大学
成 立 时 间 / 2001 年 7 月
第一负责人 /
合 作 机 构 /
办 公 地 址 /
电话(传真) /
邮　　箱 /
网　　址 /
主要研究领域:
环境生态

964 西藏自治区社会科学院
Tibetan Academy of Social Sciences

所属类别 / 科研院所智库
主管单位 / 西藏自治区政府
成立时间 / 1985 年 8 月
第一负责人 / 白玛朗杰
合作机构 /
办公地址 / 西藏拉萨市城关区色拉路 4 号（850000）
电话(传真) / 0891 - 6903114（0891 - 6324914）
邮　　箱 / tass_ net@ 126. com
网　　址 / http://www. xzass. org
主要研究领域:
民族与宗教；农村经济；经济战略；西藏经济社会发展

965 西藏自治区哲学社会科学界联合会

所属类别 / 社会智库—社会团体
主管单位 /
成立时间 / 2011 年 5 月
第一负责人 / 王学阳
合作机构 /
办公地址 / 西藏拉萨市城关区色拉路 22 号（850000）
电话(传真) /
邮　　箱 /
网　　址 /
主要研究领域:
西藏经济社会发展

966 厦门大学东南亚研究中心
Center for Southeast Asian Studies, Xiamen University

所属类别 / 高校智库
主管单位 / 厦门大学
成立时间 / 2000 年 9 月
第一负责人 / 王勤
合作机构 /
办公地址 / 福建省厦门市思明区思明南路 422 号厦门大学南安楼（361005）
电话(传真) / 0592 - 2186414（0592 - 2186414）
邮　　箱 / nanyang@ xmu. edu. cn
网　　址 / http://ny. xmu. edu. cn
主要研究领域:
东南亚政治经济；国际关系；华侨华人；历史宗教文化

967 **厦门大学高等教育发展研究中心**
The Research Center of Higher Education Development, Xiamen University

所属类别 / 高校智库
主管单位 / 厦门大学
成立时间 / 2000 年 1 月
第一负责人 / 别敦荣
合作机构 /
办公地址 / 福建省厦门市思明区思明南路 422 号（361005）
电话(传真) / 0592 - 2187552（0592 - 2189065）
邮　　箱 / xmdxgjzx@ xmu. edu. cn
网　　址 / http://che. xmu. edu. cn
主要研究领域：
高等教育理论与政策；高等教育管理；高等教育考试

968 **厦门大学公共政策研究院**
School of Public Policy, Xiamen University

所属类别 / 高校智库
主管单位 / 厦门大学
成立时间 / 2011 年 11 月
第一负责人 / 陈振明
合作机构 /
办公地址 / 福建省厦门市思明区思明南路 422 号厦门大学成智楼（361005）
电话(传真) / 0592 - 2182783（0592 - 2183191）
邮　　箱 / spp@ xmu. edu. cn
网　　址 / http://spp. xmu. edu. cn
主要研究领域：
人口与生态；区域发展；公共资源；公共服务；社会政策；地方治理

969 **厦门大学宏观经济研究中心**
Center for Macroeconomic Research of Xiamen University

所属类别 / 高校智库
主管单位 / 厦门大学
成立时间 / 2001 年 9 月
第一负责人 / 李文溥
合作机构 /
办公地址 / 福建省厦门市思明区思明南路 422 号（361005）
电话(传真) / 0592 - 2182029（0592 - 2182029）
邮　　箱 / mesc@ xmu. edu. cn
网　　址 /
主要研究领域：
宏观经济理论与政策；宏观经济数量分析；中国宏观经济分析与预测；转型期宏观经济问题；区域经济发展理论与实践

970 厦门大学会计发展研究中心
Center for Accounting Studies of Xiamen University

所 属 类 别 / 高校智库
主 管 单 位 / 厦门大学
成 立 时 间 / 2000 年 1 月
第一负责人 / 曲晓辉
合 作 机 构 /
办 公 地 址 / 福建省厦门市思明区思明南路 422 号厦门大学嘉庚 2 号楼 5 层 (361005)
电话(传真) / 0592 - 2181523 (0592 - 2181520)
邮　　箱 / cas@ xmu. edu. cn
网　　址 / http://cas. xmu. edu. cn
主要研究领域:
战略管理会计; 国际管理会计; 会计政策; 公司治理结构; 物价变动会计; 政府与非营利组织会计; 管理审计; 股权投资管理

971 厦门大学教育研究院 (厦门大学高等教育科学研究所)
Institute of Education, Xiamen University (Research Institute of Higher Education Science, Xiamen University)

所 属 类 别 / 高校智库
主 管 单 位 / 厦门大学
成 立 时 间 / 1978 年 5 月
第一负责人 / 别敦荣
合 作 机 构 /
办 公 地 址 / 福建省厦门市思明区思明南路 422 号 (361005)
电话(传真) / 0592 - 2186413 (0592 - 2189065)
邮　　箱 / gjs@ xmu. edu. cn
网　　址 / http://ihe. xmu. edu. cn
主要研究领域:
教育经济与管理; 比较教育; 教育心理; 高等教育; 课程与教学

972 厦门大学马来西亚研究所

所 属 类 别 / 高校智库
主 管 单 位 / 厦门大学
成 立 时 间 / 2005 年 4 月
第一负责人 / 庄国土
合 作 机 构 /
办 公 地 址 / 福建省厦门市思明区思明南路 422 号 (361005)
电话(传真) / 0592 - 2186414
邮　　箱 /
网　　址 /
主要研究领域:
马来西亚经济、政治、文化、语言、宗教、历史; 中马关系

973 厦门大学能源政策研究院
China Institute for Studies in Energy Polic

所 属 类 别 / 高校智库
主 管 单 位 / 厦门大学管理学院
成 立 时 间 / 2013 年
第一负责人 / 林伯强
合 作 机 构 /
办 公 地 址 / 福建省厦门市思明区厦门大学大南 8 号（361005）
电话(传真) / 0592 - 2186076（0592 - 2186075）
邮　　箱 / cceer@ xmu. edu. cn
网　　址 / http://cicep. xmu. edu. cn
主要研究领域：
能源政策问题

974 厦门大学欧洲研究中心
European Studies Centre，Xiamen University

所 属 类 别 / 高校智库
主 管 单 位 / 厦门大学
成 立 时 间 / 2005 年 9 月
第一负责人 / 李建发
合 作 机 构 /
办 公 地 址 / 福建省厦门市思明区思明南路 422 号厦门大学外文学院（361005）
电话(传真) / 0592 - 2186655（0592 - 2188070）
邮　　箱 / esc@ xmu. edu. cn
网　　址 /
主要研究领域：
欧洲的社会文化；国际关系；法律；经济管理；高等教育

975 厦门大学日本研究所
Japanology Research Institute of Xiamen University

所 属 类 别 / 高校智库
主 管 单 位 / 厦门大学
成 立 时 间 / 2005 年 12 月
第一负责人 / 王虹
合 作 机 构 /
办 公 地 址 / 福建省厦门市思明区思明南路 422 号厦门大学海外教育学院办公楼 3 层（361005）
电话(传真) / 0592 - 2187376（0592 - 2093346）
邮　　箱 / xmujapan@ hotmail. com
网　　址 /
主要研究领域：
日本语言与文化；日本文学与教育；日本经济管理；国际关系；日木政策与法律

976 厦门大学世界经济研究中心
World Economy Research Center of Xiamen University

所属类别 / 高校智库
主管单位 / 厦门大学
成立时间 /
第一负责人 / 庄宗明
合作机构 /
办公地址 / 福建省厦门市思明区思明南路 422 号（361005）
电话(传真) /
邮　　箱 /
网　　址 /
主要研究领域：
经济全球化与国际经济关系；国际贸易理论与政策；东南亚经济与区域经济合作；世界经济与台海两岸经济关系

977 厦门大学台湾研究院
Graduate Institute for Taiwan Studies of Xiamen University

所属类别 / 高校智库
主管单位 / 厦门大学
成立时间 / 1980 年
第一负责人 / 李鹏
合作机构 /
办公地址 / 福建省厦门市思明区思明南路 422 号嘉庚 3 号楼 929 室（361005）
电话(传真) / 0592 - 2186415（0592 - 2183538）
邮　　箱 /
网　　址 / http://twri. xmu. edu. cn
主要研究领域：
台湾政治、社会、经济、历史、文学、法律、文化教育；台海两岸关系

978 厦门大学王亚南经济研究院
Wang Yanan Institute for Studies in Economics, Xiamen University

所属类别 / 高校智库
主管单位 / 厦门大学
成立时间 / 2005 年 6 月
第一负责人 / 洪永淼
合作机构 /
办公地址 / 福建省厦门市思明区思明南路 422 号厦门大学经济楼 A 座（361005）
电话(传真) / 0592 - 2188827（0592 - 2187708）
邮　　箱 / aileenyu. wise@ gmail. com
网　　址 / http://www. wise. xmu. edu. cn
主要研究领域：金融经济理论与政策；宏观经济理论与政策；微观经济理论与政策；区域经济理论与政策

979 厦门大学新加坡研究中心

所 属 类 别／高校智库
主 管 单 位／厦门大学
成 立 时 间／
第一负责人／
合 作 机 构／
办 公 地 址／福建省厦门市思明区思明南路 422 号（361005）
电话(传真)／
邮　　箱／
网　　址／
主要研究领域：
新加坡国别研究

980 厦门大学印度尼西亚研究中心

所 属 类 别／高校智库
主 管 单 位／厦门大学
成 立 时 间／
第一负责人／
合 作 机 构／
办 公 地 址／福建省厦门市思明区思明南路 422 号（361005）
电话(传真)／
邮　　箱／
网　　址／
主要研究领域：
印度尼西亚国别研究

981 厦门大学中国特色社会主义研究中心

所 属 类 别／高校智库
主 管 单 位／厦门大学
成 立 时 间／2014 年 7 月
第一负责人／徐进功
合 作 机 构／
办 公 地 址／福建省厦门市思明区思明南路 422 号厦门大学囊萤楼（361005）
电话(传真)／0592－2189618（0592－2188396）
邮　　箱／zgtsshzyyjzx@163.com
网　　址／http://sccmarx.xmu.edu.cn
主要研究领域：
中国特色社会主义道路；当代中国马克思主义基础理论；中国梦

982 西南财经大学发展研究院
Institute Development Studies, Southwestern University of Finance and Economics

所 属 类 别 / 高校智库
主 管 单 位 / 西南财经大学
成 立 时 间 / 2009 年 9 月
第一负责人 / 王辉耀
合 作 机 构 /
办 公 地 址 / 四川省成都市温江区柳台大道 555 号（611130）
电话(传真) / 028 - 87092562（028 - 87092562）
邮 箱 / fzyjy@ swufe. edu. cn
网 址 / http://fzyjy. swufe. edu. cn
主要研究领域:
绿色发展；绿色经济与经济可持续发展

983 西南财经大学金融研究院
Institute of Financial Studies, Southwestern University of Finance and Economics

所 属 类 别 / 高校智库
主 管 单 位 / 西南财经大学
成 立 时 间 / 2010 年 7 月
第一负责人 / 菲利普 · 迪布韦克
合 作 机 构 /
办 公 地 址 / 四川省成都市青羊区光华村街 55 号（610074）
电话(传真) / 028 - 87099046（028 - 87099047）
邮 箱 / ifs. swufe@ gmail. com
网 址 /
主要研究领域:
国际金融前沿；中国金融发展

984 西南财经大学中国家庭金融调查与研究中心
Survey and Research Center for China Household Finance

所 属 类 别 / 高校智库
主 管 单 位 / 西南财经大学
成 立 时 间 / 2010 年
第一负责人 / 甘犁
合 作 机 构 /
办 公 地 址 / 四川省成都市青羊区光华村街 55 号西南财经大学北三门经济与管理研究院（610074）
电话(传真) / 028 - 87352095（028 - 87352095）
邮 箱 / contactus@ chfs. cn
网 址 / http://chfs. swufe. edu. cn
主要研究领域：住房资产和金融财富；负债和信贷约束；收入和支出；社会保障和保险；代际转移支付；人口特征和就业、支付习惯

985 西南财经大学中国金融研究中心
The Chinese Finance Research Institute of Southwestern University of Finance and Economics

所属类别 / 高校智库
主管单位 / 西南财经大学
成立时间 / 2000 年
第一负责人 / 王擎
合作机构 /
办公地址 / 四川省成都市清江中路 35 号西南财经大学光华楼 18 楼 1801 室（610074）
电话(传真) / 028 - 87354968 （028 - 87352781）
邮　　箱 / icfs@ swufe. edu. cn
网　　址 / http://icfs. swufe. edu. cn
主要研究领域:
中国金融改革与发展

986 西南财经大学中国西部经济研究中心
Southwestern University of Finance and Economics

所属类别 / 高校智库
主管单位 / 西南财经大学
成立时间 / 2010 年 6 月
第一负责人 / 毛中根
合作机构 /
办公地址 /
电话(传真) /
邮　　箱 / zhangzy@ swufe. edu. cn
网　　址 / http://xbzx. swufe. edu. cn
主要研究领域:
农业农村经济理论；人口、资源、环境协调可持续发展

987 西南大学统筹城乡发展研究院
Institute of Urban and Rural Coordinated Development, Southwest University

所属类别 / 高校智库
主管单位 / 西南大学
成立时间 / 2009 年 10 月
第一负责人 / 周常勇
合作机构 /
办公地址 /
电话(传真) / 023 - 68250231
邮　　箱 /
网　　址 /
主要研究领域:
统筹城乡发展政策与法规；农村教育；文化产业；旅游产业；区域经济与发展战略；山地农业；都市农业；生态农业；国土资源开发

988 西南大学西南发展与人才资源研究院

所属类别 / 高校智库
主管单位 / 西南大学
成立时间 / 1999 年 6 月
第一负责人 / 黄希庭
合作机构 /
办公地址 / 重庆市北碚区天生路 2 号西南大学文化与社会发展学院（400715）
电话(传真) / 023 - 68253084（023 - 68253084）
邮　　箱 / xfy@ swnu. edu. cn
网　　址 /
主要研究领域:
西南发展；人格与教育；基础教育；西南民族教育；三峡库区社会发展

989 西南大学西南民族教育与心理研究中心
Center for Studies of Education and Psychology of Minorities in Southwest China of Southwest University

所属类别 / 高校智库
主管单位 / 西南大学
成立时间 / 1984 年 3 月
第一负责人 / 张学敏
合作机构 /
办公地址 / 重庆市北碚区天生路 2 号（400715）
电话(传真) / 023 - 68253900（023 - 68253901）
邮　　箱 / gysf0385@ swu. edu. cn
网　　址 / http://epc. swu. edu. cn
主要研究领域:
西南民族文化变迁中的教育发展；民族科技教育与现代课程改革；民族心理；民族基础教育发展；民族教育信息化

990 西南大学伊朗研究中心
Center for Iranian Studies

所属类别 / 高校智库
主管单位 / 西南大学
成立时间 / 2008 年 4 月
第一负责人 / 冀开运
合作机构 /
办公地址 / 重庆市北碚区天生路 2 号（400715）
电话(传真) / 023 - 68253879（023 - 68252320）
邮　　箱 / kaiyun@ swu. edu. cn
网　　址 / http://ylyjzx. swu. edu. cn/s/ylyjzx
主要研究领域:
伊朗历史；伊朗经济与地理；伊朗对外关系；中伊关系

991 **西南交通大学西部交通战略与区域发展研究中心**

所 属 类 别 / 高校智库

主 管 单 位 / 西南交通大学

成 立 时 间 / 2011 年

第一负责人 / 陈光

合 作 机 构 /

办 公 地 址 /

电话(传真) /

邮　　箱 /

网　　址 /

主要研究领域:

交通运输与区域经济；不同运输方式与区域发展；交通布局与区域布局；交通枢纽与枢纽经济；交通通道与通道经济；城市群与城市群交通体系

992 **西南科技大学拉美研究中心**

Institute of Latin American & Caribbean Studies

所 属 类 别 / 高校智库

主 管 单 位 / 西南科技大学

成 立 时 间 / 2010 年 12 月

第一负责人 / 陈才

合 作 机 构 /

办 公 地 址 / 四川省绵阳市青龙大道中段 59 号（621010）

电话(传真) / 0816－6089396

邮　　箱 / ilacs@ swust. edu. cn

网　　址 / http://ilacs. swust. edu. cn

主要研究领域:

拉美经济、拉美政治和中拉人文交流

993 **新华社**

Xinhua News Agency

所 属 类 别 / 高端智库，政府部门智库

主 管 单 位 / 国务院

成 立 时 间 / 1937 年 1 月

第一负责人 / 蔡名照

合 作 机 构 /

办 公 地 址 / 北京市西城区宣武门西大街 57 号（100803）

电话(传真) / 010－63071114（010－63075134）

邮　　箱 / xwrx@ xinhua. org

网　　址 / http://www. xinhuanet. com

主要研究领域:

决策信息

994 **新疆大学、兰州大学西北少数民族研究中心**
Center for Studies of Ethnic Minorities in NorthWest China of Xinjiang University/Lanzhou University

所 属 类 别 / 合作智库—校校合作
主 管 单 位 / 新疆大学、兰州大学
成 立 时 间 / 2000 年 11 月
第一负责人 / 阿布里克木 · 艾山
合 作 机 构 / 新疆大学、兰州大学
办 公 地 址 / 新疆乌鲁木齐市胜利路 666 号科技楼 (834000)
电话(传真) / 0991 - 8582944
邮 箱 /
网 址 / http://wkjd. xju. edu. cn
主要研究领域:
西北边疆民族语言文化; 西北边疆民族社会经济发展; 西北边疆民族历史、宗教

995 **新疆大学创新管理研究中心**
Center for Innovation Management Research of Xinjiang

所 属 类 别 / 高校智库
主 管 单 位 / 新疆大学
成 立 时 间 / 2011 年 6 月
第一负责人 / 孙慧
合 作 机 构 /
办 公 地 址 / 新疆乌鲁木齐市天山区胜利路 14 号 (830046)
电话(传真) / 0991 - 8583698
邮 箱 /
网 址 / http://www. cim. xju. edu. cn
主要研究领域:
战略与人力资源管理; 运营与创新管理; 资源与环境管理; 能源管理

996 **新疆大学新疆稳定与地区经济发展法制保障研究基地**

所 属 类 别 / 高校智库
主 管 单 位 / 新疆大学
成 立 时 间 / 2011 年 10 月
第一负责人 /
合 作 机 构 /
办 公 地 址 / 新疆乌鲁木齐市天山区胜利路 14 号新疆大学科技楼 616 室 (830046)
电话(传真) /
邮 箱 / 2412758159@ qq. com
网 址 / http://www. sdlprbxj. com
主要研究领域:
地方经济法律制度; 反恐法律制度; 中亚国家法律制度; 新疆民族与宗教法律制度

997 新疆大学中亚地缘政治研究中心
Research Center for Geopolitics of Central Asia，Xinjiang University

所 属 类 别 / 高校智库
主 管 单 位 / 新疆大学
成 立 时 间 / 2012 年 11 月
第一负责人 / 韩隽
合 作 机 构 /
办 公 地 址 / 新疆乌鲁木齐市天山区胜利路 666 号（830046）
电话(传真) / 0991 -8580163（0991 -8580163）
邮　　箱 / xjrcgca@ 163. com
网　　址 / http://rcgca. xju. edu. cn
主要研究领域：
中亚国际关系；中亚与新疆社会治理问题

998 新疆大学中亚研究院（新疆大学 - 清华大学中亚发展研究中心）

所 属 类 别 / 合作智库—校校合作
主 管 单 位 / 新疆大学、清华大学
成 立 时 间 / 2012 年 9 月
第一负责人 / 孟楠
合 作 机 构 /
办 公 地 址 / 新疆乌鲁木齐市天山区胜利路 14 号新疆大学新行政楼 7 层（830046）
电话(传真) /
邮　　箱 /
网　　址 / http://zyyjy. xju. edu. cn
主要研究领域：
中亚及中国周边国家地缘政治、经济、文化、教育、外交、安全

999 新疆维吾尔自治区人民政府参事室
Counsellors’ Office of Xinjiang Uyghur Autonomous Region People’s Government

所 属 类 别 / 政府部门智库—省/区/市政府所属
主 管 单 位 / 中共新疆维吾尔自治区委员会
成 立 时 间 /
第一负责人 / 阿尔斯兰 · 阿布都拉
合 作 机 构 /
办 公 地 址 / 新疆乌鲁木齐市天山区中山路 2 号（830041）
电话(传真) / 0991 -2391183
邮　　箱 / csswsg@ xjcsswsg. xj. gov. cn
网　　址 /
主要研究领域：
新疆发展战略

1000 新疆维吾尔自治区社会科学界联合会
Xinjiang Uygur Autonomous Region Federation of Social Sciences

所 属 类 别 / 社会智库—社会团体
主 管 单 位 / 中共新疆维吾尔自治区委员会
成 立 时 间 /
第一负责人 / 田文
合 作 机 构 /
办 公 地 址 / 新疆乌鲁木齐市沙依巴克区黑龙江路 75 号新界大厦 B 座 19 层（830001）
电话(传真) / 0991 - 7879715
邮　　箱 / xjskl@ 126. com
网　　址 / http://www. xjskw. org. cn
主要研究领域：
新疆社会主义经济建设、政治建设、文化建设、社会建设、生态文明建设；党的建设

1001 新疆维吾尔自治区社会科学院
Xinjiang Academy of Social Sciences

所 属 类 别 / 科研院所智库
主 管 单 位 / 中共新疆维吾尔自治区委员会
成 立 时 间 / 1981 年 3 月
第一负责人 / 高建龙
合 作 机 构 /
办 公 地 址 / 新疆乌鲁木齐新市区北京南路 246 号（830011）
电话(传真) / 0991 - 3824404
邮　　箱 /
网　　址 /
主要研究领域：
党的建设；新农村建设；现代农牧业；民族理论与政策；非物质文化遗产；新疆经济发展战略；西域研究；新疆文化发展；中亚研究

1002 新探健康发展研究中心
Think Tank Research Center for Health Development

所 属 类 别 / 社会智库—民办非企业
主 管 单 位 / 国家卫生健康委员会
成 立 时 间 / 2001 年 9 月
第一负责人 / 王克安
合 作 机 构 /
办 公 地 址 / 北京市大兴区亦庄天宝园 6 里 6 号楼 101 室（100176）
电话(传真) / 010 - 67804214（010 - 67804204）
邮　　箱 / tthdrc@ sina. com
网　　址 / http://www. healthtt. org. cn
主要研究领域：疾病预防与控制；公共卫生；医疗保健

1003 延边大学朝鲜半岛研究院
Institute of Korean Peninsula Studies Yanbian University

所 属 类 别 / 高校智库
主 管 单 位 / 延边大学
成 立 时 间 / 2014 年 11 月
第一负责人 /
合 作 机 构 /
办 公 地 址 / 吉林省延吉市公园路 977 号（133002）
电话（传真）/ 0433 - 2732181（0433 - 2436571）
邮　　箱 /
网　　址 /
主要研究领域：
朝鲜半岛研究

1004 延边大学朝鲜韩国研究中心
Center for North and South Korea Studies of Yanbian University

所 属 类 别 / 高校智库
主 管 单 位 / 延边大学
成 立 时 间 / 1989 年 10 月
第一负责人 / 朴灿奎
合 作 机 构 /
办 公 地 址 / 吉林省延吉市公园路 977 号（133002）
电话（传真）/ 0433 - 2432181（0443 - 2732181）
邮　　箱 / ikps@ ybu. edu. cn
网　　址 /
主要研究领域：
朝鲜和韩国的语言文学、历史、哲学、教育、艺术；朝鲜和韩国的政治、经济、法律

1005 冶金工业经济发展研究中心
China Steel Development & Research Institute

所 属 类 别 / 政府部门智库—国务院直属特设机构所属
主 管 单 位 / 国务院国有资产监督管理委员会
成 立 时 间 / 1979 年 9 月
第一负责人 / 石洪卫
合 作 机 构 /
办 公 地 址 / 北京市东城区东四西大街 46 号（100711）
电话（传真）/ 010 - 65133819（010 - 65133819）
邮　　箱 /
网　　址 / http://www. csdri. com. cn
主要研究领域：
钢铁产业；钢铁企业发展战略

Y

1006 易观智库
Analysis

所 属 类 别 / 社会智库—企业
主 管 单 位 / 北京市工商局
成 立 时 间 / 2000 年
第一负责人 / 于扬
合 作 机 构 /
办 公 地 址 / 北京市朝阳区花家地北里 19 号望京大厦 C 座三层（100102）
电话(传真) / 4006 - 515 - 715（010 - 64668599）
邮　　箱 /
网　　址 / http://www.analysys.cn
主要研究领域：
大数据分析

1007 应急管理部信息研究院（煤炭信息研究院）

所 属 类 别 / 政府部门智库—国务院直属机构所属
主 管 单 位 / 应急管理部
成 立 时 间 / 1959 年
第一负责人 / 贺佑国
合 作 机 构 /
办 公 地 址 / 北京市朝阳区芍药居 35 号中煤信息大厦（100029）
电话(传真) / 010 - 84657848（010 - 84612550）
邮　　箱 / info@coalinfo.net.cn
网　　址 / http://www.nios.com.cn
主要研究领域：
安全生产；煤炭行业方针、政策、规划；煤炭企业发展战略

1008 应急管理部研究中心（中国煤炭工业发展研究中心）

所 属 类 别 / 政府部门智库—国务院直属机构所属
主 管 单 位 / 应急管理部
成 立 时 间 / 1975 年
第一负责人 / 黄盛初
合 作 机 构 /
办 公 地 址 / 北京市东城区和平里北街 21 号（100713）
电话(传真) / 010 - 64463482（010 - 64463480）
邮　　箱 / service@ctcci.org
网　　址 / http://www.ctcci.org
主要研究领域：
安全生产；煤炭；能源；环境；信息技术；法律

1009 云南财经大学印度洋地区研究中心

所属类别／高校智库
主管单位／云南财经大学
成立时间／2011 年 8 月
第一负责人／汪戎
合作机构／
办公地址／云南省昆明市龙泉路 237 号（650221）
电话(传真)／
邮　　箱／
网　　址／
主要研究领域：
印度洋地区政治、经济、文化、法律、贸易、教育、旅游等

1010 云南大学滇西发展研究中心

所属类别／高校智库
主管单位／云南大学
成立时间／2012 年 4 月
第一负责人／杨临宏
合作机构／
办公地址／云南省昆明市五华区翠湖北路 2 号（650091）
电话(传真)／
邮　　箱／dxkf@ moe. edu. cn
网　　址／
主要研究领域：
边疆稳定；国家安全；民族团结；扶贫开发；跨境/跨国民族问题；高原山地与生态

1011 云南大学发展研究院

Development Institute Yunnan University

所属类别／高校智库
主管单位／云南大学
成立时间／1998 年
第一负责人／杨先明
合作机构／
办公地址／云南省昆明市五华区一二一大街 182 号云南大学科学馆 4 层（650091）
电话(传真)／
邮　　箱／xxxx@ ynu. edu. cn
网　　址／http://www. sds. ynu. edu. cn
主要研究领域：
区域能力结构理论和应用方法；人口制度；西部发展失衡与西部发展；空间经济学与应用；宗教与社会发展；产业经济、能源经济与城市化

Y

1012 **云南大学高等教育研究院**
The Research Institute of Higher Education, Yunnan University

所属类别/高校智库
主管单位/云南大学
成立时间/2002 年
第一负责人/董云川
合作机构/
办公地址/云南省昆明市五华区一二一大街 182 号云南大学文津楼 501 室(650091)
电话(传真)/0871-65033950
邮　　箱/dyclc@ynu.edu.cn
网　　址/http://www.hie.ynu.edu.cn
主要研究领域:
高等教育管理;高等教育评价;比较高等教育;民族高等教育

1013 **云南大学国际关系研究院**
Institute of International Studies, Yunnan University

所属类别/高校智库
主管单位/云南大学
成立时间/2002 年
第一负责人/吴磊
合作机构/
办公地址/云南省昆明市五华区翠湖北路 2 号(650091)
电话(传真)/0871-65033130(0871-65033130)
邮　　箱/iseas.ynu@gmail.com
网　　址/http://www.gjgxxy.ynu.edu.cn
主要研究领域:
西亚非洲问题;东南亚、南亚问题;周边问题和能源安全;国际政治;国际经济与贸易;国际法律;国际教育;国际河流与跨境生态安全

1014 **云南大学缅甸研究院**
Center for Myanmar Studies, Yunnan University

所属类别/高校智库
主管单位/云南大学
成立时间/2011 年 12 月
第一负责人/李晨阳
合作机构/
办公地址/云南省昆明市五华区翠湖北路 2 号云南大学映秋院 2 楼(650091)
电话(传真)/0871-65032027
邮　　箱/ims@ynu.edu.cn
网　　址/http://www.ims.ynu.edu.cn
主要研究领域:当代缅甸政治、经济

1015 云南大学民族研究院
School for the Study of the Minorities at Yunnan University

所属类别/高校智库
主管单位/云南大学
成立时间/2006年1月
第一负责人/何明
合作机构/
办公地址/云南省昆明市五华区翠湖北路2号（650091）
电话(传真)/0871-65031748（0871-65031748）
邮　　箱/mzyjy@ynu.edu.cn
网　　址/http://www.msxy.ynu.edu.cn/index.htm
主要研究领域:
人类学；民族学；宗教文化；边疆学

1016 云南大学文化产业研究院

所属类别/合作智库
主管单位/中共云南省委宣传部、云南大学
成立时间/2006年
第一负责人/施惟达
合作机构/
办公地址/
电话(传真)/
邮　　箱/
网　　址/
主要研究领域:
文化产业

1017 云南大学文化发展研究院
Culture Development Institute of Yunnan University

所属类别/高校智库
主管单位/云南大学
成立时间/2006年
第一负责人/李炎
合作机构/
办公地址/云南省昆明市五华区翠湖北路2号（650091）
电话(传真)/0871-65033791（0871-65033791）
邮　　箱/ydwhcys@163.com
网　　址/http://www.whcy.ynu.edu.cn
主要研究领域:
文化产业；产业理论

1018　云南大学西南边疆少数民族研究中心
Center for Studies of Chinese Southwest's Borderland Ethnic Minorities of Yunnan University

所属类别 / 高校智库
主管单位 / 云南大学
成立时间 / 2001 年
第一负责人 / 何明
合作机构 /
办公地址 / 云南省昆明市五华区翠湖北路 2 号（650091）
电话(传真) / 0871－65031748（0871－65031748）
邮　　箱 / kmheming@ hotmail. com
网　　址 / http://www. ydxbzx. ynu. edu. cn
主要研究领域:
民族学与人类学；中国西南民族及其文化；民族关系和民族问题；东南亚民族和文化；边疆问题；东南亚民族；民族地区发展

1019　云南省人民政府参事室（文史研究馆）
Counsellors' Office of Yunnan Provincial People's Government

所属类别 / 政府部门智库—省/区/市政府所属
主管单位 / 云南省政府
成立时间 /
第一负责人 / 王维真
合作机构 /
办公地址 / 云南省昆明市五华区龙井街 38 号（650031）
电话(传真) / 0871－63628368
邮　　箱 /
网　　址 /
主要研究领域:
云南省发展战略

1020　云南省社会科学界联合会
Yunnan Federation of Social Science Circles

所属类别 / 社会智库—社会团体
主管单位 / 中共云南省委、云南省政府
成立时间 / 1962 年
第一负责人 / 张瑞才
合作机构 /
办公地址 / 云南省昆明市五华区二环西路 397 号高新科技广场（650106）
电话(传真) / 0871－68318823
邮　　箱 / nyb70@ 126. com
网　　址 / http://www. ynskl. org. cn
主要研究领域:
云南省经济社会发展

1021 云南省社会科学院
Yunnan Academy of Social Sciences

所 属 类 别 / 科研院所智库
主 管 单 位 / 云南省政府
成 立 时 间 / 1980 年
第一负责人 / 何祖坤
合 作 机 构 /
办 公 地 址 / 云南省昆明市西山区环城西路 577 号（650034）
电话(传真) /
邮　　箱 / information_ yass@ 163. com
网　　址 / http://www. sky. yn. gov. cn
主要研究领域：民族文化；农村社区；文化产业；妇女研究；东南亚问题；南亚问题

1022 浙江财经大学中国政府管制研究院
China Institute of Regulation Research，ZUFE

所 属 类 别 / 高校智库
主 管 单 位 / 浙江财经大学
成 立 时 间 / 2010 年
第一负责人 / 王俊豪
合 作 机 构 /
办 公 地 址 / 浙江省杭州市下沙高教园区学源街 18 号（310018）
电话(传真) / 0571 - 87557343（0571 - 87557343）
邮　　箱 / zfgzyjy@ zufe. edu. cn
网　　址 / http://irr. zufe. edu. cn
主要研究领域：政府管制基础理论；城市公用事业政府管制理论与政策；垄断性行业、能源、环境、食品与药品安全管制理论与政策研究；管制绩效评价理论与政策研究

1023 浙江大学“一带一路”合作与发展协同创新中心
The Collaborative Innovation Center for the Belt and Road Initiative

所 属 类 别 / 高校智库
主 管 单 位 / 浙江大学
成 立 时 间 / 2014 年 12 月
第一负责人 / 金德水、林建华、丁仲礼
合 作 机 构 / 北京大学、中国科学院地理科学与资源研究所、中国社会科学院亚太与全球战略研究院、云南大学、塔里木大学、敦煌研究院等
办 公 地 址 / 浙江省杭州市西湖区余杭塘路 866 号浙江大学紫金港校区西三 B 楼（310058）
电话(传真) / 0571 - 88208799（0571 - 88208799）
邮　　箱 /
网　　址 /
主要研究领域：“一带一路”倡议研究等

Z

1024　浙江大学创新管理与持续竞争力研究中心
National Institute for Innovation Management at Zhejiang University

所属类别 / 高校智库
主管单位 / 浙江大学
成立时间 /
第一负责人 / 吴晓波
合作机构 /
办公地址 / 浙江省杭州市西湖区余杭塘路 866 号浙江大学紫金港校区管理大楼 11 层（310058）
电话(传真) / 0571 – 88206889（0571 – 88206892）
邮　　箱 / niim@ zju. edu. cn
网　　址 / http://niim. zju. edu. cn
主要研究领域:
全球化制造与创新；服务创新与发展战略；知识产权与知识管理；科学技术创新政策

1025　浙江大学地方政府与社会治理研究中心

所属类别 / 高校智库
主管单位 / 浙江大学
成立时间 / 2006 年
第一负责人 /
合作机构 /
办公地址 / 浙江省杭州市西湖区浙江大学玉泉校区邵逸夫工商管理楼 2 层（310058）
电话(传真) / 0571 – 87951267
邮　　箱 / clgs1@ zju. edu. cn
网　　址 / http://www. clgs. cn
主要研究领域：地方政府管理；社会组织与城市发展；浙江村庄民主治理与建设

1026　浙江大学房地产研究中心
The Center for Real Estate Study, Zhejiang University

所属类别 / 高校智库
主管单位 / 浙江大学
成立时间 /
第一负责人 / 贾生华
合作机构 /
办公地址 / 浙江省杭州市西湖区天目山路 34 号浙江大学西溪校区教学主楼 401 室（310028）
电话(传真) / 0571 – 88273360（0571 – 88273360）
邮　　箱 / cres@ zju. edu. cn
网　　址 /
主要研究领域：房地产市场；房地产企业；城市住房；土地；房地产金融

1027 浙江大学非传统安全与和平发展研究中心
Center for Non - Traditional Security and Peaceful Development Studies, Zhejiang University

所属类别 / 高校智库
主管单位 / 浙江大学
成立时间 / 2006 年 11 月
第一负责人 / 余潇枫
合作机构 /
办公地址 / 浙江省杭州市西湖区余杭塘路 866 号浙江大学紫金港校区西一 409 - 411 室 (310058)
电话(传真) / 0571 - 88208518 (0571 - 88208518)
邮　　箱 / nts@ zju. edu. cn
网　　址 / http://www. nts. zju. edu. cn
主要研究领域: 安全理论; 公共危机管理; 人口安全与仿真; 公共卫生与安全; 能源安全; 信息安全

1028 浙江大学公共政策研究院 (浙江省公共政策研究院)
Institute for Public Policy of Zhejiang University (Institute for Public Policy Zhejiang Province)

所属类别 / 合作智库—政校合作
主管单位 / 浙江大学
成立时间 / 2008 年 9 月
第一负责人 / 姚先国
合作机构 / 浙江省民政厅、浙江大学
办公地址 / 浙江省杭州市西湖区浙江大学紫金港校区蒙民伟楼 322 室 (310058)
电话(传真) / 0571 - 88206853
邮　　箱 / ggzcyjy@ 126. com
网　　址 / http://www. ggzc. zju. edu. cn
主要研究领域: 公共政策

1029 浙江大学金融研究院 (浙江省金融研究院)
Academy of Financial Research, Zhejiang University (Academy of Financial Research, Zhejiang Province)

所属类别 / 合作智库—政校合作
主管单位 / 浙江省社会科学界联合会
成立时间 / 2010 年 7 月
第一负责人 / 史晋川
合作机构 / 浙江省政府、浙江大学
办公地址 / 浙江省杭州市西湖区浙大路 38 号浙江大学玉泉校区外经贸楼 2 层 (310027)
电话(传真) / 0571 - 87953210 (0571 - 87953337)
邮　　箱 / afrzju@ 163. com
网　　址 /
主要研究领域: 区域金融发展; 地方金融 (资本市场); 民间金融; 创业金融

Z

1030 **浙江大学科教发展战略研究中心**
Research Center for Science，Technology and Education Policy，Zhejiang University

所 属 类 别 / 高校智库
主 管 单 位 / 浙江大学
成 立 时 间 / 2006 年 5 月
第一负责人 / 魏江
合 作 机 构 /
办 公 地 址 / 浙江省杭州市西湖区余杭塘路 866 号
电话(传真) / 0571 – 88981232（0571 – 88981232）
邮　　箱 / icstep@ zju. edu. cn
网　　址 / http://www. rids. zju. edu. cn
主要研究领域:
科技政策；教育政策

1031 **浙江大学民生保障与公共治理研究中心**
Center of Social Welfare and Governance，Zhejiang University

所 属 类 别 / 高校智库
主 管 单 位 / 浙江大学
成 立 时 间 / 2018 年 5 月
第一负责人 /
合 作 机 构 /
办 公 地 址 / 浙江省杭州市西湖区余杭塘路 866 号浙江大学紫金港校区蒙民伟楼 268 室（310058）
电话(传真) / 0571 – 56662086（0571 – 56662086）
邮　　箱 / swg@ zju. edu. cn
网　　址 / http://www. swg. zju. edu. cn
主要研究领域:
劳动经济学；社会保障；公共治理

1032 **浙江大学民营经济研究中心**
Center for Research of Private Economy，Zhejiang University

所 属 类 别 / 高校智库
主 管 单 位 / 浙江大学
成 立 时 间 / 2002 年
第一负责人 / 史晋川
合 作 机 构 /
办 公 地 址 / 浙江省杭州市西湖区浙大路 38 号浙江大学外经贸楼 4 层（310027）
电话(传真) / 0571 – 87952835（0571 – 87952835）
邮　　箱 / crpe@ zju. edu. cn
网　　址 / http://crpe. zju. edu. cn
主要研究领域:
民营经济；民营企业与政府关系

Z

1033 **浙江大学农业现代化与农村发展研究中心（浙江大学中国农村发展研究院）**
Center for Agricultural and Rural Development, Zhejiang University (China Academy for Rural Development, Zhejiang University)

所属类别 / 高校智库
主管单位 / 浙江大学
成立时间 / 1999 年
第一负责人 / 黄祖辉
合作机构 /
办公地址 / 浙江省杭州市西湖区余杭塘路 866 号浙江大学紫金港校区启真大厦 (310058)
电话(传真) / 0571 - 88981520 (0571 - 88981522)
邮　　箱 / cardzu@ zju. edu. cn
网　　址 / http://www. card. zju. edu. cn
主要研究领域：
新农村建设；土地制度与政策；农村金融；农村资源与环境经济；小城镇与区域发展；农村社会保障；农村人口与社会发展；中国农民合作组织

1034 **浙江大学欧洲研究中心**
Center for European Studies, Zhejiang University

所属类别 / 高校智库
主管单位 / 浙江大学
成立时间 / 2003 年 10 月
第一负责人 / 李金珊
合作机构 /
办公地址 / 浙江省杭州市西湖区浙大路 38 号 (310027)
电话(传真) / 0571 - 87952681 (0571 - 87951800)
邮　　箱 / mail. zjces. org
网　　址 / http://www. zjces. org
主要研究领域：
欧洲问题

1035 **浙江大学区域经济开放与发展研究中心**

所属类别 / 高校智库
主管单位 / 浙江大学
成立时间 / 2005 年 9 月
第一负责人 / 黄先海
合作机构 /
办公地址 / 浙江省杭州市浙大路 38 号浙江大学经济学院 432 室 (310027)
电话(传真) / 0571 - 87953738
邮　　箱 / reodzj@ 126. com
网　　址 / http://www. reod. zju. edu. cn/index. asp
主要研究领域：区域经济转型与升级；区域金融创新与发展

1036 浙江大学区域与城市发展研究中心
Center for Urban and Regional Development Studies, Zhejiang University

所属类别 / 高校智库
主管单位 / 浙江大学
成立时间 / 2002 年 10 月
第一负责人 / 陈建军
合作机构 /
办公地址 / 浙江省杭州市西湖区余杭塘路 866 号浙江大学紫金港校区公共管理学院蒙民伟楼 371 （310058）
电话(传真) / 0571 - 56662063 （0571 - 56662063）
邮　　箱 / hzcjjun@ 126. com
网　　址 /
主要研究领域：
区域一体化与协同发展；城市化、城市群和城市圈发展与建设；区域与城市产业发展规划；循环经济与可持续发展

1037 浙江大学全球浙商研究院
Academy of Global Zheshang Entrepreneurship, Zhejiang University

所属类别 / 高校智库
主管单位 / 浙江大学
成立时间 / 2011 年
第一负责人 / 吴晓波
合作机构 /
办公地址 / 浙江省杭州市古墩路浙江大学紫金港校区（310058）
电话(传真) / 0571 - 88981557 （0571 - 88981557）
邮　　箱 / lilliana - v@ 163. com
网　　址 / http://zheshang. zju. edu. cn/Front/Index. aspx
主要研究领域：全球农商；现代服务；高端制造与品牌发展；浙商指数

1038 浙江大学人力资源与战略发展研究中心
Center Human Resources & Strategic Development, Zhejiang University

所属类别 / 合作智库—政校合作
主管单位 / 浙江大学
成立时间 / 2008 年
第一负责人 / 王重鸣
合作机构 / 人力资源与社会保障部、中国人事科学研究院、浙江大学全球创业研究中心
办公地址 / 浙江省杭州市西湖区天目山路 148 号西溪校区教学主楼 251 室（310028）
电话(传真) / 0571 - 88273012 （0571 - 88273012）
邮　　箱 / gerc@ zju. edu. cn
网　　址 / http://www. hrsd. zju. edu. cn
主要研究领域：创业人才与全球领导；创业资源与创新战略；组织学习与创业变革

1039 浙江大学社会科学研究基础平台
Social Science Experiment Center of Zhejiang University

所属类别／高校智库
主管单位／浙江大学
成立时间／2009年7月
第一负责人／
合作机构／
办公地址／浙江省杭州市西湖区余杭塘路866号浙江大学紫金港校区东3－106室（310058）
电话（传真）／0571－88208370（0571－88208708）
邮　　箱／hewenjiong@163.com
网　　址／http://ssec.zju.edu.cn/sites/main/default.aspx
主要研究领域：行为金融；微观个体行为与公共政策；社会演化过程的动力学实验

1040 浙江大学社会组织与社会治理研究中心
Institute for Civil Society Development，Zhejiang University

所属类别／高校智库
主管单位／浙江大学
成立时间／2006年9月
第一负责人／郁建兴
合作机构／
办公地址／浙江省杭州市西湖区余杭塘路866号紫金港校区公共管理学院蒙民伟楼251（310058）
电话（传真）／0571－56662100
邮　　箱／yujianxing@zju.edu.cn
网　　址／
主要研究领域：行业协会治理结构；政府对行业协会管理体制；行业协会与政府、企业之间互动关系

1041 浙江大学质量管理研究中心
Center for Quality Management Research，Zhejiang University

所属类别／高校智库
主管单位／浙江大学
成立时间／2014年1月
第一负责人／熊伟
办公地址／浙江省杭州市西湖区古墩路浙江大学紫金港校区主楼705－706室（310058）
电话（传真）／0571－88236275（0571－85358548）
邮　　箱／zjumquality@163.com
网　　址／http://www.zjuqm.org
主要研究领域：质量创新；生态质量；食品质量安全；医疗质量；供应链质量；神经质量

Z

1042 浙江大学中国西部发展研究院
China Academy of West Region Development, Zhejiang University

所属类别 / 高校智库
主管单位 / 浙江大学
成立时间 / 2006 年 10 月
第一负责人 / 周谷平、曹玉书
办公地址 / 浙江省杭州市西湖区余杭塘路 866 号浙江大学紫金港校区中国西部发展研究院大楼 14、15 层（310058）
电话(传真) / 0571 - 88981422（0571 - 88981422）
邮　　箱 / cawd@ zju. edu. cn
网　　址 / http://www. cawd. zju. edu. cn
主要研究领域:
西部大开发中全局性、综合性、战略性重大问题的理论和应用问题

1043 浙江大学舟山海洋研究中心
Ocean Research Center of Zhoushan, Zhejiang University

所属类别 / 合作智库—政校合作
主管单位 / 舟山市政府、浙江大学
成立时间 / 2010 年 2 月
第一负责人 / 徐文
合作机构 / 舟山市政府、浙江大学
办公地址 / 浙江省舟山市临城新区体育路 10 号 5 - 7 层（316021）
电话(传真) / 0580 - 2186315（0580 - 2186317）
邮　　箱 /
网　　址 / http://zoceanc. zju. edu. cn
主要研究领域:
海洋经济与社会发展战略；新兴海洋产业培育；传统海洋产业升级改造

1044 浙江工业大学浙江省技术创新与企业国际化研究中心
Center for Research in Technology Innovation and Enterprise Internationalization

所属类别 / 高校智库
主管单位 / 浙江工业大学
成立时间 / 2010 年 9 月
第一负责人 / 肖瑞峰
合作机构 /
办公地址 / 浙江省杭州市留和路 288 号浙江工业大学博 A403（310023）
电话(传真) / 0571 - 85290673
邮　　箱 /
网　　址 /
主要研究领域:
民营企业国际化发展与创新研究；浙江企业集群发展与转型升级研究

Z

1045 浙江工业大学中国中小企业研究院
China Institute for Small and Medium Enterprises

所 属 类 别 / 高校智库
主 管 单 位 / 浙江工业大学
成 立 时 间 / 2012 年
第一负责人 / 林汉川
合 作 机 构 /
办 公 地 址 / 浙江省杭州市潮王路 18 号尚德园 12 号楼 107 室（310014）
电话(传真) / 0571 - 88320618
邮　　箱 /
网　　址 / http://www.csmbri.ac.cn
主要研究领域:
中小企业发展理论与实践

1046 浙江农林大学浙江省农民发展研究中心
Center for China Farmers' Development

所 属 类 别 / 高校智库
主 管 单 位 / 浙江农林大学
成 立 时 间 / 2012 年
第一负责人 / 金佩华、顾益康
合 作 机 构 /
办 公 地 址 / 浙江省临安市衣锦街 252 号浙江农林大学衣锦校区西大楼 103 室（311300）
电话(传真) / 0571 - 63741865
邮　　箱 / ccfd@foxmail.com
网　　址 / http://ccfd.zafu.edu.cn
主要研究领域:
农民的全面发展和现代化

1047 浙江清华长三角研究院
Yangtze Delta Region Institute of Tsinghua University, Zhejiang

所 属 类 别 / 合作智库—政校合作
主 管 单 位 /
成 立 时 间 / 2003 年
第一负责人 / 王涛
合 作 机 构 / 浙江省政府、清华大学
办 公 地 址 / 浙江省嘉兴市南湖区亚太路 705 号创新大厦（314006）
电话(传真) / 0573 - 82582702（0573 - 82570020）
邮　　箱 / office@tsinghua-zj.edu.cn
网　　址 / http://www.tsinghua-zj.edu.cn
主要研究领域:
长三角地区经济社会发展方式转变；生态环境；食品安全风险评估

1048 浙江省标准化研究院

所属类别/政府部门智库—省/区/市政府所属
主管单位/浙江省质量技术监督局
成立时间/2005 年
第一负责人/
合作机构/
办公地址/浙江省杭州市天目山路 222 号 2 号楼（310013）
电话(传真)/0571－85786500（0571－85786977）
邮　　箱/
网　　址/http://www.zis.org.cn
主要研究领域：
标准馆藏收集与服务；WTO/TBT 信息的通报、咨询、研究；标准化研究与服务；全省商品条码、物品编码的管理和应用；数据共享

1049 浙江省产业发展政策研究中心
Industrial Development Policy Research Center，Zhejiang Province

所属类别/合作智库
主管单位/浙江省标准化研究院
成立时间/2011 年
第一负责人/
合作机构/浙江省委政策研究室、浙江省质量技术监督局、浙江省标准化研究院
办公地址/浙江省杭州市环城北路 305 号耀江发展中心 7 楼（310006）
电话(传真)/0571－85786371（0571－85786960）
邮　　箱/huijiant@163.com
网　　址/http://cyzc.zis.org.cn
主要研究领域：国内外产业发展动态；浙江传统产业转型升级方向和路径；浙江省产业集聚及品牌培育研究

1050 浙江省城市治理研究中心
Center for Urban Governance Studies

所属类别/政府部门智库—省/区/市政府所属
主管单位/
成立时间/
第一负责人/王国平
合作机构/
办公地址/浙江省杭州市余杭区余杭塘路 2318 号杭州国际城市学研究中心大楼（311121）
电话(传真)/0571－85250952
邮　　箱/zjcugs@126.com
网　　址/http://cszl.urbanchina.org/demo25001
主要研究领域：城市发展与治理理论研究；城市历史文脉与文化遗产保护研究

1051 **浙江省传播与文化产业研究中心**
Research Center of Communication and Cultural Industry, Zhejiang

所 属 类 别 / 合作智库—校校合作
主 管 单 位 / 浙江大学、浙江传媒学院
成 立 时 间 / 2012 年 6 月
第一负责人 / 彭少健
合 作 机 构 / 浙江大学传播研究所、浙江传媒学院
办 公 地 址 / 浙江省杭州市江干区学源街 998 号 (310018)
电话(传真) /
邮　　箱 /
网　　址 / http://www.2011xtzx.zjicm.edu.cn/web_ cbwh/pages/index.php
主要研究领域:
媒介经济与管理; 数字娱乐产业; 广播电视内容产业

1052 **浙江省发展规划研究院**
Zhejiang Development & Planning Institute

所 属 类 别 / 政府部门智库—省/区/市政府所属
主 管 单 位 / 浙江省政府
成 立 时 间 / 1985 年
第一负责人 / 何中伟
合 作 机 构 /
办 公 地 址 / 浙江省杭州市西湖区莫干山路 425 号 (310012)
电话(传真) / 0571 - 28936800 (0571 - 28936810)
邮　　箱 / fazhan@zdpri.cn
网　　址 / http://www.zdpri.cn
主要研究领域:
浙江省海洋发展规划; 区域发展; 产业发展; 能源与环境; 城乡建设; 社会发展

1053 **浙江省科技发展战略研究院智江南**

所 属 类 别 / 政府部门智库—省/区/市政府所属
主 管 单 位 / 浙江省科技厅
成 立 时 间 / 2012 年 1 月
第一负责人 / 应向伟
合 作 机 构 /
办 公 地 址 / 浙江省杭州市环城西路 33 号 (310006)
电话(传真) / 0571 - 85158525
邮　　箱 / zjqbs@zjinfo.gov.cn
网　　址 / http://www.istiz.org.cn
主要研究领域:
信息资源建设与服务; 战略研究与决策支持服务; 科技咨询与评估

1054 浙江省科技信息研究院

所 属 类 别 / 政府部门智库—省/区/市政府所属
主 管 单 位 / 浙江省科技厅
成 立 时 间 /
第一负责人 / 应向伟
合 作 机 构 /
办 公 地 址 / 浙江省杭州市环城西路 33 号（310006）
电话(传真) / 0571 - 85158525
邮　　箱 / zjqbs@ zjinfo. gov. cn
网　　址 / http://www. istiz. org. cn
主要研究领域:
信息资源建设与服务；科技咨询与评估；信息网络技术服务；科技宣传服务及政务公益服务

1055 浙江省人才发展研究院
Zhejiang Institution of Talent Development

所 属 类 别 / 合作智库—政校合作
主 管 单 位 / 浙江省社会科学界联合会
成 立 时 间 / 2010 年 9 月
第一负责人 / 姚先国
合 作 机 构 / 中共浙江省委组织部、浙江大学
办 公 地 址 / 浙江省杭州市西湖区天目山路 148 号浙江大学西溪校区教学主楼 407、409 室（310028）
电话(传真) / 0571 - 88273037（0571 - 88273037）
邮　　箱 / zjsrcfz@ 163. com
网　　址 / http://www. zjrcfz. com
主要研究领域:
人才理论与政策

1056 浙江省人民政府参事室（省文史研究馆）
Counsellors' Office of Zhejiang Provincial People's Government

所 属 类 别 / 政府部门智库—省/区/市政府所属
主 管 单 位 / 浙江省政府
成 立 时 间 / 1952 年 9 月
第一负责人 / 陈东凌
合 作 机 构 /
办 公 地 址 / 浙江省杭州市西湖区省府路 2 号（310025）
电话(传真) /
邮　　箱 /
网　　址 /
主要研究领域: 浙江省发展战略

1057 浙江省社会科学界联合会

Zhejiang Federation of Humanities and Social Sciences Circles

所 属 类 别 / 社会智库—社会团体
主 管 单 位 / 中共浙江省委
成 立 时 间 / 1984 年 3 月
第一负责人 / 蒋承勇
合 作 机 构 /
办 公 地 址 / 浙江省杭州市西湖区省府路 8 号省府大楼 2 号楼（310025）
电话(传真) / 0571 - 87050498（0571 - 87050498）
邮　　箱 / zjskw@ vip. 163. com
网　　址 / http://www. zjskw. gov. cn
主要研究领域:
浙江省物质文明、政治文明、精神文明建设

1058 浙江省社会科学院

Zhejiang Academy of Social Sciences

所 属 类 别 / 科研院所智库
主 管 单 位 / 浙江省政府
成 立 时 间 / 1984 年
第一负责人 / 何显明
合 作 机 构 /
办 公 地 址 / 浙江省杭州市西湖区凤起路 620 号省行政中心 11 号楼（310007）
电话(传真) / 0571 - 87057582
邮　　箱 / zjssky@ zj. gov. cn
网　　址 / http://www. zjss. com. cn
主要研究领域:
区域经济；产业经济；公共政策；人文浙江建设；公法与公共政策；地方法治与法治浙江建设；浙江经济社会发展；妇女与家庭；软科学研究

1059 浙江省文化产业创新发展研究院（智库）

所 属 类 别 / 合作智库
主 管 单 位 / 浙江省文化产业促进会、浙江工商大学
成 立 时 间 / 2019 年 5 月
第一负责人 /
合 作 机 构 /
办 公 地 址 /
电话(传真) /
邮　　箱 /
网　　址 /
主要研究领域:
数字文化产业；文旅融合发展；地方特色文化

Z

1060 浙江省文化和旅游发展研究院
Zhejiang Academy of Culture and Tourism Development

所属类别／政府部门智库
主管单位／浙江省文化和旅游厅
成立时间／2019 年 7 月
第一负责人／
合作机构／浙江旅游职业学院
办公地址／
电话(传真)／
邮　　箱／
网　　址／
主要研究领域：
文化和旅游；文旅数据分析；应对文旅融合发展战略政策

1061 浙江师范大学非洲研究院
Institute of African Studies Zhejiang Normal University

所属类别／高校智库
主管单位／浙江师范大学
成立时间／2007 年
第一负责人／刘鸿武
合作机构／
办公地址／浙江省金华市迎宾大道 688 号（321004）
电话(传真)／0579－82286091（0579－82286091）
邮　　箱／ias@ zjnu. cn
网　　址／http://ias. zjnu. cn
主要研究领域：
非洲政治与国际关系；非洲经济；非洲教育；非洲历史文化

1062 浙江师范大学环东海与边疆研究院
The East China Sea Rim Research Institute

所属类别／高校智库
主管单位／浙江师范大学
成立时间／
第一负责人／于逢春
合作机构／
办公地址／浙江省金华市迎宾大道 688 号（321004）
电话(传真)／
邮　　箱／ecsr@ zjnu. cn
网　　址／http://ecsr. zjnu. edu. cn
主要研究领域：
海洋战略与区域合作；海洋开发与社会发展；海洋文明与文化传统；边海疆管理与安全

1063 郑州大学埃及研究中心

所属类别／高校智库
主管单位／郑州大学
成立时间／2013 年
第一负责人／陈天社
合作机构／西北大学中东研究所、上海外国语大学中东研究所、中国社会科学院西亚非洲研究所
办公地址／河南省郑州市高新区科学大道 100 号（450001）
电话(传真)／0371－67783390
邮　　箱／
网　　址／
主要研究领域：
埃及历史、政治、宗教与对外关系；埃及政治与社会；埃及与"一带一路"研究

1064 郑州大学越南研究所

Collaborative Innovation Center of Territorial Spvereignty and Maritime Rights, Zhengzhou University Branch

所属类别／高校智库
主管单位／郑州大学
成立时间／1980 年代初
第一负责人／于向东
合作机构／复旦大学、中国政法大学、外交学院、中国社会科学院中国边疆史地研究中心、水利部国际经济技术合作交流中心
办公地址／河南省郑州市科学大道 100 号（450001）
电话(传真)／0371－67739625
邮　　箱／cictsmr_ zzub@ 163. com
网　　址／http://www7. zzu. edu. cn/cictsmr_ zzub
主要研究领域：
越南历史与现实；中越关系；南海问题；西南边疆问题

1065 郑州大学中国土地法律与公共政策研究中心

China Land Law & Public Policy Research Centre, Zhengzhou University

所属类别／高校智库
主管单位／郑州大学
成立时间／
第一负责人／沈开举
合作机构／
办公地址／河南省郑州市中原区科学大道 100 号郑州大学法学院（450001）
电话(传真)／0371－67780199（0371－67781982）
邮　　箱／
网　　址／
主要研究领域：土地法律制度研究

1066 郑州市社会科学院

所 属 类 别 / 科研院所智库
主 管 单 位 / 郑州市政府
成 立 时 间 / 2006 年 8 月
第一负责人 /
合 作 机 构 /
办 公 地 址 / 河南省郑州市二七区嵩山南路南段 1 号（450015）
电话(传真) / 0371－68810685（0371－68810685）
邮　　箱 /
网　　址 /
主要研究领域：郑州工业、农业、商贸、金融、城建、交通、物流、会展、旅游、非公有制经济；和谐社会建设；法制建设；公民道德建设；教育；人口；社会保障；中国特色社会主义文化、历史传统文化与现代文化的融合；城市文化发展战略

1067 知远战略与防务研究所
Knowfar Institute for Strategic and Defence Studies

所 属 类 别 / 社会智库—民办非企业
主 管 单 位 / 江苏省江阴市科学技术协会
成 立 时 间 / 2013 年 4 月
第一负责人 / 李健
合 作 机 构 /
办 公 地 址 / 江苏省江阴市长江路 777 号东方广场 1 号楼 819 室（214433）
电话(传真) / 0510－86403040（0510－86403040）
邮　　箱 / knowfar2009@126. com
网　　址 / http://www. knowfar. org. cn
主要研究领域：战略评估；网络空间；装备保障；联合作战；反恐和海外安全；开源情报；战略传播

1068 中财－鹏元地方财政投融资研究所
Zhongcai－Pengyuan Local Finance Investment and Funding Research Institute

所 属 类 别 / 合作智库—校企合作
主 管 单 位 /
成 立 时 间 /
第一负责人 / 马海涛
合 作 机 构 / 中央财经大学财政学院、鹏元资信评估有限公司
办 公 地 址 / 北京市东城区建国门内大街 26 号新闻大厦（100005）
电话(传真) / 010－66216006
邮　　箱 /
网　　址 / http://zcpy. pyrating. cn/
主要研究领域：地方公债；市政债券；城市基础设施投资；高新技术产业；新兴战略性产业政府支持

1069 中共安徽省委党校（安徽行政学院）

所属类别 / 政党系统智库—中共省/区/市委党校
主管单位 / 中共安徽省委（安徽省政府）
成立时间 / 1978 年 5 月（1991 年）
第一负责人 / 张永
合作机构 /
办公地址 / 安徽省合肥市包河区屯溪路 301 号（230022）
电话(传真) / 0551 - 62173575、0551 - 63414447
邮　　箱 / 425926431@ qq. com
网　　址 / http://www. ahdx. gov. cn（http://www. ahsa. edu. cn）
主要研究领域:
安徽省情；科学社会主义；科学文化；政府管理

1070 中共北京市委党校（北京行政学院）

所属类别 / 政党系统智库—中共省/区/市委党校
主管单位 / 中共北京市委（北京市政府）
成立时间 / 1950 年 11 月（1993 年 3 月）
第一负责人 / 王民忠
合作机构 /
办公地址 / 北京市西城区车公庄大街 6 号（100044）
电话(传真) / 010 - 68007014
邮　　箱 / bac_ info@ 126. com
网　　址 / http://www. bac. gov. cn
主要研究领域:
党的建设；公共管理；工商管理

1071 中共重庆市委党校（重庆行政学院）

所属类别 / 政党系统智库—中共省/区/市委党校
主管单位 / 中共重庆市委（重庆市政府）
成立时间 / 1997 年
第一负责人 / 谢金峰
合作机构 /
办公地址 / 重庆市九龙坡区渝州路 160 号（400041）
电话(传真) / 023 - 68590584
邮　　箱 /
网　　址 / http://www. cqdx. gov. cn
主要研究领域:
科学社会主义；党的建设；公共管理；经济管理；经济社会发展；应急管理

1072 中共大连市委党校（大连行政学院）

所 属 类 别 / 政党系统智库——中共省/区/市委党校
主 管 单 位 / 中共大连市委（大连市政府）
成 立 时 间 / 1947 年 5 月（1996 年）
第一负责人 / 林跃先
合 作 机 构 /
办 公 地 址 / 辽宁省大连市西岗区滨海西路 75 号（116013）
电话(传真) / 0411 - 82403307（0411 - 82400493）
邮　　箱 /
网　　址 / http://www.swdx.dl.gov.cn
主要研究领域:
党的哲学社会科学研究

1073 中共福建省委党校（福建行政学院）

所 属 类 别 / 政党系统智库—中共省/区/市委党校
主 管 单 位 / 中共福建省委（福建省政府）
成 立 时 间 / 1950 年 6 月（1995 年 11 月）
第一负责人 / 胡忠昭
合 作 机 构 /
办 公 地 址 / 福建省福州市鼓楼区柳河路 61 号（350002）
电话(传真) / 0591 - 22853456（0591 - 83705345）
邮　　箱 /
网　　址 / http://www.fjdx.gov.cn
主要研究领域:
党的建设；社会与文化；公共管理；应急管理；经济管理科学

1074 中共甘肃省委党校（甘肃行政学院）

所 属 类 别 / 政党系统智库—中共省/区/市委党校
主 管 单 位 / 中共甘肃省委（甘肃省政府）
成 立 时 间 / 1956 年 9 月（1990 年）
第一负责人 / 冯湖
合 作 机 构 /
办 公 地 址 / 甘肃省兰州市安宁区北滨河西路 456 号（730071）
电话(传真) / 0931 - 7768663（0931 - 7768666）
邮　　箱 / gsdxwz@163.com
网　　址 / http://www.gsdx.gov.cn
主要研究领域:
党的建设研究；经济社会发展研究；文化发展战略研究

1075 **中共广东省委党校（广东行政学院）**

所属类别／政党系统智库—中共省/区/市委党校
主管单位／中共广东省委（广东省政府）
成立时间／1972 年 2 月（1990 年 1 月）
第一负责人／杨汉卿
合作机构／
办公地址／广东省广州市越秀区建设大马路 3 号（510053）
电话(传真)／020 - 83122800
邮　　箱／web@ gddx. gov. cn
网　　址／http://www. gddx. gov. cn
主要研究领域：
公共管理；公共政策；人口、资源与环境；经济管理；国际经济与贸易；市场营销；电子商务

1076 **中共广西区委党校（广西行政学院）**

所属类别／政党系统智库—中共省/区/市委党校
主管单位／中共广西壮族自治区党委（广西壮族自治区政府）
成立时间／1972 年 5 月（1994 年 3 月）
第一负责人／胡建华
合作机构／
办公地址／广西省南宁市青秀区荔滨大道 18 号（530021）
电话(传真)／0771 - 5576680
邮　　箱／bangongshi@ gxdx. gov. cn
网　　址／http://www. gxdx. gov. cn
主要研究领域：
公共管理；领导力拓展；广西人口；经济管理；文化管理；行政法；应急管理

1077 **中共贵州省委党校（贵州行政学院）**

所属类别／政党系统智库—中共省/区/市委党校
主管单位／中共贵州省委（贵州省政府）
成立时间／1950 年 7 月（1997 年 7 月）
第一负责人／袁惠民
合作机构／
办公地址／贵州省贵阳市清溪路附近（550025）
电话(传真)／0851 - 3602382
邮　　箱／gzswdx2010@ 126. com
网　　址／http://www. gzdx. gov. cn
主要研究领域：
科学社会主义；经济管理；行政管理；贵州省经济社会发展战略

1078 中共海南省委党校（海南省行政学院）

所 属 类 别 / 政党系统智库—中共省/区/市委党校
主 管 单 位 / 中共海南省委（海南省政府）
成 立 时 间 /
第一负责人 / 王和平
合 作 机 构 /
办 公 地 址 / 海南省海口市琼山区红城湖路 10 号（571100）
电话(传真) / 0898 - 65802966
邮　　箱 / hnwebmaster@ hainan. net
网　　址 / http://www. dx. hainan. gov. cn
主要研究领域：
海南发展战略；公共管理；工商管理

1079 中共河北省委党校（河北行政学院）

所 属 类 别 / 政党系统智库—中共省/区/市委党校
主 管 单 位 / 中共河北省委（河北省政府）
成 立 时 间 / 1971 年（1987 年）
第一负责人 / 魏四海
合 作 机 构 /
办 公 地 址 / 河北省石家庄市长安区学府路 9 号（050064）
电话(传真) / 0311 - 85931966
邮　　箱 / hbdxdt@ 163. com
网　　址 / http://www. hebdx. com
主要研究领域：
哲学社会学；科学社会主义；经济管理学；科技文化；政策法律；河北省发展战略；公共服务；社会管理

1080 中共河南省委党校（河南行政学院）

所 属 类 别 / 政党系统智库—中共省/区/市委党校
主 管 单 位 / 中共河南省委（河南省政府）
成 立 时 间 / 1949 年 7 月（1996 年 3 月）
第一负责人 / 焦国栋
合 作 机 构 /
办 公 地 址 / 河南省郑州市郑东新区郑开大道 36 号（450000）
电话(传真) / 0371 - 69686904
邮　　箱 /
网　　址 / http://www. dangxiao. ha. cn
主要研究领域：
中国特色社会主义；科学决策

Z

1081 中共黑龙江省委党校（黑龙江行政学院）

所 属 类 别 / 政党系统智库—中共省/区/市委党校
主 管 单 位 / 中共黑龙江省委（黑龙江省政府）
成 立 时 间 / 1948 年（1990 年）
第一负责人 / 沙广华
合 作 机 构 /
办 公 地 址 / 黑龙江省哈尔滨市南岗区延兴路 49 号（150080）
电话(传真) / 0451－86358833
邮　　箱 / shs1967@ 163. com
网　　址 / http://www. hljswdx. org. cn
主要研究领域：
领导科学；社会与文化；公共管理；经济社会发展战略

1082 中共湖北省委党校（湖北行政学院）

所 属 类 别 / 政党系统智库—中共省/区/市委党校
主 管 单 位 / 中共湖北省委（湖北省政府）
成 立 时 间 / 1950 年（1993 年 9 月）
第一负责人 / 陶良虎
合 作 机 构 /
办 公 地 址 / 湖北省武汉市江汉区万松园路 18 号（430022）
电话(传真) / 027－85306788
邮　　箱 /
网　　址 / http://www. hbdx. gov. cn
主要研究领域：
中外政治制度；创新思维与科学决策；社会发展战略；领导与人才；经济管理；公共管理

1083 中共湖南省委党校（湖南行政学院）

所 属 类 别 / 政党系统智库—中共省/区/市委党校
主 管 单 位 / 中共湖南省委（湖南省政府）
成 立 时 间 / 1951 年 8 月（1953 年）
第一负责人 / 严华
合 作 机 构 /
办 公 地 址 / 湖南省长沙市岳麓区白云路 99 号（410006）
电话(传真) / 0731－82780016（0731－82780006）
邮　　箱 / bgs@ hnswdx. gov. cn
网　　址 / http://www. hnswdx. gov. cn
主要研究领域：
党的建设与党的学说；公共管理；工商管理；文化与社会管理；现代科技；共青团理论；妇女理论；湖南经济社会发展；应急管理

1084 中共吉林省委党校（吉林省行政学院）

所 属 类 别 / 政党系统智库—中共省/区/市委党校
主 管 单 位 / 中共吉林省委（吉林省政府）
成 立 时 间 / 1978 年
第一负责人 / 刘曼抒
合 作 机 构 /
办 公 地 址 / 吉林省长春市朝阳区前进大街 1299 号（130012）
电话(传真) / 0431 - 81760777
邮　　箱 / jlswdx@ 163. com
网　　址 / http://www. jlswdx. gov. cn
主要研究领域：
党的建设；公共管理；工商管理；经济与社会发展战略；吉林省行政科学

1085 中共江苏省委党校（江苏省行政学院）

所 属 类 别 / 政党系统智库—中共省/区/市委党校
主 管 单 位 / 中共江苏省委（江苏省政府）
成 立 时 间 / 1953 年（1992 年 12 月）
第一负责人 / 桑学成
合 作 机 构 /
办 公 地 址 / 江苏省南京市鼓楼区水佐岗 49 号（210009）
电话(传真) / 025 - 83380000
邮　　箱 /
网　　址 / http://www. sdx. js. cn
主要研究领域：
党的理论创新与江苏实践；江苏经济社会发展；中国国际战略；廉政教育理论与实践；行政体制改革理论与实践；党的建设；经济社会发展；公共管理

1086 中共江西省委党校（江西行政学院）

所 属 类 别 / 政党系统智库—中共省/区/市委党校
主 管 单 位 / 中共江西省委（江西省政府）
成 立 时 间 / 1950 年 4 月（1981 年 12 月）
第一负责人 / 曾志刚
合 作 机 构 /
办 公 地 址 / 江西省南昌市红谷滩新区龙虎山大道 1866 号（330108）
电话(传真) / 0791 - 86858000
邮　　箱 /
网　　址 / http://www. jxdx. gov. cn
主要研究领域：
党的建设；公共管理；工商管理；文化历史；江西经济社会发展战略

1087 中共辽宁省委党校（辽宁行政学院）

所属类别／政党系统智库—中共省/区/市委党校
主管单位／中共辽宁省委（辽宁省政府）
成立时间／1977 年
第一负责人／张鹏（韩伟）
合作机构／
办公地址／辽宁省沈阳市和平区五里河街 18 号（110004）
电话(传真)／024－88497769
邮　　箱／webmaster@ lndx. gov. cn
网　　址／http://www. lndx. gov. cn
主要研究领域：
党的建设；经济法；公共管理；危机管理；地方政府治理；东北区域经济

1088 中共内蒙古区委党校（内蒙古自治区行政学院）

所属类别／政党系统智库—中共省/区/市委党校
主管单位／中共内蒙古自治区党委（内蒙古自治区政府）
成立时间／1948 年 9 月（1954 年）
第一负责人／张平江
合作机构／
办公地址／内蒙古呼和浩特市赛罕区滨河南路东段（10070）
电话(传真)／0471－4631884
邮　　箱／
网　　址／http://www. nmgdx. cn
主要研究领域：
党的建设；公共管理；民族理论；社会管理；民族政策；内蒙古社会发展；内蒙古区情

1089 中共宁波市委党校（宁波市行政学院）

所属类别／政党系统智库—中共省/区/市委党校
主管单位／中共宁波市委（宁波市政府）
成立时间／1949 年 12 月（1994 年）
第一负责人／卓厚佳
合作机构／
办公地址／浙江省宁波市海曙区恒春街 75 号（315000）
电话(传真)／0574－89184986（0574－89184888）
邮　　箱／admin@ nbdx. cn
网　　址／http://www. nbdx. cn
主要研究领域：
理论教育和党性教育；党史党建；公共管理

1090 中共宁夏区委党校（宁夏行政学院）

所 属 类 别 / 政党系统智库—中共省/区/市委党校
主 管 单 位 / 中共宁夏回族自治区党委（宁夏回族自治区政府）
成 立 时 间 / 1958 年 9 月（1996 年 3 月）
第一负责人 / 蒋文龄
合 作 机 构 /
办 公 地 址 / 宁夏银川市西夏区怀远西路 155 号（750021）
电话(传真) / 0951 - 6660101（0951 - 2082542）
邮　　箱 / nxdx@ nxdx. org. cn
网　　址 / http://www. nxdx. org. cn
主要研究领域：
马克思主义中国化；党的建设；经济管理；社会与文化；公共管理

1091 中共青岛市委党校（青岛行政学院）

所 属 类 别 / 政党系统智库—中共省/区/市委党校
主 管 单 位 / 中共青岛市委（青岛市政府）
成 立 时 间 / 1950 年 9 月（1994 年）
第一负责人 / 王中
合 作 机 构 /
办 公 地 址 / 山东省青岛市宁德路 18 号（266071）
电话(传真) / 0532 - 85908716
邮　　箱 /
网　　址 / http://www. qddx. gov. cn
主要研究领域：
党史党建；公共管理；法学；经济学；马克思主义研究

1092 中共青海省委党校（青海省行政学院）

所 属 类 别 / 政党系统智库—中共省/区/市委党校
主 管 单 位 / 中共青海省委（青海省政府）
成 立 时 间 / 1951 年 3 月（1991 年 10 月）
第一负责人 / 赵永祥
合 作 机 构 /
办 公 地 址 / 青海省西宁市城西区黄河路 2 号（810001）
电话(传真) / 0971 - 4396560
邮　　箱 / webmaster@ qhswdx. com
网　　址 / http://www. qhswdx. com
主要研究领域：
党的建设；公共管理、民族宗教；现代科技

1093 **中共山东省委党校（山东行政学院）**

所 属 类 别 / 政党系统智库—中共省/区/市委党校
主 管 单 位 / 中共山东省委（山东省政府）
成 立 时 间 / 1972 年 6 月（1949 年 10 月）
第一负责人 / 徐闻
合 作 机 构 /
办 公 地 址 / 山东省济南市历城区旅游路 3888 号（250103）
电话(传真) / 0531 - 87922457
邮　　箱 /
网　　址 / http://www.sddx.gov.cn
主要研究领域：
党的建设；县域经济创新发展；劳动关系；人民调解；环渤海区域发展；公共管理；社会和文化

1094 **中共山西省委党校（山西行政学院）**

所 属 类 别 / 政党系统智库—中共省/区/市委党校
主 管 单 位 / 中共山西省委（山西省政府）
成 立 时 间 / 1977 年 5 月（1994 年 11 月）
第一负责人 / 王联辉
合 作 机 构 /
办 公 地 址 / 山西省太原市小店区学府街 96 号（030006）
电话(传真) / 0351 - 7986219
邮　　箱 / sxswdx@126.com
网　　址 / http://www.sxswdx.gov.cn
主要研究领域：
国民教育；党的建设；经济管理；公共管理；现代科技；山西省情与发展；现代领导能力

1095 **中共陕西省委党校（陕西行政学院）**

所 属 类 别 / 政党系统智库—中共省/区/市委党校
主 管 单 位 / 中共陕西省委（陕西省政府）
成 立 时 间 /
第一负责人 / 蔡钊利
合 作 机 构 /
办 公 地 址 / 陕西省西安市雁塔区小寨西路 119 号（710061）
电话(传真) / 029 - 85378249
邮　　箱 / shxswdx@163.com
网　　址 / http://www.shxdx.com
主要研究领域：
党的建设；陕西经济社会发展；经济管理

1096 中共上海市委党校（上海行政学院）

所 属 类 别 / 政党系统智库—中共省/区/市委党校
主 管 单 位 / 中共上海市委（上海市政府）
成 立 时 间 / 1977 年 11 月（1986 年）
第一负责人 / 沈炜
合 作 机 构 /
办 公 地 址 / 上海市徐汇区虹漕南路 200 号（200233）
电话(传真) / 021－22880000
邮　　箱 / swdx308@126. com
网　　址 / http://www. sdx. sh. cn
主要研究领域：
行政管理；党的领导与执政方式；党的建设；文化发展战略；经济政策；产权经济；中国特色社会主义民主政治；国际战略；城市社会

1097 中共深圳市委党校（深圳行政学院）

所 属 类 别 / 政党系统智库—中共省/区/市委党校
主 管 单 位 / 中共深圳市委（深圳市政府）
成 立 时 间 / 1979 年（1989 年 3 月）
第一负责人 / 郑秀玉
合 作 机 构 /
办 公 地 址 / 广东省深圳市福田区香蜜湖路 3008 号（518034）
电话(传真) / 0755－82768888（0755－82768997）
邮　　箱 /
网　　址 / https://szps. gov. cn/shenzhen
主要研究领域：
社会科学研究和理论宣传；党史党建；公共管理；经济社会

1098 中共四川省委党校（四川行政学院）

所 属 类 别 / 政党系统智库—中共省/区/市委党校
主 管 单 位 / 中共四川省委（四川省政府）
成 立 时 间 / 1952 年 10 月（1997 年 4 月）
第一负责人 / 李新
合 作 机 构 /
办 公 地 址 / 四川省成都市青羊区光华村街 43 号（610072）
电话(传真) / 028－87351112
邮　　箱 /
网　　址 / http://www. scge. gov. cn
主要研究领域：
党的建设；区域经济；工商管理；公共管理；地震灾害应对

Z

1099 **中共天津市委党校（天津行政学院）**

所 属 类 别 / 政党系统智库—中共省/区/市委党校
主 管 单 位 / 中共天津市委（天津市政府）
成 立 时 间 / 1953 年
第一负责人 / 刘中
合 作 机 构 /
办 公 地 址 / 天津市南开区育梁路 4 号（300191）
电话(传真) / 022 - 23679034
邮　　箱 / tjdx@ tjdx. gov. cn
网　　址 / http://www. tjdx. gov. cn
主要研究领域:
政府管理；依法行政；党的建设；公共管理；经济发展战略

1100 **中共温州市委党校（温州市行政学院）**

所 属 类 别 / 政党系统智库—中共省/区/市委党校
主 管 单 位 / 中共温州市委（温州市政府）
成 立 时 间 / 1973 年 5 月（1989 年 4 月）
第一负责人 / 洪文滨
合 作 机 构 /
办 公 地 址 / 浙江省温州市龙湾区瑶溪街道龙永路 66 号（325038）
电话(传真) / 0577 - 55580189
邮　　箱 / wz9640@ yeah. net
网　　址 / http://wzdx. whenzhou. gov. cn
主要研究领域:
社会科学

1101 **中共西藏区委党校（西藏自治区行政学院）**

所 属 类 别 / 政党系统智库—中共省/区/市委党校
主 管 单 位 / 中共西藏自治区党委（西藏自治区政府）
成 立 时 间 / 1961 年（1991 年）
第一负责人 / 熊刚毅
合 作 机 构 /
办 公 地 址 / 西藏拉萨市城关区鲁定北路 9 号（850031）
电话(传真) /
邮　　箱 /
网　　址 / http://www. xzqwdx. gov. cn
主要研究领域:
行政管理；中国特色社会主义；西藏民族宗教；西藏党建；西藏经济社会发展战略；西藏公共管理；县域经济与农牧民增收问题；南亚研究

Z

1102 中共厦门市委党校（厦门行政学院）

所 属 类 别 / 政党系统智库—中共省/区/市委党校
主 管 单 位 / 中共厦门市委（厦门市政府）
成 立 时 间 / 1973 年 4 月（1995 年 9 月）
第一负责人 / 林朝晖
合 作 机 构 /
办 公 地 址 / 福建省厦门市海沧区天竺山西路 71 号（361027）
电话(传真) / 0592 - 5302008
邮　　箱 / bgsh@ xmdx. gov. cn
网　　址 / http://www. xmdx. gov. cn
主要研究领域：
社会科学研究和理论宣传；党史党建；公共管理；政治学；经济学

1103 中共新疆区委党校（新疆维吾尔自治区行政学院）

所 属 类 别 / 政党系统智库—中共省/区/市委党校
主 管 单 位 / 中共新疆维吾尔自治区党委（新疆维吾尔自治区政府）
成 立 时 间 /
第一负责人 / 刘全山
合 作 机 构 /
办 公 地 址 / 新疆乌鲁木齐市天山区西后街 55 号（830002）
电话(传真) / 0991 - 2658273
邮　　箱 / dxwlzx2125@ 163. com
网　　址 / http://www. xjdx. gov. cn
主要研究领域：
民族宗教；党的建设；新疆经济社会发展

1104 中共云南省委党校（云南行政学院）

所 属 类 别 / 政党系统智库—中共省/区/市委党校
主 管 单 位 / 中共云南省委（云南省政府）
成 立 时 间 / 1950 年（1990 年）
第一负责人 / 杨铭书
合 作 机 构 /
办 公 地 址 / 云南省昆明市西山区西山下草海边（650034）
电话(传真) / 0871 - 68426211
邮　　箱 /
网　　址 / http://www. yndx. gov. cn
主要研究领域：
党的建设；经济管理；公共管理；云南经济社会发展

1105 中共浙江省委党校（浙江行政学院）

所 属 类 别 / 政党系统智库—中共省/区/市委党校
主 管 单 位 / 中共浙江省委（浙江省政府）
成 立 时 间 / 1949 年 9 月（1988 年 12 月）
第一负责人 / 陆发桃
合 作 机 构 /
办 公 地 址 / 浙江省杭州市西湖区文一西路 1000 号（310012）
电话(传真) / 0571－88266666（0571－89085893）
邮　　箱 /
网　　址 / http://www.zjdx.gov.cn
主要研究领域：
党的建设；公共管理；工商管理；浙江省舆情；浙江省经济社会发展

1106 中共中央编译局
Central Compilation & Translation Bureau

所 属 类 别 / 高端智库，政党系统智库
主 管 单 位 / 中国共产党中央委员会
成 立 时 间 / 1953 年
第一负责人 / 贾高建
合 作 机 构 /
办 公 地 址 / 北京市西城区西斜街 36 号（100032）
电话(传真) / 010－56626199（010－66171206）
邮　　箱 / cctbkeyanchu@126.com
网　　址 / http://www.cctb.net
主要研究领域：
世界社会主义和政党政治；中国改革发展战略；全球发展战略

1107 中共中央编译局国外马克思主义研究中心
Center for Studies in Marxism Abroad at CCTB

所 属 类 别 / 政党系统智库—中国共产党中央直属事业单位所属
主 管 单 位 / 中共中央编译局
成 立 时 间 / 2012 年 3 月
第一负责人 / 衣俊卿
合 作 机 构 /
办 公 地 址 / 北京市西城区西斜街 36 号（100032）
电话(传真) / 010－55626621
邮　　箱 /
网　　址 /
主要研究领域：
经典人物或流派的重新评价；东欧新马克思主义；20 世纪 70 年代以来欧美新马克思主义；后马克思主义；当代左翼政治理论

1108 中共中央编译局海外理论信息研究中心
China Center for Overseas Social and Philosophical Theories

所属类别 / 政党系统智库—中国共产党中央直属事业单位所属
主管单位 / 中共中央编译局
成立时间 / 2009 年 9 月
第一负责人 / 赖海榕
合作机构 /
办公地址 / 北京市西城区西斜街 36 号（100032）
电话(传真) / 010 - 55626851（010 - 55626895）
邮　　箱 / zlj@ cctb. net
网　　址 /
主要研究领域：
海外社会科学重大理论；海外中国问题研究成果跟踪

1109 中共中央编译局马克思主义与中国现实问题研究中心
Center for China Studies

所属类别 / 政党系统智库—中国共产党中央直属事业单位所属
主管单位 / 中共中央编译局
成立时间 / 2004 年 2 月
第一负责人 / 李惠斌
合作机构 /
办公地址 / 北京市西城区西斜街 36 号（100032）
电话(传真) / 010 - 55626606
邮　　箱 /
网　　址 /
主要研究领域：
中国现实问题研究；生态文明；世界文化产业；国家风险；主权评级；全球化与文化资本

1110 中共中央编译局世界发展战略研究部
China Institute of Global Development and Strategies

所属类别 / 政党系统智库—中国共产党中央直属事业单位所属
主管单位 / 中共中央编译局
成立时间 / 2011 年 9 月
第一负责人 / 何增科
合作机构 /
办公地址 / 北京市西城区西斜街 36 号（100032）
电话(传真) / 010 - 55626706（010 - 55626706）
邮　　箱 / lilian2007@ 163. com
网　　址 /
主要研究领域：当代中国民主治理；中国发展模式；经济发展模式比较；全球化问题；公民社会和民间组织；治理与善治；腐败与反腐败；俄罗斯研究

1111 中共中央编译局政党研究中心
Center for Political Party Studies

所属类别 / 政党系统智库—中国共产党中央直属事业单位所属
主管单位 / 中共中央编译局
成立时间 / 2004 年 12 月
第一负责人 / 王学东
合作机构 /
办公地址 / 北京市西城区西斜街 36 号（100032）
电话(传真) / 010 - 55626661
邮　　箱 / zhuxiqun@ sina. com
网　　址 /
主要研究领域：
党的建设、改革和发展；政党执政规律；共产党执政规律；地方、部门和企业党建中的问题、制度创新、发展战略和对策研究

1112 中共中央党校（国家行政学院）
Party School of the Central Committee of the Communist Party of China & Chinese Academy of Governance

所属类别 / 高端智库，政党系统智库
主管单位 / 中国共产党中央委员会（国务院）
成立时间 / 1977 年
第一负责人 / 何毅亭
合作机构 /
办公地址 / 北京市海淀区大有庄 100 号（100091）
电话(传真) / 010 - 62805444
邮　　箱 / tgwww@ ccps. gov. cn
网　　址 / http://www. ccps. gov. cn
主要研究领域：
当代世界经济、科技、法制、军事及民族宗教；党的建设；国际关系；公共行政；政府管理创新；领导科学；应急管理

1113 中共中央党校（国家行政学院）党的建设教研部

所属类别 / 政党系统智库
主管单位 / 中共中央党校（国家行政学院）
成立时间 /
第一负责人 / 张志明
合作机构 /
办公地址 / 北京市海淀区大有庄 100 号（100091）
电话(传真) /
邮　　箱 /
网　　址 /
主要研究领域：党史党建；党的领导与领导科学；政党制度；世界政党比较

1114 中共中央党校（国家行政学院）公共管理教研部

所 属 类 别 / 政党系统智库
主 管 单 位 / 中共中央党校（国家行政学院）
成 立 时 间 / 1994 年
第一负责人 / 王满传
合 作 机 构 /
办 公 地 址 / 北京市海淀区长春桥路 6 号（100089）
电话(传真) / 010 - 68929068
邮　　箱 / gggl@ nsa. gov. cn
网　　址 /
主要研究领域:
国家战略；政府治理；行政改革；公共政策；公共服务；绩效管理；干部人事制度改革与公务员管理；网络社会治理与电子政务；冲突管理

1115 中共中央党校（国家行政学院）经济学教研部

所 属 类 别 / 政党系统智库
主 管 单 位 / 中共中央党校（国家行政学院）
成 立 时 间 /
第一负责人 / 韩保江
合 作 机 构 /
办 公 地 址 / 北京市海淀区长春桥路 6 号（100089）
电话(传真) / 010 - 68929069
邮　　箱 /
网　　址 /
主要研究领域:
社会主义市场经济理论；宏观经济管理；产业与区域经济；财政金融；生态文明

1116 中共中央党校（国家行政学院）科学社会主义教研部

所 属 类 别 / 政党系统智库
主 管 单 位 / 中共中央党校（国家行政学院）
成 立 时 间 /
第一负责人 / 刘海涛
合 作 机 构 /
办 公 地 址 / 北京市海淀区长春桥路 6 号（100089）
电话(传真) /
邮　　箱 /
网　　址 /
主要研究领域:
科学社会主义原理、中国特色社会主义、社会主义发展史、国际共产主义运动史、当代世界社会主义、国外社会制度等

1117 中共中央党校（国家行政学院）社会和生态文明教研部

所 属 类 别 / 政党系统智库
主 管 单 位 / 中共中央党校（国家行政学院）
成 立 时 间 / 2009 年 2 月
第一负责人 / 龚维斌
合 作 机 构 /
办 公 地 址 / 北京市海淀区长春桥路 6 号（100089）
电话(传真) / 010 - 68928715
邮　　箱 / shewenbu@ 126. com
网　　址 /
主要研究领域:
社会建设; 社会管理; 社会政策; 社会结构转型; 社会组织发展; 社区管理; 文化政策; 文化产业; 公共文化

1118 中共中央党校（国家行政学院）文史教研部

所 属 类 别 / 政党系统智库
主 管 单 位 / 中共中央党校（国家行政学院）
成 立 时 间 /
第一负责人 / 李文堂
合 作 机 构 /
办 公 地 址 / 北京市海淀区长春桥路 6 号（100090）
电话(传真) /
邮　　箱 /
网　　址 /
主要研究领域:
马克思主义文化学; 文化传播; 文化政策与管理; 文学; 中国史; 世界史; 外国语言与文化

1119 中共中央党校（国家行政学院）应急管理培训中心（中欧应急管理学院）

所 属 类 别 / 政党系统智库
主 管 单 位 / 中共中央党校（国家行政学院）
成 立 时 间 /
第一负责人 / 马宝成
合 作 机 构 /
办 公 地 址 / 北京市海淀区长春桥路 6 号（100089）
电话(传真) / 010 - 68929826
邮　　箱 /
网　　址 /
主要研究领域:
应急管理理论和实践; 应急管理体制、机制、法制; 应急管理规划、规范、标准、预案

1120 中共中央党校（国家行政学院）政府和法律教研部

所 属 类 别 / 政党系统智库
主 管 单 位 / 中共中央党校（国家行政学院）
成 立 时 间 /
第一负责人 / 时和兴
合 作 机 构 /
办 公 地 址 / 北京市海淀区长春桥路 6 号（100089）
电话(传真) / 010 - 68929058
邮　　箱 /
网　　址 /
主要研究领域：
马克思主义政治理论；邓小平理论；中外政治制度；国际政治；政治学；领导科学

1121 中共中央党校（国家行政学院）中共党史教研部

所 属 类 别 / 政党系统智库
主 管 单 位 / 中共中央党校（国家行政学院）
成 立 时 间 /
第一负责人 / 罗平汉
合 作 机 构 /
办 公 地 址 / 北京市海淀区长春桥路 6 号（100091）
电话(传真) /
邮　　箱 /
网　　址 /
主要研究领域：
中共党史、毛泽东思想基本问题、中国现代政党史等

1122 中共中央党校国际战略研究院

The Institute for International Studies of the Central Party School of the Communist Party of China

所 属 类 别 / 政党系统智库—中国共产党中央直属事业单位所属
主 管 单 位 / 中共中央党校
成 立 时 间 / 2000 年 4 月
第一负责人 / 刘建飞
合 作 机 构 /
办 公 地 址 / 北京市海淀区大有庄 100 号（100091）
电话(传真) / 010 - 62825341（010 - 62805353）
邮　　箱 / ccps001@ ccps. gov. cn
网　　址 / http://iiss. ccps. gov. cn
主要研究领域：中国外交；中美关系；中国周边安全；台海局势；能源安全；环境与气候变化；中俄关系；中非关系；国际非政府组织；中国与联合国关系

1123 中共中央对外联络部当代世界研究中心
China Center for Contemporary World Studies

所 属 类 别 / 政党系统智库—中国共产党中央各部门所属
主 管 单 位 / 中共中央对外联络部
成 立 时 间 / 2011 年
第一负责人 / 金鑫
合 作 机 构 /
办 公 地 址 / 北京市海淀区复兴路 4 号（100860）
电话(传真) / 010 - 83909039（010 - 83909359）
邮　　箱 / cccws2016@ cccws. org. cn
网　　址 / http://www. cccws. org. cn
主要研究领域:
国际形势；世界政党政治；国外政治制度；中国对外战略；社会政治思潮；各国发展模式比较

1124 中共中央组织部党建研究所

所 属 类 别 / 政党系统智库—中国共产党中央各部门所属
主 管 单 位 / 中共中央组织部
成 立 时 间 / 1992 年 1 月
第一负责人 / 王庭大
合 作 机 构 /
办 公 地 址 /
电话(传真) /
邮　　箱 /
网　　址 /
主要研究领域:
党的建设；党建动态；党建科研；世界政党

1125 中国 - 中东欧国家智库交流与合作网络
China - CEEC Think Tanks Network

所 属 类 别 / 科研院所智库
主 管 单 位 / 中国社会科学院
成 立 时 间 / 2015 年 12 月
第一负责人 / 黄平
合 作 机 构 /
办 公 地 址 / 北京市东城区建国门内大街 5 号（100732）
电话(传真) / 010 - 85195736（010 - 65125818）
邮　　箱 / gongzuo@ cass. org. cn
网　　址 / http://16plus1 - thinktank. com
主要研究领域:
中东欧；“一带一路”倡议

1126 中国 – 中东欧研究院
China – CEE Institute

所 属 类 别 / 科研院所智库
主 管 单 位 / 中国社会科学院
成 立 时 间 / 2017 年 4 月
第一负责人 / 黄平
合 作 机 构 /
办 公 地 址 / 北京市东城区建国门内大街 5 号 (100732)
电话(传真) /
邮　　箱 / chen – xin@ cass. org. cn
网　　址 / http://ies. cass. cn/chinacee
主要研究领域:
中东欧问题

1127 中国 (海南) 改革发展研究院
China (Hainan) Institute for Reform and Development

所 属 类 别 / 社会智库—民办非企业
主 管 单 位 / 国务院发展研究中心
成 立 时 间 / 1991 年 11 月
第一负责人 / 迟福林
合 作 机 构 /
办 公 地 址 / 海南省海口市秀英区长滨路东四街 1 号 (570311)
电话(传真) / 0898 – 66189065 (0898 – 66258777)
邮　　箱 / cird@ cird. org. cn
网　　址 / http://www. cird. org. cn
主要研究领域:
中国经济社会改革; 政府管理

1128 中国 (新疆) 边境贸易研究中心

所 属 类 别 / 合作智库—校校合作
主 管 单 位 / 对外经济贸易大学、石河子大学
成 立 时 间 / 2011 年 10 月
第一负责人 /
合 作 机 构 / 对外经济贸易大学、石河子大学
办 公 地 址 / 新疆石河子市北四路 (832000)
电话(传真) /
邮　　箱 /
网　　址 /
主要研究领域:
中亚边贸; 东北亚边贸; 东南亚边贸

1129 中国21世纪议程管理中心
The Administrative Center for China's Agenda 21

所 属 类 别 / 政府部门智库—国务院组成部门所属
主 管 单 位 / 科学技术部
成 立 时 间 / 1994年3月
第一负责人 / 黄晶
合 作 机 构 /
办 公 地 址 / 北京市海淀区玉渊潭南路8号（100038）
电话(传真) / 010-58884818（010-58884850）
邮　　箱 / web@acca21.org.cn
网　　址 / http://www.acca21.org.cn
主要研究领域：
可持续发展

1130 中国保险学会
The Insurance Society of China

所 属 类 别 / 社会智库—社会团体
主 管 单 位 / 中国银行保险监督管理委员会
成 立 时 间 / 1979年11月
第一负责人 / 姚庆海
合 作 机 构 /
办 公 地 址 / 北京市西城区金融大街15号鑫茂大厦北楼7层（100033）
电话(传真) / 010-66290379（010-66553502）
邮　　箱 / weixin@iic.org.cn
网　　址 / http://www.isc-org.cn
主要研究领域：
保险理论和政策

1131 中国标准化研究院
China National Institute of Standardization

所 属 类 别 / 政府部门智库—国务院直属机构所属
主 管 单 位 / 国家市场监督管理总局
成 立 时 间 / 1963年
第一负责人 / 刘洪生
合 作 机 构 /
办 公 地 址 / 北京市海淀区知春路4号（100191）
电话(传真) / 010-58811517
邮　　箱 / yuanban@cnis.gov.cn
网　　址 / http://www.cnis.gov.cn
主要研究领域：
标准化发展战略；标准化基础理论；标准化原理方法；标准体系

1132 **中国财政科学研究院**
Chinese Academy of Fiscal Sciences

所 属 类 别 / 政府部门智库—国务院组成部门所属
主 管 单 位 / 财政部
成 立 时 间 / 1956 年 6 月
第一负责人 / 刘尚希
合 作 机 构 /
办 公 地 址 / 北京市海淀区阜成路甲 28 号新知大厦（100142）
电话(传真) / 010 - 88191124（010 - 88191181）
邮　　箱 / zgczkxyjy@ 126. com
网　　址 / http://www. chineseafs. org
主要研究领域:
财政与国家治理；资源环境；政府人力资源；财政政策与货币政策协调；社会保障

1133 **中国财政学会**
Society of Public Finance of China

所 属 类 别 / 社会智库—社会团体
主 管 单 位 / 财政部
成 立 时 间 / 1979 年
第一负责人 / 楼继伟
合 作 机 构 /
办 公 地 址 / 北京市海淀区阜成路甲 28 号新知大厦（100142）
电话(传真) / 010 - 88191123
邮　　箱 / mofcbp@ 163. com
网　　址 / http://www. zgczxh. org
主要研究领域:
财政理论与方针政策

1134 **中国残疾人事业发展研究会**
China Disability Research Society

所 属 类 别 / 社会智库—社会团体
主 管 单 位 / 中国残疾人联合会
成 立 时 间 / 2008 年 12 月
第一负责人 / 程凯
合 作 机 构 /
办 公 地 址 / 北京市西城区西直门南小街 186 号 109 室（100034）
电话(传真) / 010 - 66580151（010 - 66580369）
邮　　箱 / huzhongming@ cdpf. org. cn
网　　址 / http://www. cdpf. org. cn/special/CDRS
主要研究领域:
残疾人事业理论与实践

1135 中国产业发展研究院
China Industrial Development Institute

所属类别／合作智库—政校合作
主管单位／上海财经大学
成立时间／1997 年
第一负责人／干春晖
合作机构／上海市教育委员会、上海财经大学
办公地址／上海市杨浦区国定路 777 号（200433）
电话(传真)／021－65906859（021－65907458）
邮　　箱／cidi@ mail. shufe. edu. cn
网　　址／http://cidi. shufe. edu. cn
主要研究领域：
产业结构转型与升级；文化产业；商业经济；反垄断与规制

1136 中国城市发展研究会
China Research Society of Urban Development

所属类别／社会智库—社会团体
主管单位／中国社会科学院
成立时间／1984 年
第一负责人／程安东
合作机构／
办公地址／北京市西城区阜外月坛北小街 2 号院 2 号楼 2216 室（100836）
电话(传真)／010－57892959－815（010－57892959－802）
邮　　箱／ccyb1102@ 163. com
网　　址／
主要研究领域：
城市建设；城市发展；城市品牌；城市创新；城市排行；城市形象

1137 中国城市发展研究院
China City Development Academy

所属类别／社会智库—企业
主管单位／住房和城乡建设部
成立时间／
第一负责人／严奉天
合作机构／
办公地址／北京市西城区鼓楼西大街 150 号（100009）
电话(传真)／010－64077766（010－64072549）
邮　　箱／ccda_ kjywc@ 163. com
网　　址／http://www. ccda. org. cn
主要研究领域：
城乡统筹；城市更新；社会治理；农业发展；生态及文化建设；智慧城市建设；城乡一体化发展；新兴技术产业应用；低碳生态城市规划

1138 中国城市规划设计研究院
China Academy of Urban Planning & Design

所 属 类 别 / 政府部门智库—国务院组成部门所属
主 管 单 位 / 住房和城乡建设部
成 立 时 间 / 1954 年
第一负责人 / 杨保军
合 作 机 构 /
办 公 地 址 / 北京市西城区车公庄西路 5 号（100044）
电话(传真) / 010 – 58322222（010 – 58322000）
邮　　箱 / caupd@ caupd. com
网　　址 / http://www. caupd. com
主要研究领域:
城市规划; 城市设计; 城乡规划; 城镇化

1139 中国城市规划学会
Urban Planning Society of China

所 属 类 别 / 社会智库—社会团体
主 管 单 位 / 住房和城乡建设部
成 立 时 间 / 1956 年
第一负责人 / 孙安军
合 作 机 构 /
办 公 地 址 / 北京市海淀区三里河路 9 号（100037）
电话(传真) / 010 – 58323864（010 – 58323850）
邮　　箱 / llb@ planning. org. cn
网　　址 / http://www. planning. org. cn
主要研究领域:
区域规划与城市经济; 风景环境规划; 历史文化名城规划; 小城镇规划; 城市生态规划; 城市安全与防灾; 城市交通规划; 城乡规划和城市影像

1140 中国城市和小城镇改革发展中心
China Center for Urban Development

所 属 类 别 / 政府部门智库—国务院组成部门所属
主 管 单 位 / 国家发展和改革委员会
成 立 时 间 / 1998 年
第一负责人 / 徐林
合 作 机 构 /
办 公 地 址 / 北京市西城区三里河东路 5 号中商大厦 8 层（100045）
电话(传真) / 010 – 68535028（010 – 68536006）
邮　　箱 / contact@ ccud. org. cn
网　　址 / http://www. ccud. org. cn
主要研究领域:
城镇化发展政策; 城市和小城镇改革与发展; 农业和农村改革政策

1141 中国城市科学研究会
Chinese Society for Urban Studies

所属类别／社会智库—社会团体
主管单位／中国科学技术协会
成立时间／1984 年 1 月
第一负责人／仇保兴
合作机构／
办公地址／北京市海淀区三里河路 9 号住房和城乡建设部北附楼 512A 室（100835）
电话(传真)／010－58933149（010－58933149）
邮　　箱／csus@263. com
网　　址／http://www. chinasus. org
主要研究领域：
城市社会、经济、文化、环境；城市规划建设管理

1142 中国城乡发展国际交流协会
China International Association for Urban and Rural Development

所属类别／社会智库—社会团体
主管单位／国务院发展研究中心
成立时间／2000 年 1 月
第一负责人／孙晓郁
合作机构／
办公地址／北京市东城区南长街中山公园西南门内 1 号院（100031）
电话(传真)／010－66010115（010－66010117）
邮　　箱／
网　　址／http://www. ciad. org. cn
主要研究领域：
城乡发展

1143 中国传媒大学传播研究院
Institute of Communication Studies at Communication University of China

所属类别／高校智库
主管单位／中国传媒大学
成立时间／2010 年 4 月
第一负责人／李舒
合作机构／
办公地址／北京市朝阳区定福庄东街 1 号（100024）
电话(传真)／010－65783687
邮　　箱／
网　　址／http://ics. cuc. edu. cn
主要研究领域：亚洲传媒；媒介与女性；国际传播；欧洲传媒；国际新闻；受众研究；传媒教育；民族文化传播与发展；网络舆情

1144 中国传媒大学高等教育研究所
Institute of Higher Education Research, Communication University of China

所 属 类 别 / 高校智库
主 管 单 位 / 中国传媒大学
成 立 时 间 / 2002 年
第一负责人 / 杨旭东
合 作 机 构 /
办 公 地 址 / 北京市朝阳区定福庄东街 1 号（100024）
电话(传真) / 010 – 65779350（010 – 65783296）
邮　　箱 /
网　　址 /
主要研究领域：
高等教育哲学；媒介的失衡或平衡对于个体成长和社会结构的影响

1145 中国传媒大学公关舆情研究所
Public Relations & Public Opinion Institute, Communication University of China

所 属 类 别 / 高校智库
主 管 单 位 / 中国传媒大学
成 立 时 间 / 2005 年 12 月
第一负责人 / 何辉
合 作 机 构 /
办 公 地 址 / 北京市朝阳区定福庄南里 6 号中国传媒大学广告学院楼 210 室（100024）
电话(传真) / 010 – 65783237（010 – 65783237）
邮　　箱 /
网　　址 /
主要研究领域：
社会舆论；危机预警；品牌声望；公关活动

1146 中国传媒大学国家传播创新研究中心

所 属 类 别 / 高校智库
主 管 单 位 / 中国传媒大学
成 立 时 间 / 2000 年
第一负责人 / 隋岩
合 作 机 构 /
办 公 地 址 / 北京市朝阳区定福庄东街 1 号（100024）
电话(传真) / 010 – 65779313（010 – 65779313）
邮　　箱 / rirt@ cuc. edu. cn
网　　址 / http://rirt. cuc. edu. cn
主要研究领域：
广播电视；新闻传播；国家传播

1147 中国传媒大学首都传媒经济研究基地

所属类别 / 高校智库
主管单位 / 中国传媒大学
成立时间 / 2004 年 9 月
第一负责人 / 丁俊杰
合作机构 /
办公地址 / 北京市朝阳区定福庄东街 1 号中国传媒大学 45 号楼 509（100024）
电话(传真) / 010 - 65783987
邮　箱 /
网　址 /
主要研究领域:
媒体融合；内容产业；广告产业

1148 中国传媒大学文化发展研究院
Culture Development Institute, Communication University of China

所属类别 / 高校智库
主管单位 / 中国传媒大学
成立时间 / 2006 年 4 月
第一负责人 / 范周
合作机构 /
办公地址 / 北京市朝阳区定福庄东街 1 号中国传媒大学 2 号楼 12 层（100024）
电话(传真) / 010 - 65783925
邮　箱 / cucforum@163.com
网　址 / http://cdi.cuc.edu.cn
主要研究领域:
区域文化产业发展；文化产业市场；文化产业投融资管理；文化产业项目策划；文化市场

1149 中国创意产业研究中心
China Creative Industries Research Center

所属类别 / 科研院所智库
主管单位 / 北京市科学技术研究院
成立时间 / 2005 年 7 月
第一负责人 / 张京成
合作机构 /
办公地址 / 北京市西城区德胜门东滨河路 11 号院 6 号楼 5 层（100120）
电话(传真) / 010 - 68715236（010 - 68716076）
邮　箱 / chinacreative@126.com
网　址 /
主要研究领域:
文化创意产业政策、规划与发展战略；产业融合发展与科技创新

1150 中国地质大学（武汉）资源环境经济研究中心（矿产资源战略与政策研究中心）
Mineral Resource Strategy and Policy Research Center of China University of Geosciences（Wuhan）

所 属 类 别 / 高校智库
主 管 单 位 / 中国地质大学（武汉）
成 立 时 间 / 1997 年
第一负责人 / 成金华
合 作 机 构 /
办 公 地 址 / 湖北省武汉市洪山区鲁磨路 388 号（430074）
电话(传真) / 027－67883182
邮　　箱 / zyhjjj@ cug. edu. cn
网　　址 / http://zhzx. cug. edu. cn
主要研究领域：矿产资源战略评价；矿产资源安全与政策；可持续发展；地质灾害风险评估；土地经济；资源能源法和生态环境法

1151 中国地质矿产经济学会
Chinese Society on Economics of Geology & Mineral Resources

所 属 类 别 / 社会智库—社会团体
主 管 单 位 / 自然资源部
成 立 时 间 / 1981 年 8 月
第一负责人 / 张少农
办 公 地 址 / 北京市西城区冠英园 37 号（101149）
电话(传真) / 010－61595921（010－61595777）
邮　　箱 / xh2825@ 163. com
网　　址 / http://society. calre. org. cn
主要研究领域：地质矿产经济发展战略、规划、体制改革；地质勘查单位和地质矿产企业经营管理；地质勘查行业管理

1152 中国电信股份有限公司战略与创新研究院（中国电信股份有限公司北京研究院）

所 属 类 别 / 社会智库
主 管 单 位 / 中国电信股份有限公司
成 立 时 间 / 2001 年 4 月
第一负责人 / 陈运清
办 公 地 址 / 北京市西城区西直门内大街 118 号（100032）
电话(传真) / 010－58552309
邮　　箱 / ctinfo@ chinatelecom. cn
网　　址 /
主要研究领域：通信信息技术发展趋势、战略、政策研究；企业决策科学、战略发展研究；通信网络、技术与业务发展规划研究；通信技术体制和标准研究；通信信息新技术、新设备和新产品的入网测试评估；网络管理和业务管理等支撑系统的开发；应用软件研究与系统集成；通信信息新产品和增值业务的开发和推广；信息情报研究

1153 **中国电子技术标准化研究院**
China Electronics Standardization Institute

所 属 类 别 / 政府部门智库—国务院组成部门所属
主 管 单 位 / 工业和信息化部
成 立 时 间 / 1963 年
第一负责人 / 赵波
合 作 机 构 /
办 公 地 址 / 北京市东城区安定门东大街 1 号（100007）
电话(传真) / 010 - 64102999（010 - 64102997）
邮　　箱 / nic@ cesi. ac. cn
网　　址 / http://www. cesi. cn
主要研究领域：
工业领域标准化发展战略；电子信息技术标准

1154 **中国电子科学研究院**
China Academy of Electronics and Information Technology

所 属 类 别 / 社会智库—企业
主 管 单 位 / 中国电子科技集团公司
成 立 时 间 / 1984 年
第一负责人 / 吴曼青
合 作 机 构 /
办 公 地 址 / 北京市石景山区高科技园区双园路 11 号（100041）
电话(传真) / 010 - 68893075（010 - 88791693）
邮　　箱 /
网　　址 / http://www. caeit. cn
主要研究领域：
电子信息技术发展战略；大型信息系统顶层设计

1155 **中国电子信息产业发展研究院（赛迪工业和信息化研究院）**
China Center for Information Industry Development（CCID Academy for Industry and Information Technology）

所 属 类 别 / 政府部门智库—国务院组成部门所属
主 管 单 位 / 工业和信息化部
成 立 时 间 / 2000 年 10 月
第一负责人 / 卢山
合 作 机 构 /
办 公 地 址 / 北京市海淀区紫竹院路 66 号赛迪大厦 15 层（100048）
电话(传真) / 010 - 88558855（010 - 88558833）
邮　　箱 / ccid@ ccidgroup. com
网　　址 / http://www. ccidgroup. com
主要研究领域：
工业和信息化经济政策；发展战略；产业政策；产业科技；产业经济与中小企业

1156 中国东北振兴研究院
China Academy of Northeast Revitalization

所 属 类 别 / 合作智库
主 管 单 位 / 东北大学
成 立 时 间 / 2015 年 10 月
第一负责人 / 赵继、迟福林
合 作 机 构 / 中国（海南）改革发展研究院
办 公 地 址 / 辽宁省沈阳市浑南区创新路 195 号（110169）
电话(传真) / 024 - 83656509（024 - 83689000）
邮　　箱 /
网　　址 / http://canr.neu.edu.cn
主要研究领域:
东北振兴理论和政策研究

1157 中国发展战略学研究会
Chinese Association for Development Strategy Studies

所 属 类 别 / 社会智库—社会团体
主 管 单 位 / 中国科学院
成 立 时 间 / 1991 年 12 月
第一负责人 / 潘教峰
合 作 机 构 /
办 公 地 址 / 北京市石景山区玉泉路 19 号甲综合楼 405 室（100049）
电话(传真) / 010 - 88256439（010 - 88256637）
邮　　箱 / cadss@ucas.ac.cn
网　　址 / http://www.cadss.org.cn
主要研究领域:
发展战略学理论与实践；战略决策

1158 中国法学会
China Law Society

所 属 类 别 / 社会智库—社会团体
主 管 单 位 /
成 立 时 间 / 1982 年 7 月
第一负责人 / 王晨
合 作 机 构 /
办 公 地 址 / 北京市西城区兵马司胡同 63 号（100034）
电话(传真) / 010 - 66182129
邮　　箱 /
网　　址 / http://www.chinalaw.org.cn
主要研究领域:
社会主义民主法制建设；国家和地方立法总体规划；国际规则

1159 中国房地产数据研究院
China Real Estate Data Academy

所属类别／社会智库—企业
主管单位／
成立时间／
第一负责人／陈晟
合作机构／
办公地址／上海市杨浦区国定路400号复旦大学新闻学院综合楼西楼5楼（200433）
电话（传真）／021－55138098（021－55138099）
邮　　箱／
网　　址／http://www.zfsj.org
主要研究领域：国内外宏观经济形势；财政与货币政策；房地产业政策；城市与区域发展；房地产发展与互动研究

1160 中国房地产协会

所属类别／社会智库—社会团体
主管单位／住房和城乡建设部
成立时间／1985年9月
第一负责人／冯俊
合作机构／
办公地址／北京市西城区百万庄大街22号院1号楼（100037）
电话（传真）／010－68286524
邮　　箱／
网　　址／http://www.fangchan.com
主要研究领域：住房保障和公共住房政策；住房公积金和房地产金融；房地产市场；房地产法规政策；住宅产业发展和技术；人居环境；房屋征收和拆迁；军队营房

1161 中国非洲研究院
China－African Institute

所属类别／科研院所智库
主管单位／中国社会科学院
成立时间／2019年4月
第一负责人／蔡昉
合作机构／
办公地址／北京市东城区张自忠路3号东院（100007）
电话（传真）／010－64039166
邮　　箱／
网　　址／http://cai.cssn.cn
主要研究领域：中非基础设施建设及经贸合作、减贫惠民、生态环保、和平安全、文明互鉴

1162 中国风景园林学会
Chinese Society of Landscape Architecture

所 属 类 别 / 社会智库—社会团体
主 管 单 位 / 中国科学技术协会
成 立 时 间 / 1989 年 11 月
第一负责人 / 陈重
合 作 机 构 /
办 公 地 址 / 北京市海淀区三里河路 9 号（100835）
电话(传真) / 010－88084198（010－88082100）
邮　　箱 / chsla@ vip. sina. com
网　　址 / http://www. chsla. org. cn
主要研究领域:
历史园林与自然文化遗产保护；园林规划；城市绿地系统；城乡生态系统与人居环境

1163 中国风险投资研究院
China Venture Capital Research Institute

所 属 类 别 / 社会智库—企业
主 管 单 位 /
成 立 时 间 / 2003 年 7 月
第一负责人 / 李爱民
合 作 机 构 /
办 公 地 址 / 广东省深圳市南山区高新南一道 009 号中科研发园三号楼裙楼 209 室（518057）
电话(传真) / 0755－82800020（0755－82800031）
邮　　箱 / cvcri@ cvcri. com
网　　址 / http://www. cvcri. com
主要研究领域:
中国风险投资事业理论与实务

1164 中国扶贫开发协会
China Association of Poverty Alleviation & Development

所 属 类 别 / 社会智库—社会团体
主 管 单 位 / 国务院扶贫开发领导小组办公室
成 立 时 间 / 1993 年
第一负责人 / 袁文先
合 作 机 构 /
办 公 地 址 / 北京市朝阳区东四环中路 41 号嘉泰国际大厦 21 层（100025）
电话(传真) / 010－51656633（010－85711929）
邮　　箱 /
网　　址 / http://www. zgfpkf. org. cn
主要研究领域: 扶贫开发

1165 中国服务外包研究中心
China Outsourcing Institute

所属类别/政府部门智库—国务院组成部门所属
主管单位/商务部
成立时间/2007年3月
第一负责人/朱晓明
合作机构/
办公地址/北京市东长安街2号（100731）
电话(传真)/010-65121919（010-65677512）
邮　　箱/
网　　址/http://coi.mofcom.gov.cn
主要研究领域:
服务外包产业

1166 中国妇女研究会
Chinese Women's Research Society

所属类别/社会智库—社会团体
主管单位/中华全国妇女联合会
成立时间/1999年12月
第一负责人/沈跃跃
合作机构/
办公地址/北京市东城区灯市口大街50号（100730）
电话(传真)/010-65256630（010-65256630）
邮　　箱/yanjiuhui@wsic.ac.cn
网　　址/http://www.cwrs.ac.cn
主要研究领域:
妇女和性别；妇女解放与妇女发展；妇女权益

1167 中国改革开放论坛
China Reform Forum

所属类别/社会智库—民办非企业
主管单位/中共中央党校（国家行政学院）
成立时间/1994年
第一负责人/何毅亭
合作机构/
办公地址/北京市海淀区大有庄100号小北院（100091）
电话(传真)/010-62805760（010-62805759）
邮　　箱/crf@crf.org.cn
网　　址/http://www.crf.org.cn
主要研究领域:
中国外交；国际政治；国际关系；东亚地区安全、国家关系、发展战略、多边机制和非传统安全；能源；环保；医疗卫生；人口及老龄化；社会保障

Z

1168 中国工程院
Chinese Academy of Engineering

所 属 类 别 / 高端智库，科研院所智库
主 管 单 位 / 国务院
成 立 时 间 /
第一负责人 / 周济
合 作 机 构 /
办 公 地 址 / 北京市西城区冰窖口胡同 2 号（100088）
电话(传真) / 010 - 59300000（010 - 59300001）
邮　　箱 / bgt@ cae. cn
网　　址 / http://www. cae. cn
主要研究领域:
工程科学技术发展战略与应用

1169 中国工程院战略咨询中心
Consulting Service Centre of Chinese Academy of Engineering

所 属 类 别 / 科研院所智库
主 管 单 位 / 中国工程院
成 立 时 间 / 2009 年 9 月
第一负责人 / 石立英
合 作 机 构 /
办 公 地 址 / 北京市西城区冰窖口胡同 2 号（100088）
电话(传真) / 010 - 59300000（010 - 59300001）
邮　　箱 / gjj@ cae. cn
网　　址 /
主要研究领域:
工程科学技术战略咨询

1170 中国工商行政管理学会
China Society of Administration for Industry and Commerce

所 属 类 别 / 社会智库—社会团体
主 管 单 位 / 国家市场监督管理总局
成 立 时 间 / 1991 年
第一负责人 / 何昕
合 作 机 构 /
办 公 地 址 / 北京市西城区三里河东路 8 号（100820）
电话(传真) / 010 - 88650000
邮　　箱 /
网　　址 /
主要研究领域:
中国特色社会主义市场监管和行政执法理论与实践；工商行政管理理论与政策

1171 **中国管理科学学会**
China Management Science Society

所 属 类 别／社会智库
主 管 单 位／科学技术部
成 立 时 间／1980 年
第一负责人／张国有
合 作 机 构／
办 公 地 址／北京市海淀区大柳树路 2 号铁科院电子所电子楼 307 室（100081）
电话(传真)／010－51893659（010－51849136）
邮　　箱／
网　　址／http://www.mss.org.cn
主要研究领域:
中国管理科学研究

1172 **中国管理科学研究院**
China Academy of Management Science

所 属 类 别／社会智库—民办非企业
主 管 单 位／
成 立 时 间／1987 年 6 月
第一负责人／
合 作 机 构／
办 公 地 址／北京市西城区月坛南街 59 号院新华大厦（100045）
电话(传真)／010－51294353
邮　　箱／ctaa_ 008@126.com
网　　址／http://www.zhongguanyuan.org.cn
主要研究领域:
管理科学；科学管理

1173 **中国国际电子商务中心**
China International Electronic Commerce Center

所 属 类 别／政府部门智库—国务院组成部门所属
主 管 单 位／商务部
成 立 时 间／1996 年 2 月
第一负责人／刘俊生
合 作 机 构／
办 公 地 址／北京市大兴区荣华中路 11 号北京经济技术开发区（100176）
电话(传真)／010－67870108
邮　　箱／
网　　址／http://ciecc.mofcom.gov.cn
主要研究领域:
电子商务标准；电子商务规则；电子政务；商务信用

1174 中国国际工程咨询公司
China International Engineering Consulting Corporation

所 属 类 别 / 社会智库—企业
主 管 单 位 /
成 立 时 间 / 1982 年
第一负责人 / 王安
合 作 机 构 /
办 公 地 址 / 北京市海淀区车公庄西路 32 号中咨大厦（100048）
电话(传真) / 010 - 68733109
邮　　箱 / wangzhan@ ciecc. com. cn
网　　址 / http://www. ciecc. com. cn
主要研究领域:
国家经济建设；投资决策

1175 中国国际关系学会
China National Association for International Studies

所 属 类 别 / 社会智库—社会团体
主 管 单 位 / 外交部
成 立 时 间 / 1980 年 12 月
第一负责人 / 秦亚青
合 作 机 构 /
办 公 地 址 / 北京市西城区展览路 24 号（100037）
电话(传真) / 010 - 68323122（010 - 68323122）
邮　　箱 / cnais@ cfau. edu. cn
网　　址 / http://www. cnais. net
主要研究领域:
国际关系

1176 中国国际经济合作学会
China Association for International Economic Cooperation

所 属 类 别 / 社会智库—社会团体
主 管 单 位 / 商务部
成 立 时 间 / 1983 年
第一负责人 / 崔明谟
合 作 机 构 /
办 公 地 址 / 北京市东城区安外东后巷 28 号（100710）
电话(传真) / 010 - 64239509（010 - 64299057）
邮　　箱 / ciecos@ 263. net
网　　址 / http://cafiec. mofcom. gov. cn
主要研究领域:
国际经济合作理论与实践；中国对外经济合作体制、战略、政策、措施以及企业经营发展问题

Z

1177 **中国国际经济交流中心**
China Center for International Economic Exchanges

所 属 类 别 / 高端智库，社会智库
主 管 单 位 / 国家发展和改革委员会
成 立 时 间 / 2009 年 3 月
第一负责人 / 曾培炎
合 作 机 构 /
办 公 地 址 / 北京市西城区永定门内大街 5 号（100050）
电话(传真) / 010 - 83362199（010 - 83362199）
邮　　箱 / ccieeinfo@ 163. com
网　　址 / http://www. cciee. org. cn
主要研究领域：
世界经济发展趋势；国际金融；国际贸易；跨国投资；国家宏观经济；财政金融；外资外贸；区域经济；产业发展；经营管理

1178 **中国国际经济咨询有限公司**
China International Economic Consultants

所 属 类 别 / 社会智库—企业
主 管 单 位 / 中国中信集团公司
成 立 时 间 / 1981 年
第一负责人 / 蒲坚
合 作 机 构 /
办 公 地 址 / 北京市朝阳区新源南路 6 号京城大厦 22 层（100004）
电话(传真) / 010 - 84861310（010 - 84865509）
邮　　箱 / ciec - info@ citic. com
网　　址 / http://www. ciecworld. com
主要研究领域：
金融咨询；投资咨询；管理咨询；战略咨询；工程咨询；商务咨询

1179 **中国国际人才交流与开发研究会**
China Society for Research on International Professional Personnel Exchange and Development

所 属 类 别 / 社会智库—社会团体
主 管 单 位 / 国家外国专家局
成 立 时 间 / 1989 年 12 月
第一负责人 / 张建国
合 作 机 构 /
办 公 地 址 / 北京市海淀区中关村南大街 1 号友谊宾馆 5 号楼（100873）
电话(传真) / 010 - 68468016（010 - 68940923）
邮　　箱 / lisa. chen@ safea. gov. cn
网　　址 / http://www. csriped. org
主要研究领域：
国际人才交流与开发

Z

1180 中国国际税收研究会
China International Taxation Research Institute

所属类别 / 社会智库—社会团体
主管单位 / 国家税务总局
成立时间 / 1995 年 6 月
第一负责人 / 王力
合作机构 /
办公地址 / 北京市西城区枣林前街 68 号国家税务总局第二办公楼（100053）
电话(传真) / 010 - 63410344
邮　　箱 / office@ citri. org. cn
网　　址 / http://new. citri. org. cn
主要研究领域：
国际税收动向及发展趋势；各国税收政策、原则、制度、管理；国家、地区、国际经济组织税收关系；区域性税收协调及发展前景

1181 中国国际问题研究院
China Institute of International Studies

所属类别 / 政府部门智库—国务院组成部门所属
主管单位 / 外交部
成立时间 / 1958 年
第一负责人 / 戚振宏
合作机构 /
办公地址 / 北京市东城区台基厂头条 3 号（100005）
电话(传真) / 010 - 85119547（010 - 65123744）
邮　　箱 /
网　　址 / http://www. ciis. org. cn
主要研究领域：
国际政治；国际关系；中国外交；世界经济；军控与国际安全；地区研究

1182 中国国际战略学会
China International Institute for Strategic Society

所属类别 / 社会智库—社会团体
主管单位 /
成立时间 / 1992 年 10 月
第一负责人 / 孙建国
合作机构 /
办公地址 / 北京市朝阳区小关路华严北里甲 6 号（100029）
电话(传真) /
邮　　箱 /
网　　址 / http://www. ciiss. org. cn
主要研究领域：
国际战略形势；全球安全；世界政治经济和地区问题

1183 **中国海洋大学国家文化产业研究中心**
National Research Center for Cultural Industry, Ocean University of China

所属类别/高校智库
主管单位/中国海洋大学
成立时间/2007年6月
第一负责人/修斌
合作机构/
办公地址/山东省青岛市崂山区香港东路23号中国海洋大学浮山校区高新技术产业大楼319室（266071）
电话(传真)/0532-66787202（0532-66787063）
邮　　箱/whcyyjzx@163.com
网　　址/http://clajc.ouc.edu.cn/cicc
主要研究领域：
中国沿海城市文化产业；儿童文化产业；视觉文化；中日韩文化产业比较；媒介经营与管理；文化人力资源开发与管理

1184 **中国海洋大学海洋发展高等研究院**
Institute of Marine Development, Ocean University of China

所属类别/高校智库
主管单位/中国海洋大学
成立时间/2004年12月
第一负责人/庞中英
合作机构/
办公地址/山东省青岛市崂山区松岭路238号中国海洋大学海洋发展研究院（266100）
电话(传真)/0532-66783727
邮　　箱/hyfz@ouc.edu.cn
网　　址/http://hyfzyjy.ouc.edu.cn
主要研究领域：海洋发展；海洋经济；海洋管理；海洋法；海洋政策；海洋文化

1185 **中国行政管理学会**
Chinese Public Administration Society

所属类别/社会智库—社会团体
主管单位/国务院办公厅
成立时间/
第一负责人/王澜明
合作机构/
办公地址/北京市西城区西安门大街22号（100017）
电话(传真)/010-63094645（010-83083320）
邮　　箱/webmaster@cpasonline.org.cn
网　　址/http://www.cpasonline.org.cn
主要研究领域：政府体制改革；行政管理

1186 中国行政体制改革研究会
China Society of Administrative Reform

所 属 类 别 / 社会智库—社会团体
主 管 单 位 / 中共中央党校（国家行政学院）
成 立 时 间 / 2010 年 4 月
第一负责人 / 马建堂
合 作 机 构 /
办 公 地 址 / 北京市海淀区长春桥路 6 号（100089）
电话(传真) / 010 - 68928963
邮　　箱 / csoar@ csoar. org. cn
网　　址 / http://www. csoar. org. cn
主要研究领域：
行政体制改革；中国特色行政体制；政府自身建设和管理创新

1187 中国宏观经济研究院
Academy of Macroeconomic Research, National Development and Reform Commission

所 属 类 别 / 高端智库，政府部门智库
主 管 单 位 / 国家发展和改革委员会
成 立 时 间 / 1995 年
第一负责人 / 王昌林
合 作 机 构 /
办 公 地 址 / 北京市西城区木樨地北里甲 11 号国宏大厦 B 座（100038）
电话(传真) / 010 - 63908063（010 - 63908071）
邮　　箱 / web@ amr. org. cn
网　　址 / http://www. amr. org. cn
主要研究领域：
农村发展；产业发展；科技进步；投资消费；地区经济；收入分配；社会保障；市场价格；能源战略；气候变化；综合运输；体制改革

1188 中国环境科学学会
Chinese Society for Environmental Sciences

所 属 类 别 / 社会智库—社会团体
主 管 单 位 / 中国科学技术协会
成 立 时 间 / 1978 年 5 月
第一负责人 / 黄润秋
合 作 机 构 /
办 公 地 址 / 北京市海淀区红联南村 54 号（100082）
电话(传真) / 010 - 82211021
邮　　箱 / cses@ chinacses. org
网　　址 / http://www. chinacses. org
主要研究领域：
环境保护战略；环境政策规划；环境法规标准

1189 中国环境科学研究院
Chinese Research Academy of Environmental Sciences

所 属 类 别 / 政府部门智库—国务院组成部门所属
主 管 单 位 / 生态环境部
成 立 时 间 / 1978 年 12 月
第一负责人 / 李海生
合 作 机 构 /
办 公 地 址 / 北京市朝阳区安外北苑大羊坊 8 号（100012）
电话(传真) / 010 - 84915193（010 - 84915194）
邮　　箱 /
网　　址 / http://www.craes.cn
主要研究领域:
大气环境；水环境；生态环境；环境工程技术；环境安全；环境标准；化学品管理；清洁生产；循环经济

1190 中国环境与发展国际合作委员会
China Concil for International Cooperation on Environment and Development

所 属 类 别 / 社会智库—民办非企业
主 管 单 位 / 生态环境部
成 立 时 间 / 1992 年
第一负责人 / 李干杰
合 作 机 构 /
办 公 地 址 / 北京市西城区后英房胡同 5 号（100035）
电话(传真) / 010 - 82268661（010 - 82200535）
邮　　箱 / li.yutong@mepfeco.org.cn
网　　址 / http://www.cciced.net
主要研究领域:
环境与发展；可持续发展战略；生态文明；资源节约型、环境友好型社会建设

1191 中国会展经济研究会
China Convention Exhibition Event Society

所 属 类 别 / 社会智库—社会团体
主 管 单 位 / 商务部
成 立 时 间 / 2006 年 2 月
第一负责人 / 袁再青
合 作 机 构 /
办 公 地 址 / 北京市朝阳区高碑店乡八里庄村陈家林路 9 号华腾世纪总部公园 5 号楼 E1 座 1102（100025）
电话(传真) / 010 - 64240612（010 - 64240611）
邮　　箱 / cces@cces.org.cn
网　　址 / http://www.cces2006.org
主要研究领域：会展经济；会展政策；会展发展规划

Z

1192 中国基本建设优化研究会
China Optimization Society of Capital Construction

所 属 类 别 / 社会智库—社会团体
主 管 单 位 / 中国科学技术协会
成 立 时 间 / 1978 年
第一负责人 / 厉无畏
合 作 机 构 /
办 公 地 址 / 北京市海淀区阜成路 73 号裕惠大厦 A 座 8 层（100142）
电话(传真) / 010 - 62809310
邮　　箱 / cosocc123@ 126. cn
网　　址 / http://www. cosocc. org. cn
主要研究领域:
基本建设优化理论与实践

1193 中国集团公司促进会
China Group Companies Association

所 属 类 别 / 社会智库—社会团体
主 管 单 位 / 国务院国有资产监督管理委员会
成 立 时 间 / 1987 年 8 月
第一负责人 / 曹培玺、易军、赵沪湘、徐平
合 作 机 构 /
办 公 地 址 / 北京市朝阳区光华路 7 号汉威大厦 12 层 B1216 室（100004）
电话(传真) / 010 - 53648025（010 - 65629501）
邮　　箱 / zcq_ cgca@ 126. com
网　　址 / http://www. cgcpa. org. cn
主要研究领域:
宏观经济决策；集团公司改革与发展；企业文化

1194 中国计量科学研究院
National Institute of Metrology, China

所 属 类 别 / 政府部门智库—国务院直属机构所属
主 管 单 位 / 国家市场监督管理总局
成 立 时 间 / 1955 年
第一负责人 / 方向
合 作 机 构 /
办 公 地 址 / 北京市朝阳区北三环东路 18 号（100029）
电话(传真) / 010 - 64213905（010 - 64218703）
邮　　箱 / yb@ nim. ac. cn
网　　址 / http://www. nim. ac. cn
主要研究领域:
计量科学基础；计量科学发展战略；国家计量标准；国家测量体系

1195 中国价格协会
The Price Association of China

所 属 类 别 / 社会智库—社会团体
主 管 单 位 / 国家发展和改革委员会
成 立 时 间 / 2000 年 11 月
第一负责人 / 陈峻
合 作 机 构 /
办 公 地 址 / 北京市海淀区三里河路 39 号甘家口 8 号院京鹤大厦 （100045）
电话(传真) / 010 – 68033566 （010 – 68033566）
邮　　箱 / zgjgxh@ vip. 163. com
网　　址 / http://www. china – price. com. cn
主要研究领域:
价格理论; 价格政策; 价格形势; 价格监督

1196 中国监察学会
Institute of China Supervision

所 属 类 别 / 社会智库—社会团体
主 管 单 位 / 国家监察委员会
成 立 时 间 / 1991 年 1 月
第一负责人 / 郝明金
合 作 机 构 /
办 公 地 址 / 北京市西城区广安门南街甲 2 号 （100053）
电话(传真) /
邮　　箱 / zgjcxh@ mos. gov. cn
网　　址 / http://irc. mos. gov. cn
主要研究领域:
行政监察理论与实践

1197 中国建材工业经济研究会
China Society of Building Materials Industry Economy

所 属 类 别 / 社会智库—社会团体
主 管 单 位 / 国务院国有资产监督管理委员会
成 立 时 间 / 1992 年
第一负责人 / 刘长发
合 作 机 构 /
办 公 地 址 / 北京市西城区西直门北顺城街 11 号 （100035）
电话(传真) / 010 – 62214424 （010 – 62214424）
邮　　箱 / yanjiuhui_ jc@ sina. com
网　　址 / http://www. csbmie. com
主要研究领域:
产业技术经济政策; 现代经济管理

Z

1198 **中国建设劳动学会**
China Construction Labour Institute

所属类别 / 社会智库—社会团体
主管单位 / 住房和城乡建设部
成立时间 / 1993 年 3 月
第一负责人 / 鞠洪芬
合作机构 /
办公地址 / 北京市海淀区三里河路 9 号建设部大院（100835）
电话(传真) / 010 – 68315188（010 – 68311788）
邮　　箱 / 2807960346@ qq. com
网　　址 / http://www. ccla. com. cn
主要研究领域：
住房和城乡建设行业企业劳动制度；工资制度；职业技能培训考核；人力资源开发

1199 **中国教育科学研究院**
National Institute of Education Sciences

所属类别 / 政府部门智库—国务院组成部门所属
主管单位 / 教育部
成立时间 / 1978 年 7 月
第一负责人 / 崔保师
合作机构 /
办公地址 / 北京市海淀区北三环中路 46 号（100088）
电话(传真) / 010 – 62003408（010 – 62003408）
邮　　箱 / zjyb@ nies. net. cn
网　　址 / http://www. nies. net. cn
主要研究领域：
马克思主义教育理论；教育改革与发展；科研管理

1200 **中国教育战略发展学会**
Chinese Society of Educational Development Strategy

所属类别 / 社会智库—社会团体
主管单位 / 教育部、民政部
成立时间 / 2005 年
第一负责人 / 闵维方
合作机构 /
办公地址 / 北京市西城区西单大木仓胡同 37 号教育部 2 号楼 216 室（100816）
电话(传真) / 010 – 66096317
邮　　箱 / cseds@ 126. com
网　　址 / http://www. cseds. edu. cn
主要研究领域：
教育发展战略；学术教育

1201 **中国教育政策研究院**
China Institute of Education Policy

所 属 类 别 / 合作智库—校党合作
主 管 单 位 / 北京师范大学、中国民主促进会中央委员会
成 立 时 间 / 2010 年 1 月
第一负责人 / 严隽琪
合 作 机 构 / 北京师范大学、中国民主促进会中央委员会
办 公 地 址 / 北京市海淀区新街口外大街 19 号北京师范大学后主楼 2113 室（100875）
电话(传真) / 010 - 58800250
邮　　箱 / ciep@ bnu. edu. cn
网　　址 / http://ciep. bnu. edu. cn
主要研究领域:
国家教育发展总体战略；区域教育政策；国民教育体系各学段教育政策；中国教育政策的重点与热点专题；国际教育政策比较；教育政策的基本理论

1202 **中国金融四十人论坛**
China Finance 40 Forum

所 属 类 别 / 社会智库—民办非企业
主 管 单 位 /
成 立 时 间 / 2008 年 4 月
第一负责人 / 陈元
合 作 机 构 /
办 公 地 址 / 北京市西城区金融街通泰大厦（100032）
电话(传真) / 010 - 88088160（010 - 88088160）
邮　　箱 / cf40@ 188. com
网　　址 / http://www. cf40. org. cn
主要研究领域：金融政策；金融改革与发展

1203 **中国金融研究院（上海交通大学上海高级金融学院）**
China Academy of Financial Research

所 属 类 别 / 高校智库
主 管 单 位 / 上海交通大学
成 立 时 间 / 2009 年
第一负责人 / 王江、彭实戈
合 作 机 构 /
办 公 地 址 / 上海市徐汇区淮海西路 211 号达通广场 12 楼（上海交通大学徐汇校区）（200030）
电话(传真) / 021 - 62934691（021 - 62932422）
邮　　箱 / cafr@ saif. sjtu. edu. cn
网　　址 / http://www. cafr. cn
主要研究领域：金融市场建设；金融服务产品开发

Z

1204 **中国金融智库**

所属类别／社会智库
主管单位／北京大学
成立时间／
第一负责人／
合作机构／
办公地址／北京市丰台区菜户营桥北财富西环大厦 2211 室（100054）
电话(传真)／010 – 56225227（010 – 51017316）
邮　　箱／zgjrzk@ hotmail. com
网　　址／http://www. zgjrzk. com
主要研究领域：
金融发展解决方案

1205 **中国经济 50 人论坛**
Chinese Economists 50 Forum

所属类别／社会智库—民办非企业
主管单位／
成立时间／1998 年 6 月
第一负责人／徐剑
合作机构／
办公地址／北京市西城区木樨地北里甲 11 号国宏大厦 C 座 507 室（100038）
电话(传真)／010 – 63906540（010 – 63906545）
邮　　箱／zhuli_ 50ren@ vip. sina. com
网　　址／http://www. 50forum. org. cn
主要研究领域：
中国经济发展；改革理论与政策

1206 **中国经济改革研究基金会国民经济研究所**
National Economic Research Institute, China Reform Foundation

所属类别／社会智库—民办非企业
主管单位／北京市社会科学界联合会
成立时间／1996 年
第一负责人／樊纲
合作机构／
办公地址／北京市西城区木樨地北里甲 11 号国宏大厦 C 座 510 室（100038）
电话(传真)／010 – 63906531（010 – 63906530）
邮　　箱／neri@ neri. org. cn
网　　址／http://www. neri. org. cn
主要研究领域：
宏观经济学与宏观经济政策；发展经济学与中国经济发展战略和政策；转轨经济学与经济体制改革政策

Z

1207 **中国经济景气监测中心**
China Economic Monitoring & Analysis Center

所属类别／政府部门智库—国务院直属机构所属
主管单位／国家统计局
成立时间／1999 年 6 月
第一负责人／
合作机构／
办公地址／北京市丰台区西三环南路甲 6 号国统宾馆写字楼 6 层（100073）
电话(传真)／010－63375617（010－63375616）
邮　　箱／tyc@ stats. gov. cn
网　　址／
主要研究领域：
经济和社会景气监测

1208 **中国经济实验研究院**

所属类别／合作智库—研校合作
主管单位／
成立时间／2011 年 11 月
第一负责人／张连城
合作机构／中国社会科学院经济研究所、首都经济贸易大学
办公地址／
电话(传真)／
邮　　箱／
网　　址／
主要研究领域：
经济增长与经济周期；城市生活质量；WTO；经济运行与国际贸易；经济预警；经济数据处理与计算机仿真

1209 **中国经济体制改革研究会**
China Society of Economic Reform

所属类别／社会智库—社会团体
主管单位／国家发展和改革委员会
成立时间／1983 年 2 月
第一负责人／彭森
合作机构／
办公地址／北京市海淀区皂君庙 4 号（100081）
电话(传真)／010－62124700（010－62124700）
邮　　箱／office@ cser. org. cn
网　　址／http://www. cser. org. cn
主要研究领域：
经济体制改革

Z

1210 中国就业促进会
China Association for Employment Promotion

所 属 类 别 / 社会智库—社会团体
主 管 单 位 / 人力资源和社会保障部
成 立 时 间 / 2005 年 3 月
第一负责人 / 张小建
合 作 机 构 /
办 公 地 址 / 北京市东城区和平里中街 12 号（100716）
电话(传真) / 010 – 84209319（010 – 84209329）
邮　　箱 / jiucuhui@ 126. com
网　　址 / http://www. zgjy. org
主要研究领域:
城乡就业理论与政策

1211 中国军控与裁军协会
China Arms Control and Disarmament Association

所 属 类 别 / 社会智库—社会团体
主 管 单 位 / 外交部
成 立 时 间 / 2001 年 8 月
第一负责人 / 曲星
合 作 机 构 /
办 公 地 址 / 北京市东城区台基厂头条 3 号（100005）
电话(传真) / 010 – 85119708（010 – 65287945）
邮　　箱 / cacda@ cacda. org. cn
网　　址 / http://www. cacda. org. cn
主要研究领域:
军控、裁军与国际安全

1212 中国科技金融促进会

所 属 类 别 / 社会智库
主 管 单 位 / 科学技术部
成 立 时 间 / 1992 年 11 月
第一负责人 / 王元
合 作 机 构 /
办 公 地 址 / 北京市海淀区翠微路 4 号院 3 号楼 202 室（100036）
电话(传真) / 010 – 68530171（010 – 68530170）
邮　　箱 / events@ cstf. org. cn
网　　址 / http://www. cstf. org. cn
主要研究领域:
科技金融理论

1213 **中国科协-清华大学科技传播与普及研究中心**
Center for Science Communication and Popularization of CAST and Tsinghua University

所 属 类 别 / 合作智库—校社合作
主 管 单 位 / 清华大学、中国科学技术协会
成 立 时 间 / 2005 年 8 月
第一负责人 / 曾国屏
合 作 机 构 / 清华大学人文社会科学学院、中国科普研究所
办 公 地 址 / 北京市海淀区清华园 1 号清华大学人文社会科学学院（100084）
电话(传真) /
邮　　箱 / kepuzhongxin@ gmail. com
网　　址 /
主要研究领域：
科技传播与普及

1214 **中国科协创新战略研究院**
National Academy of Innovation Strategy

所 属 类 别 / 社会智库
主 管 单 位 / 中国科学技术协会
成 立 时 间 / 2015 年 8 月
第一负责人 / 罗晖
合 作 机 构 /
办 公 地 址 / 北京市朝阳区慧忠北里 222 号（100012）
电话(传真) / 010 - 87413502
邮　　箱 /
网　　址 / https://www. cnais. org. cn
主要研究领域：
科技政策；科技发展战略；创新文化；科技人物

1215 **中国科协发展研究中心**
Development Research Center of China Association for Science and Technology

所 属 类 别 / 社会智库—民办非企业
主 管 单 位 / 中国科学技术协会
成 立 时 间 / 2015 年 8 月
第一负责人 / 罗晖
合 作 机 构 /
办 公 地 址 / 北京市海淀区复兴路 3 号中国科技会堂 C 座三层（100038）
电话(传真) / 010 - 68788116（010 - 68578861）
邮　　箱 / wangsz01@ yahoo. com. cn
网　　址 /
主要研究领域：
经济、科技、社会发展重大问题决策咨询

Z

1216 中国科学技术大学安徽大数据应用协同创新中心
Anhui Province Key Laboratory of Big Data Analysis and Application

所属类别／高校智库
主管单位／中国科学技术大学
成立时间／
第一负责人／陈恩红
合作机构／
办公地址／安徽省合肥市蜀山区中国科学技术大学西校区科技实验楼西楼706（230027）
电话(传真)／0551－63601558
邮　　箱／
网　　址／http://bigdata.ustc.edu.cn
主要研究领域：
大数据分析与应用

1217 中国科学技术大学科学传播研究与发展中心

所属类别／高校智库
主管单位／中国科学技术大学
成立时间／
第一负责人／汤书昆
合作机构／
办公地址／安徽省合肥市包河区金寨路96号（230026）
电话(传真)／0551－63600491
邮　　箱／sktang@ustc.edu.cn
网　　址／http://scicomm.ustc.edu.cn
主要研究领域：
科学传播创新理论与方法；国家创新能力监测研究；科学传播社会服务体系建设与应用推广

1218 中国科学技术发展战略研究院
Chinese Academy of Science and Technology for Development

所属类别／政府部门智库—国务院组成部门所属
主管单位／科学技术部
成立时间／2007年12月
第一负责人／胡志坚
合作机构／
办公地址／北京市海淀区玉渊潭南路8号（100038）
电话(传真)／010－58884543
邮　　箱／xxxz@casted.org.cn
网　　址／http://www.casted.org.cn
主要研究领域：科学技术发展战略；科学技术发展评价；科技与经济社会发展关系

1219 **中国科学技术协会**
China Association for Science and Technology

所属类别/社会智库—社会团体
主管单位/中共中央书记处
成立时间/1958年9月
第一负责人/万钢
合作机构/
办公地址/北京市海淀区复兴路3号（100863）
电话(传真)/010－68571878（010－68571897）
邮　　箱/english@ cast. org. cn
网　　址/http://www. cast. org. cn
主要研究领域：
国家科学技术政策、法规；国家事务的政治协商、科学决策、民主监督

1220 **中国科学技术信息研究所**
Institute of Scientific and Technical Information of China

所属类别/政府部门智库—国务院组成部门所属
主管单位/科学技术部
成立时间/1956年10月
第一负责人/戴国强
合作机构/
办公地址/北京市海淀区复兴路15号（100038）
电话(传真)/010－58882033（010－58882590）
邮　　箱/suoban@ istic. ac. cn
网　　址/http://www. istic. ac. cn
主要研究领域：
科技政策与管理；信息资源管理；知识工程；自然语言处理

1221 **中国科学学与科技政策研究会**
Chinese Association for Science of Science and S&T Policy

所属类别/社会智库—社会团体
主管单位/中国科学技术协会
成立时间/1982年6月
第一负责人/陈光
合作机构/
办公地址/北京市海淀区中关村东路55号（100190）
电话(传真)/010－62542615（010－62542615）
邮　　箱/casssp@ casipm. ac. cn
网　　址/http://www. casssp. org. cn
主要研究领域：
科技政策

1222 中国科学院
Chinese Academy of Sciences

所属类别 / 高端智库，科研院所智库
主管单位 / 国务院
成立时间 / 1949 年
第一负责人 / 白春礼
合作机构 /
办公地址 / 北京市西城区三里河路 52 号（100864）
电话(传真) / 010 - 68597114
邮　　箱 / casweb@ cashq. ac. cn
网　　址 / http://www. cas. cn
主要研究领域：
国家安全；科技发展战略；科技政策

1223 中国科学院城市环境研究所
Institute of Urban Environment, Chinese Academy of Sciences

所属类别 / 科研院所智库
主管单位 / 中国科学院
成立时间 / 2006 年 7 月
第一负责人 / 朱永官
合作机构 /
办公地址 / 福建省厦门市集美区集美大道 1799 号（361021）
电话(传真) / 0592 - 6190979
邮　　箱 / wmchen@ iue. ac. cn
网　　址 / http://www. iue. cas. cn
主要研究领域：城市生态健康与环境安全；城市环境污染控制与资源化技术；城市环境工程与循环经济；城市生态环境规划与管理

1224 中国科学院大学创新方法研究中心
Research Center for Innovation Method, UCAS

所属类别 / 高校智库
主管单位 / 中国科学院大学公共政策与管理学院
成立时间 /
第一负责人 / 王海燕
合作机构 /
办公地址 / 北京市石景山区玉泉路 19 号（甲）中国科学院大学创新方法研究中心（100049）
电话(传真) / 010 - 88256712
邮　　箱 / kjglxy@ ucas. ac. cn
网　　址 / https://rcim. ucas. ac. cn
主要研究领域：创新方法研究与教学；科技体制改革与科技政策；国家创新体系和区域创新研究

1225 **中国科学院大学大数据挖掘与知识管理重点实验室**
Key Laboratory of Big Data Mining and Knowledge Management, Chinese Academy of Sciences

所属类别／高校智库
主管单位／中国科学院大学
成立时间／
第一负责人／石勇
合作机构／
办公地址／北京市海淀区中关村东路80号（100190）
电话(传真)／010－82680699
邮　　箱／
网　　址／https://bdk.ucas.ac.cn
主要研究领域：
大数据科学理论；大数据建模与挖掘算法；大数据技术；大数据应用

1226 **中国科学院大学环境经济研究中心**
Center for Environmental Economics

所属类别／高校智库
主管单位／中国科学院大学
成立时间／2017年6月
第一负责人／吴德胜
合作机构／
办公地址／北京市海淀区中关村东路80号中国科学院大学中关村校区（100190）
电话(传真)／
邮　　箱／rcee@ucas.ac.cn
网　　址／https://rcee.ucas.ac.cn/index.php/zh/
主要研究领域：
生态环境绿色技术金融安全；发展战略和技术路线

1227 **中国科学院大学基础教育研究院**

所属类别／高校智库
主管单位／中国科学院大学
成立时间／2016年2月
第一负责人／王金战
合作机构／中国科学院、中国科学院大学、中国人民大学附属中学
办公地址／北京市海淀区中关村东路80号（100190）
电话(传真)／
邮　　箱／
网　　址／https://www.ucas.ac.cn/education_ center.jsp
主要研究领域：
基础教育

1228 中国科学院大学军民融合发展中心

所属类别 / 高校智库
主管单位 / 中国科学院大学
成立时间 / 2016 年 11 月
第一负责人 / 詹伟
合作机构 /
办公地址 / 北京市海淀区中关村东路 80 号中国科学院大学中关村校区（100190）
电话(传真) /
邮　　箱 /
网　　址 / https://tc.ucas.ac.cn/index.php/pxzx/junpin
主要研究领域:
军民融合

1229 中国科学院大学李政道科学与艺术中心
Tsuing – Dao Lee Center of Sciences and Arts, University of Chinese Academy of Sciences

所属类别 / 高校智库
主管单位 / 中国科学院大学
成立时间 / 2018 年 10 月
第一负责人 / 朱伟任
合作机构 /
办公地址 / 北京市怀柔区怀北镇怀北庄 380 号中国科学院大学雁栖湖校区李政道科学与艺术中心（100049）
电话(传真) /
邮　　箱 /
网　　址 / https://sciencearts.ucas.ac.cn/index.php/zh/
主要研究领域:
科学与艺术

1230 中国科学院大学中国科学院虚拟经济与数据科学研究中心
CAS Research Center On Fictitious Economy & Data Science

所属类别 / 高校智库
主管单位 / 中国科学院大学
成立时间 /
第一负责人 / 石勇
合作机构 /
办公地址 / 北京市海淀区中关村东路 80 号（100190）
电话(传真) /
邮　　箱 /
网　　址 / http://www.feds.ac.cn/index.php/zh – cn/zxjs
主要研究领域: 虚拟经济; 数据挖掘与最优化; 绿色经济; 虚拟商务; 社会计算与电子健康; 风险投资

1231 中国科学院大学中国政府和社会资本合作（PPP）研究中心

所 属 类 别 / 高校智库
主 管 单 位 / 中国科学院大学
成 立 时 间 /
第一负责人 / 汪寿阳
合 作 机 构 /
办 公 地 址 / 北京市海淀区中关村东路80 号中国科学院大学中关村校区（100190）
电话(传真) /
邮　　箱 /
网　　址 / https://tc. ucas. ac. cn/index. php/pxzx/zhengfu
主要研究领域:
ppp 研究

1232 中国科学院地理科学与资源研究所
Institute of Geographic Sciences and Natural Resources Research, Chinese Academy of Sciences

所 属 类 别 / 科研院所智库
主 管 单 位 / 中国科学院
成 立 时 间 / 1999 年 9 月
第一负责人 / 葛全胜
合 作 机 构 /
办 公 地 址 / 北京市朝阳区大屯路甲 11 号（100101）
电话(传真) / 010 - 64889276（010 - 64854230）
邮　　箱 / weboffice@ igsnrr. ac. cn
网　　址 / http://www. igsnrr. ac. cn
主要研究领域：区域发展；资源利用；环境整治；生态建设

1233 中国科学院东北地理与农业生态研究所
Northeast Institute of Geography and Agroecology, Chinese Academy of Sciences

所 属 类 别 / 科研院所智库
主 管 单 位 / 中国科学院
成 立 时 间 / 2002 年
第一负责人 / 何兴元
合 作 机 构 /
办 公 地 址 / 吉林省长春市高新北区盛北大街 4888 号（130102）
电话(传真) / 0431 - 85542266（0431 - 85542298）
邮　　箱 / neigae@ neigae. ac. cn
网　　址 / http://www. neigae. cas. cn
主要研究领域：农业生态；湿地生态；遥感与地理信息系统；环境科学与技术；区域发展

1234 中国科学院管理创新与评估研究中心
Research Center of Management Innovation and Evaluation, Chinese Academy of Science

所 属 类 别 / 科研院所智库
主 管 单 位 / 中国科学院
成 立 时 间 / 2000 年
第一负责人 / 李晓轩
合 作 机 构 /
办 公 地 址 / 北京市海淀区中关村北一条 15 号（100190）
电话(传真) / 010 - 59358414（010 - 59358608）
邮　　箱 / liuzhiyuan@ gmail. com
网　　址 /
主要研究领域:
宏观科技管理与决策机制；科技资源配置与管理；科研机构管理与评价；科技人力资源管理；科技项目管理与评价

1235 中国科学院科技战略咨询研究院
Institute of Policy and Management, Chinese Academy of Sciences

所 属 类 别 / 科研院所智库
主 管 单 位 / 中国科学院
成 立 时 间 / 1985 年 6 月
第一负责人 / 潘教峰
合 作 机 构 /
办 公 地 址 / 北京市海淀区中关村北一条 15 号（100190）
电话(传真) / 010 - 59358613（010 - 59358608）
邮　　箱 / huizhong@ casipm. ac. cn
网　　址 / http://www. casisd. cn
主要研究领域:
科技政策；创新创业政策；能源与环境政策；应急管理；可持续发展；公共安全；知识产权与科技法；能源环境经济；城市发展与区域管理

1236 中国科学院可持续发展研究中心

所 属 类 别 / 科研院所智库
主 管 单 位 / 中国科学院
成 立 时 间 /
第一负责人 / 樊杰
合 作 机 构 /
办 公 地 址 / 北京市东城区先晓胡同 10 号（100005）
电话(传真) /
邮　　箱 / weboffice@ igsnrr. ac. cn
网　　址 /
主要研究领域: 城市化；区域可持续发展

1237 中国科学院能源与环境政策研究中心
Center for Energy & Environmental Policy Research

所属类别 / 合作智库—研企合作
主管单位 / 中国科学院
成立时间 / 2006 年
第一负责人 / 钱兴坤
合作机构 / 中国科学院科技政策与管理科学研究所、北京航空航天大学、中国石油安全环保技术研究院、中国石油集团经济技术研究院
办公地址 / 北京市海淀区中关村北一条 15 号中国科学院科技战略咨询研究院（100190）
电话(传真) / 010 - 59358825
邮　　箱 / ceepcas@ gmail. com
网　　址 / http://www. ceep. cas. cn
主要研究领域：能源与经济增长；能源效率与节能；能源市场；能源环境与气候变化；能源安全；能源政策建模与理论工具

1238 中国科学院农业政策研究中心
Center for Chinese Agricultural Policy, Chinese Academy of Sciences

所属类别 / 科研院所智库
主管单位 / 中国科学院
成立时间 / 1995 年
第一负责人 / 张林秀
合作机构 /
办公地址 / 北京市朝阳区安外大屯路甲 11 号（100101）
电话(传真) / 010 - 64889440（010 - 64856533）
邮　　箱 / ccap@ igsnrr. ac. cn
网　　址 /
主要研究领域：农业科技政策；资源环境政策；城乡协调发展与反贫困；农产品政策分析与决策支持系统

1239 中国科学院气候变化研究中心
Climate Change Research Center

所属类别 / 科研院所智库
主管单位 / 中国科学院
成立时间 /
第一负责人 / 王会军
合作机构 /
办公地址 / 北京市朝阳区德外祁家豁子华严里 40 号（100029）
电话(传真) /
邮　　箱 / ccrc - iap@ 163. com
网　　址 / http://www. iap. cas. cn/jgsz/kyjg/201101/t20110110_ 3056005. html
主要研究领域：国际气候谈判；应对气候变化决策；气候变化基础科学

1240 **中国科学院上海交叉学科研究中心**
Shanghai Institute for Advanced Studies, Chinese Academy of Sciences

所 属 类 别 / 科研院所智库
主 管 单 位 / 中国科学院
成 立 时 间 / 2003 年 3 月
第一负责人 / 张旭
合 作 机 构 /
办 公 地 址 / 上海市徐汇区岳阳路 319 号 11 号楼 (200031)
电话(传真) / 021 - 64337978 (021 - 64337927)
邮 箱 /
网 址 / http://www.sias.ac.cn
主要研究领域:
基础研究、应用研究和高科技研究领域的多学科交叉研究

1241 **中国科学院生态环境研究中心**
Research Center for Eco - Environmental Sciences, Chinese Academy of Sciences

所 属 类 别 / 科研院所智库
主 管 单 位 / 中国科学院
成 立 时 间 / 1986 年
第一负责人 / 欧阳志云
合 作 机 构 /
办 公 地 址 / 北京市海淀区双清路 18 号 (100085)
电话(传真) / 010 - 62923549 (010 - 62923549)
邮 箱 / zhb@rcees.ac.cn
网 址 / http://www.rcees.ac.cn
主要研究领域:
环境科学; 环境工程; 生态规划; 生态环境预警

1242 **中国科学院水资源研究中心**
Center for Water Resources Research, Chinese Academy of Sciences

所 属 类 别 / 科研院所智库
主 管 单 位 / 中国科学院
成 立 时 间 / 2006 年 12 月
第一负责人 / 夏军
合 作 机 构 /
办 公 地 址 / 北京市朝阳区大屯路甲 11 号 (100101)
电话(传真) / 010 - 64888975 (010 - 64888975)
邮 箱 / cwrr@igsnrr.ac.cn
网 址 /
主要研究领域:
重大水资源问题综合研究; 国家水资源战略

1243 **中国科学院文献情报中心**
National Science Library, Chinese Academy of Sciences

所 属 类 别 / 科研院所智库
主 管 单 位 / 中国科学院
成 立 时 间 / 1951 年
第一负责人 / 刘会洲
合 作 机 构 /
办 公 地 址 / 北京市海淀区中关村北四环西路 33 号 (100190)
电话(传真) / 010 - 82626611 (010 - 82626600)
邮　　箱 / office@ mail. las. ac. cn
网　　址 / http://www. las. cas. cn
主要研究领域:
文献信息; 战略情报; 公共信息; 科学交流与传播

1244 **中国科学院心理学研究所**
Institute of Psychology, Chinese Academy of Sciences

所 属 类 别 / 科研院所智库
主 管 单 位 / 中国科学院
成 立 时 间 / 1951 年
第一负责人 / 傅小兰
合 作 机 构 /
办 公 地 址 / 北京市朝阳区林萃路 16 号院 (100101)
电话(传真) / 010 - 64879520 (010 - 64872070)
邮　　箱 / webmaster@ psych. ac. cn
网　　址 / http://www. psych. cas. cn
主要研究领域:
心理疾患的早期识别与干预; 社会预警与决策; 灾害与创伤心理; 网络心理与虚拟行为; 发展、教育与创造力培养

1245 **中国科学院虚拟经济与数据科学研究中心**
Chinese Academy of Sciences Research Center on Fictitious Economy & Data Science

所 属 类 别 / 科研院所智库
主 管 单 位 / 中国科学院
成 立 时 间 /
第一负责人 / 石勇
合 作 机 构 /
办 公 地 址 / 北京市海淀区中关村东路 80 号 (100190)
电话(传真) / 010 - 82680697
邮　　箱 / wujiazhang@ gucas. ac. cn
网　　址 / http://www. feds. ac. cn
主要研究领域:
虚拟经济; 绿色经济

Z

1246 中国科学院预测科学研究中心

所属类别 / 科研院所智库
主管单位 / 中国科学院
成立时间 / 2006 年 2 月
第一负责人 / 汪寿阳
合作机构 /
办公地址 / 北京市海淀区中关村东路 55 号（100080）
电话(传真) / 010 - 82541846
邮　　箱 / yangzhou@ amss. ac. cn
网　　址 / http://cefs. amss. cas. cn
主要研究领域:
经济与社会发展预测

1247 中国科学院战略研究中心

所属类别 / 科研院所智库
主管单位 / 中国科学院
成立时间 / 2005 年 12 月
第一负责人 / 曹效业
合作机构 /
办公地址 / 北京市海淀区北四环西路 33 号中国科学院文献情报中心大楼 3 层 D（100080）
电话(传真) / 010 - 59358608
邮　　箱 /
网　　址 /
主要研究领域:
科技战略；科技伦理；管理创新与评估

1248 中国科学院中国现代化研究中心
China Center for Modernization Research, Chinese Academy of Sciences

所属类别 / 科研院所智库
主管单位 / 中国科学院
成立时间 / 2002 年 6 月
第一负责人 / 何传启
合作机构 /
办公地址 / 北京市海淀区北四环西路 33 号 726 室（100190）
电话(传真) / 010 - 62539187（010 - 62539103）
邮　　箱 / hechuanqi@ 263. net
网　　址 / http://www. modernization. ac. cn
主要研究领域:
现代化理论；现代化评价；现代化战略；经济现代化；社会现代化；生态现代化；国际现代化；地区现代化

Z

1249 中国科学院自然与社会交叉科学研究中心
Intercross – Science Research Centre for Natural Science and Social Science, Chinese Academy of Sciences

所 属 类 别 / 科研院所智库
主 管 单 位 / 中国科学院
成 立 时 间 / 2000 年 9 月
第一负责人 / 穆荣平
合 作 机 构 /
办 公 地 址 / 北京市海淀区中关村东路 95 号（100190）
电话(传真) /
邮　　箱 /
网　　址 /
主要研究领域：
国情与公共政策；金融与管理科学；创新政策

1250 中国可持续发展研究会
Chinese Society for Sustainable Development

所 属 类 别 / 社会智库—社会团体
主 管 单 位 / 科学技术部
成 立 时 间 / 1991 年 10 月
第一负责人 / 郭日生
合 作 机 构 /
办 公 地 址 / 北京市海淀区玉渊潭南路 8 号（100038）
电话(传真) / 010 – 58884795
邮　　箱 / cssd@ acca21. org. cn
网　　址 / http://www. cssd1992. org
主要研究领域：
可持续发展战略；人口、资源、环境、经济、社会等可持续发展

1251 中国矿业大学（北京）可持续发展与能源政策研究中心

所 属 类 别 / 高校智库
主 管 单 位 / 中国矿业大学（北京）能源与矿业学院
成 立 时 间 /
第一负责人 /
合 作 机 构 /
办 公 地 址 / 北京市海淀区学院路丁 11 号（100083）
电话(传真) /
邮　　箱 /
网　　址 /
主要研究领域：
可持续发展与能源政策

1252 中国矿业大学（北京）能源经济研究所

所属类别 / 高校智库
主管单位 / 中国矿业大学（北京）
成立时间 /
第一负责人 / 王立杰
合作机构 /
办公地址 / 北京市海淀区学院路丁 11 号（100083）
电话(传真) /
邮 箱 /
网 址 /
主要研究领域：煤炭产业政策研究、企业发展战略研究和企业信息化建设

1253 中国矿业大学（北京）资源与环境政策研究中心

所属类别 / 高校智库
主管单位 / 中国矿业大学（北京）
成立时间 /
第一负责人 /
合作机构 / 联合国奥地利国际应用系统分析研究所、印度资源与环境研究所、波兰科学院系统分析研究所、德国佛莱贝格工业大学、乌克兰利沃夫理工大学、印度管理学院公共政策研究所、台北大学资源与环境管理研究所
办公地址 / 北京市海淀区学院路丁 11 号（100083）
电话(传真) /
邮 箱 /
网 址 /
主要研究领域：绿色经济增长与发展；低碳城市和区域政策研究；能源系统建模与系统开发；能源市场与碳融资；气候变化与亚洲发展中国家环境保护政策；技术创新、扩散与知识产权保护；能源效率与节能项目识别

1254 中国矿业大学经济与管理复杂性研究所

所属类别 / 高校智库
主管单位 / 中国矿业大学
成立时间 / 2000 年
第一负责人 / 宋学锋
合作机构 /
办公地址 / 江苏省徐州市铜山区大学路 1 号（221116）
电话(传真) / 0516 - 83591153
邮 箱 /
网 址 /
主要研究领域：管理复杂系统；金融复杂性；企业安全管理；煤矿安全管理模式和安全监管体系

1255 中国劳动和社会保障科学研究院
Chinese Academy of Labour and Social Security

所 属 类 别 / 政府部门智库—国务院组成部门所属
主 管 单 位 / 人力资源和社会保障部
成 立 时 间 / 2017 年 10 月
第一负责人 / 金维刚
合 作 机 构 /
办 公 地 址 / 北京市朝阳区惠新西街 17 号（100029）
电话(传真) / 010 – 64913240（010 – 64913298）
邮　　箱 / calss@ calss. net. cn
网　　址 / http://www. calss. net. cn
主要研究领域：
劳动和社会保障领域基础理论；决策支持和应用技术开发研究

1256 中国老龄科学研究中心
China Research Center on Aging

所 属 类 别 / 政府部门智库—国务院议事协调机构所属
主 管 单 位 / 全国老龄工作委员会办公室
成 立 时 间 / 1989 年 3 月
第一负责人 / 王深远
合 作 机 构 /
办 公 地 址 / 北京市西城区广安门南街 48 号中彩大厦（100053）
电话(传真) / 010 – 64237348（010 – 58122255）
邮　　箱 / crca@ crca. cn
网　　址 / http://www. crca. cn
主要研究领域：
老龄战略；老龄社会文化；老龄健康与宜居环境；老龄经济与产业；老龄心理；老龄统计；老龄信息科技

1257 中国粮油学会
Chinese Cereals and Oils Association

所 属 类 别 / 社会智库—社会团体
主 管 单 位 / 中国科学技术协会
成 立 时 间 / 1986 年
第一负责人 / 张桂凤
合 作 机 构 /
办 公 地 址 / 北京市西城区百万庄大街 13 号院 3 号楼 2 层（100037）
电话(传真) / 010 – 68357523（010 – 68357522）
邮　　箱 / yong@ ccoaonline. com
网　　址 / http://www. ccoaonline. com
主要研究领域：
国家粮油科技发展战略；政治和经济建设重大决策咨询

1258 中国林学会
Chinese Society of Forestry

所 属 类 别 / 社会智库—社会团体
主 管 单 位 / 中国科学技术协会
成 立 时 间 / 1928 年
第一负责人 / 赵树丛
合 作 机 构 /
办 公 地 址 / 北京市海淀区东小府 2 号（100091）
电话(传真) / 010 - 62889815（010 - 62888312）
邮　　箱 / zglxhbgs@ 126. com
网　　址 / http://www. csf. org. cn
主要研究领域:
林业科技；林业建设方针、政策和技术措施

1259 中国林业科学研究院
Chinese Academy of Forestry

所 属 类 别 / 政府部门智库—国务院直属机构所属
主 管 单 位 / 国家林业和草原局
成 立 时 间 / 1978 年 4 月
第一负责人 / 张守攻
合 作 机 构 /
办 公 地 址 / 北京市海淀区颐和园后香山路（100091）
电话(传真) / 010 - 62889013
邮　　箱 / office@ caf. ac. cn
网　　址 / http://www. caf. ac. cn
主要研究领域:
林业应用基础；战略高技术；技术开发；软科学；生态环境；生态安全

1260 中国领导科学研究会
China Association for Science of Leadership

所 属 类 别 / 社会智库—社会团体
主 管 单 位 / 中共中央党校（国家行政学院）
成 立 时 间 / 2003 年 8 月
第一负责人 / 冯秋婷
合 作 机 构 /
办 公 地 址 / 北京市海淀区大有庄 100 号（100091）
电话(传真) / 010 - 62809114（010 - 62809114）
邮　　箱 / zgldw@ sina. cn
网　　址 / http://www. cnleaders. net
主要研究领域:
领导科学

1261 中国旅游研究院
China Tourism Academy

所属类别／政府部门智库—国务院直属机构所属
主管单位／文化和旅游部
成立时间／2008 年 6 月
第一负责人／戴斌
合作机构／
办公地址／北京市东城区建国门内大街甲 9 号 2 号楼 10、11 层（100005）
电话(传真)／010－85166009（010－85166055）
邮　　箱／lyyjy@ cnta. gov. cn
网　　址／http://www. ctaweb. org
主要研究领域：
旅游产业发展；旅游发展规划

1262 中国煤炭经济研究院

所属类别／合作智库—校企合作
主管单位／中央财经大学
成立时间／2007 年 6 月
第一负责人／岳福斌
合作机构／中央财经大学、北京博士之星投资顾问有限公司
办公地址／北京市海淀区学院南路 39 号（100083）
电话(传真)／010－62288639
邮　　箱／
网　　址／
主要研究领域：
煤炭产业政策、制度安排、发展规划；企业发展战略、改制、投融资、精细化管理

1263 中国美术学院人文与艺术教育研究中心

所属类别／高校智库
主管单位／中国美术学院
成立时间／2007 年
第一负责人／
合作机构／
办公地址／
电话(传真)／
邮　　箱／
网　　址／
主要研究领域：
人文与艺术教育

Z

1264 中国美术学院文化遗产研究中心

所 属 类 别 / 高校智库
主 管 单 位 / 中国美术学院
成 立 时 间 / 2009 年
第一负责人 /
合 作 机 构 /
办 公 地 址 /
电话(传真) /
邮　　箱 /
网　　址 /
主要研究领域:
文化遗产

1265 中国民生银行研究院

所 属 类 别 / 社会智库
主 管 单 位 / 中国民生银行
成 立 时 间 / 2015 年 2 月
第一负责人 / 黄剑辉
合 作 机 构 /
办 公 地 址 /
电话(传真) /
邮　　箱 /
网　　址 /
主要研究领域:
宏观经济; 金融发展; 产业发展; 区域经济; 民营企业发展

1266 中国民族医药学会
China Mediacal Association of Minorities

所 属 类 别 / 社会智库
主 管 单 位 / 国家中医药管理局
成 立 时 间 / 1994 年 2 月
第一负责人 / 许志仁
合 作 机 构 /
办 公 地 址 / 北京市东城区东直门内南小街 16 号中国中医科学院大白楼 8 层 (100700)
电话(传真) / 010 - 52838092 (010 - 84044361)
邮　　箱 / zhbgs843@ 163. com
网　　址 /
主要研究领域:
民族医药研究

1267 中国民族政策研究会
Chinese Association For Ethnic Policy

所属类别 / 社会智库—社会团体
主管单位 / 国家民族事务委员会
成立时间 / 1996 年
第一负责人 / 吴仕民
合作机构 /
办公地址 / 北京市西城区太平桥大街 252 号（100800）
电话(传真) / 010 - 66020062（010 - 66066291）
邮　　箱 /
网　　址 /
主要研究领域：
民族理论；民族政策

1268 中国南海研究协同创新中心
Collaborative Innovation Center of South China Sea Studies

所属类别 / 合作智库—研校合作
主管单位 / 南京大学
成立时间 / 2012 年 7 月
第一负责人 / 洪银兴
合作机构 / 中国南海研究院、海军指挥学院、中国人民大学、四川大学、中国科学院、中国社会科学院、南京大学等
办公地址 / 江苏省南京市鼓楼区汉口路 22 号逸天管理科学楼三楼（210093）
电话(传真) / 025 - 83597212（025 - 83597212）
邮　　箱 / nanhai@ nju. edu. cn
网　　址 / http://nanhai. nju. edu. cn
主要研究领域：南海法律与国际关系；南海周边国家政治经济社会；南海舆情监测；南海问题政策与战略

1269 中国南海研究院
national institute for south China sea studies

所属类别 / 政府部门智库—省/区/市政府所属
主管单位 / 海南省政府
成立时间 / 2004 年 7 月
第一负责人 / 吴士存
合作机构 /
办公地址 / 海南省海口市美兰区江东一横路 5 号（571100）
电话(传真) / 0898 - 65342360（0898 - 65333304）
邮　　箱 / nanhai@ naihai. org. cn
网　　址 / http://www. nanhai. org. cn
主要研究领域：南海战略；南海资源开发利用与环境保护；海洋经济发展战略；21 世纪“海上丝绸之路”建设

1270 中国能源经济研究院
China Institute of Energy Economics

所 属 类 别 / 社会智库—企业
主 管 单 位 / 中国能源汽车传播集团
成 立 时 间 / 2010 年 3 月
第一负责人 / 李庆文
合 作 机 构 /
办 公 地 址 /
电话(传真) / 010 - 65369479 (010 - 65369479)
邮　　箱 / chinaiee2010@163. com
网　　址 /
主要研究领域:
国家能源战略决策、统筹协调、行业管理、企业发展

1271 中国能源研究会
China Energy Research Society

所 属 类 别 / 社会智库—社会团体
主 管 单 位 / 中国科学技术协会
成 立 时 间 / 1981 年 1 月
第一负责人 / 吴新雄
合 作 机 构 /
办 公 地 址 / 北京市西城区三里河路 54 号 469 室 (100045)
电话(传真) / 010 - 68513097 (010 - 68513097)
邮　　箱 / cers@mx. cei. gov. cn
网　　址 / http://www. cers. org. cn
主要研究领域:
能源战略和政策；能源管理；能源安全；能源科学技术

1272 中国农村财经研究会
China Research Association of Rural Finance and Economy

所 属 类 别 / 政府部门智库—国务院组成部门所属
主 管 单 位 / 财政部
成 立 时 间 / 1987 年 4 月
第一负责人 / 王树勤
合 作 机 构 /
办 公 地 址 / 北京市西城区三里河南三巷 3 号 (100820)
电话(传真) / 010 - 68551114 (010 - 68512611)
邮　　箱 / webmaster@mof. gov. cn
网　　址 / http://nccz. mof. gov. cn
主要研究领域:
城乡一体化；农村财政

1273 **中国农学会**
Chinese Association of Agricultural Science Societies

所 属 类 别 / 社会智库—社会团体
主 管 单 位 / 中国科学技术协会
成 立 时 间 / 1917 年 1 月
第一负责人 / 张桃林
合 作 机 构 /
办 公 地 址 / 北京市朝阳区麦子店街 22 号楼 6、7、8 层（100125）
电话(传真) / 010 - 59194203（010 - 59194204）
邮　　箱 /
网　　址 / http://www.caass.org.cn
主要研究领域:
农业科技发展战略

1274 **中国农业大学国际发展研究中心**
Research Center for International Development at China Agricultural University

所 属 类 别 / 高校智库
主 管 单 位 / 中国农业大学
成 立 时 间 / 1994 年
第一负责人 /
合 作 机 构 /
办 公 地 址 / 北京市海淀区清华东路 17 号民主楼 241 室（东区）（100083）
电话(传真) / 010 - 62737745
邮　　箱 / wangyanlei@cau.edu.cn
网　　址 / http://rcid.cau.edu.cn
主要研究领域:
中国转型的国际意义；中国的国际发展合作；中国与非洲发展；改变发展援助角色：从干预者到相互学习

1275 **中国农业大学国家农业农村发展研究院**

所 属 类 别 / 高校智库
主 管 单 位 / 中国农业大学
成 立 时 间 / 2016 年 12 月
第一负责人 / 陈锡文
合 作 机 构 /
办 公 地 址 / 北京市海淀区清华东路 17 号中国农业大学（100083）
电话(传真) /
邮　　箱 /
网　　址 /
主要研究领域:
农业农村发展；农业供给侧结构性改革

Z

1276 **中国农业大学农民问题研究所**
China Agricultural University Institute of Peasant Problem

所 属 类 别 / 高校智库
主 管 单 位 / 中国农业大学
成 立 时 间 / 1997 年
第一负责人 / 朱启臻
合 作 机 构 /
办 公 地 址 / 北京市海淀区清华东路 17 号（100083）
电话(传真) / 010 - 62737735
邮　　箱 /
网　　址 / http://nmwt. cau. edu. cn
主要研究领域:
农民教育；农村规划与生态建设；农民社会保障；农村土地；农民组织；农业政策

1277 **中国农业大学新农村发展研究院**
China Agricultural University, Institute for New Rural Development

所 属 类 别 / 高校智库
主 管 单 位 / 中国农业大学
成 立 时 间 / 2011 年 11 月
第一负责人 / 李召虎
合 作 机 构 /
办 公 地 址 / 北京市海淀区清华东路 17 号（学院路北口）（100083）
电话(传真) / 010 - 62731443（010 - 62731062）
邮　　箱 / wfj2009@ cau. edu. cn
网　　址 / http://xncfz. cau. edu. cn
主要研究领域:
区域新农村建设与发展；新农村信息；新农村建设政策创新；文化传承与创新

1278 **中国农业大学中国农村政策研究中心**
Center for Rural Development Policy

所 属 类 别 / 高校智库
主 管 单 位 / 中国农业大学
成 立 时 间 / 2004 年 5 月
第一负责人 / 陈锡文
合 作 机 构 /
办 公 地 址 / 北京市海淀区清华东路 17 号（100083）
电话(传真) /
邮　　箱 / crdp@ cau. edu. cn
网　　址 /
主要研究领域:
农业贸易与产业政策；农村基本经营制度；食物经济与政策；农村发展管理与政策

1279 **中国农业大学中国土地政策与法律研究中心**
Center for Land Policy and Law

所属类别／高校智库
主管单位／中国农业大学
成立时间／
第一负责人／甘藏春
合作机构／
办公地址／北京市海淀区圆明园西路2号中国农业大学（西区）资源与环境学院（五区）(100094)
电话(传真)／010-62732176
邮　　箱／clpl@cau.edu.cn
网　　址／http://clpl.cau.edu.cn
主要研究领域：
土地与法律；土地与经济；土地与资源；土地规划；土地与不动产；城镇化与土地利用

1280 **中国农业科学院**
Chinese Academy of Agricultural Sciences

所属类别／政府部门智库—国务院组成部门所属
主管单位／农业农村部
成立时间／1957年
第一负责人／唐华俊
合作机构／
办公地址／北京市海淀区中关村南大街12号（100081）
电话(传真)／010-82103075（010-62179829）
邮　　箱／diccaas@caas.cn
网　　址／http://www.caas.net.cn
主要研究领域：粮食与经济作物发展；粮食产需区域平衡；食物发展战略；气候变化对农业影响评价；现代化发展模式；农业区划；农业科技创新体系建设

1281 **中国企业改革与发展研究会**
China Enterprise Reform and Development Society

所属类别／社会智库—社会团体
主管单位／国务院国有资产监督管理委员会
成立时间／1991年11月
第一负责人／宋志平
合作机构／
办公地址／北京市海淀区复兴路17号国海广场2号楼10层（100036）
电话(传真)／010-68139008（010-68139020）
邮　　箱／zhongguoqiyan@126.com
网　　址／http://cerds.cn
主要研究领域：企业体制改革；企业组织结构；企业经营方式；企业改革与发展

1282 中国企业营运资金管理研究中心

所 属 类 别 / 合作智库
主 管 单 位 / 中国海洋大学
成 立 时 间 / 2009 年 8 月
第一负责人 / 王竹泉
合 作 机 构 / 中国会计学会
办 公 地 址 / 山东省青岛市崂山区松岭路 238 号中国海洋大学（266100）
电话(传真) / 0532 - 66782150（0532 - 66782890）
邮　　箱 /
网　　址 /
主要研究领域:
企业营运资金管理；金融政策；产业政策；财政政策

1283 中国气象局发展研究中心

所 属 类 别 / 政府部门智库—国务院直属事业单位所属
主 管 单 位 / 中国气象局
成 立 时 间 / 2008 年 8 月
第一负责人 / 于新文
合 作 机 构 /
办 公 地 址 / 北京市海淀区中关村南大街 46 号中国气象局北区 31 号（100081）
电话(传真) / 010 - 68409459（010 - 68407192）
邮　　箱 / info_ unit@ cma. gov. cn
网　　址 /
主要研究领域:
气象事业发展战略；气象科技信息；气象科学管理理论和体系建设

1284 中国气象科学研究院
Chinese Academy of Meteorological Sciences

所 属 类 别 / 政府部门智库—国务院直属事业单位所属
主 管 单 位 / 中国气象局
成 立 时 间 / 1956 年 8 月
第一负责人 / 端义宏
合 作 机 构 /
办 公 地 址 / 北京市海淀区中关村南大街 46 号（100081）
电话(传真) / 010 - 68406206
邮　　箱 / wlb@ cams. cma. gov. cn
网　　址 / http://www. camscma. cn
主要研究领域:
灾害天气；气候与气候系统；大气成分；雷电防护与大气探测；天气的人工影响；生态环境与农业气象

Z

1285 中国青少年研究中心
China Youth & Children Research Center

所 属 类 别 / 政党系统智库—中国共产党中央直属事业单位所属
主 管 单 位 / 共青团中央
成 立 时 间 / 1991 年 9 月
第一负责人 / 王义军
合 作 机 构 /
办 公 地 址 / 北京市海淀区西三环北路 25 号（100089）
电话(传真) / 010 – 68466893（010 – 68466893）
邮　　箱 /
网　　址 / http://www. cycs. org
主要研究领域：
青少年现状与发展趋势、青少年工作与政策等

1286 中国区域经济学会

所 属 类 别 / 社会智库—社会团体
主 管 单 位 / 民政部
成 立 时 间 / 1990 年 2 月
第一负责人 / 金碚
合 作 机 构 /
办 公 地 址 / 北京市西城区阜外月坛北小街 2 号（100836）
电话(传真) / 010 – 68057169
邮　　箱 / chinaregion@ 163. com
网　　址 / http://www. quyujingji. org
主要研究领域：
区域经济

1287 中国区域科学协会
The Regional Science Association of China

所 属 类 别 / 社会智库—社会团体
主 管 单 位 / 教育部
成 立 时 间 / 1991 年 10 月
第一负责人 / 魏后凯
合 作 机 构 /
办 公 地 址 / 北京市海淀区颐和园路 5 号北京大学廖凯原楼（政府管理学院）102 室（100871）
电话(传真) / 010 – 62758811
邮　　箱 / rsaclyq@ 126. com
网　　址 / http://www. rsac. org. cn
主要研究领域：
国家和地区发展战略、政策

1288 中国热带农业科学院
Chinese Academy of Tropical Agricultural Sciences

所 属 类 别 / 政府部门智库—国务院组成部门所属
主 管 单 位 / 农业农村部
成 立 时 间 / 1954 年
第一负责人 / 王庆煌
合 作 机 构 /
办 公 地 址 / 海南省海口市龙华区城西学院路 4 号（571101）
电话(传真) / 0898 - 66962983（0898 - 66962941）
邮　　箱 / catasgjhzc@ 126. com
网　　址 / http://www. catas. cn
主要研究领域：
农业科技创新；农业科技管理；成果转化及技术支持

1289 中国人才研究会
China Talent Research

所 属 类 别 / 社会智库—社会团体
主 管 单 位 / 人力资源和社会保障部
成 立 时 间 / 1981 年
第一负责人 / 何宪
合 作 机 构 /
办 公 地 址 / 北京市朝阳区育慧里 5 号（100101）
电话(传真) / 010 - 84652532（010 - 59762612）
邮　　箱 / zgrcyjh@ 126. com
网　　址 / http://www. zgrc. org. cn
主要研究领域：
人力资源管理；人事行政学

1290 中国人口与发展研究中心
China Population and Development Research Center

所 属 类 别 / 政府部门智库—国务院组成部门所属
主 管 单 位 / 国家卫生健康委员会
成 立 时 间 / 1980 年 5 月
第一负责人 / 贺丹
合 作 机 构 /
办 公 地 址 / 北京市海淀区大慧寺 12 号（100081）
电话(传真) / 010 - 62173516（010 - 62172101）
邮　　箱 / info@ cpdrc. org. cn
网　　址 / http://www. cpdrc. org. cn
主要研究领域：
人口与发展政策对策；人口与发展信息化建设；人口与发展数据收集与调查评估；人口与发展信息咨询和传播；人口与发展国家交流和合作

Z

1291 中国人民大学北京社会建设研究院

所属类别 / 合作智库—政校合作
主管单位 / 中国人民大学
成立时间 / 2008 年 4 月
第一负责人 /
合作机构 / 北京市教育委员会、中国人民大学
办公地址 / 北京市海淀区中关村大街 59 号（100872）
电话(传真) / 010 - 62514984
邮　　箱 / shrk@ ruc. edu. cn
网　　址 /
主要研究领域：
社会建设理论；人口管理；社会保障；社区建设；社会工作；社会组织

1292 中国人民大学残疾人事业发展研究院

China Disability Institute at Renmin University of China

所属类别 / 合作智库—校社合作
主管单位 / 中国人民大学、中国残疾人联合会
成立时间 / 2007 年 6 月
第一负责人 / 郑功成
合作机构 / 中国人民大学、中国残疾人联合会
办公地址 / 北京市海淀区中关村大街 59 号（100872 ）
电话(传真) /
邮　　箱 / cdiruc@ hotmail. com
网　　址 /
主要研究领域：
残疾人事业

1293 中国人民大学重阳金融研究院

Chongyang Institute for Financial Studies，Renmin University of China

所属类别 / 高校智库
主管单位 / 中国人民大学
成立时间 / 2013 年 1 月
第一负责人 / 王文
合作机构 /
办公地址 / 北京市海淀区中关村大街 59 号中国人民大学文化大厦 6 层（100872）
电话(传真) / 010 - 62516805（010 - 62516305）
邮　　箱 / rdcy - info@ ruc. edu. cn
网　　址 / http://rdcy - sf. ruc. edu. cn
主要研究领域：
宏观经济；金融投资；G20 研究；丝绸之路经济带

1294 中国人民公安大学公安部公安发展战略研究所

所 属 类 别 / 高校智库
主 管 单 位 / 中国人民公安大学
成 立 时 间 /
第一负责人 / 曹诗权
合 作 机 构 /
办 公 地 址 / 北京市西城区木樨地南里 1 号 (100038)
电话(传真) / 010 - 83901114
邮　　箱 / 20050560@ ppsuc. edu. cn
网　　址 /
主要研究领域:
事关公安工作和公安队伍建设的战略性、全局性、基础性问题的研究

1295 中国人民公安大学社会安全风险感知与防控大数据应用国家工程实验室

所 属 类 别 / 高校智库
主 管 单 位 / 中国人民公安大学
成 立 时 间 /
第一负责人 /
合 作 机 构 /
办 公 地 址 / 北京市西城区木樨地南里 1 号 (100038)
电话(传真) /
邮　　箱 /
网　　址 / https://www. ppsuc. edu. cn/info/1030/6836. htm
主要研究领域:
社会安全风险感知与防控大数据应用领域理论研究、产品创新与产业推广

1296 中国人民公安大学首都社会安全研究基地

所 属 类 别 / 高校智库
主 管 单 位 / 中国人民公安大学
成 立 时 间 / 2004 年
第一负责人 / 宫志刚
合 作 机 构 /
办 公 地 址 / 北京市西城区木樨地南里 1 号 (100038)
电话(传真) /
邮　　箱 /
网　　址 /
主要研究领域:
平安建设; 社会治安防控体系建设; 首都安全; 反恐防暴; 校园安全; 城市安全; 基础设施安全; 社区治安治理; 地铁安全防护; 低空安全防护; 地下空间安全

Z

1297 中国人民大学公共外交研究院

所 属 类 别 / 高校智库
主 管 单 位 / 中国人民大学
成 立 时 间 / 2014 年 2 月
第一负责人 / 赵启正
合 作 机 构 /
办 公 地 址 / 北京市海淀区中关村大街 59 号中国人民大学明德新闻楼（100872）
电话(传真) /
邮　　箱 /
网　　址 /
主要研究领域:
公共外交

1298 中国人民大学公共政策研究院
Academy of Public Policy, Renmin University of China

所 属 类 别 / 高校智库
主 管 单 位 / 中国人民大学
成 立 时 间 /
第一负责人 / 毛寿龙
合 作 机 构 /
办 公 地 址 / 北京市海淀区中关村大街 59 号中国人民大学求是楼（100872）
电话(传真) / 010 - 82509745
邮　　箱 / maosl@ ruc. edu. cn
网　　址 / http://www. iapp323. com
主要研究领域:
公共政策的理论创新；中国重大公共政策的倡导、检测和评估；公共管理与治道变革；自主治理；NGO 与公共服务

1299 中国人民大学公共治理研究院
Institute for Public Governance

所 属 类 别 / 高校智库
主 管 单 位 / 中国人民大学
成 立 时 间 / 2013 年 4 月
第一负责人 / 程天权
合 作 机 构 /
办 公 地 址 /
电话(传真) /
邮　　箱 /
网　　址 /
主要研究领域: 全球治理；国家争端；地区战争；民族纠纷；宗教冲突；金融货币；环境保护等宏观战略；中观部署和微观实务

1300 **中国人民大学国际货币研究所**
International Monetary Institute

所属类别 / 高校智库
主管单位 / 中国人民大学
成立时间 / 2009 年 12 月
第一负责人 / 张杰
合作机构 /
办公地址 / 北京市海淀区中关村大街 59 号文化大厦 605 室（100872）
电话(传真) /
邮　　箱 /
网　　址 /
主要研究领域：
国际金融；宏观经济理论与政策；金融科技；金融监管；金融国际化；两岸金融

1301 **中国人民大学国家发展与战略研究院**
National Academy of Development and Strategy, Renmin University of China

所属类别 / 高端智库，高校智库
主管单位 / 中国人民大学
成立时间 / 2013 年 6 月
第一负责人 / 靳诺
合作机构 /
办公地址 / 北京市海淀区中关村大街 59 号中国人民大学崇德西楼（原科研楼 A 座）8 层（100872）
电话(传真) / 010 - 62515049（010 - 62515049）
邮　　箱 / nads@ ruc. edu. cn
网　　址 / http://nads. ruc. edu. cn
主要研究领域：宏观经济；国家治理；城镇化；新政治经济学与中国改革；能源与资源战略；社会转型与治理；世界经济与国际政治；反垄断与竞争政策

1302 **中国人民大学经济研究所**
Institute of Economics of Renmin University of China

所属类别 / 合作智库—校企合作
主管单位 / 中国人民大学
成立时间 / 1950 年
第一负责人 / 杨瑞龙、毛振华、朱科敏
合作机构 / 中国人民大学经济学院、东海证券有限公司、中国诚信信用管理有限公司
办公地址 / 北京市海淀区中关村大街 59 号（100872 ）
电话(传真) / 010 - 62512142（010 - 62512142）
邮　　箱 / ier@ ruc. edu. cn
网　　址 / http://ier. ruc. edu. cn
主要研究领域：中国宏观经济

1303 **中国人民大学民商事法律科学研究中心**
The Research Center of Civil and Commercial Jurisprudence of Renmin University of China

所 属 类 别 / 高校智库
主 管 单 位 / 中国人民大学
成 立 时 间 / 2000 年 9 月
第一负责人 / 杨立新
合 作 机 构 /
办 公 地 址 / 北京市海淀区中关村大街 59 号中国人民大学明德法学楼（100872）
电话(传真) / 010 - 82509219（010 - 82509219）
邮　　箱 / civillawruc@ 163. com
网　　址 /
主要研究领域：
民商事法律科学；知识产权法；国际经济法；司法政策

1304 **中国人民大学欧洲问题研究中心**
Centre for European Studies, Renmin University of China

所 属 类 别 / 高校智库
主 管 单 位 / 中国人民大学
成 立 时 间 / 1994 年 9 月
第一负责人 / 宋新宁
合 作 机 构 /
办 公 地 址 / 北京市海淀区中关村大街 59 号明德国际楼 703 室（100872）
电话(传真) / 010 - 62511232
邮　　箱 / cesruc@ ruc. edu. cn
网　　址 /
主要研究领域：
欧洲政治与外交；欧洲社会政策；欧洲经济与货币联盟

1305 **中国人民大学人口与发展研究中心**
Population development studies center, Renmin University of China

所 属 类 别 / 高校智库
主 管 单 位 / 中国人民大学
成 立 时 间 / 2000 年 1 月
第一负责人 / 翟振武
合 作 机 构 /
办 公 地 址 / 北京市海淀区中关村大街 59 号（100872）
电话(传真) / 010 - 62514984
邮　　箱 / shrk@ ruc. edu. cn
网　　址 / http://pdsc. ruc. edu. cn
主要研究领域：
人口学理论与方法；中国人口问题与政策；老龄化与社会经济发展

1306 中国人民大学人文北京研究中心

所 属 类 别 / 高校智库
主 管 单 位 / 中国人民大学
成 立 时 间 / 2009 年 6 月
第一负责人 / 冯惠玲
合 作 机 构 /
办 公 地 址 / 北京市海淀区中关村大街 59 号（100872）
电话(传真) /
邮　　箱 /
网　　址 /
主要研究领域：人文北京

1307 中国人民大学社会转型与社会治理协同创新中心

所 属 类 别 / 高校智库
主 管 单 位 / 中国人民大学
成 立 时 间 / 2012 年 9 月
第一负责人 / 冯惠玲
合 作 机 构 / 国家发展和改革委员会社会发展司、国家统计局、人力资源与社会保障部、国家卫生健康委员会、民政部、国家宗教局、中国劳动和社会保障科学研究院、国务院发展研究中心社会发展部、中国社会科学院社会发展战略研究院、国际社会调查组织（ISSP）、东亚社会社会调查（EASS）等
办 公 地 址 / 北京市海淀区中关村大街 59 号明德主楼 13 层（100872）
电话(传真) / 010 - 62511425
邮　　箱 / fzghc@ ruc. edu. cn
网　　址 /
主要研究领域：人口与劳动力；社会保障；社会冲突治理；舆情民意；宗教事务管理

1308 中国人民大学深圳研究院

Shenzhen Research Institute of Renmin University of China

所 属 类 别 / 高校智库
主 管 单 位 / 中国人民大学
成 立 时 间 / 2002 年 5 月
第一负责人 / 王利明
合 作 机 构 /
办 公 地 址 / 广东省深圳市南山区高新南四道 19 号虚拟大学园楼 A304 室（518057）
电话(传真) / 0755 - 26548551 （0755 - 26548553）
邮　　箱 / szruc@ szruc. net
网　　址 / http://sz. ruc. edu. cn
主要研究领域：深圳市科技、金融、经贸、物流、法律、新闻等发展战略

Z

1309 中国人民大学首都发展与战略研究院
Beijing Academy of Development and Strategy

所 属 类 别 / 高校智库
主 管 单 位 / 中国人民大学
成 立 时 间 / 2016 年 10 月
第一负责人 / 叶裕民
合 作 机 构 /
办 公 地 址 / 北京市海淀区中关村大街 59 号中国人民大学崇德西楼 9 层
电话(传真) / 010 - 62519962
邮　　箱 /
网　　址 / http://sd. test. shengxingshidai. com/
主要研究领域:
强化首都功能研究; 首都城市治理研究

1310 中国人民大学危机管理研究中心
The Institute of Emergency Management, Renmin University of China

所 属 类 别 / 高校智库
主 管 单 位 / 中国人民大学
成 立 时 间 / 2003 年
第一负责人 / 唐钧
合 作 机 构 /
办 公 地 址 / 北京市海淀区中关村大街 59 号中国人民大学危机管理研究中心 (100872)
电话(传真) / 010 - 82502314
邮　　箱 / rucgwl@ 163. com
网　　址 / http://www. 999cn. org
主要研究领域:
风险评估; 应急管理; 危机公关

1311 中国人民大学文化产业研究院
Renmin University of China Cultural Industries Institute of RUC

所 属 类 别 / 高校智库
主 管 单 位 / 中国人民大学
成 立 时 间 /
第一负责人 / 牛维麟
合 作 机 构 /
办 公 地 址 / 北京市海淀区中关村大街 59 号中国人民大学文化大厦 2104 室 (100872)
电话(传真) / 010 - 62515360
邮　　箱 / cncciruc@ 126. com
网　　址 / http://www. cncci. org
主要研究领域: 文化产业

1312 **中国人民大学文化创意产业研究中心**
Cultural and Creative Industries Studies Center of Renmin University of China

所 属 类 别 / 高校智库
主 管 单 位 / 中国人民大学
成 立 时 间 /
第一负责人 / 金元浦
合 作 机 构 /
办 公 地 址 / 北京市海淀区中关村大街59号中国人民大学人文楼2层213室（100872）
电话(传真) / 010－61703582
邮　　箱 / ruccci@163. com
网　　址 /
主要研究领域:
文化创意产业

1313 **中国人民大学新闻与社会发展研究中心**
Research Center of Journalism and Social Development, Renmin University of China

所 属 类 别 / 高校智库
主 管 单 位 / 中国人民大学
成 立 时 间 / 1999年11月
第一负责人 / 蔡雯
合 作 机 构 /
办 公 地 址 / 北京市海淀区中关村大街59号中国人民大学明德新闻楼6层（100872）
电话(传真) / 010－62513022（010－62513022）
邮　　箱 / xwjd2007@vip. sina. com
网　　址 / http://xwjd. ruc. edu. cn
主要研究领域:
新闻传播；舆论研究；媒介经济

1314 **中国人民大学刑事法律科学研究中心**
Research Center for Criminal Justice of Renmin University of China

所 属 类 别 / 高校智库
主 管 单 位 / 中国人民大学
成 立 时 间 / 1999年11月
第一负责人 / 戴玉忠
合 作 机 构 /
办 公 地 址 / 北京市海淀区中关村大街59号中国人民大学明德法学楼9楼刑事法律中心（100872）
电话(传真) / 010－82509256
邮　　箱 / c_ xiang_ y@sina. com
网　　址 / http://www. criminallaw. com. cn
主要研究领域:
刑事实体法；刑事程序与刑事证据法；刑事侦查与刑事物证技术

1315 中国人民大学亚洲研究中心
Asia Research Center, Renmin University of China

所属类别 / 合作智库—中外合作
主管单位 / 中国人民大学
成立时间 / 2003 年 3 月
第一负责人 / 刘伟
合作机构 / 中国人民大学、韩国高等教育财团
办公地址 / 北京市海淀区中关村大街 59 号中国人民大学明德楼 11 层（100872）
电话(传真) / 010 - 82509513（010 - 62515329）
邮　　箱 / international@ ruc. edu. cn
网　　址 / http://io. ruc. edu. cn/arc
主要研究领域:
亚洲问题

1316 中国人民大学中国财政金融政策研究中心
China Financial Policy Research Center

所属类别 / 高校智库
主管单位 / 中国人民大学
成立时间 / 1999 年
第一负责人 / 翟强
合作机构 /
办公地址 / 北京市海淀区中关村大街 59 号明德主楼 816 室（100872）
电话(传真) / 010 - 82509289（010 - 82509290）
邮　　箱 / frc2010@ sina. cn
网　　址 / http://frc. ruc. edu. cn
主要研究领域:
财政金融理论与政策

1317 中国人民大学中国合作社研究院
China Cooperative Academy, Renmin University of China

所属类别 / 高校智库
主管单位 / 中国人民大学
成立时间 / 2008 年 4 月
第一负责人 / 孔祥智
合作机构 /
办公地址 / 北京市海淀区中关村大街 59 号中国人民大学明德楼（100872）
电话(传真) / 010 - 57201772（010 - 51417446）
邮　　箱 / ccepc@ 12266. org
网　　址 /
主要研究领域:
农业合作社

1318 **中国人民大学中国经济改革与发展研究院**
Institute of China's Economic Reform & Development, Renmin University of China

所 属 类 别 / 合作智库—研校合作
主 管 单 位 / 国家发展和改革委员会宏观经济研究院、中国人民大学
成 立 时 间 / 1999 年 5 月
第一负责人 / 林岗、王一鸣
合 作 机 构 / 国家发展和改革委员会宏观经济研究院、中国人民大学
办 公 地 址 / 北京市海淀区中关村大街 59 号中国人民大学明德主楼 752 - 754 室（100872）
电话(传真) / 010 - 82500279 （010 - 82509079）
邮　　箱 / ruc82500280@ sina. com
网　　址 / http://www. yjy. ruc. edu. cn/index. php
主要研究领域：
经济形势分析与对策；企业治理与结构优化；财政货币政策；产业与区域经济

1319 **中国人民解放军国防大学**
The College of Defence Studies, NDU, PLA

所 属 类 别 / 高端智库，政党系统智库
主 管 单 位 / 中国共产党中央军事委员会
成 立 时 间 / 1985 年 12 月
第一负责人 / 张仕波
合 作 机 构 /
办 公 地 址 / 北京市海淀区红山口甲 3 号（100091）
电话(传真) / 010 - 69745831
邮　　箱 / ndu@ cids. cn
网　　址 / http://www. cdsndu. org/html_ ch/to_ gfztc_ . html
主要研究领域：
战役指挥；军事思想和军事理论；国防研究；军事与政治理论

1320 **中国人民解放军军事科学院**
Academy of Military Sciences PLA China

所 属 类 别 / 高端智库，政党系统智库
主 管 单 位 / 中国共产党中央军事委员会
成 立 时 间 / 1958 年 3 月
第一负责人 / 杨学军
合 作 机 构 /
办 公 地 址 / 北京市海淀区厢红旗东门外甲 1 号（100091）
电话(传真) /
邮　　箱 /
网　　址 /
主要研究领域：军事战略；军队建设；外国军事；军队政治；国防政策；非战争军事行动；军民融合；中美防务关系

1321 中国人民外交学会
The Chinese People's Institute of Foreign Affairs

所属类别 / 社会智库—社会团体
主管单位 /
成立时间 / 1949 年 12 月
第一负责人 / 吴海龙
合作机构 /
办公地址 / 北京市东城区南池子大街 71 号（100006）
电话(传真) / 010 - 65131830（010 - 65131831）
邮　　箱 / edit@ cpifa. org
网　　址 / http://www. cpifa. org
主要研究领域：
国际形势；重大国际问题；外交政策

1322 中国人民银行参事室
The People's Bank of China Office of Senior Advisors

所属类别 / 政府部门智库—国务院组成部门所属
主管单位 / 中国人民银行
成立时间 / 1959 年
第一负责人 / 刘萍
合作机构 /
办公地址 / 北京市西城区成方街 32 号（100800）
电话(传真) / 010 - 66194114（010 - 66195370）
邮　　箱 /
网　　址 / http://www. pbc. gov. cn/canshishi/135886
主要研究领域：
金融调查；金融政策；金融改革

1323 中国人民银行货币政策委员会

所属类别 / 政府部门智库—国务院组成部门所属
主管单位 / 中国人民银行
成立时间 / 1997 年 7 月
第一负责人 / 易纲
合作机构 /
办公地址 / 北京市西城区成方街 32 号（100800）
电话(传真) / 010 - 66194114（010 - 66195370）
邮　　箱 /
网　　址 /
主要研究领域：
货币政策调整；货币政策控制目标；货币政策工具运用；货币政策与其他宏观经济政策的协调

Z

1324 **中国人民银行金融研究所**

所 属 类 别 / 政府部门智库—国务院组成部门所属
主 管 单 位 / 中国人民银行
成 立 时 间 / 1978 年
第一负责人 / 孙国峰
合 作 机 构 /
办 公 地 址 / 北京市西城区成方街 33 号 2 号楼 (100800)
电话(传真) /
邮　　箱 /
网　　址 /
主要研究领域:
货币政策理论; 金融及经济发展战略; 金融科学; 金融监管; 宏观经济运行

1325 **中国人民银行研究局**
The People's Bank of China, Research Bureau

所 属 类 别 / 政府部门智库—国务院组成部门所属
主 管 单 位 / 中国人民银行
成 立 时 间 /
第一负责人 / 王信
合 作 机 构 /
办 公 地 址 / 北京市西城区成方街 32 号 (100800)
电话(传真) / 010 - 66194114
邮　　箱 /
网　　址 /
主要研究领域:
货币政策; 金融法律; 产业政策; 金融市场

1326 **中国人事科学研究院**
Chinese Academy of Personnel Science

所 属 类 别 / 政府部门智库—国务院组成部门所属
主 管 单 位 / 人力资源和社会保障部
成 立 时 间 / 2003 年
第一负责人 / 余兴安
合 作 机 构 /
办 公 地 址 / 北京市朝阳区育慧里 5 号院 1 号楼 (100101)
电话(传真) / 010 - 84658600
邮　　箱 /
网　　址 / http://www.rky.org.cn
主要研究领域:
人力资源; 公共管理; 机关事业单位工资制度改革; 事业单位人事制度改革; 人才市场; 人事人才法规; 专业技术人才队伍建设; 人才管理

Z

1327 中国软科学研究会
Association for Soft Science of China

所属类别 / 社会智库—社会团体
主管单位 / 科学技术部
成立时间 / 1994 年 12 月
第一负责人 / 戴国强
合作机构 /
办公地址 / 北京市海淀区复兴路 15 号
电话(传真) / 010 - 68598299 (010 - 68598299)
邮　　箱 / rkx@ istic. ac. cn
网　　址 /
主要研究领域:
决策民主化、科学化、制度化的程序与措施; 软科学事业发展规划

1328 中国少数民族经济研究会
China Association of Ethnic Economy

所属类别 / 社会智库—社会团体
主管单位 / 国家民族事务委员会
成立时间 / 1981 年
第一负责人 / 杨健强
合作机构 /
办公地址 / 北京市海淀区中关村南大街 12 号科海福林大厦 6 层 (100054)
电话(传真) / 010 - 66036187 (010 - 82685510)
邮　　箱 / caee@ ethnicngo. org
网　　址 /
主要研究领域:
少数民族和民族地区的区域经济发展、贫困、草原牧区建设、生态环境、旅游、资源开发

1329 中国社会保障学会
China Association of Social Security

所属类别 / 社会智库—社会团体
主管单位 / 民政部
成立时间 / 2015 年 2 月
第一负责人 / 郑功成
合作机构 /
办公地址 / 北京市海淀区中关村大街 59 号 (100872)
电话(传真) / 010 - 82502212 (010 - 62513427)
邮　　箱 / caoss_ org@ 163. com
网　　址 / http://www. caoss. org. cn
主要研究领域:
社会保障

1330 中国社会科学评价研究院

所 属 类 别 / 智库研究与评价机构，科研院所智库
主 管 单 位 / 中国社会科学院
成 立 时 间 / 2017 年 7 月
第一负责人 / 荆林波
合 作 机 构 /
办 公 地 址 / 北京市建国门内大街 5 号（100732）
电话(传真) / 010 - 85195259（010 - 85119012）
邮　　箱 / casspingjia@ 163. com
网　　址 / http://casses. cssn. cn/
主要研究领域:
中国哲学社会科学评价；期刊评价；智库评价

1331 中国社会科学院
Chinese Academy of Social Sciences

所 属 类 别 / 高端智库，科研院所智库
主 管 单 位 / 国务院
成 立 时 间 / 1977 年 5 月
第一负责人 / 谢伏瞻
合 作 机 构 /
办 公 地 址 / 北京市东城区建国门内大街 5 号（100732）
电话(传真) / 010 - 85195999
邮　　箱 /
网　　址 / http://cass. cssn. cn
主要研究领域:
哲学社会科学；国家发展战略

1332 中国社会科学院保险与经济发展研究中心
Research Center for Insurance & Economic Chinese Academy of Social Sciences

所 属 类 别 / 合作智库—政研合作
主 管 单 位 / 中国银行保险监督管理委员会、中国社会科学院
成 立 时 间 / 2005 年 5 月
第一负责人 / 郭金龙
合 作 机 构 / 中国银行保险监督管理委员会、中国社会科学院
办 公 地 址 / 北京市东城区建国门内大街 5 号（100732）
电话(传真) / 010 - 85195333（010 - 65138307）
邮　　箱 / phdforum@ cass. org. cn
网　　址 / http://bx. cass. cn
主要研究领域:
保险业发展战略；重大社会变革、技术突破对保险业发展的影响

1333 中国社会科学院财经战略研究院
National Academy of Economic Strategy, Chinese Academy of Social Sciences

所属类别／科研院所智库
主管单位／中国社会科学院
成立时间／1978 年 6 月
第一负责人／何德旭
合作机构／
办公地址／北京市朝阳区曙光西里 28 号中冶大厦 9 层（100028）
电话(传真)／010－59868100（010－59868109）
邮　　箱／fengjing@ cass. org. cn
网　　址／http://naes. org. cn
主要研究领域:
财政经济；贸易经济；服务经济；综合经济战略

1334 中国社会科学院城市与竞争力研究中心
Center for City and Competitiveness, Chinese Academy of Social Sciences

所属类别／科研院所智库
主管单位／中国社会科学院
成立时间／2010 年 4 月
第一负责人／倪鹏飞
合作机构／
办公地址／北京市朝阳区曙光西里 28 号中冶大厦 7 层（100028）
电话(传真)／010－59868299（010－59868299）
邮　　箱／csjzl2009@ 163. com
网　　址／
主要研究领域:
城市经济；城市管理；城市化；城市竞争力；房地产经济；房地产金融

1335 中国社会科学院当代城乡发展规划院
Institute of Modern Urban－Rural Development Planning

所属类别／社会智库—民办非企业
主管单位／中国社会科学院
成立时间／2004 年 4 月
第一负责人／傅崇兰
合作机构／
办公地址／北京市东城区大雅宝 1 号梓峰大厦 5019 室（100730）
电话(传真)／010－65252129（010－65252129）
邮　　箱／ddcx666@ yahoo. com. cn
网　　址／http://chur. cass. cn
主要研究领域:
城乡科学；城乡规划；城乡一体化；环境科学技术与环境人文社会科学；古村落群文化遗产

Z

1336 中国社会科学院当代中国马克思主义政治经济学创新智库

所 属 类 别 / 科研院所智库
主 管 单 位 / 中国社会科学院
成 立 时 间 / 2016 年 8 月
第一负责人 / 裴长洪
合 作 机 构 /
办 公 地 址 / 北京市西城区阜外月坛北小街 2 号（100836）
电话(传真) / 010 - 68030264
邮　　箱 / kyc - jjs@ cass. org. cn
网　　址 /
主要研究领域:
当代中国马克思主义政治经济学问题

1337 中国社会科学院当代中国研究所
The Institute of Contemporary China Studies

所 属 类 别 / 科研院所智库
主 管 单 位 / 中国社会科学院
成 立 时 间 / 1990 年 6 月
第一负责人 / 姜辉
合 作 机 构 /
办 公 地 址 / 北京市西城区地安门西大街旌勇里 8 号（100009）
电话(传真) / 010 - 83227357
邮　　箱 /
网　　址 / http://iccs. cssn. cn/bsgk_ 81694/bsjj
主要研究领域:
国史研究

1338 中国社会科学院地区安全研究中心
The Center for Regional Security Studies, Chinese Academy of Social Sciences

所 属 类 别 / 科研院所智库
主 管 单 位 / 中国社会科学院
成 立 时 间 / 2002 年 8 月
第一负责人 / 张蕴岭
合 作 机 构 /
办 公 地 址 / 北京市东城区张自忠路 3 号东院（100007）
电话(传真) / 010 - 64036800
邮　　箱 / yangdz@ cass. org. cn
网　　址 / http://www. crss. net. cn
主要研究领域:
地区安全；中国周边安全

1339 中国社会科学院对外经贸国际金融研究中心
Research Center for International Business, Economics and Finance, Chinese Academy of Social Sciences

所属类别 / 科研院所智库
主管单位 / 中国社会科学院
成立时间 / 1992 年 11 月
第一负责人 / 于立新
合作机构 /
办公地址 / 北京市朝阳区曙光西里 28 号中冶大厦 9 层（100028）
电话(传真) / 010 - 59868270
邮　　箱 / ylxylx2002@ aliyun. com
网　　址 /
主要研究领域：
互联网金融；“一带一路”倡议；国际金融与国际投资；中国对外区域经济合作

1340 中国社会科学院俄罗斯东欧中亚研究所
Institute of Russian, Eastern European, Central Asian Studies Chinese Academy of Social Sciences

所属类别 / 科研院所智库
主管单位 / 中国社会科学院
成立时间 / 1981 年 1 月
第一负责人 / 孙壮志
合作机构 /
办公地址 / 北京市东城区张自忠路 3 号（100007）
电话(传真) / 010 - 64014006（010 - 64014008）
邮　　箱 / Web - oys@ cass. org. cn
网　　址 / http://euroasia. cssn. cn
主要研究领域：俄罗斯东欧中亚国家政治、经济、外交

1341 中国社会科学院俄罗斯研究中心
Center of Russian Studies, Chinese Academy of Social Sciences

所属类别 / 科研院所智库
主管单位 / 中国社会科学院
成立时间 / 1995 年 1 月
第一负责人 / 庞大鹏
合作机构 /
办公地址 / 北京市东城区张自忠路 3 号东院（100007）
电话(传真) / 010 - 64039097（010 - 64014008）
邮　　箱 / Lizi64@ sina. com
网　　址 /
主要研究领域：
俄罗斯政治、经济、外交、社会、文化等

Z

1342 中国社会科学院法学研究所
Institute of Law, Chinese Academy of Social Sciences

所 属 类 别 / 科研院所智库
主 管 单 位 / 中国社会科学院
成 立 时 间 / 1978 年
第一负责人 / 陈甦
合 作 机 构 /
办 公 地 址 / 北京市东城区沙滩北街 15 号（100720）
电话(传真) / 010 - 64035493（010 - 64014045）
邮　　箱 / ky_ law@ cass. org. cn
网　　址 / http://www. iolaw. org. cn
主要研究领域:
法理；法制史；宪法；行政法；民法；商法；经济法；知识产权；刑法；诉讼法；传媒法；信息法；社会法；法治国情

1343 中国社会科学院工业经济研究所
Institute of Industrial Economics of Chinese Academy of Social Sciences

所 属 类 别 / 科研院所智库
主 管 单 位 / 中国社会科学院
成 立 时 间 / 1978 年 4 月
第一负责人 / 史丹
合 作 机 构 /
办 公 地 址 / 北京市西城区文兴东街 1 号商务写字楼（100836）
电话(传真) / 010 - 68030205（010 - 68030205）
邮　　箱 / gjsbgs@ cass. org. cn
网　　址 / http://gjs. cssn. cn
主要研究领域:
产业经济（工业经济）；区域经济；企业管理

1344 中国社会科学院公共政策研究中心
Center for Public Policy, Chinese Academy of Social Sciences

所 属 类 别 / 科研院所智库
主 管 单 位 / 中国社会科学院
成 立 时 间 / 2010 年
第一负责人 / 朱恒鹏
合 作 机 构 /
办 公 地 址 / 北京市西城区月坛北小街 2 号院 2 号楼（100836）
电话(传真) /
邮　　箱 / casscppr@ 163. com
网　　址 / http://www. casscppr. org
主要研究领域:
公共政策；产业研究

1345 **中国社会科学院国际法研究所**
Institute of International Law, Chinese Academy of Social Sciences

所 属 类 别 / 科研院所智库
主 管 单 位 / 中国社会科学院
成 立 时 间 / 2002 年 10 月
第一负责人 / 陈甦
合 作 机 构 /
办 公 地 址 / 北京市东城区沙滩北街 15 号（100720）
电话(传真) / 010－64010742（010－64010742）
邮　　箱 / chen_ zexian@ hotmail. com
网　　址 /
主要研究领域：
国际私法；国际公法；国际经济法；国际人权法

1346 **中国社会科学院国家全球战略智库**

所 属 类 别 / 高端智库，科研院所智库
主 管 单 位 / 中国社会科学院
成 立 时 间 / 2015 年 5 月
第一负责人 / 蔡昉
合 作 机 构 /
办 公 地 址 / 北京市东城区张自忠路 3 号亚太院（100007）
电话(传真) / 010－64019078
邮　　箱 / nigssec@ cass. org. cn
网　　址 / http://nigscass. cssn. cn
主要研究领域：
国际战略；“一带一路”倡议

1347 **中国社会科学院国家治理研究智库**

所 属 类 别 / 科研院所智库
主 管 单 位 / 中国社会科学院
成 立 时 间 / 2015 年 5 月
第一负责人 / 李培林
合 作 机 构 /
办 公 地 址 / 北京市西城区三里河东路 5 号中国百货商业大厦 8 楼（100045）
电话(传真) / 010－65124193（010－68530989）
邮　　箱 / isd@ cass. org. cn
网　　址 /
主要研究领域：
重大社会政法问题；国家治理问题

Z

1348 中国社会科学院国情调查与研究中心
Chinese Center for Social Research, Chinese Academy of Social Sciences

所 属 类 别 / 科研院所智库
主 管 单 位 / 中国社会科学院
成 立 时 间 / 1998 年 8 月
第一负责人 / 李培林
合 作 机 构 /
办 公 地 址 / 北京市东城区建国门内大街 5 号 (100732)
电话(传真) / 010 - 85195555 (010 - 65138276)
邮　　箱 / zhaokb@ cass. org. cn
网　　址 /
主要研究领域:
社会变迁重大理论与现实问题; 社会综合调查

1349 中国社会科学院海湾研究中心

所 属 类 别 / 科研院所智库
主 管 单 位 / 中国社会科学院
成 立 时 间 / 1995 年 9 月
第一负责人 / 杨光
合 作 机 构 /
办 公 地 址 /
电话(传真) /
邮　　箱 /
网　　址 /
主要研究领域:
海湾问题

1350 中国社会科学院韩国研究中心
Center for Korean Studies, Chinese Academy of Social Sciences

所 属 类 别 / 科研院所智库
主 管 单 位 / 中国社会科学院
成 立 时 间 / 1993 年 5 月
第一负责人 / 汝信
合 作 机 构 /
办 公 地 址 / 北京市东城区建国门内大街 5 号 (100732)
电话(传真) / 010 - 85196406 (010 - 85196143)
邮　　箱 / humr@ cass. org. cn
网　　址 /
主要研究领域:
韩国政治、经济、文化、宗教和社会

1351 中国社会科学院和平发展研究所
Institute of Peaceful Development, CASS

所属类别／科研院所智库
主管单位／中国社会科学院
成立时间／2013年9月
第一负责人／
合作机构／
办公地址／北京市海淀区北洼西里颐安嘉园11号楼（100089）
电话(传真)／010-88515503
邮　　箱／hpfzs@cass.org.cn
网　　址／http://ipd.cssn.cn
主要研究领域：
国际政治；国内外安全、经济问题

1352 中国社会科学院互联网发展研究中心

所属类别／科研院所智库
主管单位／中国社会科学院
成立时间／2000年4月
第一负责人／
合作机构／
办公地址／北京市东城区建国门内大街5号（100732）
电话(传真)／010-85195316
邮　　箱／zhang_jy@cass.org.cn
网　　址／
主要研究领域：
互联网发展

1353 中国社会科学院技术创新与战略管理研究中心

所属类别／科研院所智库
主管单位／中国社会科学院
成立时间／1995年
第一负责人／李富强
合作机构／
办公地址／
电话(传真)／
邮　　箱／
网　　址／
主要研究领域：
软技术与软环境；广义技术创新；长远发展战略；可持续发展；服务创新；科技项目的技术经济评估；高技术产业化

Z

1354 中国社会科学院金融研究所

Institute of Finance and Banking, Chinese Academy of Social Sciences

所 属 类 别 / 科研院所智库
主 管 单 位 / 中国社会科学院
成 立 时 间 /
第一负责人 / 张晓晶
合 作 机 构 /
办 公 地 址 / 北京市朝阳区曙光西里 28 号中冶大厦 11 层（100028）
电话(传真) / 010 - 59868222（010 - 59868203）
邮　　箱 /
网　　址 / http://ifb. cass. cn
主要研究领域：金融理论；金融政策；金融法规；金融监管；金融市场；金融机构；金融产品；金融服务

1355 中国社会科学院金融政策研究中心

Institute of Financial Policy, Chinese Academy of Social Sciences

所 属 类 别 / 科研院所智库
主 管 单 位 / 中国社会科学院
成 立 时 间 / 2004 年 11 月
第一负责人 / 李扬
合 作 机 构 /
办 公 地 址 / 北京市朝阳区曙光西里 28 号中冶大厦 11 层（100028）
电话(传真) / 010 - 59868211
邮　　箱 / haifeng_ he@ 163. com
网　　址 /
主要研究领域：金融产业政策；金融行业发展规划；金融市场发展规划；金融产业结构调整与优化；金融产业技术进步；金融产业对外开放；金融产业监管

1356 中国社会科学院京津冀协同发展智库

所 属 类 别 / 科研院所智库
主 管 单 位 / 中国社会科学院
成 立 时 间 / 2016 年 1 月
第一负责人 / 黄群慧
合 作 机 构 /
办 公 地 址 / 北京市西城区阜外月坛北小街 2 号（100836）
电话(传真) / 010 - 68030205（010 - 68030205）
邮　　箱 / gjsbgs@ cass. org. cn
网　　址 /
主要研究领域：
京津冀协同发展重大战略问题

1357　中国社会科学院经济学部企业社会责任研究中心

所属类别 / 科研院所智库
主管单位 / 中国社会科学院
成立时间 / 2008 年 2 月
第一负责人 / 钟宏武
合作机构 /
办公地址 / 北京市朝阳区建外 SOHO 东区 A 座 1710 室（100022）
电话(传真) / 010 - 60537905（010 - 59009243）
邮　　箱 / csrpr@ cass - csr. org
网　　址 /
主要研究领域：
企业社会责任

1358　中国社会科学院经济研究所
Institute of Economics Chinese Academy of Social Sciences

所属类别 / 科研院所智库
主管单位 / 中国社会科学院
成立时间 / 1934 年
第一负责人 / 黄群慧
合作机构 /
办公地址 / 北京市西城区文兴东街 1 号商务楼（100044）
电话(传真) / 010 - 84177875
邮　　箱 / zgshkxw_ cssn@ 163. com
网　　址 / http://ie. cass. cn
主要研究领域：
产业结构调整；城乡居民收入分配；宏观调控；政策实施；中国近现代经济史；中外经济思想史

1359　中国社会科学院可持续发展研究中心
Research Centre for Sustainable Development, Chinese Academy of Social Sciences

所属类别 / 科研院所智库
主管单位 / 中国社会科学院
成立时间 / 1997 年
第一负责人 / 潘家华
合作机构 /
办公地址 / 北京市朝阳区曙光西里 28 号中冶大厦 810 室（100028）
电话(传真) / 010 - 59868163（010 - 59868199）
邮　　箱 / jiahuapan@ 163. com
网　　址 / http://www. rcsds. org
主要研究领域：
中国可持续发展的理论与实践；全球变化与可持续发展；贸易与环境；生态建设

1360 中国社会科学院拉丁美洲研究所
Instituto de America Latina Acadenia China de Sociales

所 属 类 别 / 科研院所智库
主 管 单 位 / 中国社会科学院
成 立 时 间 / 1961 年 7 月
第一负责人 / 王荣军
合 作 机 构 /
办 公 地 址 / 北京市东城区张自忠路 3 号 （100007）
电话(传真) / 010 – 64039010 （010 – 64014011）
邮　　箱 / wang_ sf@ cass. org. cn
网　　址 / http://ilas. cass. cn
主要研究领域:
拉美地区经济、政治、国际关系、社会、文化综合研究

1361 中国社会科学院劳动与社会保障研究中心
Research Center for Labor and Social Security，Chinese Academy of Social Sciences

所 属 类 别 / 科研院所智库
主 管 单 位 / 中国社会科学院
成 立 时 间 / 2003 年 7 月
第一负责人 / 张车伟、王延中
合 作 机 构 /
办 公 地 址 / 北京市朝阳区曙光西里 28 号中冶大厦 10 层 （100028）
电话(传真) / 010 – 68932935
邮　　箱 / zhangzx@ cass. org. cn
网　　址 /
主要研究领域:
劳动和社会保障

1362 中国社会科学院陆家嘴研究基地
Lujiazui Institute of Chinese Academy of Social Sciences

所 属 类 别 / 合作智库—政研合作
主 管 单 位 / 上海市政府、中国社会科学院
成 立 时 间 / 2011 年 10 月
第一负责人 / 李扬
合 作 机 构 / 上海市政府、中国社会科学院
办 公 地 址 / 上海市浦东新区世纪大道 1600 号 2409 室 （200122）
电话(传真) / 021 – 50815287 （021 – 50815265）
邮　　箱 / ljz@ cassbase. org. cn
网　　址 / http://www. cassbase. org. cn
主要研究领域:
上海现代服务业、先进制造业发展；上海经济和社会转型发展

Z

1363 中国社会科学院旅游研究中心
Tourism Research Centre, Chinese Academy of Social Sciences

所 属 类 别 / 科研院所智库
主 管 单 位 / 中国社会科学院
成 立 时 间 / 1999 年 11 月
第一负责人 / 宋瑞
合 作 机 构 /
办 公 地 址 / 北京市朝阳区曙光西里 28 号中冶大厦 724 室（100028）
电话(传真) / 010 - 59868293（010 - 59868293）
邮　　箱 / casstrc@ vip. sina. com
网　　址 / http://trcchina. cssn. cn/
主要研究领域:
旅游与休闲经济；旅游管理；旅游规划

1364 中国社会科学院马克思主义研究院

所 属 类 别 / 科研院所智库
主 管 单 位 / 中国社会科学院
成 立 时 间 / 2016 年 8 月
第一负责人 / 辛向阳
合 作 机 构 /
办 公 地 址 / 北京市东城区建国门内大街 5 号（100732）
电话(传真) /
邮　　箱 / myywlbjs@ 163. com
网　　址 / http://myy. cssn. cn
主要研究领域:
马克思主义理论创新

1365 中国社会科学院美国研究所
Institute of American Studies, Chinese Academy of Social Sciences

所 属 类 别 / 科研院所智库
主 管 单 位 / 中国社会科学院
成 立 时 间 / 1981 年 5 月
第一负责人 / 吴白乙
合 作 机 构 /
办 公 地 址 / 北京市东城区张自忠路 3 号美国研究所（100007）
电话(传真) / 010 - 64000072（010 - 64000021）
邮　　箱 / lihui@ cass. org. cn
网　　址 / http://ias. cass. cn
主要研究领域:
美国政治制度、社会思潮；美国经济体制、对外经贸战略；美国外交决策、国家安全战略、军控政策；美国社会保障制度；中美经贸关系

1366 中国社会科学院民营经济研究中心
Center for Private Economic Studies, Chinese Academy of Social Sciences

所 属 类 别 / 科研院所智库
主 管 单 位 / 中国社会科学院
成 立 时 间 / 1994 年 3 月
第一负责人 / 刘迎秋
合 作 机 构 /
办 公 地 址 / 北京市朝阳区朝阳北路 199 号摩码大厦 1810 室（100026）
电话(传真) / 010 - 63026632（010 - 63026632）
邮　　箱 / cpes_ office@ 163. com
网　　址 /
主要研究领域:
民营经济制度; 民营经济政策; 民营企业治理结构

1367 中国社会科学院民族学与人类学研究所
The Institute of Ethnology and Anthropology, Chinese Academy of Social Sciences

所 属 类 别 / 科研院所智库
主 管 单 位 / 中国社会科学院
成 立 时 间 / 1962 年
第一负责人 / 王延中
合 作 机 构 /
办 公 地 址 / 北京市海淀区中关村南大街 27 号院 6 号楼（100081）
电话(传真) / 010 - 68421864（010 - 68421864）
邮　　箱 / kyc - mz@ cass. org. cn
网　　址 /
主要研究领域: 中国民族历史; 中国民族语言; 中国民族政治; 中国民族经济; 中国民族社会; 中国民族生态; 中国民族文化; 中国民族宗教; 世界民族问题

1368 中国社会科学院南亚研究中心
Center for South Asian Studies, Chinese Academy of Social Sciences

所 属 类 别 / 科研院所智库
主 管 单 位 / 中国社会科学院
成 立 时 间 / 1988 年
第一负责人 / 孙士海
合 作 机 构 /
办 公 地 址 / 北京市东城区张自忠路 3 号亚太与全球战略研究院（100007）
电话(传真) / 010 - 64063922（010 - 64063041）
邮　　箱 / nyxh - yts@ cass. org. cn
网　　址 /
主要研究领域:
南亚问题

1369 **中国社会科学院农村发展研究所**
Rural Development Institute, Chinese Academy of Social Sciences

所 属 类 别 / 科研院所智库
主 管 单 位 / 中国社会科学院
成 立 时 间 / 1978 年 5 月
第一负责人 / 魏后凯
合 作 机 构 /
办 公 地 址 / 北京市东城区建国门内大街 5 号（100732）
电话(传真) / 010 - 85195663
邮　　箱 / office - rdi@ cass. org. cn
网　　址 / http://rdi. cass. cn
主要研究领域:
农村经济形势分析与预测；农村公共政策；农村经济组织与制度；农村产业结构与区域经济；农村生态、环境和资源；农村贫困问题和发展策略

1370 **中国社会科学院欧洲研究所**
Institute of European Studies of Chinese Academy of Social Sciences

所 属 类 别 / 科研院所智库
主 管 单 位 / 中国社会科学院
成 立 时 间 / 1981 年 5 月
第一负责人 / 黄平
合 作 机 构 /
办 公 地 址 / 北京市东城区建国门内大街 5 号（100732）
电话(传真) / 010 - 85195736（010 - 65125818）
邮　　箱 / gongzuo@ cass. org. cn
网　　址 / http://ies. cass. cn
主要研究领域:
欧洲地区及国家的政治、经济、法律、社会、文化和国际关系

1371 **中国社会科学院贫困问题研究中心**

所 属 类 别 / 科研院所智库
主 管 单 位 / 中国社会科学院
成 立 时 间 / 1996 年 2 月
第一负责人 / 吴国宝
合 作 机 构 /
办 公 地 址 /
电话(传真) / 010 - 85195656
邮　　箱 /
网　　址 /
主要研究领域:
贫困问题研究；小额贷款扶贫

1372 中国社会科学院人口与劳动经济研究所
Institute of Population and Labor Economics, Chinese Academy of Social Sciences

所 属 类 别 / 科研院所智库
主 管 单 位 / 中国社会科学院
成 立 时 间 / 1980 年
第一负责人 / 张车伟
合 作 机 构 /
办 公 地 址 / 北京市朝阳区曙光西里 28 号中冶大厦 10 层（100028）
电话(传真) / 010 - 59868189（010 - 59868226）
邮　　箱 / iple@ cass. org. cn
网　　址 / http://iple. cass. cn
主要研究领域：
人口政策；人口经济；劳动经济；劳动与社会保障；就业与人力资源；人口与社会发展；人口统计；人口过程及老龄化；人口迁移与城市化

1373 中国社会科学院人力资源研究中心
Center for Human Resource Research, Chinese Academy of Social Sciences

所 属 类 别 / 科研院所智库
主 管 单 位 / 中国社会科学院
成 立 时 间 / 2000 年 8 月
第一负责人 /
合 作 机 构 /
办 公 地 址 / 北京市朝阳区曙光西里 28 号中冶大厦 10 层（100028）
电话(传真) / 010 - 59868185（010 - 59868226）
邮　　箱 / lianpl@ cass. org. cn
网　　址 /
主要研究领域：人口流动、迁移与城乡统筹就业；人力资本与经济增长；劳动力市场发育和工资决定；贫困、收入分配与不平等；人口转型、老龄化与社会保障

1374 中国社会科学院人权研究中心
Center for Human Rights Studies, Chinese Academy of Social Sciences

所 属 类 别 / 科研院所智库
主 管 单 位 / 中国社会科学院
成 立 时 间 / 1991 年
第一负责人 / 刘海年
合 作 机 构 /
办 公 地 址 / 北京市东城区沙滩北街 15 号（100720）
电话(传真) / 010 - 64070775（010 - 64070775）
邮　　箱 / renquanyanjiu@ 126. com
网　　址 /
主要研究领域：
人权理论；人权法制；人权机制；国际人权法；国际人权交流

1375 **中国社会科学院日本研究所**
Institute of Japanese Studies, Chinese Academy of Social Sciences

所属类别 / 科研院所智库
主管单位 / 中国社会科学院
成立时间 / 1981 年 5 月
第一负责人 / 杨伯江
合作机构 /
办公地址 / 北京市东城区张自忠路 3 号东院（100007）
电话(传真) / 010 - 64014021（010 - 64014022）
邮　　箱 / ijs@ cass. org. cn
网　　址 / http://ijs. cass. cn
主要研究领域:
日本政治、经济、社会、文化、外交及安全问题

1376 **中国社会科学院上海合作组织研究中心**
Center for Shanghai Cooperation Organization at Chinese Academy of Social Sciences

所属类别 / 科研院所智库
主管单位 / 中国社会科学院
成立时间 / 2002 年 5 月
第一负责人 / 邢广程
合作机构 /
办公地址 /
电话(传真) / 010 - 64039097（010 - 64014008）
邮　　箱 / wuhw19592003@ aliyun. com
网　　址 /
主要研究领域:
上海合作组织

1377 **中国社会科学院 - 上海市人民政府上海研究院**
Shanghai Academy

所属类别 / 合作智库—政研合作
主管单位 / 中国社会科学院、上海市人民政府
成立时间 / 2015 年 6 月
第一负责人 / 李培林
合作机构 / 中国社会科学院、上海市人民政府
办公地址 / 上海市闸北区延长路 149 号北大楼（205 信箱）（200072）
电话(传真) / 021 - 56331151（021 - 56332012）
邮　　箱 / shyjy@ oa. shu. edu. cn
网　　址 / http://www. shanghaiacademy. org
主要研究领域:
国际金融贸易；城市可持续发展；社会治理创新；核心价值观传播

1378 中国社会科学院社会发展战略研究院
National Institute of Social development，Chinese Academy of Social Sciences

所 属 类 别 / 科研院所智库
主 管 单 位 / 中国社会科学院
成 立 时 间 / 2011 年
第一负责人 / 张翼
合 作 机 构 /
办 公 地 址 / 北京市东城区金宝街 1 号梓峰大厦 5 层（100005）
电话(传真) / 010 - 65124193（010 - 68530989）
邮 箱 / isd@ cass. org. cn
网 址 /
主要研究领域：
发展战略与政策；社会建设与管理；组织机制与制度变迁；公共服务与社会责任

1379 中国社会科学院社会学研究所
Institute of Sociology，Chinese Academy of Social Sciences

所 属 类 别 / 科研院所智库
主 管 单 位 / 中国社会科学院
成 立 时 间 / 1980 年 1 月
第一负责人 / 陈光金
合 作 机 构 /
办 公 地 址 / 北京市东城区建国门内大街 5 号（100732）
电话(传真) /
邮 箱 / ios@ cass. org. cn
网 址 / http://sociology. cssn. cn/swz
主要研究领域：
家庭与性别；组织与社区；农村及产业社会学；社会政策；社会心理学；青少年与社会问题；社会调查和方法，社会人类学；社会发展

1380 中国社会科学院社会政策研究中心

所 属 类 别 / 科研院所智库
主 管 单 位 / 中国社会科学院
成 立 时 间 / 1999 年 12 月
第一负责人 / 唐钧
合 作 机 构 /
办 公 地 址 /
电话(传真) /
邮 箱 /
网 址 /
主要研究领域：
社会福利与社会保障；健康与公共卫生；城乡一体化

1381 中国社会科学院生态文明研究所
Institute for Urban And Enviromental Studies Chinese Academy of Social Sciences

所 属 类 别 / 科研院所智库
主 管 单 位 / 中国社会科学院
成 立 时 间 / 1997 年
第一负责人 / 张永生
合 作 机 构 /
办 公 地 址 / 北京市朝阳区曙光西里 28 号中冶大厦 8 层（100028）
电话(传真) / 010 - 59868170（010 - 59868199）
邮　　箱 / chengshizhongxin@ 126. com
网　　址 / http://iue. cass. cn
主要研究领域：
城市与区域经济；环境与可持续发展；城市发展战略与规划；气候变化经济

1382 中国社会科学院生态文明研究智库
CASS Thinktank for Eco - civilization Studies

所 属 类 别 / 科研院所智库
主 管 单 位 / 中国社会科学院
成 立 时 间 / 2015 年 5 月
第一负责人 / 蔡昉
合 作 机 构 /
办 公 地 址 / 北京市朝阳区曙光西里 28 号中冶大厦 8 层（100028）
电话(传真) / 010 - 59868167
邮　　箱 / chengshizhongxin@ 126. com
网　　址 / http://iue. cass. cn
主要研究领域：
低碳排放；生态文明

1383 中国社会科学院世界经济与政治研究所
Institute of World Economics and Politics Chinese Academy of Social Sciences

所 属 类 别 / 科研院所智库
主 管 单 位 / 中国社会科学院
成 立 时 间 / 1964 年
第一负责人 / 姚枝仲
合 作 机 构 /
办 公 地 址 / 北京市东城区建国门内大街 5 号中国社会科学院科研大楼 15 层（100732）
电话(传真) / 010 - 85196063（010 - 65126180）
邮　　箱 / sjzkyc@ 126. com
网　　址 / http://www. iwep. org. cn
主要研究领域：宏观经济；国际金融；国际贸易；国际投资；发展经济学；产业经济学；国际政治理论；国际战略；国际政治经济学；全球治理和世界能源

Z

1384 中国社会科学院世界社会主义研究中心
World Socialism Research，Chinese Academy of Social Sciences

所 属 类 别 / 科研院所智库
主 管 单 位 / 中国社会科学院
成 立 时 间 / 2001 年
第一负责人 / 李慎明
合 作 机 构 /
办 公 地 址 /
电话(传真) / 010 - 85196461
邮　　箱 / gjbjb@ cass. org. cn
网　　址 / http://socialism - center. cass. cn
主要研究领域:
马克思主义理论；西方马克思主义研究；中国特色社会主义；国外社会主义运动及共产党发展；当代资本主义；海外中国研究

1385 中国社会科学院世界宗教研究所

所 属 类 别 / 科研院所智库
主 管 单 位 / 中国社会科学院
成 立 时 间 / 1964 年
第一负责人 / 郑筱筠
合 作 机 构 /
办 公 地 址 / 北京市东城区建国门内大街 5 号（100732）
电话(传真) / 010 - 85196408（010 - 85196407）
邮　　箱 / zjxsw@ cass. org. cn
网　　址 / http://iwr. cass. cn
主要研究领域：马克思主义宗教观；佛教；基督教；儒教；道教；伊斯兰教；当代宗教；宗教与政策；宗教与民族；宗教与经济；宗教与国际关系

1386 中国社会科学院数量经济与技术经济研究所
Institute of Quantitative & Technical Economics，Chinese Academy of Social Sciences

所 属 类 别 / 科研院所智库
主 管 单 位 / 中国社会科学院
成 立 时 间 / 1982 年 1 月
第一负责人 / 李平
合 作 机 构 /
办 公 地 址 / 北京市东城区建国门内大街 5 号科研大楼 14 层（100732）
电话(传真) / 010 - 65125895（010 - 65137561）
邮　　箱 / bgs - iqte@ cass. org. cn
网　　址 / http://iqte1. cass. cn
主要研究领域：经济系统分析；经济模型；环境技术经济；资源技术经济；技术经济理论与方法；信息化与网络经济；数量金融；产业经济

1387 中国社会科学院台湾研究所
Institute of Taiwan Studies Chinese Academy of Social Sciences

所 属 类 别 / 科研院所智库
主 管 单 位 / 中国社会科学院
成 立 时 间 / 1984 年 9 月
第一负责人 / 杨明杰
合 作 机 构 /
办 公 地 址 / 北京市海淀区中关村东路 21 号 (100083)
电话(传真) / 010 - 82864900 (010 - 82864998)
邮　　箱 / tyskyhzc@ 126. com
网　　址 / http://cass. its. taiwan. cn
主要研究领域：台湾政治、经济、对外关系、法律、社会历史、文化教育综合研究；两岸关系；对台方针政策

1388 中国社会科学院投融资研究中心

所 属 类 别 / 科研院所智库
主 管 单 位 / 中国社会科学院
成 立 时 间 /
第一负责人 / 董裕平
合 作 机 构 /
办 公 地 址 /
电话(传真) / 010 - 59868205
邮　　箱 /
网　　址 /
主要研究领域：中小企业融资；信用担保；投资基金创设与管理；证券投资基金评价；融资租赁；私人股权投资；中国资本市场分析与预测

1389 中国社会科学院文化研究中心
Research Center for Cultural Policy of Chinese Academy of Social Sciences

所 属 类 别 / 科研院所智库
主 管 单 位 / 中国社会科学院
成 立 时 间 / 2000 年 10 月
第一负责人 / 王立胜
合 作 机 构 /
办 公 地 址 / 北京市东城区建国门内大街 5 号中国社会科学院科研大楼 9 层 (100732)
电话(传真) / 010 - 85195351 (010 - 85195547)
邮　　箱 / rccp@ cass. org. cn
网　　址 / http://www. cassrccp. com
主要研究领域：国家和地方文化发展战略；文化产业与公共文化服务政策；国际文化产业与文化多样性；少数民族文化发展问题；文化立法问题

Z

1390 中国社会科学院西部发展研究中心

所 属 类 别 / 科研院所智库
主 管 单 位 / 中国社会科学院
成 立 时 间 / 1995 年 8 月
第一负责人 / 魏后凯
合 作 机 构 /
办 公 地 址 / 北京市西城区月坛北小街 2 号（100836）
电话(传真) / 010 - 87292987
邮　　箱 /
网　　址 /
主要研究领域:
西部地区发展理论和政策；国外落后地区开发的经验教训；区域经济理论；国家区域政策

1391 中国社会科学院西藏智库

所 属 类 别 / 科研院所智库
主 管 单 位 / 中国社会科学院
成 立 时 间 / 2016 年 7 月
第一负责人 / 王京清
合 作 机 构 /
办 公 地 址 / 北京市海淀区中关村南大街 27 号院 6 号楼（100081）
电话(传真) / 010 - 68421864
邮　　箱 / kyc - mz@ cass. org. cn
网　　址 /
主要研究领域:
西藏问题

1392 中国社会科学院西亚非洲研究所

Institute of West - Asian and African Studies，Chinese Academy of Social Sciences

所 属 类 别 / 科研院所智库
主 管 单 位 / 中国社会科学院
成 立 时 间 / 1961 年 7 月
第一负责人 / 李新烽
合 作 机 构 /
办 公 地 址 / 北京市东城区张自忠路 3 号东院（100007）
电话(传真) / 010 - 64014025（010 - 64035718）
邮　　箱 / yangguang@ cass. org. cn
网　　址 / http://iwaas. cass. cn
主要研究领域:
西亚非洲地区及国家的政治、经济、国际关系、历史、社会、文化、民族、宗教、法律等问题

1393 中国社会科学院项目评估与战略规划研究咨询中心

所 属 类 别 / 科研院所智库
主 管 单 位 / 中国社会科学院
成 立 时 间 /
第一负责人 / 李京文
合 作 机 构 /
办 公 地 址 / 北京市东城区建国门内大街 5 号（100732）
电话(传真) /
邮　　箱 /
网　　址 /
主要研究领域：
项目评估；战略规划

1394 中国社会科学院新疆智库

所 属 类 别 / 科研院所智库
主 管 单 位 / 中国社会科学院
成 立 时 间 / 2015 年 2 月
第一负责人 /
合 作 机 构 /
办 公 地 址 / 北京市东城区先晓胡同 1 号（100005）
电话(传真) / 010 - 65221499
邮　　箱 / xujy@ cass. org. cn
网　　址 /
主要研究领域：
新疆经济、社会、人口、民族、宗教、周边关系、考古、生态环境

1395 中国社会科学院新闻与传播研究所

Institute of Journalism and Communication Studies, Chinese Academy of Social Sciences

所 属 类 别 / 科研院所智库
主 管 单 位 / 中国社会科学院
成 立 时 间 / 1978 年 8 月
第一负责人 / 唐绪军
合 作 机 构 /
办 公 地 址 / 北京市朝阳区潘家园东里 9 号国家方志馆 2 层（100021）
电话(传真) /
邮　　箱 / web@ cass. net. cn
网　　址 / http://xinwen. cass. cn
主要研究领域：
新闻理论；新闻史；新闻业务；新闻教育；传播理论；传播史；传播技术；媒介政策；媒介经济；媒介管理；移动媒体；互联网；新媒体

Z

1396 中国社会科学院信息化研究中心
Center for Informatization Study

所 属 类 别 / 科研院所智库
主 管 单 位 / 中国社会科学院
成 立 时 间 / 2002 年 3 月
第一负责人 / 汪向东
合 作 机 构 /
办 公 地 址 / 北京市东城区建国门内大街 5 号（100732）
电话(传真) / 010 – 85195741（010 – 65125895）
邮　　箱 / cis@ cass. org. cn
网　　址 / http://iqte. cass. cn/yjzx/yjzx_ zgshkxyxxhyjzx/
主要研究领域：
信息化战略与政策；信息产业发展与改革；企业信息化与电子商务；电子政务；信息安全

1397 中国社会科学院信息情报研究院
Institute of Information Studies, Chinese Academy of Social Sciences

所 属 类 别 / 科研院所智库
主 管 单 位 / 中国社会科学院
成 立 时 间 / 2011 年 9 月
第一负责人 / 王灵桂
合 作 机 构 /
办 公 地 址 / 北京市东城区建国门内大街 5 号（100732）
电话(传真) /
邮　　箱 /
网　　址 /
主要研究领域：重要经济社会科研成果信息；重要思想理论观点信息；重要战略要情和动向信息；重大事件与热点问题信息

1398 中国社会科学院亚太与全球战略研究院
National Institute of International Strategy, Chinese Academy of Social Sciences

所 属 类 别 / 科研院所智库
主 管 单 位 / 中国社会科学院
成 立 时 间 / 2011 年 12 月
第一负责人 / 李向阳
合 作 机 构 /
办 公 地 址 / 北京市东城区张自忠路 3 号东院（100007）
电话(传真) / 010 – 64039025（010 – 64063041）
邮　　箱 / webmaster@ iapscass. cn
网　　址 / http://niis. cass. cn
主要研究领域：世界经济、政治与社会发展；全球治理机制；国际热点和难点问题；国际战略理论与思潮；中国周边环境与战略；中国对外战略的综合性问题

Z

1399 **中国社会科学院意识形态研究智库**

所 属 类 别 / 科研院所智库
主 管 单 位 / 中国社会科学院
成 立 时 间 / 2015 年 5 月
第一负责人 / 张树华
合 作 机 构 /
办 公 地 址 /
电话(传真) /
邮　　箱 /
网　　址 /
主要研究领域:
党的意识形态问题

1400 **中国社会科学院 - 郑州市人民政府郑州研究院**

所 属 类 别 / 合作智库
主 管 单 位 / 中国社会科学院、郑州市人民政府
成 立 时 间 / 2017 年 9 月
第一负责人 / 蔡昉
合 作 机 构 /
办 公 地 址 /
电话(传真) /
邮　　箱 / info@ zzcass. org
网　　址 / http://www. zzcass. org/category/about/
主要研究领域:
郑州国家中心城市建设；郑州经济社会发展

1401 **中国社会科学院政治学研究所**
Institute of Political Science, Chinese Academy of Social Sciences

所 属 类 别 / 科研院所智库
主 管 单 位 / 中国社会科学院
成 立 时 间 / 1985 年 7 月
第一负责人 / 张树华
合 作 机 构 /
办 公 地 址 / 北京市朝阳区曙光西里 28 号中冶大厦 7 层（100028）
电话(传真) / 010 - 59868153（010 - 59868153）
邮　　箱 / fangning@ cass. org. cn
网　　址 / http://chinaps. cass. cn
主要研究领域:
政治体制改革和社会主义民主发展战略；中外政党政治；中外选举；中国基层民主政治建设；中国公共政策；美国对华政策；外国地方政府

1402 中国社会科学院知识产权中心

所 属 类 别 / 科研院所智库
主 管 单 位 / 中国社会科学院
成 立 时 间 / 1994 年 9 月
第一负责人 / 李明德
合 作 机 构 /
办 公 地 址 /
电话(传真) /
邮　　箱 /
网　　址 /
主要研究领域:
知识产权立法; 知识产权司法

1403 中国社会科学院中国边疆研究所

Institute of Chinese Borderland Studies, Chinese Academy of Social Sciences

所 属 类 别 / 科研院所智库
主 管 单 位 / 中国社会科学院
成 立 时 间 / 1983 年
第一负责人 / 邢广程
合 作 机 构 /
办 公 地 址 / 北京市东城区建国门内大街 5 号中国社会科学院中国边疆研究所 5 层中段 (100732)
电话(传真) / 010 - 65134986
邮　　箱 / wl - bjzx@ cass. org. cn
网　　址 / http://bjs. cssn. cn
主要研究领域:
中国近代边界; 中国古代疆域; 中国边疆研究史

1404 中国社会科学院中国产业与企业竞争力研究中心

Chinese Academy of Social Sciences China industries & Enterprises Competiveness Research Center

所 属 类 别 / 科研院所智库
主 管 单 位 / 中国社会科学院
成 立 时 间 / 2002 年 5 月
第一负责人 / 金碚
合 作 机 构 /
办 公 地 址 / 北京市朝阳区建国路 88 号现代城 A 座 4105 室 (100022)
电话(传真) / 010 - 85895516 (010 - 85895516 - 809)
邮　　箱 / zxj@ chinacomp. org. cn
网　　址 /
主要研究领域: 产业组织; 产业结构; 产业政策; 工业发展与改革; 工业投资与市场; 工业布局; 城市与区域经济; 企业组织与制度; 企业改革与发展

1405 中国社会科学院中国历史研究院
Chinese Academy of History

所 属 类 别 / 科研院所智库
主 管 单 位 / 中国社会科学院
成 立 时 间 / 2019 年 1 月
第一负责人 / 高翔
合 作 机 构 /
办 公 地 址 / 北京市朝阳区国家体育场北路 1 号院 1 号楼（100101）
电话(传真) /
邮　　箱 /
网　　址 / http://cah.cass.cn
主要研究领域：
中国特色历史学学科体系；学术体系和话语体系建设

1406 中国社会科学院中国廉政研究中心
China Anti - corruption Research Center of Chinese Academy of Social Sciences

所 属 类 别 / 科研院所智库
主 管 单 位 / 中国社会科学院
成 立 时 间 / 2009 年 12 月
第一负责人 / 王京清
合 作 机 构 /
办 公 地 址 / 北京市东城区建国门内大街 5 号（100732）
电话(传真) / 010 - 85196171（010 - 85195127）
邮　　箱 /
网　　址 /
主要研究领域：
党风廉政建设和反腐败

1407 中国社会科学院中国循环经济与环境评估预测研究中心
Center for Studies on China's Circular Economy and Environment, Chinese Academy of Social Sciences

所 属 类 别 / 科研院所智库
主 管 单 位 / 中国社会科学院
成 立 时 间 / 2005 年
第一负责人 / 齐建国
合 作 机 构 /
办 公 地 址 / 北京市东城区建国门内大街 5 号中国社会科学院数量经济与技术经济研究所 1431 室（100732）
电话(传真) / 010 - 85195726（010 - 85195726）
邮　　箱 / rccecass@163.com
网　　址 /
主要研究领域：循环经济；环境保护；生态文明建设

Z

1408 中国审计学会
China Audit Society

所 属 类 别 / 社会智库—社会团体
主 管 单 位 / 审计署
成 立 时 间 / 1984 年
第一负责人 / 董大胜
合 作 机 构 /
办 公 地 址 / 北京市海淀区中关村南大街 4 号（100086）
电话(传真) / 010 - 82199832（010 - 82199873）
邮　　箱 / shenjixuehui@ sina. com
网　　址 / http://www. audit. gov. cn/web772
主要研究领域：
国家审计；社会审计；内部审计

1409 中国石油大学（北京）中国能源战略研究院
Academy of Chinese Energy Strategy

所 属 类 别 / 高校智库
主 管 单 位 / 中国石油大学（北京）
成 立 时 间 / 2012 年 6 月
第一负责人 / 张奇
合 作 机 构 /
办 公 地 址 / 北京市昌平区府学路 18 号新综合楼 314 室（102249）
电话(传真) / 010 - 89731752（010 - 89731752）
邮　　箱 / cesri@ cup. edu. cn
网　　址 /
主要研究领域：
能源经济与信息预测；能源国际政治；能源系统规划与决策；能源金融

1410 中国石油大学（华东）海洋能源与信息工程研究院
Research Institute of Marine Energy and Information Engineering

所 属 类 别 / 高校智库
主 管 单 位 / 中国石油大学（华东）
成 立 时 间 / 2019 年 7 月
第一负责人 / 张杰
合 作 机 构 /
办 公 地 址 / 山东省青岛市黄岛区长江西路 66 号工科楼 E 座（266580 ）
电话(传真) / 0532 - 86980513
邮　　箱 / kjclcg@ upc. edu. cn
网　　址 / http://imeie. upc. edu. cn
主要研究领域：
海洋信息；海洋油气装备

1411 **中国石油大学（华东）能源经济与政策研究院**
Institute for Energy Economics and Policy

所属类别／高校智库
主管单位／中国石油大学（华东）
成立时间／2018 年 8 月
第一负责人／
合作机构／
办公地址／山东省青岛市黄岛区长江西路66号（266555）；
电话(传真)／0532－86981324
邮　　箱／
网　　址／
主要研究领域：
能源经济；能源金融；能源与环境；新能源政策与产业发展；油气经济与战略

1412 **中国石油大学（华东）新能源研究院**
Institute of New Energy, UPC

所属类别／高校智库
主管单位／中国石油大学（华东）
成立时间／2019 年 9 月
第一负责人／吴明铂
合作机构／
办公地址／山东省青岛市黄岛区长江西路66号（266555）
电话(传真)／0532－86983683
邮　　箱／zhaidongfeng@ upc. edu. cn
网　　址／http://ine. upc. edu. cn
主要研究领域：
氢能；地热能；能源互联网；能量储存与转化；太阳能

1413 **中国石油经济技术研究院**
Cnpc Economics and Technology Reseach Institute

所属类别／高端智库，社会智库
主管单位／中国石油天然气集团公司
成立时间／1964 年
第一负责人／李建青
合作机构／
办公地址／北京市西城区六铺炕街6号（100724）
电话(传真)／010－62065270
邮　　箱／daiyx@ cnpc. com. cn
网　　址／http://etri. cnpc. com. cn
主要研究领域：
石油工业发展；石油科技；石油经济；石油市场；海外投资环境；政策法规

Z

Z

1414 **中国世界贸易组织研究会**
China Society for World Trade Organization Studies

所 属 类 别 / 社会智库—社会团体
主 管 单 位 / 商务部
成 立 时 间 / 2003 年
第一负责人 / 孙振宇
合 作 机 构 /
办 公 地 址 / 北京市朝阳区惠新东街 10 号对外经济贸易大学逸夫科研楼 608 室（100029）
电话(传真) / 010－64493232（010－84255122）
邮　　箱 / cwto2015@ 126. com
网　　址 / http://cwto. mofcom. gov. cn
主要研究领域:
世界贸易组织

1415 **中国水产科学研究院**
Chinese Academy of Fishery Sciences

所 属 类 别 / 政府部门智库—国务院组成部门所属
主 管 单 位 / 农业农村部
成 立 时 间 / 1978 年
第一负责人 / 崔利锋
合 作 机 构 /
办 公 地 址 / 北京市丰台区永定路南青塔村 150 号（100039）
电话(传真) / 010－68673938（010－68676685）
邮　　箱 /
网　　址 / http://www. cafs. ac. cn
主要研究领域：渔业资源保护与利用；渔业生态环境；水产加工副产物资源利用；水产品质量安全；渔业信息与发展战略

1416 **中国水利水电科学研究院**
China Institute of Water Resources and Hydropower Research

所 属 类 别 / 政府部门智库—国务院组成部门所属
主 管 单 位 / 水利部
成 立 时 间 / 1958 年
第一负责人 / 匡尚富
合 作 机 构 /
办 公 地 址 / 北京市海淀区复兴路甲 1 号（100038）
电话(传真) / 010－68781650（010－68412316）
邮　　箱 / news@ iwhr. com
网　　址 / http://www. iwhr. com
主要研究领域：水文学与水资源；水环境与生态；防洪抗旱与减灾；水土保持与江湖治理；农村与牧区水利

Z

1417 **中国铁道科学研究院**
China Academy of Railway Sciences

所属类别／社会智库—企业
主管单位／
成立时间／1950 年 3 月
第一负责人／叶阳升
合作机构／
办公地址／北京市海淀区大柳树 2 号（100081）
电话(传真)／010－51849150（010－51849080）
邮　箱／
网　址／http://www. rails. cn
主要研究领域：
铁路建设与运输；城市轨道交通建设与政策

1418 **中国铁路经济规划研究院**
China Railway Economic and Planning Research Institute

所属类别／政府部门智库—国务院组成部门所属
主管单位／交通运输部
成立时间／2002 年 1 月
第一负责人／江正林
合作机构／
办公地址／北京市海淀区北蜂窝路乙 29 号（100038）
电话(传真)／010－51844367
邮　箱／
网　址／http://www. crecc. com. cn
主要研究领域：
铁路运输经济；城市轨道交通；通信信息；工程地质；环境影响评价；市政公用工程

1419 **中国通信学会**
China Institute of Communications

所属类别／社会智库—社会团体
主管单位／中国科学技术协会
成立时间／1978 年 5 月
第一负责人／尚冰
合作机构／
办公地址／北京市海淀区万寿路 27 号院 8 号楼（100846）
电话(传真)／010－68209078（010－68209074）
邮　箱／webmaster@ china－cic. cn
网　址／http://www. china－cic. cn
主要研究领域：
通信技术；通信政策

Z

1420 中国统计信息服务中心

所 属 类 别 / 政府部门智库—国务院直属机构所属
主 管 单 位 / 国家统计局
成 立 时 间 / 1985 年
第一负责人 / 严建辉
合 作 机 构 /
办 公 地 址 / 北京市丰台区西三环南路甲 6 号（100826）
电话(传真) / 010 - 63375716（010 - 63375609）
邮　　箱 / yuqing@ stats. gov. cn
网　　址 / http://www. researchina. cn
主要研究领域：
社情民意调查；经济景气发展态势监测

1421 中国投资协会
The Investment Association of China

所 属 类 别 / 社会智库—社会团体
主 管 单 位 / 国家发展和改革委员会
成 立 时 间 / 2001 年 2 月
第一负责人 / 杨庆蔚
合 作 机 构 /
办 公 地 址 / 北京市西城区木樨地北里甲 11 号国宏大厦 A 座（国宏宾馆）（100038）
电话(传真) / 010 - 63909920
邮　　箱 / web@ iaci. cn
网　　址 / http://www. iac. org. cn
主要研究领域：
投资体制改革；投资政策、立法、重大改革

1422 中国土地勘测规划院
China Land Surveying & Planning Institute

所 属 类 别 / 政府部门智库—国务院组成部门所属
主 管 单 位 / 自然资源部
成 立 时 间 / 1987 年
第一负责人 / 郑凌志
合 作 机 构 /
办 公 地 址 / 北京市西城区冠英园西区 37 号（100035）
电话(传真) / 010 - 66562826（010 - 66562062）
邮　　箱 / webmaster@ mail. clspi. org. cn
网　　址 / http://www. clspi. org. cn
主要研究领域：土地调查与登记；土地评价与规划；地价与土地市场；土地信息化建设；土地法律政策

Z

1423 中国土地学会
China Land Science Society

所属类别 / 社会智库—社会团体
主管单位 / 中国科学技术协会
成立时间 / 1980 年
第一负责人 / 王世元
合作机构 /
办公地址 / 北京市西城区冠英园西区 37 号（100035）
电话(传真) / 010 - 66562607（010 - 66562563）
邮　　箱 / zgtdxh@ vip. sina. com
网　　址 / http://www. zgtdxh. org. cn
主要研究领域：
土地科学技术；土地科学技术政策、法规制定和土地管理

1424 中国外汇投资研究院
China Forex Investment Research Institute

所属类别 / 社会智库—民办非企业
主管单位 /
成立时间 /
第一负责人 / 谭雅玲
合作机构 /
办公地址 / 北京市朝阳区朝阳门外大街 17 号北京祥业大厦光耀公寓 9 层 901 室（100020）
电话(传真) / 010 - 65801639（010 - 65801355）
邮　　箱 / wxinfo@ cfiri. com
网　　址 / http://www. cfiri. com
主要研究领域：
外汇与金融市场；外汇与金融发展战略

1425 中国卫生经济学会
China Health Economics Association

所属类别 / 社会智库—社会团体
主管单位 / 国家卫生健康委员会
成立时间 / 1982 年
第一负责人 / 饶克勤
合作机构 /
办公地址 / 北京市海淀区学院路 38 号（100191）
电话(传真) / 010 - 82802636（010 - 82802636）
邮　　箱 /
网　　址 /
主要研究领域：卫生财会；卫生经济理论与政策；医疗保障制度；医院经济管理；卫生服务成本与价格；卫生经济评价；农村卫生经济；公共卫生经济

Z

1426 中国文化金融 50 人论坛

所属类别 / 社会智库
主管单位 / 中关村梅花与牡丹文化创意基金会
成立时间 / 2015 年
第一负责人 / 金巍
合作机构 /
办公地址 /
电话(传真) /
邮　　箱 /
网　　址 /
主要研究领域:
文化金融研究; 产业实践; 文化金融国际合作

1427 中国文化遗产研究院
Chinese Academy of Cultural Heritage

所属类别 / 政府部门智库—国务院部委管理的国家局所属
主管单位 / 国家文物局
成立时间 / 1973 年
第一负责人 / 柴晓明
合作机构 /
办公地址 / 北京市朝阳区北四环东路高原街 2 号 (100029)
电话(传真) / 010 - 84642221 (010 - 84659724)
邮　　箱 / cachbgs@ sina. com
网　　址 / http://www. cach. org. cn
主要研究领域:
国家文化遗产资源调查; 文化遗产保护

1428 中国西部研究与发展促进会
The Association for Promotion of West China Research and Development

所属类别 / 社会智库—社会团体
主管单位 / 国家民族事务委员会
成立时间 / 1995 年 10 月
第一负责人 / 白立忱
合作机构 /
办公地址 / 北京市西城区永安路 106 号北楼 6 层 (100050)
电话(传真) / 010 - 83161688 (010 - 83161688)
邮　　箱 /
网　　址 / http://www. chinawestern. org
主要研究领域:
西部改革与发展; 西部与东中部区域协调发展

1429 **中国现代国际关系研究院**
China Institutes of Contemporary International Relations

所属类别／高端智库，政府部门智库
主管单位／
成立时间／1980 年
第一负责人／季志业
合作机构／
办公地址／北京市海淀区万寿寺甲 2 号（100081）
电话(传真)／010－68418631（010－68418641）
邮　　箱／cicir@ cicir. ac. cn
网　　址／http://www. cicir. ac. cn/NEW/index. html
主要研究领域：
世界各国、地区的政治、经济、外交、军事和社会问题；台港澳问题；国际战略；世界政治；世界经济；全球和地区安全

1430 **中国新闻出版研究院**
Chinese Academy of Press And Publication

所属类别／政府部门智库—国务院直属机构所属
主管单位／国家新闻出版广电总局
成立时间／1985 年 3 月
第一负责人／魏玉山
合作机构／
办公地址／北京市丰台区三路居路 97 号（100073）
电话(传真)／010－52257011（010－52257299）
邮　　箱／chinapublish@ 163. com
网　　址／
主要研究领域：
新闻出版；出版产业；数字出版；出版标准；出版政策；出版法规

1431 **中国信访与社会稳定研究中心**
Institution for Petition Social Stability

所属类别／合作智库—政校合作
主管单位／北京市信访办信访矛盾分析研究中心、中南财经政法大学
成立时间／2011 年 1 月
第一负责人／陈小君、张宗林
合作机构／北京市信访办信访矛盾分析研究中心、中南财经政法大学
办公地址／湖北省武汉市洪山区南湖南路 1 号中南财经政法大学文治楼 1002 室（430073）
电话(传真)／027－88386283
邮　　箱／ipss@. znufe. edu. cn
网　　址／http://ipss. znufe. edu. cn
主要研究领域：信访与社会稳定

1432 中国信息通信研究院（工业和信息化部电信研究院）
China Academy of Information and Communications Technology (China Academy of Telecommunication Research of Ministry of Industry and Information Technology)

所 属 类 别 / 政府部门智库—国务院组成部门所属
主 管 单 位 / 工业和信息化部
成 立 时 间 / 1998 年
第一负责人 / 刘多
合 作 机 构 /
办 公 地 址 / 北京市海淀区花园北路 52 号中国信息通信研究院（100191）
电话(传真) / 010 - 62301618（010 - 62304364）
邮　　箱 /
网　　址 / http://www.caict.ac.cn
主要研究领域:
互联网；网络与信息安全；产业与政策；行业发展；通信监管；法律法规

1433 中国信息与电子工程科技发展战略研究中心

所 属 类 别 / 科研院所智库
主 管 单 位 / 中国工程院
成 立 时 间 / 2015 年 11 月
第一负责人 / 吴曼青
合 作 机 构 /
办 公 地 址 / 北京市西城区冰窖口胡同 2 号（100088）
电话(传真) / 010 - 59300000（010 - 5930001）
邮　　箱 / bgt@cae.cn
网　　址 /
主要研究领域:
发展战略；工程科技问题；产业政策

1434 中国学前教育研究会
China National Society of Early Childhood Education

所 属 类 别 / 社会智库—社会团体
主 管 单 位 / 教育部
成 立 时 间 / 1979 年 11 月
第一负责人 /
合 作 机 构 /
办 公 地 址 / 北京市海淀区新街口外大街 19 号北京师范大学科技楼 C 区 904 室（100082）
电话(传真) / 010 - 58807970
邮　　箱 / 228277331@qq.com
网　　址 / http://www.cnsece.com
主要研究领域:
学前教育理论与实践

1435 **中国药科大学国家药物政策与医药产业经济研究中心**
the Research Center of National Drug Policy and Ecosystem

所 属 类 别 / 高校智库
主 管 单 位 / 中国药科大学
成 立 时 间 / 2013 年 4 月
第一负责人 / 桑国卫
合 作 机 构 / 中国药学会、中国医药创新促进会
办 公 地 址 / 江苏省南京市江宁区龙眠大道 639 号（211198）
电话(传真) /
邮　　箱 /
网　　址 / http://ndpe. cpu. edu. cn
主要研究领域:
国内外医药领域的重大理论与实践问题

1436 **中国医疗保险研究会**
China Health Insurance Research Association

所 属 类 别 / 社会智库—社会团体
主 管 单 位 / 人力资源和社会保障部
成 立 时 间 / 2007 年 3 月
第一负责人 / 王东进
合 作 机 构 /
办 公 地 址 / 北京市东城区和平里中街 7 号（100013）
电话(传真) / 010 - 84209381（010 - 84209381）
邮　　箱 / pansurui@ mohrss. gov. cn
网　　址 /
主要研究领域:
医疗保险理论、制度、政策及管理；政策及管理评估；医疗保险技术标准及制定；医疗保险业务培训研究

1437 **中国医院改革与发展研究院**

所 属 类 别 / 社会智库—民办非企业
主 管 单 位 /
成 立 时 间 / 2008 年 7 月
第一负责人 / 薛家鑫
合 作 机 构 /
办 公 地 址 / 北京市海淀区学院路 38 号（100850）
电话(传真) / 010 - 64304872（010 - 64304872）
邮　　箱 / chinayigai@ 163. com
网　　址 /
主要研究领域:
公立医院政策环境和运行机制；公立医院改革与发展

1438 中国艺术产业研究院
China's Academy for Art Industries

所属类别 / 合作智库—政校合作
主管单位 / 上海大学
成立时间 / 2011 年 10 月
第一负责人 / 罗杨
合作机构 / 文化和旅游部、中国文学艺术界联合会、上海大学
办公地址 / 上海市闸北区延长路 149 号三教 2 层（200072）
电话(传真) / 021 - 56331093
邮　　箱 /
网　　址 / http://www.caai.shu.edu.cn
主要研究领域:
艺术产业标准制定; 艺术产业理论与产业拓展

1439 中国艺术研究院
Chinese National Academy of Arts

所属类别 / 政府部门智库—国务院组成部门所属
主管单位 / 文化和旅游部
成立时间 / 1980 年 10 月
第一负责人 / 连辑
合作机构 /
办公地址 / 北京市朝阳区惠新北里甲 1 号（100029）
电话(传真) / 010 - 64813390
邮　　箱 / Newsbox@163.com
网　　址 / http://www.zgysyjy.org.cn
主要研究领域: 非物质文化遗产保护; 非物质文化遗产数字化保护; 文化发展战略; 文化理论与政策

1440 中国与全球化智库（中国国际人才专业委员会）
Center for China and Globalization（China Global Talents Society）

所属类别 / 社会智库—民办非企业
主管单位 / 中国人才研究会
成立时间 / 2008 年
第一负责人 / 王辉耀
合作机构 /
办公地址 / 北京市朝阳区光华路 7 号汉威大厦西区 15 层 15B5、15B6 室（100004）
电话(传真) / 010 - 65611038（010 - 65611040）
邮　　箱 / ccg@ccg.org.cn
网　　址 / http://www.ccg.org.cn
主要研究领域: 国际人才; 企业国际化; 华侨华商; 创新创业; 国际移民; 国际关系

1441 中国语情与社会发展研究中心
National Institue of Chinese Language Matters and Social Development

所 属 类 别 / 合作智库
主 管 单 位 / 武汉大学
成 立 时 间 / 2014 年 7 月
第一负责人 / 赵世举
合 作 机 构 / 教育部语言文字信息管理司
办 公 地 址 / 湖北省武汉市武昌区武汉大学振华楼文学院 605 室（430072）
电话(传真) /
邮　　箱 / zgyq@ whu. edu. cn
网　　址 / http://ling. whu. edu. cn
主要研究领域:
语言生活监测分析；新语言现象；国语情监测与研究；国家语言文字发展战略

1442 中国原子能科学研究院
China Institute of Atomic Energy

所 属 类 别 / 社会智库—企业
主 管 单 位 / 中国核工业集团公司
成 立 时 间 / 1950 年
第一负责人 / 万钢
合 作 机 构 /
办 公 地 址 / 北京市房山区新镇 1 号楼（102413）
电话(传真) / 010 - 69357493
邮　　箱 / ciae2013@ 163. com
网　　址 / http://www. ciae. ac. cn
主要研究领域:
国防科技；先进核能开发；核基础及共性技术；核技术应用及产业化

1443 中国战略文化促进会

所 属 类 别 / 社会智库
主 管 单 位 /
成 立 时 间 / 2011 年 1 月
第一负责人 / 郑万通
合 作 机 构 /
办 公 地 址 / 北京市海淀区北太平庄路 18 号城建大厦 23 层（100088）
电话(传真) / 010 - 82255129
邮　　箱 /
网　　址 /
主要研究领域:
国际问题研究；台湾问题研究；文化问题

1444 中国战略与管理研究会
China Institute of Strategy and Management

所属类别／社会智库—社会团体
主管单位／
成立时间／1989 年 6 月
第一负责人／
合作机构／
办公地址／北京市海淀区阜成路 2 号钓鱼台国宾馆 16 号楼（100830）
电话(传真)／010 - 58591624（010 - 58873542）
邮　　箱／cssm896@ 163. com
网　　址／http://www. cssm. org. cn
主要研究领域：
经济、科技、文化教育、安全与发展战略；管理理论与现实问题

1445 中国证监会研究中心

所属类别／政府部门智库—国务院直属事业单位所属
主管单位／中国证监会
成立时间／
第一负责人／祁斌
合作机构／
办公地址／北京市西城区金融大街 19 号富凯大厦（100033）
电话(传真)／
邮　　箱／
网　　址／
主要研究领域：
国际国内经济金融领域；资本市场制度建设；监管体制

1446 中国政法大学法与经济学研究院
School of Law and Economics, China University of Political Science and Law

所属类别／高校智库
主管单位／中国政法大学
成立时间／2005 年 3 月
第一负责人／席涛
合作机构／
办公地址／北京市海淀区西土城路 25 号（102249）
电话(传真)／
邮　　箱／
网　　址／http://cle. cupl. edu. cn
主要研究领域：
法与经济学

1447 中国政法大学法治政府研究院

Research Center for Government by Law, China University of Political Science and Law

所属类别／高校智库
主管单位／中国政法大学
成立时间／
第一负责人／王敬波
合作机构／
办公地址／北京市海淀区西土城25号（100088）
电话(传真)／010－58908371
邮　　箱／fazhizhengfu@163.com
网　　址／http://fzzfyjy.cupl.edu.cn
主要研究领域:
宪法；行政法

1448 中国政法大学公证法学研究中心

Centre for Notary Law of China University of Political Science and Law

所属类别／高校智库
主管单位／中国政法大学
成立时间／2007年1月
第一负责人／马宏俊
合作机构／
办公地址／北京市昌平区府学路27号（102249）
电话(传真)／010－58909309（010－58909309）
邮　　箱／cncupl@gmail.com
网　　址／http://www.cncupl.net
主要研究领域:
公证法学；公证制度；中国公证改革与发展

1449 中国政法大学全球化与全球问题研究所

Globalization and Global Issues Institute, China University of Political Science and Law

所属类别／高校智库
主管单位／中国政法大学
成立时间／2007年
第一负责人／蔡拓
合作机构／
办公地址／北京市海淀区西土城路25号（100088）
电话(传真)／010－58908000（010－58908000）
邮　　箱／cggi@cupl.edu.cn
网　　址／http://qqhyjs.cupl.edu.cn
主要研究领域:
全球化与全球问题

1450 **中国政法大学人权研究院**
Institution for Human Rights at China University of Political Science and Law

所 属 类 别 / 合作智库—政校合作
主 管 单 位 / 中国政法大学
成 立 时 间 / 2011 年 12 月
第一负责人 / 黄进
合 作 机 构 / 教育部、中央对外宣传办公室、中国政法大学
办 公 地 址 / 北京市海淀区西土城路 25 号中国政法大学研究生院科研楼 (100088)
电话(传真) / 010 - 58908276
邮　　箱 / ihr@ cupl. edu. cn
网　　址 / http://rqyjy. cupl. edu. cn
主要研究领域:
国际人权法; 人权国内保障; 刑事司法与人权; 宪政与人权; 国家人权机构

1451 **中国政法大学司法文明协同创新中心**
Center of Cooperative Innovationfor Judicial Civilization

所 属 类 别 / 高校智库
主 管 单 位 / 中国政法大学
成 立 时 间 / 2012 年 7 月
第一负责人 / 张文显
合 作 机 构 / 吉林大学、武汉大学等
办 公 地 址 / 北京市海淀区西土城路 25 号中国政法大学综合科研楼 (100088)
电话(传真) / 010 - 58908031
邮　　箱 /
网　　址 / http://www. cicjc. com. cn/zh
主要研究领域:
司法文明理论; 司法文明史; 诉讼法学; 证据法学; 法庭科学; 侦查学; 检察学; 司法伦理学; 知识产权司法鉴定; 司法会计学

1452 **中国政法大学诉讼法学研究院**
Procedural Law Research Institute, China University of Political Science and Law

所 属 类 别 / 高校智库
主 管 单 位 / 中国政法大学
成 立 时 间 / 1999 年 10 月
第一负责人 / 卞建林
合 作 机 构 /
办 公 地 址 / 北京市海淀区西土城路 25 号 (100088)
电话(传真) / 010 - 58908270 (010 - 58908370)
邮　　箱 / haiminl@ cupl. edu. cn
网　　址 / http://www. procedurallaw. cn/zh
主要研究领域:
刑事诉讼法; 民事诉讼法; 行政诉讼法; 证据法

1453 中国政法大学特许经营研究中心
Franchise Research Center of China University of Political Science and Law

所 属 类 别 / 高校智库
主 管 单 位 / 中国政法大学
成 立 时 间 / 2004 年
第一负责人 / 孙选中
合 作 机 构 /
办 公 地 址 / 北京市海淀区西土城路 25 号中国政法大学商学院（100029）
电话(传真) / 010 - 89803106（010 - 89803106）
邮　　箱 /
网　　址 / http://liansuoguwen. b2bvip. com
主要研究领域:
特许经营

Z

1454 中国政法大学知识产权研究中心
Center for Intellectual Property Rights Studies, China University of Political Science and Law

所 属 类 别 / 高校智库
主 管 单 位 / 中国政法大学
成 立 时 间 / 2005 年 7 月
第一负责人 / 张楚
合 作 机 构 /
办 公 地 址 / 北京市海淀区西土城路 25 号中国政法大学联合办公楼 207 室（100088）
电话(传真) / 010 - 58908252
邮　　箱 / chuzh@ cupl. edu. cn
网　　址 / http://www. iprcn. com/IL_ Zxjs. aspx? News_ PI = 3
主要研究领域: 知识产权

1455 中国政法大学中国政府改革和发展研究中心
Research Center for the Chinese Government Reform and Development, China University of Political Science and Law

所 属 类 别 / 高校智库
主 管 单 位 / 中国政法大学
成 立 时 间 /
第一负责人 / 石亚军
合 作 机 构 /
办 公 地 址 / 北京市海淀区西土城路 25 号（100088）
电话(传真) / 010 - 58908113
邮　　箱 / cupl58908113@ 126. com
网　　址 / http://govreform. cupl. edu. cn
主要研究领域: 中国政府机构设置和人员编制; 中国政府府际关系和运行机制; 政府制度建设

1456 中国政府采购研究所
China Government Procurement Research Institute, ZUEL

所属类别 / 合作智库—政校合作
主管单位 / 中南财经政法大学
成立时间 / 2010 年 3 月
第一负责人 / 杨灿明
合作机构 / 湖北省财政厅、中南财经政法大学
办公地址 / 湖北省武汉市东湖高新区南湖大道 182 号文沁楼（430070）
电话(传真) /
邮　　箱 /
网　　址 /
主要研究领域：
政府采购理论与实践

1457 中国指数研究院
China Index Academy

所属类别 / 社会智库—企业
主管单位 /
成立时间 / 2004 年 8 月
第一负责人 / 莫天全
合作机构 /
办公地址 / 北京市丰台区郭公庄中街 20 号院 A 座（100070）
电话(传真) / 010 - 56319200（010 - 56319191）
邮　　箱 /
网　　址 / http://industry. fang. com
主要研究领域：
房地产业

1458 中国宗教研究中心
Center for Religious Research of China

所属类别 / 政府部门智库—国务院直属机构所属
主管单位 / 国家宗教事务局
成立时间 / 1989 年
第一负责人 / 张训谋
合作机构 /
办公地址 / 北京市西城区后海北沿 44 号（100009）
电话(传真) / 010 - 64095366（010 - 64095229）
邮　　箱 / crrc2013@ 163. com
网　　址 /
主要研究领域：
党的宗教理论政策；国内外宗教形式

1459 中国自然资源经济研究院
Chinese Academy of Land & Resource Economics

所 属 类 别 / 政府部门智库—国务院组成部门所属
主 管 单 位 / 自然资源部
成 立 时 间 /
第一负责人 / 张新安
合 作 机 构 /
办 公 地 址 / 北京市259信箱（101149）
电话(传真) /
邮　　箱 /
网　　址 /
主要研究领域:
国土资源政策法规；资源战略；规划管理；产权市场；环境经济；产业经济；预算价格；标准体系；可持续发展

1460 中华中医药学会
China Association of Chinese Medicine

所 属 类 别 / 社会智库—社会团体
主 管 单 位 / 国家中医药管理局
成 立 时 间 / 1979年
第一负责人 / 王国强
合 作 机 构 /
办 公 地 址 / 北京市朝阳区樱花园东街甲4号（100029）
电话(传真) / 010－84257895
邮　　箱 / cacmbgs@ 163. com
网　　址 / http://www. cacm. org. cn
主要研究领域: 中医药学术发展方向；中医药政策法规、发展战略、管理决策；中医药科技成果和人才评价

1461 中南财经政法大学产业升级与区域金融湖北省协同创新中心
Collaborative Innovation Center of Industrial Upgrading and Regional Finance（Hubei）

所 属 类 别 / 高校智库
主 管 单 位 / 中南财经政法大学
成 立 时 间 / 2014年5月
第一负责人 / 朱新蓉
合 作 机 构 / 华中科技大学、湖北大学、湖北工业大学、湖北经济学院
办 公 地 址 / 湖北省武汉市东湖高新技术开发区南湖大道182号中南财经政法大学文泉楼（430073）
电话(传真) / 027－88386955
邮　　箱 / ciciurf@ znufe. edu. cn
网　　址 / http://ciciurf. znufe. edu. cn
主要研究领域: 金融政策；产业政策；区域改革

1462 中南财经政法大学城乡社区社会管理湖北省协同创新中心
The Co – innovation Center for Social Governance of Urban And Rural Communities in Hubei Province

所 属 类 别 / 高校智库
主 管 单 位 / 中南财经政法大学
成 立 时 间 / 2012 年 12 月
第一负责人 / 赵曼
合 作 机 构 / 武汉大学、武汉科技大学、三峡大学
办 公 地 址 / 湖北省武汉市东湖高新技术开发区南湖大道 182 号文沁楼（430073）
电话(传真) / 027 – 88387563（027 – 88387563）
邮　　箱 / xtcx@ znufe. edu. cn
网　　址 / http://www. smjic. org
主要研究领域:
城乡社区社会管理

1463 中南财经政法大学法治发展与司法改革研究中心

所 属 类 别 / 高校智库
主 管 单 位 / 中南财经政法大学
成 立 时 间 / 2012 年 7 月
第一负责人 / 徐汉明
合 作 机 构 /
办 公 地 址 / 湖北省武汉市东湖高新技术开发区南湖大道特一号（430073）
电话(传真) / 027 – 87107128（027 – 87108590）
邮　　箱 / fazhihubei@ qq. com
网　　址 / http://fa – ce. znufe. edu. cn
主要研究领域:
司法政策

1464 中南财经政法大学湖北金融研究中心
Hubei Finance Research Center of Zhongnan University of Economics and Law

所 属 类 别 / 高校智库
主 管 单 位 / 中南财经政法大学
成 立 时 间 / 2000 年
第一负责人 / 朱新蓉
合 作 机 构 /
办 公 地 址 / 湖北省武汉市洪山区南湖大道 182 号（430073）
电话(传真) / 027 – 88386955（027 – 88386955）
邮　　箱 / 2488890427@ qq. com
网　　址 / http://www. hbfrc. cn
主要研究领域:
湖北金融发展

1465 **中南财经政法大学人口与区域研究中心**
The Center of Population and Region Studies of Zhongnan University of Economics and Law

所 属 类 别 / 高校智库
主 管 单 位 / 中南财经政法大学
成 立 时 间 /
第一负责人 / 杨云彦
合 作 机 构 /
办 公 地 址 / 湖北省武汉市洪山区南湖大道 182 号中南财经政法大学公共管理学院（430073）
电话(传真) /
邮　　箱 / cgs0226@ znufe. edu. cn
网　　址 /
主要研究领域：
人口迁移与城市化；区域经济政策与管理；区域经济与可持续发展；城市经济与管理；劳动就业与社会保障；人口经济信息开发与应用

1466 **中南财经政法大学现代产业经济研究中心**
Center for Industrial Economic Research，Zhongnan University of Economics and Law

所 属 类 别 / 高校智库
主 管 单 位 / 中南财经政法大学
成 立 时 间 / 2002 年
第一负责人 / 胡立君
合 作 机 构 /
办 公 地 址 / 湖北省武汉市洪山区南湖大道 182 号（430073）
电话(传真) / 027 - 88386757
邮　　箱 / cier@ znufe. edu. cn
网　　址 /
主要研究领域：
创新、企业理论与战略转型；产业组织与产业竞争；产业结构与经济政策

1467 **中南财经政法大学知识产权研究中心**

所 属 类 别 / 高校智库
主 管 单 位 / 中南财经政法大学
成 立 时 间 / 2000 年
第一负责人 / 王景川
合 作 机 构 /
办 公 地 址 / 湖北省武汉市洪山区南湖大道 182 号（430073）
电话(传真) / 027 - 88386157
邮　　箱 / Justice_ Appraise@ iprcn. com
网　　址 / http://www. iprcn. com
主要研究领域：知识产权国际保护；知识产权实务；知识产权比较

Z

1468 中南财经政法大学中国经济与会计监管研究中心
Research Center of Accounting Regulation on Chinese Economics, Zhongnan University of Economics and Law

所属类别 / 高校智库
主管单位 / 中南财经政法大学
成立时间 / 2000 年
第一负责人 / 郭道扬
合作机构 /
办公地址 /
电话(传真) /
邮　箱 / rcar@ rcarce. org
网　址 /
主要研究领域：监管法规；会计监督与资本市场；国有资本监管

1469 中南财经政法大学中国收入分配研究中心
China's Income Distribution Research Center

所属类别 / 高校智库
主管单位 / 中南财经政法大学
成立时间 / 2010 年 11 月
第一负责人 / 杨灿明
合作机构 /
办公地址 / 湖北省武汉市洪山区南湖大道 182 号中南财经政法大学财税学院（430073）
电话(传真) / 027 - 88386486
邮　箱 /
网　址 / http://idrc. zuel. edu. cn
主要研究领域：行业垄断性收入制度；隐性收入与腐败问题；提高居民财产性收入水平的对策；收入分配体制与制度国际比较；社会保障与慈善；政府规制与财政分配

1470 中南大学地方治理研究院
Institute of Local Governance, Central South University

所属类别 / 高校智库
主管单位 / 中南大学
成立时间 / 2015 年 10 月
第一负责人 / 彭忠益
合作机构 /
办公地址 / 湖南省长沙市岳麓区麓山南路 932 号中南大学本部公共管理学院（410083）
电话(传真) / 0731 - 82656611 （0731 - 82656611）
邮　箱 / hsrlab@ 163. com
网　址 / http://ilg. csu. edu. cn
主要研究领域：城市治理；乡村治理；区域政策

1471 中南大学高等教育研究所
Academy of Education Studies, Central South University

所 属 类 别 / 高校智库
主 管 单 位 / 中南大学
成 立 时 间 / 2001 年
第一负责人 / 张少雄
合 作 机 构 /
办 公 地 址 / 湖南省长沙市岳麓区麓山南路 932 号 (410083)
电话(传真) / 0731 - 88877797
邮　　箱 / gjsb@ mail. csu. edu. cn
网　　址 / http://aes. its. csu. edu. cn
主要研究领域:
课程与教学; 学科课程与教学; 高等教育; 高等教育管理; 学位与研究生教育

1472 中南大学金属资源战略研究院

所 属 类 别 / 高校智库
主 管 单 位 / 中南大学
成 立 时 间 / 2012 年 11 月
第一负责人 / 黄健柏
合 作 机 构 /
办 公 地 址 / 湖南省长沙市岳麓区麓山南路 932 号中南大学米塔尔楼 227 (410012)
电话(传真) / 0731 - 88830228
邮　　箱 / IMRS @ bs. csu. edu. cn
网　　址 / http://imrs. csu. edu. cn
主要研究领域:
金属资源情报与科技战略; 金属资源安全战略与产业政策; 金属资源节约与环境保护

1473 中南大学两型社会与生态文明协同创新中心

所 属 类 别 / 高校智库
主 管 单 位 / 中南大学
成 立 时 间 / 2012 年
第一负责人 / 陈晓红
合 作 机 构 /
办 公 地 址 / 湖南省长沙市麓山南路 932 号中南大学校本部管理楼 (410012)
电话(传真) /
邮　　箱 /
网　　址 /
主要研究领域:
资源政策; 能源政策; 环境政策; 消费政策; 文化政策

1474 中南大学人力资源研究中心
Human Resources Research Center of Central South University

所 属 类 别 / 高校智库
主 管 单 位 / 中南大学
成 立 时 间 /
第一负责人 / 颜爱民
合 作 机 构 /
办 公 地 址 / 湖南省长沙市岳麓区麓山南路932号（410083）
电话(传真) / 0731 - 88879551（0731 - 88879551）
邮　　箱 / e - trust@ 263. net
网　　址 / http://www. csuhr. com
主要研究领域:
中长期激励；集团管控；人力资源战略；绩效管理；薪酬管理；劳动关系管理

1475 中南大学知识产权研究院
Central South University Institute of Intellectual Property

所 属 类 别 / 高校智库
主 管 单 位 / 中南大学
成 立 时 间 / 2011年4月
第一负责人 / 何炼红
合 作 机 构 /
办 公 地 址 / 湖南省长沙市岳麓区麓山南路605号中南大学法学院（410083）
电话(传真) / 0731 - 88660219（0731 - 88660219）
邮　　箱 / csuips@ csu. edu. cn
网　　址 / http://law. csu. edu. cn/zscq
主要研究领域:
知识产权

1476 中南大学中国城市竞争力研究所
Institute for Urban Competitiveness of China, Central South University

所 属 类 别 / 高校智库
主 管 单 位 / 中南大学
成 立 时 间 /
第一负责人 / 洪毅
合 作 机 构 /
办 公 地 址 / 湖南省长沙市天心区韶山南路68号中南大学铁道校区办公楼（410075）
电话(传真) / 0731 - 2656447（0731 - 2655537）
邮　　箱 / cucp777@ 126. com
网　　址 / http://www. cucp. org. cn
主要研究领域:
城市管理；城市发展；城市竞争力战略

1477 中南大学中国村落文化研究中心
Research Center of Chinese Village Culture

所属类别 / 高校智库
主管单位 / 中南大学
成立时间 / 2016 年 4 月
第一负责人 / 胡彬彬
合作机构 /
办公地址 / 湖南省长沙市岳麓区麓山南路 932 号（410006）
电话(传真) / 0731 - 88877670（0731 - 88877027）
邮　　箱 /
网　　址 / http://village.csu.edu.cn/introduction/index.html
主要研究领域:
文化教育与道德教化；宗法礼制与村落治理；民族民俗与宗教信仰；氏族文献与新见民族史料等

1478 中南大学中国文化法研究中心

所属类别 / 高校智库
主管单位 / 中南大学
成立时间 / 2016 年 4 月
第一负责人 / 周刚志
合作机构 /
办公地址 / 湖南省长沙市岳麓区麓山南路 605 号中南大学法学院（410083）
电话(传真) / 0731 - 88879701
邮　　箱 / 2016ccl@sina.com
网　　址 / http://www.2016ccl.com
主要研究领域:
文化法律基础理论；文化遗产法；公共文化服务法等

1479 中欧陆家嘴国际金融研究院
CEIBS Lujiazui International Finance Research Center

所属类别 / 合作智库—校企合作
主管单位 /
成立时间 / 2007 年 10 月
第一负责人 / 姜建清
合作机构 / 中欧国际工商学院、上海陆家嘴（集团）
办公地址 / 上海市浦东新区陆家嘴东园路 36 号 B 幢别墅（200120）
电话(传真) / 021 - 68882460（021 - 68882459）
邮　　箱 / lujiazui_center@ceibs.edu
网　　址 / http://www.ljzfc.org
主要研究领域:
国际金融中心建设；中国金融体系现代化

1480 中山大学城市社会研究中心
Center for Urban Studies, Sun Yat - sen University

所 属 类 别 / 高校智库
主 管 单 位 / 中山大学
成 立 时 间 / 2006 年 5 月
第一负责人 / 蔡禾
合 作 机 构 /
办 公 地 址 / 广东省广州市海珠区新港西路 135 号中山大学东北区 344 栋（510275）
电话(传真) / 020 - 84113169（020 - 84113169）
邮　　箱 / csssysu@ mail. sysu. edu. cn
网　　址 /
主要研究领域：城市社区发展；城市非营利组织发展；城市管理制度创新；城市化；城市群和城市圈建设；城市问题与公共政策

1481 中山大学地球环境与地球资源研究中心
Center for Earth Environment & Resources, Sun Yat - sen University

所 属 类 别 / 高校智库
主 管 单 位 / 中山大学
成 立 时 间 / 2003 年 7 月
第一负责人 / 周永章
合 作 机 构 /
办 公 地 址 / 广东省广州市海珠区新港西路 135 号中山大学地环大楼 C 座 508 室（510275）
电话(传真) / 020 - 84111011（020 - 84111255）
邮　　箱 / eeswsg@ mail. sysu. edu. cn
网　　址 / http://www. onearth. cc
主要研究领域：区域发展与可持续发展；地球环境应对策略与低碳发展；环境资源经济学与环境资源政策；人居环境与可持续发展；环境地球化学与健康

1482 中山大学国家治理研究院
Institute of State Governance, Sun Yat - sen University

所 属 类 别 / 高校智库
主 管 单 位 / 中山大学
成 立 时 间 / 2014 年 2 月
第一负责人 / 马骏
合 作 机 构 /
办 公 地 址 / 广东省广州市海珠区新港西路 135 号中山大学文科楼 506（510275）
电话(传真) / 020 - 84112310
邮　　箱 /
网　　址 / http://isg. sysu. edu. cn
主要研究领域：公共管理；廉政与治理；互联网与治理；地方立法；司法体制改革；社会保障

Z

1483 **中山大学华南农村研究中心**
South China Rural Research Center, Sun Yat - Sen University

所属类别／高校智库
主管单位／中山大学
成立时间／2004 年 7 月
第一负责人／梁庆寅
合作机构／
办公地址／广东省广州市海珠区新港西路 135 号中山大学（510275）
电话(传真)／020 - 84110252（020 - 84110252）
邮　　箱／915346178@ qq. com
网　　址／
主要研究领域：
城乡协调与统筹发展；农村自身可持续发展；乡村资源空间整合

1484 **中山大学教育现代化研究中心**
Education Modernization Research Center, Sun Yat - sen University

所属类别／高校智库
主管单位／中山大学
成立时间／2005 年
第一负责人／冯增俊
合作机构／
办公地址／广东省广州市海珠区新港西路 135 号中山大学文科大楼 709 室、221 室（510275）
电话(传真)／020 - 85210841（020 - 84110841）
邮　　箱／zsdxjyxdh@ 163. com
网　　址／
主要研究领域：
中国教育现代化；名校发展与品牌战略；学校现代化；儿童双语教育；教师发展

1485 **中山大学金融工程与风险管理研究中心**
Center for Financial Engineering and Risk Management, Sun Yat - Sen University

所属类别／高校智库
主管单位／中山大学
成立时间／2003 年 6 月
第一负责人／李仲飞
合作机构／
办公地址／广东省广州市海珠区新港西路 135 号中山大学东北区 388 号楼（510275）
电话(传真)／020 - 84110050（020 - 84116924）
邮　　箱／cferm@ mail. sysu. edu. cn
网　　址／http://bus. sysu. edu. cn/cferm
主要研究领域：资源配置；资产定价；金融市场；风险管理；公司金融；行为金融；供应链金融；保险；精算；社会保障；决策与对策

1486 中山大学历史人类学研究中心
Centre For Historical Anthropology, Sun Yat – Sen University

所属类别 / 高校智库
主管单位 / 中山大学
成立时间 / 2001 年 3 月
第一负责人 / 刘志伟
合作机构 /
办公地址 / 广东省广州市海珠区新港西路 135 号中山大学东北区 317 栋（510275）
电话(传真) / 020 – 84114831（020 – 84112122）
邮　　箱 / hshac@ mail. sysu. edu. cn
网　　址 / http://ha. sysu. edu. cn
主要研究领域:
族群与区域文化；民间信仰与宗教文化；传统乡村社会

1487 中山大学廉政与治理研究中心
Center for Anti – Corruption Studies of Sun Yat – sen University

所属类别 / 合作智库—政校合作
主管单位 / 中山大学
成立时间 / 2008 年 12 月
第一负责人 / 郑德涛、王兴宁
合作机构 / 中共广东省纪委、中山大学
办公地址 / 广东省广州市大学城中山大学政务学院楼 C103 室（510006）
电话(传真) / 020 – 39332357（020 – 39332357）
邮　　箱 /
网　　址 /
主要研究领域:
政治文明与廉政建设；政府改革与廉政创新；地方治理与廉政文化

1488 中山大学流动人口卫生政策研究中心
Sun Yat – sen Center For migrant Health Policy

所属类别 / 高校智库
主管单位 / 中山大学
成立时间 / 2009 年
第一负责人 / 凌莉
合作机构 /
办公地址 / 广东省广州市越秀区中山二路 74 号中山大学公共卫生学院（510080）
电话(传真) / 020 – 87335524（020 – 87335524）
邮　　箱 / cmhp@ mail. sysu. edu. cn
网　　址 /
主要研究领域:
流动人口的卫生服务；医疗保险及救助体系；卫生政策评估

1489 **中山大学旅游发展与规划研究中心**
Center For Tourism Planning & Research, Sun Yat－sen University

所属类别／高校智库
主管单位／中山大学
成立时间／2000 年
第一负责人／保继刚
合作机构／
办公地址／广东省广州市海珠区新港西路 135 号东北区 329 栋（510275）
电话(传真)／020－84113621（020－84113621）
邮　　箱／lyzx@ mail. sysu. edu. cn
网　　址／
主要研究领域：
社区旅游；事件旅游；旅游影响；城市旅游；遗产旅游；会展旅游；乡村旅游；温泉旅游

1490 **中山大学南海战略研究院**
Institute of South China Sea Strategic Studies, Sun Yat－sen University

所属类别／高校智库
主管单位／中山大学
成立时间／2015 年 6 月
第一负责人／庞中英
合作机构／
办公地址／广东省广州市海珠区新港西路 135 号中山大学文科楼 8 层（510275）
电话(传真)／020－84111121
邮　　箱／zdgyy@ mail. sysu. edu. cn
网　　址／
主要研究领域：东南亚；大洋洲；华侨华人；美国

1491 **中山大学税收与财税法研究中心**
Research Center for Taxation & Financial and Tax law, Sun Yat－Sen University

所属类别／高校智库
主管单位／中山大学
成立时间／2003 年 6 月
第一负责人／杨卫华
合作机构／
办公地址／广东省广州市海珠区新港西路 135 号中山大学岭南行政中心 3 层（510275）
电话(传真)／020－84113858－261（020－84114823）
邮　　箱／taxation@ mail. sysu. edu. cn
网　　址／
主要研究领域：税收理论与政策；税收法律；税收管理、纳税评估与纳税服务；国际税收

1492 中山大学物流与供应链研究中心
Research Center for Logistics & Supply Chain, Sun Yat - Sen University

所 属 类 别 / 高校智库
主 管 单 位 / 中山大学
成 立 时 间 /
第一负责人 / 宋海清
合 作 机 构 /
办 公 地 址 / 广东省广州市海珠区新港西路 135 号中山大学岭南学院行政楼 502 室（510275）
电话(传真) / 020 - 84111197 (020 - 84114823)
邮　　箱 / lnscgy@. sysu. edu. cn
网　　址 /
主要研究领域:
现代物流系统分析与设计；区域物流战略与规划；物流配送中心设计；运输管理与路径优化；物流与供应链管理信息系统

1493 中山大学信息经济与政策研究中心
Center For information Economy And Policy, Sun Yat - Sen University

所 属 类 别 / 高校智库
主 管 单 位 / 中山大学
成 立 时 间 / 1999 年
第一负责人 / 谢康
办 公 地 址 / 广东省广州市海珠区新港西路 135 号中山大学管理学院震寰堂 A205 室（510275）
电话(传真) / 020 - 84114167 (020 - 84114931)
邮　　箱 / mail. sysu. edu. cn
网　　址 /
主要研究领域:
信息经济；电子商务经济

1494 中山大学亚太研究院
School of Asia - Pacific Studies, Sun Yat - Sen University

所 属 类 别 / 高校智库
主 管 单 位 / 中山大学
成 立 时 间 / 2007 年 11 月
第一负责人 / 魏志江
合 作 机 构 /
办 公 地 址 / 广东省广州市海珠区新港西路 135 号东北区 308 栋（510000）
电话(传真) / 020 - 84111062 (020 - 84111062)
邮　　箱 / yta@ mail. sysu. edu. cn
网　　址 /
主要研究领域：亚太地区的国际政治、国际关系、国别研究

1495 **中山大学粤港澳发展研究院**
Institute of Guangdong Hong Kong and Macao Development Studie, Sun Yat - sen University

所属类别／高端智库，高校智库
主管单位／中山大学
成立时间／2015 年
第一负责人／陈春声
合作机构／
办公地址／广东省广州市海珠区新港西路 135 号中山大学文科楼 7 层（510275）
电话(传真)／020 - 84110605
邮　　箱／
网　　址／http://ygafz. sysu. edu. cn
主要研究领域：
"一国两制"与港澳基本法；港澳政治与公共治理；港澳经济；港澳社会；港澳与内地合作；海上丝绸之路与粤港澳国际合作

1496 **中山大学中国第三产业研究中心**
China Center for Service Sector Research, Sun Yat - Sen University

所属类别／高校智库
主管单位／中山大学
成立时间／2001 年
第一负责人／李江帆
合作机构／
办公地址／广东省广州市海珠区新港西路 135 号中山大学善衡堂（510275）
电话(传真)／020 - 84038476（020 - 84038476）
邮　　箱／jb2002_ gz@ 163. com；hzauyao@ 163. com
网　　址／
主要研究领域：
第三产业经济学理论与实践；第三产业发展战略规划；服务业经济分析与发展规划

1497 **中山大学中国非物质文化遗产研究中心**
China Intangible Cultural Heritage Research Center, Sun Yat - sen University

所属类别／高校智库
主管单位／中山大学
成立时间／2002 年
第一负责人／宋俊华
合作机构／
办公地址／广东省广州市海珠区新港西路 135 号中山大学中文堂（510275）
电话(传真)／020 - 84115905（020 - 84115906）
邮　　箱／feiwuzhi@ mail. sysu. edu. cn
网　　址／
主要研究领域：
非物质文化遗产保护；口传文艺与民俗

1498 中山大学中国公共管理研究中心
Center For Chinese Public Administration Research, Sun Yat – sen University

所属类别 / 高校智库
主管单位 / 中山大学
成立时间 / 2000 年 12 月
第一负责人 / 马骏
合作机构 /
办公地址 / 广东省广州市海珠区新港西路 135 号（510275）
电话(传真) / 020 – 84038745 （020 – 84038745）
邮　　箱 / lpxzgl@ mail. sysu. edu. cn
网　　址 / http://ccpar. sysu. edu. cn
主要研究领域：公共预算；社会保障与社会政策；城市治理与城市发展；区域公共管理；NGO 与公民社会；社会管制；公共管理认知与决策实验

1499 中山大学中国转型与开放经济研究所
China Institute of Economic Transformation and Opening, Sun Yat – sen University

所属类别 / 高校智库
主管单位 / 中山大学
成立时间 / 1989 年
第一负责人 / 王曦
合作机构 /
办公地址 / 广东省广州市海珠区新港西路 135 号中山大学伍舜德图书馆 502 室（510275）
电话(传真) / 020 – 84115552 （020 – 84115551）
邮　　箱 / ife@ mail. sysu. edu. cn
网　　址 /
主要研究领域：开放经济与全球治理研究；经济增长与政府行为；产业组织与转型

1500 中山大学自贸区综合研究院
Institute of Free Trade Zone, Sun Yat – sen University

所属类别 / 高校智库
主管单位 / 中山大学粤港澳发展研究院
成立时间 / 2015 年 1 月
第一负责人 / 李善民
合作机构 /
办公地址 / 广东省广州市新港西路 135 号（510275）
电话(传真) / 020 – 84111721
邮　　箱 / iftzr@ mail. sysu. edu. cn
网　　址 / http://iftzr. sysu. edu. cn
主要研究领域：投资贸易、服务贸易、营商环境、金融创新等

1501 **中央财经大学财经研究院**
Institute for Finance and Economics, Central University of Finance and Economics

所属类别/高校智库
主管单位/中央财经大学
成立时间/1978 年
第一负责人/张晓涛
合作机构/
办公地址/北京市海淀区学院南路 39 号（100081）
电话(传真)/010-62288369（010-62288367）
邮　　箱/cjyjyggyx@163.com
网　　址/http://ifer.cufe.edu.cn/
主要研究领域：公共财政与政府预算；金融理论与证券市场；资源环境与人口；宏观经济管理；俄罗斯财政经济与贸易；台湾经济；区域经济与北京财经

1502 **中央财经大学财政税收研究所**
Study on Fiscal and Taxation Institute of Central University of Finance and Economics

所属类别/高校智库
主管单位/中央财经大学
成立时间/2003 年
第一负责人/曾康华
合作机构/
办公地址/北京市海淀区学院南路 39 号（100081）
电话(传真)/010-62288603（010-62288602）
邮　　箱/zengkanghua2012@cufe.edu.cn
网　　址/
主要研究领域：财政管理体制国别比较；税收制度国别比较；中国财政税收管理体制及改革；各级政府财政绩效评估；区域基本公共服务均等化；转移支付

1503 **中央财经大学国防经济与管理研究院**
Institute of Defense Economics and Management, Central University of Finance and Economics

所属类别/高校智库
主管单位/中央财经大学
成立时间/
第一负责人/陈波
合作机构/
办公地址/北京市海淀区学院南路 39 号（100081）
电话(传真)/010-62288950（010-62288950）
邮　　箱/guofangjingji@126.com
网　　址/http://idem.cufe.edu.cn
主要研究领域：国防经济；国防战略与预算评估；军队财务与审计；军事物流与采办；国防工业；国防教育；国防安全战略与管理

1504 中央财经大学国际金融研究中心
International Financial Research Center of Central University of Finance and Economics

所 属 类 别 / 高校智库
主 管 单 位 / 中央财经大学
成 立 时 间 / 2003 年 9 月
第一负责人 / 张礼卿
合 作 机 构 /
办 公 地 址 / 北京市海淀区学院南路 39 号中央财经大学金融学院（100081）
电话(传真) / 010 - 62288607（010 - 62288607）
邮　　箱 / cifs@ cufe. edu. cn
网　　址 /
主要研究领域:
人民币汇率；全球经济失衡；资本流动；资本账户；开放条件下的宏观经济政策

1505 中央财经大学绿色金融国际研究院
Internation Institute of Green Finance, CUFE

所 属 类 别 / 高校智库
主 管 单 位 / 中央财经大学
成 立 时 间 / 2016 年 9 月
第一负责人 / 王遥
合 作 机 构 /
办 公 地 址 / 北京市海淀区学院南路 39 号（100081）
电话(传真) / 010 - 62288768
邮　　箱 / iigf@ rccef. com. cn
网　　址 / http://iigf. cufe. edu. cn
主要研究领域:
绿色金融；气候金融；能源金融和养老金融

1506 中央财经大学气候与能源金融研究中心
The Research Center for Climate and Energy Finance, Central University of Finance and Economics

所 属 类 别 / 高校智库
主 管 单 位 / 中央财经大学
成 立 时 间 / 2011 年 9 月
第一负责人 / 王遥
合 作 机 构 /
办 公 地 址 / 北京市海淀区学院南路 39 号（100081）
电话(传真) / 010 - 62288369
邮　　箱 / rccef@ cufe. edu. cn
网　　址 / http://rccef. cufe. edu. cn
主要研究领域: 气候金融；环境经济与绿色金融；能源金融以及可持续经济；社会发展模拟与预测

Z

1507 中央财经大学文化经济研究院
Central University of Finance and Economics

所属类别／高校智库
主管单位／中央财经大学
成立时间／2006 年 11 月
第一负责人／魏鹏举
合作机构／
办公地址／北京市海淀区学院南路 39 号（100081）
电话(传真)／
邮　　箱／
网　　址／http://whjj. cufe. edu. cn
主要研究领域：
文化经济前沿理论

1508 中央财经大学政府预算管理研究所
Government Budget Management Institute, Central University of Finance and Economics

所属类别／高校智库
主管单位／中央财经大学
成立时间／2011 年 10 月
第一负责人／李燕
合作机构／
办公地址／北京市海淀区学院南路 39 号中央财经大学主楼 1106 室（100081）
电话(传真)／010－62288075（010－62288601）
邮　　箱／xpxmu@163. com
网　　址／http://gb. cufe. edu. cn
主要研究领域：公共预算理论；财政透明度；预算法治化；人大预算监督；政府会计；政府财务报告

1509 中央财经大学中国财政发展协同创新中心
Center for China Fiscal Development, CUFF

所属类别／高校智库
主管单位／中央财经大学
成立时间／2012 年 9 月
第一负责人／
合作机构／上海财经大学，中南财经政法大学，东北财经大学，江西财经大学，山东财经大学，北京、上海、厦门三地的国家会计学院，财政部、国家税务总局、中国社会科学院等所属科研机构
办公地址／北京市海淀区学院南路 39 号（100081）
电话(传真)／
邮　　箱／
网　　址／http://icfd. cufe. edu. cn
主要研究领域：财税、卫生经济、气候金融、国防经济等

1510 **中央财经大学中国发展和改革研究院**
China Institute for Development and Reform, Central University of Finance and Economics

所 属 类 别 / 高校智库
主 管 单 位 / 中央财经大学
成 立 时 间 / 2006 年 7 月
第一负责人 / 邹东涛
合 作 机 构 /
办 公 地 址 / 北京市海淀区学院南路 39 号（100081）
电话(传真) / 010 - 82229095
邮　　箱 / dtzou@ sina. com
网　　址 /
主要研究领域：
中国经济、县域经济、能源经济、资本市场、产业发展、企业公民

1511 **中央财经大学中国公共财政与政策研究院**
China Academy of Public Finance and Public Policy, Central University of Finance and Economics

所 属 类 别 / 高校智库
主 管 单 位 / 中央财经大学
成 立 时 间 / 2006 年
第一负责人 / 乔宝云
合 作 机 构 /
办 公 地 址 / 北京市海淀区学院南路 39 号中央财经大学学术会堂（100081）
电话(传真) /
邮　　箱 /
网　　址 / http://capfpp. cufe. edu. cn
主要研究领域：
公共财政；公共政策

1512 **中央财经大学中国互联网经济研究院**
China Center for Internet Economy Research

所 属 类 别 / 高校智库
主 管 单 位 / 中央财经大学
成 立 时 间 / 2013 年
第一负责人 / 孙宝文
合 作 机 构 /
办 公 地 址 / 北京市海淀区学院南路 39 号中央财经大学实验楼 6 层（100081）
电话(传真) / 010 - 62289263（010 - 62289263）
邮　　箱 / ccie_ cufe@ 163. com
网　　址 / http://ccie. cufe. edu. cn
主要研究领域：互联网经济理论；电子商务；互联网金融；大数据

1513 中央财经大学中国金融发展研究院
Chinese Academy of Finance and Development

所属类别/高校智库
主管单位/中央财经大学
成立时间/2006年
第一负责人/吴仰儒
合作机构/
办公地址/北京市海淀区学院南路39号(100081)
电话(传真)/010-62288266(010-62288779)
邮　　箱/cafd@cufe.edu.cn
网　　址/http://cafd.cufe.edu.cn
主要研究领域:
金融研究;金融学教育改革

1514 中央财经大学中国人力资本与劳动经济研究中心
China Center for Human Capital and Labor Market Research

所属类别/高校智库
主管单位/中央财经大学
成立时间/2008年
第一负责人/李海峥
合作机构/
办公地址/北京市海淀区学院南路39号中央财经大学学术会堂南楼612室(100081)
电话(传真)/010-62288298(010-62288298)
邮　　箱/cufechlr@gmail.com
网　　址/http://humancapital.cufe.edu.cn
主要研究领域:
人力资本及技能的度量;人力资本的投资及效益;人力资源的流动及国际化;人力资本与创新;健康与人力资本

1515 中央财经大学中国银行业研究中心
Central University of Finance and Economic China Center for Banking Research

所属类别/高校智库
主管单位/中央财经大学
成立时间/2005年9月
第一负责人/郭田勇
合作机构/
办公地址/北京市海淀区学院南路39号(100081)
电话(传真)/010-62288715(010-62289313)
邮　　箱/cufeccbr@126.com
网　　址/
主要研究领域:银行改革;宏观经济;货币政策;房地产;资本市场

Z

1516 **中央美术学院国家艺术发展战略研究协同创新中心**

所属类别／高校智库
主管单位／中央美术学院
成立时间／2012 年 12 月
第一负责人／潘公凯
合作机构／
办公地址／北京市朝阳区花家地南街 8 号（100102）
电话(传真)／
邮　　箱／
网　　址／
主要研究领域:
国家艺术发展战略

1517 **中央民族大学法治政府与地方制度研究中心**
Central government under the rule of law and the local system of Minzu University of China

所属类别／高校智库
主管单位／中央民族大学
成立时间／2008 年 12 月
第一负责人／熊文钊
合作机构／
办公地址／北京市海淀区中关村南大街 27 号中央民族大学南睿楼 4 号（100081）
电话(传真)／010 – 68932661（010 – 68932661）
邮　　箱／cplaw_ secretary@ 126. com
网　　址／
主要研究领域:
法治政府；地方制度

1518 **中央民族大学中国少数民族研究中心**
Center of Ethnic Minority Studies in China，Minzu University of China

所属类别／高校智库
主管单位／中央民族大学
成立时间／2000 年 3 月
第一负责人／张海洋
合作机构／
办公地址／北京市海淀区中关村南大街 27 号（100081）
电话(传真)／
邮　　箱／
网　　址／http://myzx. muc. edu. cn
主要研究领域:
民族理论与政策；民族文化遗产；民族地区生态；民族教育

1519 中央音乐学院国家非物质文化遗产（音乐类）保护与研究中心

所属类别 / 高校智库
主管单位 / 中央音乐学院
成立时间 / 2015 年 6 月
第一负责人 / 张伯瑜
合作机构 /
办公地址 / 北京市西城区鲍家街 43 号（100031）
电话(传真) /
邮　　箱 /
网　　址 / http://www.ccom.edu.cn/szc/yjjg/ycbhzx/bmjj/
主要研究领域：
非物质文化遗产（音乐类）保护与研究

1520 中益老龄事业发展中心

ZhongYi Ageing Development Center

所属类别 / 社会智库—民办非企业
主管单位 / 民政部
成立时间 / 2011 年
第一负责人 / 郭俊波
合作机构 /
办公地址 / 北京市丰台区南四环西路 188 号总部基地七区 8 号楼（100070）
电话(传真) / 010 - 83622868（010 - 83622698）
邮　　箱 / zyac2011@163.com
网　　址 / http://www.zyac.org
主要研究领域：
老龄事业；老龄问题

1521 中原发展研究院

所属类别 / 合作智库
主管单位 / 河南大学
成立时间 / 2009 年 10 月
第一负责人 / 耿明斋
合作机构 / 河南省人民政府研究室、河南省发展和改革委员会、河南大学
办公地址 / 河南省开封市龙亭区金明大道北段（475004）
电话(传真) / 0371 - 23881986
邮　　箱 /
网　　址 / http://zyzk.henu.edu.cn
主要研究领域：
城镇化；工业化；农业现代化；现代服务业；金融；社会保障；资源人口与环境

1522 **中证金融研究院**
China Institute of Finance and Captial Markets

所 属 类 别 / 社会智库—民办非企业
主 管 单 位 / 中国证券监督管理委员会
成 立 时 间 /
第一负责人 / 刘青松
合 作 机 构 /
办 公 地 址 / 北京市西城区金融大街 26 号金阳大厦 8 层（100033）
电话(传真) / 010 - 85578300（010 - 56088544）
邮　　箱 / contact@ cifcm. com
网　　址 / www. cifcm. cn
主要研究领域:
中国资本市场和经济、金融领域改革发展

1523 **中智科博（北京）产业经济发展研究院**
Zhong Zhi Kebo Industrial Planning

所 属 类 别 / 社会智库—企业
主 管 单 位 /
成 立 时 间 / 2015 年
第一负责人 / 黄永刚
合 作 机 构 /
办 公 地 址 / 北京市海淀区海淀南路 21 号中关村知识产权大厦 B 座三层（100080）
电话(传真) / 010 - 59473455（010 - 63456702）
邮　　箱 / market@ zzkb. org
网　　址 / http://www. zzkb. org
主要研究领域:
产业规划; 投资促进; 总部经济; 园区经济; 生态; 农业经济; 空间设计; 智慧城市; 新型城镇化; 区域经济; 文化旅游规划

1524 **中智科学技术评价研究中心**
China Institute of Science and Technology Evaluation

所 属 类 别 / 社会智库—民办非企业
主 管 单 位 / 民政部
成 立 时 间 / 2015 年 12 月
第一负责人 / 李闽榕
合 作 机 构 /
办 公 地 址 / 北京市西城区三里河三区 52 号（100045）
电话(传真) / 010 - 57482466
邮　　箱 / ciste01@ 163. com
网　　址 / http://ciste. cn
主要研究领域: 科技创新; 科技评价; 社会科学评价

1525 珠三角改革发展研究院
Pearl River Delta Reform and Development Institute

所 属 类 别 / 合作智库—政校合作
主 管 单 位 / 广东省人民政府办公厅、中山大学
成 立 时 间 / 2011 年 8 月
第一负责人 / 魏明海
合 作 机 构 / 广东省实施珠三角规划纲要办公室、中山大学等
办 公 地 址 / 广东省广州市海珠区新港西路中山大学冼为坚堂 4 层（510275）
电话(传真) / 020 - 84111036（020 - 84111039）
邮 箱 / 18858281@ qq. com
网 址 / http://www. iprd. sysu. edu. cn
主要研究领域:
珠三角改革发展

1526 住房和城乡建设部科技与产业化发展中心（住房和城乡建设部住宅产业化促进中心）

所 属 类 别 / 政府部门智库—国务院组成部门所属
主 管 单 位 / 住房和城乡建设部
成 立 时 间 / 2012 年
第一负责人 / 俞滨洋
合 作 机 构 /
办 公 地 址 / 北京市海淀区三里河路 9 号建设部南配楼（100044）
电话(传真) / 010 - 58934206（010 - 58934406）
邮 箱 /
网 址 / http://www. cstcmoc. org. cn
主要研究领域:
建筑节能；绿色建筑；城乡减排；住宅产业现代化；建筑工业化

1527 住房和城乡建设部政策研究中心（中国城乡建设经济研究所）

所 属 类 别 / 政府部门智库—国务院组成部门所属
主 管 单 位 / 住房和城乡建设部
成 立 时 间 /
第一负责人 / 秦虹
合 作 机 构 /
办 公 地 址 / 北京市海淀区三里河路 9 号（100835）
电话(传真) / 010 - 58933439
邮 箱 / cin@ mail. cin. gov. cn
网 址 /
主要研究领域:
房地产；城乡建设；公用事业

1528 住房和城乡建设部住房政策专家委员会

所 属 类 别 / 政府部门智库—国务院组成部门所属
主 管 单 位 / 住房和城乡建设部
成 立 时 间 /
第一负责人 / 刘洪玉
合 作 机 构 /
办 公 地 址 / 北京市海淀区三里河路 9 号（100835）
电话(传真) / 010 - 58933575
邮　　箱 / cin@ mail. cin. gov. cn
网　　址 /
主要研究领域:
住房政策

1529 紫金传媒智库
Zinjin Media Think Tank

所 属 类 别 / 合作智库—多方合作
主 管 单 位 / 中共江苏省委宣传部
成 立 时 间 / 2015 年 8 月
第一负责人 / 周晓虹
合 作 机 构 / 南京大学、江苏电视台、新华日报社、凤凰出版集团、江苏有线电视集团等
办 公 地 址 /
电话(传真) /
邮　　箱 /
网　　址 / http://www. zijinmtt. cn
主要研究领域:
舆论与社会心态；互联网与传媒发展；风险与公共政策；信访与社会矛盾；大数据与社会计算

1530 自然资源部测绘发展研究中心

所 属 类 别 / 政府部门智库—国务院部委管理的国家局所属
主 管 单 位 / 自然资源部
成 立 时 间 /
第一负责人 / 陈常松
合 作 机 构 /
办 公 地 址 / 北京市海淀区莲花池西路 28 号（100830）
电话(传真) / 010 - 63881526
邮　　箱 / zhanlue@ sbsm. gov. cn
网　　址 / http://fazhan. sbsm. gov. cn
主要研究领域:
测绘发展战略；测绘改革；测绘政策

1531 自然资源部国家海洋环境预报中心
National Marine Environmental Forecasting Center

所 属 类 别 / 政府部门智库—国务院部委管理的国家局所属
主 管 单 位 / 自然资源部
成 立 时 间 / 1965 年
第一负责人 / 王辉
合 作 机 构 /
办 公 地 址 / 北京市海淀区大慧寺路 8 号（100081）
电话(传真) / 010 - 62105754（010 - 62173620）
邮　　箱 / webmaster@ nmefc. gov. cn
网　　址 / http://www. nmefc. gov. cn
主要研究领域:
海洋环境预报业务发展规划和管理制度；海洋环境、海洋灾害预报预警；海洋预报；海洋应对气候变化；海洋环境；海洋环境评价

1532 自然资源部国家海洋信息中心

所 属 类 别 / 政府部门智库—国务院部委管理的国家局所属
主 管 单 位 / 自然资源部
成 立 时 间 / 1989 年
第一负责人 / 何广顺
合 作 机 构 /
办 公 地 址 / 天津市河东区六纬路 93 号（300171）
电话(传真) /
邮　　箱 / weber@ mail. nmdis. gov. cn
网　　址 / http://www. nmdis. org. cn
主要研究领域: 国家海洋信息发展规划及其管理制度；海洋信息的国家标准和规范；国家海洋政策与法规；海洋事务对策

1533 自然资源部海洋发展战略研究所
China Institute for Marine Affairs（CIMA）

所 属 类 别 / 政府部门智库—国务院部委管理的国家局所属
主 管 单 位 / 自然资源部
成 立 时 间 / 1987 年
第一负责人 / 张海文
合 作 机 构 /
办 公 地 址 / 北京市丰台区马官营家园 3 号（100161）
电话(传真) / 010 - 68047756（010 - 68030767）
邮　　箱 / cima@ cima. gov. cn
网　　址 / http://www. cimamnr. org. cn
主要研究领域: 海洋权益；海洋安全；国际海洋法；海洋经济；海洋科技；海洋管理；海洋资源开发；海洋生态环境保护；海洋灾害防治政策

1534 自然资源部油气资源战略研究中心
Strategic Research Center of Oil and Gas Resources, MNR

所 属 类 别 / 政府部门智库—国务院组成部门所属
主 管 单 位 / 自然资源部
成 立 时 间 / 2002 年 1 月
第一负责人 / 谢承祥
合 作 机 构 /
办 公 地 址 / 北京市西城区兵马司胡同 19 号（100034）
电话(传真) / 010 - 66558875（010 - 66558867）
邮　　箱 / youqizhongxin@ 163. com
网　　址 / http://www. sinooilgas. com
主要研究领域:
油气资源发展战略和对策；油气资源管理和科技发展

1535 自然资源部咨询研究中心
Consulting & Research Center Ministry of Natural Resourcos

所 属 类 别 / 政府部门智库—国务院组成部门所属
主 管 单 位 / 自然资源部
成 立 时 间 /
第一负责人 / 王世元
合 作 机 构 /
办 公 地 址 / 北京市西城区冠英园西区 37 号（100035）
电话(传真) / 010 - 66562828（010 - 66560371）
邮　　箱 / crcmlr@ 126. com
网　　址 / http://www. crcmlr. org. cn
主要研究领域:
国土资源战略；国土资源政策法规；矿产资源开发整合；征地制度改革；农村集体土地使用权流转；土地财政；房地产价格

1536 综合开发研究院（中国·深圳）
China Development Institute

所 属 类 别 / 高端智库，社会智库
主 管 单 位 /
成 立 时 间 / 1989 年 2 月
第一负责人 / 樊钢
合 作 机 构 /
办 公 地 址 / 广东省深圳市罗湖区银湖路金湖一街 CDI 大厦（518029）
电话(传真) / 0755 - 82487878（0755 - 82410997）
邮　　箱 / zhengjx@ cdi. com. cn
网　　址 / http://www. cdi. com. cn
主要研究领域：沿海沿江沿边开放；区域经济发展与合作；公共政策与管理；产业发展与规划；城市发展与管理；企业发展战略

1537 **最高人民检察院检察理论研究所**

所 属 类 别 / 政府部门智库
主 管 单 位 / 最高人民检察院
成 立 时 间 /
第一负责人 / 谢鹏程
合 作 机 构 /
办 公 地 址 / 北京市石景山区香山南路 111 号（100144）
电话(传真) / 010 - 68630207（010 - 68630141）
邮 箱 /
网 址 /
主要研究领域：
检察理论

类别索引

政府部门智库

政党系统智库

科研院所智库

高校智库

社会智库

合作智库

※ ※ ※ ※ ※ ※

高端智库

智库研究与评价机构

地区索引

北京地区

上海地区

天津地区

重庆地区

安徽地区

福建地区

甘肃地区

广东地区

广西地区

贵州地区

海南地区

河北地区

河南地区

黑龙江地区

湖北地区

湖南地区

吉林地区

江苏地区

江西地区

辽宁地区

内蒙古地区

宁夏地区

青海地区

山东地区

山西地区

陕西地区

四川地区

西藏地区

新疆地区

云南地区

浙江地区

图书在版编目(CIP)数据

中国智库名录. NO.4 / 谢曙光，蔡继辉主编. --北京：社会科学文献出版社，2020.6
ISBN 978-7-5201-6171-8

Ⅰ.①中… Ⅱ.①谢… ②蔡… Ⅲ.①方针政策-研究-中国 Ⅳ.①D601

中国版本图书馆CIP数据核字（2020）第026231号

中国智库名录 No.4

主　　编／谢曙光　蔡继辉
副 主 编／陈　青　吴　丹　丁阿丽

出 版 人／谢寿光
责任编辑／丁阿丽
文稿编辑／丁阿丽　张铭晏

出　　版／社会科学文献出版社·皮书研究院（010）59366421
地址：北京市北三环中路甲29号院华龙大厦　邮编：100029
网址：www.ssap.com.cn
发　　行／市场营销中心（010）59367081　59367083
印　　装／三河市东方印刷有限公司

规　　格／开 本：787mm×1092mm　1/16
印 张：36.5　字 数：767千字
版　　次／2020年6月第1版　2020年6月第1次印刷
书　　号／ISBN 978-7-5201-6171-8
定　　价／498.00元